Hannes Leidinger · Verena Moritz · Berndt Schippler

Das Schwarzbuch der Habsburger

Hannes Leidinger
Verena Moritz
Berndt Schippler

Das Schwarzbuch der Habsburger

Die unrühmliche Geschichte eines Herrschergeschlechtes

Mit Vorbemerkungen von Gerhard Jagschitz und Karl Vocelka

Deuticke

Bildnachweis:

© Artothek, Weilheim: Seite 95
© Österreichische Nationalbibliothek, Bildarchiv: Seite 92, 97, 100, 103, 153, 154, 203, 209

www.deuticke.at
3. Auflage

Umschlaggestaltung: Studio Hollinger
Umschlagfotos: Kunsthistorisches Museum, Wien
Lektorat: Afra Margaretha
Herstellung: Josef Embacher
Druck und Bindung: Ueberreuter Buchproduktion, Korneuburg
Printed in Austria
ISBN 3-216-30603-8

Inhalt

Gerhard Jagschitz

Zum Geleit

Dieses Buch soll und wird Kontroversen hervorrufen. Zum einen trifft es direkt ins österreichische Herz der Geschichtsmythen, G'schichterln, Verdrängungen, Verklärungen und Verkitschungen, zum anderen verweist es auf jahrzehntelange Versäumnisse der Historikerzunft und reduziert einen Teil derselben auf Hofhistoriographen und Apportierer historischen Kleinkrams.

Wir haben uns angewöhnt, den Umgang mit Vergangenheit nur auf den Nationalsozialismus zu beziehen, doch auch der Umgang mit unserer habsburgischen Vergangenheit ist ein einäugiger und schlampiger. Im Sinne der Aneignung der eigenen Geschichte in ihren Höhen und Tiefen und des Verstehens des zurückgelegten Weges wäre ein kritischer Zugang zur österreichischen Monarchie und zur Herrscherdynastie schon längst Pflicht gewesen. Das ist keineswegs der Ruf nach billiger Denunziation, sondern der Aufruf, sich auf die faszinierende Suche nach einer funkelnden, ineinander verwobenen, überraschenden und spannenden Vielschichtigkeit und Komplexität zu machen. Wir müssen endlich lernen, dass es in der Geschichte kaum ein Entweder-oder, sondern meist ein Sowohl-als-auch gibt.

Die Autoren machen also erstmals in einer umfassenden Weise den Versuch, die in Jahrhunderten geschaffenen Dynastiebilder, die durch eine heutige Nostalgieindustrie aufrecht erhalten werden, in Frage zu stellen und sie an politischen, sozialen und mentalen Realitäten zu messen. Sie weisen auch auf Verantwortlichkeiten politisch Handelnder hin und decken auf, dass es neben den strahlenden Erfolgsstorys gleichzeitig strukturelle Linien des Scheiterns, der Substanzlosigkeiten und des Scheins – fast wäre man versucht, auch das Wort „Schmäh" zu gebrauchen – gibt, die durchaus charakteristisch für das System waren. Habsburgische Herrschaftspraxis hatte auch eine düstere, gewalttätige und bösartige Seite. Hinter der verklärten dynastischen Perspektive waren bisher sowohl die habsburgischen Unzulänglichkeiten als auch die Geschichte der vielen „Anderen“ versteckt.

Die Autoren wollen sich nicht die Robe des Staatsanwalts anziehen, um ein Plädoyer auf „schuldig“ zu halten, weil ja den Historikern die Rolle des Anklägers oder gar Richters nie gut steht. Was also ist dann das Ziel des Buches?

In erster Linie ist es die Emanzipation von Moden, ausgetretenen Pfaden und geistigen Beschränktheiten der Historiographie, die nur einen Teil einer gesamtgesellschaftlichen Haltung spiegelten. Gefälligkeitshistoriker tragen dazu bei, dass Themen und Fragestellungen in Vergessenheit geraten, dass die Neugier verloren geht und Geschehen allmählich hinter Verklärung verschwindet. Konvention ersetzt so die Wissenschaftlichkeit. Es ist also ein genuin wissenschaftliches Anliegen, das die vorliegende Arbeit auszeichnet: von Quellen auszugehen, Informationen vorurteilslos zu berücksichtigen und aus einer kritischen Distanz zu analysieren.

Ein derartiger Zugang tut weh und bedeutet auch den Abschied von manchen vertrauten Klischees. Dennoch ist er notwendig, denn das jahrhundertealte historische Geflecht beeinflusst auch noch heute politisches Bewusstsein, Mentalitäten und öffentliches Handeln. Illusionen können sehr weit in die Irre führen. Mit diesem Buch ist ein Anfang für eine moderne, ganzheitliche Sicht einer wichtigen Periode der österreichischen Geschichte gemacht, es weist auf eine Fülle von Problemfeldern hin, die es noch genauer zu bearbeiten gilt. Es wäre zu wünschen, dass diese Anregungen aufgenommen werden.

Karl Vocelka

Die unrühmliche Geschichte eines Herrscherhauses

Die Hofgeschichtsschreibung ist zweifellos eine der Wurzeln der modernen Geschichtsschreibung und hat auch das Bild unserer Vergangenheit, wie es sich in der wissenschaftlichen Literatur, aber noch stärker in den Medien und der öffentlichen Meinung zeigt, wesentlich mitgeprägt. Neben einer gewissen unreflektierten Nostalgie nach der „guten alten Zeit" hat diese Tradition der konservativen Geschichtsschreibung auch ein verzerrtes Bild der vielen Jahrhunderte habsburgischer Herrschaft in Zentraleuropa entworfen und verfestigt.

Schon seit einigen Jahren ist dieses positive Bild der Dynastie und ihrer Leistungen und Verdienste nicht mehr unumstritten. Kritische Ansätze zu einzelnen Herrschern, aber auch eine strukturelle Kritik an der Monarchie und ihren Lebensformen finden sich in vielen der neueren Bücher zum Themenbereich.

Das vorliegende Buch jedoch ist vom Ansatz her anders. Es zeichnet nicht das althergebrachte Geschichtsbild, das dann in Einzelheiten korrigiert oder kritisiert wird. Es sucht ein anderes Bild der Habsburger zu zeichnen, gewissermaßen die Kehrseite der Medaille aufzuzeigen. Diese andere Perspektive kann man der traditionellen gegenüberstellen, sie beansprucht nicht – wie alle wissenschaftlichen Werke –, die ganze und alleinige Wahrheit zu sein, sondern will den Blick des Lesers auf Umstände und Tatsachen lenken, die sonst häufig entweder ganz ausgespart oder zumindest stark vernachlässigt werden.

Der Aufbau der Studie, die aus der Zusammenarbeit dreier AutorInnen entstanden ist, scheint mir besonders interessant. Hannes Leidinger gibt in den „Reisen durch die schlechte alte Zeit" einen allgemeinen Einblick in die Fehlentwicklung des Staates auf bestimmten Gebieten und auf die einschlägigen Handlungen der ihn beherrschenden Dynastie. Seine Themen sind die der klassischen Geschichte Österreichs: Krieg, Außenpolitik, Wirtschaft und Gesellschaft, territoriale Expansion, innerer Widerstand, die konfessionelle Situation etc., aber seine Zugangsweise unterscheidet sich wohltuend von der apologetischen, habsburgtreuen Darstellung vieler anderer.

Verena Moritz hat diese allgemeinen Betrachtungen mit Persönlichkeiten aus der Familie Habsburg verbunden und stellt gewissermaßen den Übergang vom allgemeinen Kontext zum bemerkenswerten Detail her. Ihre Beschäftigung mit ausgewählten Herrschern folgt nicht den vorgegebenen Mustern klischeehafter, manchmal geradezu hagiographischer Herrscherbiographien, sondern geht ebenfalls von einem kritischen Ansatz aus.

Die dritte Ebene der Darstellung mit dem ironisierenden Titel „Beispiele allerhöchster Güte und Gerechtigkeit" von Berndt Schippler arbeitet vor allem mit zeitgenössischen Quellen und versucht, Widersprüche und Grausamkeiten habsburgischer Verhaltensweisen an Hand von Einzelbeispielen aufzuzeigen.

Dieses Buch ist ebenso Symptom einer nicht zu kurz greifenden Vergangenheitsbewältigung wie auch des Paradigmenwechsels der modernen Geschichtsschreibung, die alte Bilder verblassen lässt und unbequeme, kritische Fragen zulässt. Dem Buch ist nicht nur Erfolg, sondern vor allem (um es mit einem sehr gängigen Modewort zu sagen) Nachhaltigkeit zu wünschen, denn die nüchterne Auseinandersetzung mit einer verklärten, von Legenden überlagerten Vergangenheit ist auch für die weitere Geschichtsschreibung zu diesem Themenkomplex unabwendbar.

Mögen jene, die in den alten Habsburgmythen verhaftet sind, nach der Lektüre dieses Buches nachzudenken beginnen und möge das Buch jene bestärken, die sich kritisch mit Vergangenheit und Gegenwart dieser Familie auseinandersetzen.

Der Mythos Habsburg – Eine Einleitung

Erfolg einer Legende

Obwohl er die Mauern des Palastes kaum verließ, verstand er sich als Gebieter über den Erdkreis. Der Vater hatte ihm zwar die Kaiserkrone nicht zu sichern vermocht, als König von Spanien und bald auch von Portugal konnte er aber die Neue Welt, die Kolonien in Übersee, unter seinem Zepter vereinen. Dem Onkel und dessen Nachfahren war die Führungsrolle im Deutschen Reich zugefallen, ebenso das Erbe im Donauraum. Dennoch war Philipp II., Sohn Karls V., mit dessen Abdankung die Teilung der Familie Habsburg in eine spanische und eine österreichische Linie begann, als Regent Siziliens, Mailands, Burgunds und der Niederlande auch in der Alten Welt mit Ländern reich versehen. Sein Einfluss überragte den der anderen europäischen Herrscher bei weitem. Umso mehr fühlte er sich berufen, angesichts der osmanischen Bedrohung für das christliche Abendland und seine nächsten Verwandten zu sprechen. Die Idee eines Universalreiches verband sich mit Kreuzzugsgedanken, welche seit Jahrhunderten die Phantasie der Menschen beflügelten. Die Eroberung von Byzanz und die Kontrolle über das Heilige Land heftete sich das christliche Europa auf seine Fahnen, allen voran dessen erste Repräsentanten, die Dynastie der Habsburger.[1]

Philipp als deren mächtigstes Mitglied hatte aus diesem Grund im Mai 1570 seine Residenz zu verlassen geruht. Er war zu einer Inspektionsreise an die Küste aufgebrochen. Dort lag eine Galeere vor Anker, die eine eindrucksvolle Flotte in den Kampf gegen die Muslime führen sollte. Bedeutung erlangte das Kriegsschiff allerdings weniger in militärischer Hinsicht. Vielmehr hatte Philipp seinen Vorfahren ein Denkmal des habsburgischen Selbstverständnisses gestiftet. Schon der Name der Galeere war Programm. Man hatte sie „Argo" getauft und erinnerte mittels Bildern und Inschriften an das gleichnamige Schiff des sagenhaften Jason, der mit seinen Männern zu einer Seefahrt aufbrach und das Goldene Vlies aus dem Lande Kolchis holte. Die Geschichte wurde zum Symbol für „gottgefälliges Verhalten" und die kühne Befahrung der Ozeane. Beides schien sich im Feldzug gegen Istanbul, dem früheren Konstantinopel, zu versinnbildlichen.[2]

Der Mythos von den Argonauten stand indessen auch Pate bei der Gründung des Ordens vom Goldenen Vlies durch die Herzöge von Burgund. Die mit ihnen durch Heirat verbundenen Habsburger werteten den Orden und die damit verknüpfte Kreuzzugsideologie bald auf. Für das Sendungsbewusstsein der Familie eignete sich die Geschichte Jasons und seiner Gefährten auch in anderer Hinsicht. An sie schlossen sich mythologische Stoffe an, die der Präsentation und Festigung der Macht dienten. Jason zur Seite stand Herkules[3], der im spätantiken Herrscherkult eine besondere Rolle spielte. Der Halbgott und Vollbringer von heroischen Taten kam im Zuge der Renaissance wieder in Mode. Regenten erblickten in ihm einen Ahnherrn. Mehrere Habsburger fühlten sich ihm seelenverwandt und verglichen sich als „Türkenbezwinger" mit dem griechischen Heros.[4]

Dessen Taten und seine Verbindung mit den Argonauten leiten zu weiteren habsburgischen Selbststilisierungen im Rahmen der antiken Mythologie über. Die erste Zerstörung Trojas durch Jasons Gefolgsleute bildet nämlich den Beginn einer der Absicherung fürstlicher Vorrechte dienenden Erzählung. Sie führt über Äneas, dessen Flucht aus dem endgültig untergegangenen Troja und seiner Übertragung der Herrschaft Jupiters auf Rom bis hin zum christlichen Imperium. Dessen Kaiser wiederum machte durch das Gottesgnadentum auf die tiefen religiösen Wurzeln seiner Regentschaft und durch den Titel „Herr der Welt" auf seinen universalen Machtanspruch aufmerksam. Letztlich blieb, wenn auch in abgeschwächter Form, dieses Herrschaftsverständnis in der Donaumonarchie über die Revolution von 1848 hinaus bestehen.[5]

Die Selbstdarstellung der Habsburger entsprach hierbei bis zur Mitte des 15. Jahrhunderts im Wesentlichen jener anderer Geschlechter der Hocharistokratie. Sie alle versuchten ihre Position durch den weiten Blick zurück bis in die Antike zu untermauern. Mit einer schwächeren religiösen Herrschaftsfundierung einerseits und der Verankerung der Führungsrolle im „Heiligen Römischen Reich (Deutscher Nation)" andererseits entwickelten die Habsburger im ausgehenden Mittelalter allerdings ein spezifisches Sendungsbewusstsein. In ihm wird die Überzeugung von der Auserwähltheit der Dynastie deutlich. Die Ahnenreihe der Familie rückte in den Mittelpunkt des Interesses. Hatte man auf die Herkunft des Geschlechts anfangs wenig Wert gelegt und hauptsächlich bis zur Königswahl Rudolfs I. im Jahre 1273 zurückgedacht, begann man um 1400 der Abstammung als Grundlage der eigenen Erhöhung Beachtung zu schenken. Im Wettstreit mit anderen adeligen Familien, etwa den Luxemburgern und den Hohenzollern, konstruierten die Habsburger Stammbäume, welche sie als Nachfahren der fränkischen Merowinger und Karolinger, vornehmer Römer und sogar der trojanischen Helden auswiesen.[6]

Solcherart verzahnte sich eine fiktive Genealogie mit der Abfolge der König- und Kaiserreiche, vom altertümlichen Priamos bis zum neuzeitlichen Imperium, an dessen Spitze sich das habsburgische „Erzhaus" vor allen anderen dauerhaft zu behaupten vermochte. Die „Argo" als Symbol einer tief in der sagenhaften Vergangenheit wurzelnden Herrschaftslegitimierung fand Gefallen vor den Augen des spanischen Königs. Philipp II. und andere Nachfahren aus beiden Zweigen seiner Sippe hielten noch für längere Zeit an derlei Inszenierungen fest.[7]

Erst allmählich gründete sich die Demonstration realer Staatsgewalt auf subtilere Prozesse der Verinnerlichung von Macht; beispielsweise auf jene Disziplinierungsmaßnahmen, welche in der Frühen Neuzeit für die Untertanen beschlossen wurden. Durch die Aufklärung rückten die identitätsstiftenden Mythen der Barockzeit schließlich in den Hintergrund. Der Rationalisierungsschub des 18. Jahrhunderts und die revolutionäre Ära nach 1789 warfen ein ungünstiges Licht auf die antiken und christlichen Mythen. Opportuner erschien es, durch eine Art „wissenschaftliche" Auseinandersetzung mit dem angestammten Herrscherhaus neue Legenden zu generieren.

Besonders die Historiker waren gefordert, die bedeutenderen Mitglieder des „allerhöchsten Hauses" zu würdigen und auch den jeweils regierenden Monarchen zu „adorieren".[8] Einen besonderen Stellenwert gestand man bis ins 19. Jahrhundert den Frauen der Habsburger zu. In ihre Biographien wurden alte, religiös geprägte Formeln eingewebt. Glaubensstarke und wohltätige Gestalten beherrschten die Szenerie. Widerstände oder Schwierigkeiten, dem verordneten Rollenverhalten zu entsprechen, blieben weitestgehend unerwähnt. Diskrete Auslassungen verschönten indes auch die Darstellung der Regenten. Geschichtsschreiber griffen gerne auf gefällige Anekdoten, etwa in Bezug auf Rudolf I., zurück. Schablonen vom frommen, edlen und guten Fürsten fanden unwidersprochen ihre Adressaten. Unliebsames wurde verschwiegen; ebenso Kaiser und Könige, die sich insgesamt wenig zur Idealisierung der Dynastie eigneten.[9] Die dadurch entstandenen Lücken konnten mit nicht regierenden Mitgliedern der Familie gefüllt werden. Erzherzöge und Kronprinzen kamen solcherart zu ihrem Recht.[10] Ihre Großtaten wurden Teil der Klischees, auf die selbst jene Bücher nicht völlig verzichteten, die sich in den letzten Jahrzehnten der Donaumonarchie um eine seriösere Annäherung bemühten. Eine Ausnahme ist Eduard Maria Fürst von Lichnowskys achtbändige *Geschichte des Hauses Habsburg*, die den Übergang von höfisch-genealogischen Arbeiten zur Geschichtswissenschaft und zur christlich-germanischen Vorstellungswelt der Spätromantik darstellt. Obwohl Lichnowsky lediglich die Zeit bis zu Maximilian I. behandelte, bleibt seine Arbeit ein Meilenstein. Selbst Oswald Redlich, der auf der Grundlage quellenkritischer Forschungen um die Wende zum 20. Jahrhundert detaillierte Untersuchungen durchführte, wagte kein derart großangelegtes Unternehmen.[11]

Das vor allem der Urkundenforschung verpflichtete Wiener Institut für Österreichische Geschichtsforschung trug zu dieser Entwicklung gleichfalls bei: Zusammenfassende Studien wurden hauptsächlich der populär-patriotischen Literatur überlassen.[12]

Nachdem eine breitenwirksamere „Image-Kampagne" dem Leseunkundigen oder -unwilligen die Habsburger bereits anhand von Münzen, Medaillen, Denkmälern, Malereien und Repräsentationsbauten schmackhaft zu machen versucht hatte[13], kam nach Einführung der allgemeinen Schulpflicht dem Kinder- und Jugendbuch eine führende Rolle zu. Die Gnadensonne der Majestät sollte die

Herzen künftiger Generationen zum frühest möglichen Zeitpunkt erwärmen. Eine bis zur Penetranz gesteigerte Verehrung des allerhöchsten Hauses, wie sie Hermine Proschko in *Habsburgs Kaiser Frauen,* Hans Fraungruber in *Hoch Habsburg!* und Nelly Goebel in *Unser Franzi* vorexerzierten[14], konnte freilich auf die bewährten Stilisierungen zahlreicher Berufshistoriker zurückgreifen. Mit ihrer Hilfe avancierte gerade das Schulbuch zur österreichischen „Ruhmeshalle der Macht". Das Standardrepertoire war vorgegeben: Den wichtigsten Herrscherpersönlichkeiten über Maria Theresia bis Franz Josef standen Prinz Eugen, Erzherzog Karl, Andreas Hofer und Feldmarschall Radetzky als Heroen einer glorreichen Vergangenheit zur Seite. Dieses erzieherische Konzept einer „Pädagogik der Idole" hielt sich in Österreich weit über das Jahr 1918 hinaus, bis zur offiziösen Geschichtsvermittlung in der Zweiten Republik.[15]

Schützenhilfe bekamen die Lehrer und Wissenschaftler bei ihrer „Volksaufklärung" zudem von den Schriftstellern. Letztere konnten selbst auf eine lange Tradition der Habsburg-Verklärung zurückblicken. Deren Ursprung liegt in der Zeit der Entstehung des österreichischen Kaiserreiches während der Auflösung des Heiligen Römischen Reiches.[16] Dem recht heterogenen Mitteleuropa versuchte man damals insbesondere durch die Dynastie eine Klammer der Gemeinsamkeit zu verpassen.

In der Epoche der Romantik und des Biedermeier wuchs ein solches Ansinnen eher auf emotionalem als auf rationalem Boden. Belletristische Werke deuteten die Unbeweglichkeit des Systems, verkörpert in Franz I. und Franz Josef I., zu Stabilität und gefühlsmäßiger Heimat um.[17] Der sanfte Rückblick ruhte auf drei Säulen: der Supranationalität, der Bürokratie und dem Hedonismus. Der Kaiser bildete das Zentrum einer zur Selbstkarikatur neigenden Beamtenwelt, den Bezugspunkt einer Gesellschaft im bisweilen sinnentleerten Lebensgenuss. Amtsjargon und Walzerseligkeit konstruierten einen sentimentalen Raum zwischen Ironie und Verklärung. In ihm entstand das imaginäre „Kakanien", der von Musil später so benannte literarische Ort der Erinnerung.[18]

Dem Spiel mit Fakten und Fiktionen stand die nüchterne politische Realität gegenüber. Der November 1918, das Ende des im Sommer 1914 ausgebrochenen Weltkrieges, versinnbildlichte aus der Sicht der herrschenden Familie die Katastrophe schlechthin. Der Anspruch auf die Jahrhunderte währende Vorrangstellung war nicht mehr aufrecht zu erhalten. Vielmehr unterzogen die neuen Regierenden das untergegangene Reich einem äußerst kritischen Urteil. Über die Erzherzöge an den Fronten berichtete etwa die *Arbeiter-Zeitung.* „Die Kriegsfestessen des Erzherzog Friedrich", „Erzherzogliche Sommerfrische während der Isonzoschlacht", „Was der Hof verbraucht hat", lauteten die Titel einiger Artikel zu Beginn des Jahres 1919.[19]

Nachhaltiger als in der Presse wollte man jedoch im Klassenzimmer zur Neubewertung der Vergangenheit beitragen. Die Sozialdemokratie formulierte neue Bildungsziele. Der Vaterlandsbegriff sollte von der Anhänglichkeit zur Dynastie getrennt werden.[20] „Die Schule der Republik", erklärte Otto Bauer, „wird den Unterricht nicht nur von der verlogenen Verherrlichung der Habsburger befreien müssen, sie wird vielmehr die Schüler ganz ausdrücklich auf die Irrtümer, die Fehler, die Laster, die Verbrechen der Habsburger aufmerksam machen müssen."[21]

Bauers Ausführungen hinterließen allerdings kaum Spuren. Die Entwicklung ging in eine andere Richtung. Schon der Arbeit einer „Kommission zur Erhebung militärischer Pflichtverletzungen" zwischen 1914 und 1918 war nur mäßiger Erfolg beschieden. Zwar hatte sie es sich zur Aufgabe gemacht, „die Schuldhaftigkeit des Versagens" eigener Armeeführer, unter ihnen mehrere Angehörige des allerhöchsten Hauses, „aufzudecken und zu ahnden".[22] Den Offizieren in der Kommission gelang es jedoch, ihre schützenden Hände über die verfolgten Kameraden zu halten.[23]

In der Folge verkehrten sich die ursprünglichen Absichten in ihr Gegenteil. Von ehemaligen Kommandeuren des Habsburgerheeres bis weit nach 1945 monopolisiert, stand die Erforschung der Epochen vor 1918 im Zeichen einer Reinwaschung der altösterreichischen Wehrmacht. Die daraus abgeleitete k. u. k. Traditionspflege im republikanischen Bundesheer fand schließlich im christlich-autoritären Ständestaat unter dem Bundeskanzler Kurt Schuschnigg ihren Höhepunkt.[24] Bei der Eröffnung des Österreichischen Heldendenkmals im Äußeren Burgtor am 9. September 1934 jubilierte die einstmalige Generalität. „Endlich", meinte ein früherer k. u. k. Feldherr, „ist der Tag gekommen, an dem die alte kaiserliche Armee, die [...] bei der Rückkehr in die Heimat beschimpft, besudelt und in den Kot gezerrt wurde, wieder stolz erhobenen Hauptes vor die Welt treten kann."[25] Bald erfolgte die Übergabe der Feldzeichen aus dem Ersten Weltkrieg an die Nachfolgetruppenkörper durch Kanzler Schuschnigg.

Seine Ideologen gingen parallel dazu noch weiter und erblickten in Österreich letztlich sogar eine Schöpfung des alten Herrscherhauses, dessen gleichermaßen christlicher wie deutscher Charakter gegenüber dem nationalsozialistischen Deutschland hervorgehoben wurde.[26] Bei Worten alleine blieb es jedoch nicht. Ausnahmegesetze gegen die Habsburger wurden abgeändert beziehungsweise aufgehoben. Zu deren Mitgliedern bestanden persönliche Kontakte.[27] Inmitten schwieriger internationaler Verhältnisse verstand sich Schuschniggs Regime als Fortsetzung des habsburgischen Österreich hinsichtlich seiner Staatsidee.[28]

Neben dem Bündnis mit den Monarchisten und der literarischen Verklärung der Kaiserzeit fanden inzwischen auch neue, breitenwirksame Medien ihren Weg zur „Welt von Gestern". Das Kino schuf sich in operettenhaften Inszenierungen eine zurechtgeschneiderte Geschichte, in der Gemeinplätze und Nebensächlichkeiten dominierten. Das Wien-Klischee trat seinen Siegeszug an und fand vor allem beim deutschen Nachbarn dankbare Aufnahme.[29] Unter Auslassung jeder möglicherweise irritierenden Anspielung bediente sich sogar die ansonsten habsburgfeindliche NS-Propaganda vordergründiger Ausstattungsfilme mit sentimentalem Zugang zur kaiserlich-königlichen Vergangenheit.

Der kulturelle Mythos „Altösterreich" überlebte dann ohne tiefere Brüche das Ende des Dritten Reiches.[30] Während der späten Vierziger- und Fünfzigerjahre bediente die gnädige Retrospektive virtuos die Bedürfnisse der Nachkriegszeit. In *Der Engel mit der Posaune, Erzherzog Johanns große Liebe, Die Deutschmeister, Maria Theresia, Kronprinz Rudolfs letzte Liebe* und den drei *Sissi*-Filmen erfüllten sich die Sehnsüchte der Proporzgesellschaft nach der Aufhebung sozialer Grenzen. Unpolitische Unterhaltung präsentierte dem empfänglichen Publikum die Aktionseinheit Diener-Herr, die Monarchenträume vom privaten, kleinbürgerlichen Glück und den Wunsch von Prinzessin und Zofe, die Rollen zu tauschen.[31] Im Zentrum des seichten Wirrwarrs stand, wie schon in der erfolgreichen Belletristik der vorhergehenden Dekaden, Franz Josef als großväterlicher Garant der Sicherheit, als unbelasteter Ordnungsfaktor nach dem „braunen Alpdruck".[32] Zu guter Letzt wurde die fidele Maskerade der Dirndl und Lederhosen tragenden Erzherzoginnen und Erzherzöge mühelos von Heimatfilm und Tourismusbranche instrumentalisiert.[33] Der inländische Konsument feierte indes mit einer zum banalen Klamauk verkommenden Schwejk-Parodie die Zeiten, als „Böhmen noch bei Öst'reich" war.

Den audiovisuellen Medien passten sich populärwissenschaftliche Bücher an. Sie beschworen höfische Vornehmheit, sahen in den Dynasten Europas unfreie Gestalten, gefesselt von Etikette, von Zeremonien und Reglements.[34] Positiv besetzte Gerüchte von der angeblichen Sehnsucht des Adels nach der vermeintlichen Freiheit des einfachen Menschen wurden mit zusätzlichen Beschönigungen verknüpft. Nach der Meinung zahlreicher Autoren hatten Widersacher nur zu oft die hehren Intentionen des Erzhauses durchkreuzt. Die „verdienstvollen Habsburger" als Wahrer universeller Werte waren so gesehen stets den Egoismen und insbesondere Sonderinteressen europäischer Fürsten ausgesetzt gewesen. Verlangten dunkle Flecken in den Lebensläufen der Kaiser und Könige distanziertere Stellungnahmen, so griff man auf phantasievolle Interpretationen zurück. Für manchen war beispielsweise Ferdinand II. „von freundlichem Äußeren und heiterer Gemütsbeschaffenheit". Die verhängnisvolle religiöse Unduldsamkeit, die sich schlecht in das Bild der „sprichwörtlichen Großzügigkeit" Ferdinands fügte, sei hingegen einem „entscheidenden" und „nicht immer günstiger Einfluss der Jesuiten" zuzuschreiben.[35] Die bewährte Verteidigungsstrategie fand wiederholt Anwendung: Berater mussten die Rolle des Schuldigen übernehmen. Zweifelhafte Aktivitäten des Monarchen tauchte man in ein weicheres Licht. Die Handlungsweise des Fürsten wurde nicht unter dem Gesichtspunkt der Verantwortlichkeit, sondern des Schicksals und der persönlichen Tragik betrachtet.

Mehr noch. Die Schicksale gekrönter Häupter und ihrer nächsten Verwandten mussten als Projektionsflächen märchenhafter Wunschvorstellungen herhalten. Die Hocharistokratie, schlechthin die Verkörperung des „Reichen und Schönen", bedient bis heute die Idealisierungsbedürfnisse weit verbreiteter Aschenputtel-Phantasien. Von der Hofberichterstattung des vorigen Jahrhunderts bis zur Regenbogenpresse unserer Tage obwaltet die Hoffnung auf die Erlösung aus der eigenen Tristesse. Sie mündet, wie bereits die Geschichtsschreibung früherer Epochen, in eine beispiellose Ausblendung des Umfeldes und der Konzentration auf Einzelpersönlichkeiten. Das Unglück wird dabei zum kaum bewältigbaren Betriebsunfall. Der Tod von Prinzessin Diana löste nicht bloß in den einschlägigen Medien eine Massenhysterie aus. Freilich wird umgehend Trost gesucht, der Seelenfrieden des Publikums wieder hergestellt. „Wir wollen uns an die schönen Momente erinnern", schrieben die Revuen und Gazetten.[36] Im „heiligen Hain blaublütiger Harmonie" versammeln sich die Fürstenhäuser Großbritanniens, Monacos, Skandinaviens und Spaniens; mit dabei, wenn auch am Rande, das Familienunternehmen Habsburg.

Neben der Legendenbildung zur Rechtfertigung realer Herrschaft konnten die Nachfahren Rudolfs I. somit weitere Guthaben auf ihrem historischen Konto verbuchen. Zu alten Mythen und Traditionen gesellte sich die bewusste Verzerrung einer ohnehin schwer fassbaren Vergangenheit im Dienste gesellschaftlicher oder individueller Identitätssuche. Vornehmlich biographische Annäherungen plädierten nur selten für unabhängige Sichtweisen.[37] Geistreich zusammengetragene Geschwätzigkeiten einerseits und fundierte Detailstudien zu punktuellen Fragen andererseits vernachlässigten den Kontext, größere Zusammenhänge und neue Forschungsbereiche.

Erst in jüngster Zeit löste die Habsburg-Historiographie ihre eigenen Forderungen nach einer Analyse der Strukturen beziehungsweise nach einem sozial-, kultur- und mentalitätengeschichtlichen Ansatz ein.[38] Grundlegend kritische Betrachtungsweisen fanden darin allerdings zumeist nur Erwähnung. Prestige-Projekte der renommierten Wissenschafter[39] beschäftigte darüber hinaus die Vernetzung der „Casa d'Austria" mit den von ihr beherrschten Territorien. Die Dynastie ging in der Entwicklung ihrer Kronländer auf. Ungereimtheiten der Familiengeschichte verschwanden im Flechtwerk unterschiedlichster wirtschaftlicher, sozialer und politischer Ambitionen des Donauraumes. Bewusst hatte man im Ständestaat darauf Bezug genommen. „Es ist unmöglich, zu leugnen, daß im Ablauf der Jahrhunderte Habsburgs Größe auch Österreichs Größe und Habsburgs Not auch Österreichs Not war", hieß es 1936.[40]

Nicht zufällig betrachtete Otto Bauer bereits fünfzehn Jahre zuvor derartige Feststellungen als Grundlage historischer Apologetik. Dadurch, so der führende Theoretiker der Sozialdemokratie, verfälsche man die Charakterbilder der Habsburger, verschweige das Schlechte und rechne ihnen umgekehrt die guten Taten anderer an.[41]

Im Geschichtsbewusstsein konnte sich eine grundlegende Blickänderung, wie sie in Bauers Ausführungen angeraten wurde, bis auf den heutigen Tag allerdings nicht festsetzen. Vereinzelt würdigte selbst die spätere nationale und marxistische Geschichtsschreibung Vorzüge der k.(u.)k. Monarchie.[42] Namhafte Autoren einer aktuellen zehnbändigen österreichischen Geschichte sehen sich veranlasst, noch heute im Reich Franz Josefs I. eine „Hochburg der Humanität" und einen „nicht unerheblichen Beitrag zur Erhaltung der Zivilisation im Zeitalter der großen Vereinfachungen" zu sehen.[43] Angesichts solcher Betrachtungsweisen sucht mancher Forscher sogar bei gerechtfertigten Vorwürfen nach „wohltuend abgewogenen Urteilen". Ein im Schatten des Herrscherhauses gewachsenes Österreich, heißt es relativierend, hatte „auch seine Schwächen, obgleich nicht in dem Maße, wie man gewöhnlich glaubt".[44]

Vor allem in der Schilderung des Ersten Weltkrieges, den ältere Generationen noch aus eigenem Erleben beurteilten, manifestierte sich der milde Blick zurück. Schuld am Kriegsausbruch im Sommer 1914 seien Russland und vor allem das wilhelminische Deutschland gewesen. Franz Josef und Karl müssten hingegen als „Friedensfürsten" betitelt werden, ließen VP-nahe Kreise vermelden.[45] Die spärlichen geschichtsideologischen Texte der SPÖ hielten diesen apologetischen Absichten der Volkspartei wenig entgegen.[46]

Die Führung der ÖVP formulierte die Generallinie im „Fall Habsburg". Aus der Politik sollte der monarchistische Gedanke heraus gehalten werden, während in der historischen Betrachtung die Vergangenheit verklärt werden konnte. Bundeskanzler Julius Raab, 1918 Offizier an der Italienfront, brachte es auf eine Kurzformel: „Die Monarchie war großartig, sie ist aber leider g'wesen."[47]

Gegenbilder und Bewertungskriterien

Nach 1945 gerieten nicht allein unbequeme Fragen an die jüngere nationalsozialistische, sondern sogar an eine bereits weiter zurückliegende königlich-kaiserliche Vergangenheit ins Hintertreffen. Widersprüchliches fand vorrangig in Anmerkungen und Anekdoten diverser Regentenporträts Erwähnung. Dem Unterfangen, das Augenmerk über die Einzelbiographie hinaus auf gravierende Unzulänglichkeiten und mögliche langfristige Fehlentwicklungen zu lenken, stellt sich eine Fülle eher wohlmeinender als distanzierter Wortmeldungen in den Weg. Diese eröffnen kaum Spielraum für die Formulierung prinzipieller Vorbehalte. Vielmehr verwischen sie mitunter auch bewusst die Spuren zu einer anderen Geschichte des Kaiserhauses.

Eine differenzierte Herangehensweise an die Thematik stößt nur zu bald auf Schwierigkeiten. So besteht die Notwendigkeit, zwischen der jahrhundertelangen ehrerbietigen Überhöhung und der mit wechselnder Intensität vorgebrachten polemischen Verurteilung der Dynastie stichhaltigere Interpretationen zu finden. Ebenso gilt es, die Verantwortlichkeit der Krone in komplexen gesellschaftlichen Verhältnissen, im wechselnden Kontext aufeinander folgender Epochen, aber auch anhand Ewigkeit beanspruchender Herrschaftsmodelle aufzuzeigen.

Obwohl der Historiker bei diesem Vorhaben seiner Zeit weder entfliehen kann noch soll, hat er dennoch die sich stets anbietende Projektion der Gegenwart in weiter zurückliegende Begebenheiten zu vermeiden. Weder sie noch verlockende Simplifizierungen können zur Grundlage seiner Arbeit werden. Zudem kleidet die Rolle des Staatsanwaltes den Geschichtswissenschafter schlecht. Ein Tribunal gegen die Kaiser, ihre engsten Verwandten und Berater, eine Anklageschrift, zusammengefügt aus Einzelfällen, welche, über die Jahrhunderte verstreut, schon durch ihre Zahl beeindrucken und vielleicht sogar zu einigen zentralen Vorwürfen gebündelt werden könnten, ließe sich gewiss viel einfacher ins Bewusstsein der Öffentlichkeit bringen. Titel lägen bereit: „Prozess gegen Habsburg" oder „Urteil über Habsburg". Einmal in die Pose des Anklägers gedrängt, müssten Forscher freilich ihr eigenes analytisches Instrumentarium präzisieren. Die vordringlichste Frage läge auf der Hand: Welche rechtlichen Grundlagen stünden dem Kläger zur Verfügung? Bei dem Versuch, Gesetzesbrüche nachzuweisen, sähe er sich mit einem beträchtlichen Argumentationsaufwand konfrontiert. Neben den Plädoyers der Verteidigung würden ihm gesetzesfreie Räume, unvereinbare Rechtssysteme und -auffassungen sowie Advokatengezänk und juristische Disputationen das Leben erschweren.

Im Gegensatz dazu vermag die Geschichtsschreibung abseits des Gerichtsortes und ohne eine vordergründige Kriminalisierung historischer Taten und Persönlichkeiten den Problemstellungen überzeugender gerecht zu werden. Im Rahmen ihrer wissenschaftlichen Methode kann sie Kritikpunkte in einen breiteren Kontext einordnen und trotzdem zu klaren Erkenntnissen gelangen.

Dabei möchte das vorliegende Buch vor allem den Donauraum und das Verhältnis des Kaiserhauses zum Deutschen Reich seit dem Beginn der Frühen Neuzeit im Auge behalten. Folgende Gründe sind hierfür ausschlaggebend: Trotz der Bedeutung der spanischen Linie während des 16. und 17. Jahrhunderts lässt sich das dauerhafte Selbstverständnis der Dynastie an ihrer ständigen Präsenz im Herzen Europas einprägsamer darstellen. Als erstes Adelsgeschlecht des christlichen Abendlandes fungierte es nämlich als identitätsstiftende Klammer unterschiedlicher mitteleuropäischen Herrschaftsgebiete, die unter dem Namen „Österreich“ zur barocken Großmacht mit südöstlicher Expansionsrichtung zusammenfanden. Das „Unternehmen Habsburg“, das allmählich aus dem Heiligen Römischen Reich herauswuchs, ist unter diesen Bedingungen hauptsächlich anhand der Herrschaftspraxis zwischen 1500 und 1918 darzustellen.[48]

Bei der Untersuchung werden jedoch von Anfang an Widersprüche erkennbar. Gegensätzliche Meinungen, Spannungen bis hin zum „Bruderzwist“ lassen es ratsam erscheinen, nach maßgeblichen Strömungen innerhalb eines keineswegs einheitlichen Familienverbandes zu suchen.[49] Vor Vereinfachungen hat man sich überdies auch in anderer Hinsicht zu hüten. In finanziellen Angelegenheiten etwa stellen sich Habsburger vielfach als verschwenderische, verschuldete und zeitweilig auch ausbeuterische Landesherren dar.[50] Für die Zeit um 1600 attestieren anerkannte Historiker dem Hof ganz allgemein verfehlte Wirtschaftsstrategien.[51] Demgegenüber wurde die lange aufrechterhaltene Behauptung des ökonomischen Scheiterns der Habsburgermonarchie durch eine Reihe von Gelehrten mit verschiedenen Weltanschauungen und methodischen Ansätzen seit den Sechzigerjahren nachhaltig erschüttert.[52]

Ergibt sich bei wirtschaftlichen Belangen ein ambivalentes Bild, gestatten es weite Bereiche der politischen Entwicklung sowie der Militär-, Religions-, Sozial- und Mentalitätengeschichte, durchaus noch kritischere Standpunkte zu beziehen.

Um diesbezüglich den Einfluss der Dynastie einschätzen zu können, hat man sich den Handlungsspielraum des Hofes und insbesondere des Regenten zu vergegenwärtigen. Letzterer sah sich innerhalb des Heiligen Römischen Reiches (Deutscher Nation) nicht nur, wie es die habsburgische Selbstdarstellung vorgibt, mit einer Reihe von Mühen und Pflichten belastet. Gegenüber den widerstrebenden Interessen der Reichsstände vermochte sich die Kaiserwürde über den Westfälischen Frieden mit seiner Stärkung einzelner Landeshoheiten und seinen tiefgreifenden Folgen für die politische Landkarte Europas hinaus beträchtlichen Einfluss zu sichern. Gerade in den Jahrzehnten nach 1648, also nach dem Ende des Dreißigjährigen

Krieges, wurde die Autorität des Erzhauses auch außerhalb der Erbländer wieder spürbar.[53]

Im Donauraum manifestierte sie sich inzwischen noch viel nachhaltiger. Der absolute Monarch organisierte sein Gemeinwesen prinzipiell patrimonial. Das heißt, der Fürst und seine Familie wurden mit dem Staat gleichgesetzt. Es gab keine klare Trennung zwischen Hof- und Zentraladministration. Das Verhältnis zwischen Regenten und Untergebenen beruhte nicht auf der Dienstpflicht für einen sachlichen, unpersönlichen Zweck und dem Gehorsam gegenüber abstrakten Normen, sondern gerade umgekehrt auf streng persönlichen Pietätsbeziehungen. Der Verwaltungsbeamte war selbstverständlich auch Diener des Fürsten.[54]

Dabei vergrößerte der Landesherr seinen Aktionsradius durch das spezifische Verhältnis zur engsten Umgebung. In Mitteleuropa fanden sich wenig Entfaltungsmöglichkeiten für Persönlichkeiten vom Schlage eines Richelieu, Olivares, Buckingham oder Oxenstierna. Es fehlte an Favoriten oder Favoritinnen, wie sie die französische Geschichte in der Gestalt der Dubarry oder Pompadour kennt. Selbst hervorragende Berater und Heereskommandanten wie Raimondo Montecuccoli und Prinz Eugen stiegen nicht zu allmächtigen Günstlingen auf. Die militärische Elite des Kaiserreichs wurde in ihre Schranken verwiesen. Wallensteins Ende war gleichermaßen spektakulär wie signifikant. Über eigensinnige Konkurrenten hinweg etablierte sich ein im großen und ganzen hart arbeitender Kaiser, der, auch wenn er sich irrte, eisern an der persönlichen Verantwortung festhielt.[55] Das erkannten auch die Mitglieder der Casa d'Austria selbst. Obwohl sie im persönlichen Gespräch mit dem Familienoberhaupt ihre Ansichten deutlich und vereinzelt wirkungsvoll zur Geltung brachten, bekamen sie stets die Grenzen ihrer Macht zu spüren. Unterbeschäftigte, ja frustrierte Erzherzöge und Kronprinzen konnten zumeist wenig Einfluss ausüben.

Nach dem Tode Maria Theresias verstärkte sich diese Tendenz, indem die Aura der Dynastie und deren traditionelle Beziehungen zu den Untertanen auf die Gedankenwelt des Zeitalters der Vernunft trafen. Mit dem aufgeklärten Absolutismus in der Lesart Josefs II. sollten althergebrachte Bindungen in den Hintergrund treten. Ein modernisierter Staat, basierend auf den Gesetzen der Rationalität, war gleichzeitig aufgerufen, dem heterogenen Donauraum ein starkes Zentrum zu geben. Letzteres begriff man nicht bloß als gemeinsame Klammer, sondern als Ausgangspunkt eines Vereinheitlichungsprozesses. Die Bürokratie wurde zur Verkörperung dieser Einstellung. An ihrer Spitze stand der erste Beamte, der Monarch, welcher in seiner neuen Funktion noch zusätzlich den Abstand zu den anderen Mitgliedern des Herrschergeschlechtes vergrößerte. (Selbst die „Letztgeborenen" hielten im Wesentlichen noch daran fest.) Das Reich ruhte auf den Schultern der zivilen und militärischen Verwaltung.

Die Widersprüche innerhalb des eigenen Machtbereiches konnten mit dem ambivalenten Erbe Josefs allerdings nicht überwunden werden.[56] Dessen Bruder Leopold (II.) erkannte die Mängel. Die Stellung des Fürsten lag ihm zufolge in der Übereinkunft aller Bevölkerungsgruppen begründet.[57] Die Französische Revolution schien diese Überlegung zu untermauern: Mit dem Sturm auf die Bastille verknüpfte sich das Prinzip des Gesellschaftsvertrages. Das Volk entschied nun über den Fortbestand der Monarchie. Franz I. (II.) und seine Nachfolger blieben hingegen mit ihrem Herrschaftsverständnis hinter den Forderungen der Zeit zurück. Als „Amtsvorsteher von Gottes Gnaden" waren sie nur schlecht auf die Dynamik des 19. Jahrhunderts vorbereitet.[58] Sie beharrten auch weiterhin auf der Position einer allein verantwortlichen Entscheidungsinstanz. Gemäß ihren Ansprüchen und den daraus resultierenden Gestaltungsmöglichkeiten haben sie beurteilt zu werden.

Die Selbstbeschreibung der Dynastie liefert dem Historiker indes noch andere Bewertungskriterien. Das Geschlecht der Habsburger versteht sich als Traditionsverband, der sich sowohl auf soziale als auch auf weltanschauliche Grundlagen stützt.[59] Die Orientierung an der standesgemäßen Ehe dient auf diese Weise sowohl der dauerhaften Abgrenzung gegenüber anderen gesellschaftlichen Schichten als auch einer defensiven und offensiven Heiratspolitik zur permanenten Machterhaltung und -erweiterung.[60] Diese wiederum wurde mit weiteren „unumstößlichen" Prinzipien verknüpft. Das allerhöchste Haus empfand sich als Hüter „ewiger Ideen".[61] Es pochte auf sein Recht und seine Pflicht, über den Ständen und Nationen Garant eines imperialen Konsenses zu sein. Dazu fühlte es sich durch den einzigen richtigen Glauben berufen. Bis auf den heutigen Tag erwartet der Familienverband in diesem Sinn himmlische Belohnung für die Verteidigung der römisch-katholischen Konfession und des religiösen Lebens im Abendland.[62] Da sich also das Unternehmen Habsburg als Beschützer universaler Werte präsentiert, drängen sich dem Beobachter unweigerlich Fragen auf: Erfüllte das Kaiserhaus die selbst gewählten Aufgaben? Diente sein Verhalten der Bewahrung politischer und ideologischer Einheit? Wie aber ging man dann andererseits mit der Interessenvielfalt im eigenen Machtbereich um? Mussten Spannungen mit den Untertanen nicht fortwährend mit dem von der Krone unablässig postulierten christlichen Moralkodex kollidieren?

Kritische Betrachtungen gründen sich jedoch keineswegs allein auf die „überzeitliche Mission“ Habsburgs. Kaiser und Könige sowie engste Verwandte und Berater haben Eigendefinitionen vorgelegt, an denen sie in ihrem spezifischen historischen Umfeld von den Zeitgenossen ebenso wie von den Nachfahren gemessen werden können.

Wahlsprüche versuchten den Regierungsstil auf den Punkt zu bringen. Mitunter, wie im Falle der berühmten Buchstabenkombination AEIOU, fällt ihre Entschlüsselung schwer. Eindeutig brachten damit aber sehr viel später Franz Josef I. und Karl I. ihre wichtigsten Anliegen zum Ausdruck. Mit „vereinten Kräften“ sollte eine unteilbare Monarchie vor ihrer Auflösung durch äußere und innere Feinde bewahrt werden. Der Erste Weltkrieg und seine Folgen ließen derlei Motive zu frommen Wünschen verblassen.[63]

Dauerhafter erwies sich die Betonung der Herrschertugenden, welche neben der göttlichen Gnade seit langem die herausragende Stellung der gekrönten Häupter rechtfertigten. Am Wiener Hof wurde man in diesem Zusammenhang nicht müde, die kaiserliche „Clementia“, die Milde, zu betonen. Weil sie nur schlecht mit den harten Maßnahmen gegen ständische Opposition und religiöse Vielfalt harmonisierte, griff die engste Umgebung des Kaisers zu eigentümlichen Erklärungen. Ferdinand II., verkündete man beispielsweise bei dessen Begräbnis 1637, habe zwar „wenige Treulose streng mit dem Schwert bestrafen müssen"; aber auch „dies sei summa humanitas, nämlich durch den Tod weniger viele zu bewahren". Dass bei der sogenannten Magnatenverschwörung einige Jahrzehnte danach die Clementia Austriaca sogar zur Falle für die gegen das Haus Habsburg Agierenden wurde, warf kein allzu günstiges Licht auf die damalige Majestät Leopold I., der vom Volk den Beinamen „Türkenpoldl" verpasst bekam. Verklärende Propagandisten nahmen sich des heiklen Themas an. Bei der Unterzeichnung von Todesurteilen, so der Historiker Valvasor, habe Leopold „aus angeborener Sanftmut und Mitleiden die Tinte mit herzzerbrechenden Tränen zu vermischen sich nicht entbrechen können".[64]

Verteidigungspositionen musste jene, die dem Hof nahe standen, allerdings nicht nur bei der Erwähnung von Wahlsprüchen und Herrschertugenden beziehen. Das gefällige Bild gerechter und wohltätiger Habsburger drohte auch durch deren Vertragsbrüche getrübt zu werden. Lokale Gewohnheiten, tradiertes Recht, Reichs- und Länderverfassungen, völkerrechtliche und schließlich humanitäre Grundsätze sollten die fürstliche Macht beschränken.[65] Sie trugen den Keim schwerwiegender Auseinandersetzungen in sich. Universalistische und absolutistische Tendenzen des Erzhauses rivalisierten mit Ansichten von Interessensgruppierungen, die ihre Mitsprache auf gesetzliche Verpflichtungen zurückführten. Wiederholt formulierten sie Gegenpositionen, welche etwa das Heilige Römische Reich als Adelsherrschaft charakterisierten. Dem Monarchen kam ihrer Auffassung nach die Rolle eines höchsten Funktionärs innerhalb eines Gemeinwesens zu, das als Nebeneinander ständischer und kaiserlicher Befugnisse begriffen wurde.[66] Die juristische Diskussion diente schließlich politischen Pamphletisten als theoretisches Fundament.[67] Im Dreißigjährigen Krieg fand man noch deutlichere Worte. Die im Reichstag vertretenen Stände besäßen die alleinige Regierungsgewalt. Der von ihnen gewählte Kaiser sei wenig mehr als ein Sprachrohr des Staates, meinte Bogislav Philipp von Chemnitz in einer vielbeachteten Abhandlung. Dass sich Habsburg, so Chemnitz weiter, die Mittel verschafft habe, seine Position gegen alle parlamentarische Initiativen zu verteidigen, gehöre zu seinen schlimmsten Sünden.

Niemand, der zum Sturz des Hauses antrete, verstoße deshalb gegen die Gesetze. Ceterum censeo, das Wiener Haus müsse verschwinden.[68]

Veröffentlichungen dieser Art blieben keine Einzelfälle. Die Opponenten der Casa d'Austria schufen eine Gegenwelt zur kaiserlichen Schönfärberei. Eine Schwarze Legende begleitete das Herrschergeschlecht durch die Jahrhunderte.[69] Sie gipfelte im 20. Jahrhundert in nationalsozialistischen Broschüren, die Habsburg, nicht ohne antikatholische und antisemitische Untertöne, als „Unglück des deutschen Volkes" und speziell Karl I. als „Verräter, Feigling und Alkoholiker" verurteilten.[70] Radikale Repräsentanten der Arbeiterbewegung schmälerten indessen durch Untergriffe gleichfalls ihre vielfach nachvollziehbare Kritik an der Situation vor 1918.[71]

Die Geschichtsschreibung ist in diesem Falle gefordert, haltlose Polemik von tiefschürfenderen Aussagen zu trennen, welche einer genauen Analyse Stand halten können. Vor allem gilt es zu berücksichtigen, dass die meisten Darstellungen die Sicht der kaiserlichen Familie in das Zentrum ihrer Ausführungen rücken. Im Sinne eines Perspektivenwechsels hat demgegenüber die Sicht der Anderen Berücksichtigung zu finden. Der Vergleich mit den übrigen europäischen Großmächten und ihren Eliten verdient dabei ebenso Beachtung wie die Argumentation all jener Kräfte, welche zu verschiedenen Zeiten als innere und äußere Kontrahenten des Wiener Hofes auftraten.

Eine solche Annäherung darf sich jedoch keineswegs auf die militärischen und politischen Konflikte der europäischen Geschichte beschränken. Vielmehr sind die Habsburger in ihren sozialen Kontext einzugliedern; umso mehr, als auch in den letzten Jahren unzählige Veröffentlichungen auf die unglücklichen Mitglieder der Hocharistokratie hingewiesen haben, denen es aufgrund strenger Vorschriften nicht vergönnt gewesen sei, ein zufriedenes und erfülltes Leben zu führen.[72] Die ungebrochen publikumswirksame Sichtweise der traditionellen Historiographie engt das Interessenspektrum auf die großen Taten der Könige ein und liefert gleich noch deren große Leiden nach. Die Zwänge und Bedrückungen der weniger Privilegierten geraten ins Abseits. Eine kritische Darstellung der Habsburger hat diesem Umstand Rechnung zu tragen. Sie hat, mit Bert Brecht gesprochen, nicht bloß nach Caesar, sondern vielleicht auch nach dessen Koch zu fragen.

Die Beschäftigung mit gesellschaftlichen Entwicklungen hat solcherart unterschiedlichste Standpunkte, Strukturen und Beschränkungen zu berücksichtigen. Sie bestimmten ja die Handlungen einzelner oder mehrerer Beteiligter.

Der Historiker hat aber die Möglichkeit, mehr zu erfassen als der Augen- und Ohrenzeuge. Nicht die Fiktion eines „idealen Chronisten", der über jede frühere Begebenheit als unmittelbarer Beobachter berichten kann, definiert nämlich die herausragendste Leistung der Geschichtsschreibung. Diese beruht vielmehr darauf, im Nachhinein, durch die Perspektive des Rückblicks, Verbindungen zwischen diversen Ereignissen herzustellen, die auch dem aufmerksamsten Zeitgenossen verborgen bleiben mussten. Ein einfaches Beispiel veranschaulicht, was zunächst kompliziert klingen mag: Erst nach 1648 war es möglich, vom Dreißigjährigen Krieg zu sprechen. Aus einer derart simplen Feststellung leiten sich jedoch wichtige Interpretationen über zeitliche Relationen ab. Sie finden ihren Ausdruck in Formulierungen wie „verursachte die Entstehung von" oder „war ein Vorläufer von".[73]

Die Forschung wendet sich demgemäss vor allem den langfristigen Prozessen zu. Dieser Sachverhalt berührt gleichfalls das Vorhaben, fragwürdige Aspekte der königlich-kaiserlichen Regentschaft herauszuarbeiten. Ohne die Entwicklung Europas seit dem ausgehenden Mittelalter oder auch nur die Geschichte einer Familie in ihrer Gesamtheit erzählen zu wollen, muss die vorliegende Studie doch mit weit ausgreifenden Fragenkomplexen arbeiten.

Robert Evans, Professor für Neuere Geschichte am Brasenose College in Oxford, hat in seiner bemerkenswerten Untersuchung über das *Werden der Habsburgermonarchie* zwischen 1550 und 1700 auf derlei Aspekte hingewiesen. Seiner Meinung nach war es dem Wiener Hof nie zur Gänze gelungen, die lokalen Gefühle seiner Völker zu dominieren. In einem „Niemandsland zwischen Provinzialismus und Kosmopolitismus" seien Gebiete des privaten und öffentlichen Lebens außerhalb des barocken Gemeinwesens gestanden. Dort habe vielerorts auch der Protestantismus innerhalb eines Machtsystems überlebt, von dem er durch die Staatsphilosophie ausgeschlossen war. Die Kluft zwischen herrschendem Ethos und fortdauerndem Widerstand müsse demzufolge als „Fäulnisprozess" angesehen werden, der alte Vorbehalte in neue Parolen überzuleiten und letztlich sowohl den ungarischen als auch den tschechischen Nationalismus hervorzubringen vermochte.[74]

Kritische Untersuchungen der habsburgischen Herrschaftsausübung haben solchen Anregungen einen besonderen Stellenwert einzuräumen. Dem dynastischen Katholizismus ist dabei gleichermaßen Rechnung zu tragen wie dem Reformeifer Josefs II. Schließlich sind Nachwirkungen „allerhöchster" Entscheidungen bis in die Gegenwart spürbar. Als Mentalitäten prägende Phänomene bilden sie einen Teil der heutigen Geistesverfassung. In allen Bereichen, öffentlich und privat, politisch und sozial, wirtschaftlich und kulturell, wurden sie dadurch zu Mitgestaltern der österreichischen Gegenwartsgesellschaft.

Reisen durch die schlechte alte Zeit – Krieg und Außenpolitik I

Überhöhte Ansprüche

Manche Erzählungen lassen scheinbar mühelos die Niederungen des menschlichen Daseins hinter sich, ihnen haftet etwas Überhöhtes und bisweilen sogar Überirdisches an. Wie in der Bibel möchte man solche Geschichten einleiten. Im Anfang war, könnte es auch hier heißen, ein mächtiger Gedanke: Die Erinnerung an das Imperium des alten Rom. Dieses, so dachte man im Mittelalter, sollte im Zeichen der christlichen Religion wiedererstehen. Vom Glauben geleitet, dass alle weltliche Macht im Namen Gottes ausgeübt werde, übertrug der Papst die Herrschaft auf den Kaiser. Vor allen anderen Fürsten des Abendlandes sollte er die Welt im Zeichen des Kreuzes einen.[1]

Im Laufe der Jahrhunderte fand diese Überzeugung weite Verbreitung. Ab dem Hochmittelalter verstärkte sie sich, um schließlich zu Beginn der Neuzeit ihren Höhepunkt zu erreichen. Blieb das Territorium des Heiligen Römischen Reiches in seiner Blütezeit unter den Hohenstaufern auf das Gebiet zwischen Sizilien und Dänemark beschränkt, so vergrößerte sich nun der Herrschaftsanspruch. Die Entdeckung Amerikas sowie der gegen die Osmanen und die Araber auf der Iberischen Halbinsel geführte Krieg gegen den Islam weiteten die Dimensionen einer Universalmonarchie in einer bisher nicht gekannten Weise aus.[2]

Damals betrat das Geschlecht der Habsburger die Bühne der Weltgeschichte. Aus dem Ringen um ihren Einfluss in den schweizerischen Stammlanden und den babenbergischen Herzogtümern trat es, mit einer beträchtlichen Hausmacht und in Konkurrenz zu den einflussreichen Wittelsbachern und Luxemburgern, ab 1438 regelmäßig an die Spitze des Reiches.[3] Bald schon betrachtete das „Haus Österreich", wie sich die Dynastie aufgrund ihrer Besitztümer an der Donau bald nannte, die Kaiserwürde gewissermaßen als Familieneigentum. Mit ihr waren hochtrabende Pläne verknüpft. Maximilian I., der, ohne vom

Papst gekrönt zu werden, den Titel „Erwählter Römischer Kaiser“ annahm, entwickelte „Vorstellungen von einer Spiegelung göttlicher Allmacht in einem irdischen Weltreich der Habsburger“.[4] In jede Richtung wurde expandiert. Fürstenehen und Kriegsunternehmungen versprachen reiche Beute. Durch das burgundische Zwischenreich, die Erbberechtigung im jagellonischen Donauraum, vor allem aber durch das gerade vereinigte Spanien mit seinen Kolonien kam man den imperialen Zielen Schritt für Schritt näher. In den letzten Lebensjahren versuchte der bereits gesundheitlich angeschlagene Kaiser seine „Offensivideologie“ mit der Idee eines Kreuzzugs gegen die Muslime zu krönen.[5] Maximilians Enkel, Karl V., beabsichtigte sein Werk fortzusetzen. Eine katholisch fundierte Universalherrschaft des Römischen Kaisertums blieb oberste Maxime des Regierungsprogramms.[6]

Als trotz alledem die Sonne in Karls Reich unterzugehen begann und die Habsburger endgültig in eine königlich-spanische und kaiserlich-österreichische Linie zerfielen, rückten die alten Träume lediglich in den Hintergrund. Noch Rudolf II. ließ es nicht an einer aussagekräftigen Symbolik fehlen. Seine Propaganda stand, ebenso wie die anderer habsburgischer Regenten, auch weiterhin im Dienst der Weltherrschaft.[7] War diese nicht durchzusetzen, reklamierte man für sich immerhin eine Schlüsselposition im christlichen Abendland. Die führende Kraft im Reich, zumindest aber eine tonangebende europäische Großmacht wollte man sein, deren Untertanen nicht bloß unter einem Regenten, sondern unter einem Gesetz und durch den einen, wahren Glauben zusammengefasst werden sollten.

Was zunächst von den Gegnern des allerhöchsten Erzhauses als ernstzunehmende Herausforderung betrachtet wurde, erschien später in steigendem Maße als Illusion. Die Ansprüche des Kaiserhauses wirkten mit der Zeit eher lächerlich als gefährlich. Sorgte die kaiserlich-königliche Familie kurz nach 1918 in den mitteleuropäischen Nationalstaaten noch einige Male für größere Aufregung, so können die jüngsten Äußerungen der „Letztgeborenen“ nur als Ausdruck von mangelndem Realitätssinn gewertet werden. Der zukünftige Chef des Clans, Karl Habsburg-Lothringen, spricht noch heute, mehr als achtzig Jahre nach der Ausrufung der Republik, von seinen aufgrund „der gegenwärtigen Umstände drastisch eingeschränkten Rechten", um zugleich den Vorbildcharakter und die Verantwortung der Hocharistokratie gegenüber dem einfachen Menschen hervorzuheben.[8]

Eigentümlich interpretiert das ehemalige Herrscherhaus auch den europäischen Einigungsprozess. Dieser müsse im Lichte der Traditionen des Heiligen Römischen Reiches erfolgen.[9] Daher sei eine „geistige Regeneration" im Zeichen des Christentums notwendig. Nicht ohne bedenklichen Seitenhieb auf die Folgen des Kolonialismus, schrieb Otto von Habsburg 1986 dazu: „Die Vorväter haben Gott vertraut, fest angepackt und unsere unvergleichliche Zivilisation geschaffen. Statt stolz auf sie zu sein, reden wir nur noch von Europas Schuld. Wir bitten jeden Barbaren um Vergebung, daß wir der Welt die Idee der Freiheit geschenkt haben." Die Zukunft unseres Erdteiles aber hänge davon ab, ob es gelingt, die nach „uns kommende Generation zu motivieren. [...] Mit Gottes Hilfe kann sie das Werk vollenden".[10] Angesichts solcher Wortmeldungen darf an einer schwarz-gelben Vergangenheitsbewältigung mit Recht gezweifelt werden. Viel eher finden sich im habsburgischen *Paneuropa-Journal* Artikel, die den zur innerkirchlichen Demokratisierung drängenden fortschrittlichen Kräften mit Entschiedenheit widersprechen. Diese würden, heißt es etwa 1998 im *Paneuropa Österreich,* mit einer an Lenin, Stalin und Hitler gemahnenden Brutalität Hans Herrmann Groer und ein paar andere als „die Bösen" auf dem Altar der Medienwirklichkeit schlachten.[11] Beispiele für gelebten, wahrhaftigen Katholizismus hält die Gazette ebenfalls bereit. Zum Beispiel in der Frage der Gleichbehandlung von Mann und Frau. Letztere, lässt *Paneuropa-Österreich* noch im gleichen Jahr verlautbaren, benötigten keine Quoten, um ihre berufliche und soziale Lage zu verbessern. „Frauen, die selber ihre Kinder erziehen und auf diese Weise wertvolles Humankapital [!] produzieren, brauchen weder andere Frauen noch Männer, um sich vertreten zu lassen. Sie haben mit ihren Kindern die effizienteste Lobby."[12]

Das Missverhältnis zwischen unmittelbaren Erfordernissen, langfristigen Strategien und überzeitlichen Werten wird in der Geschichte der Casa d'Austria bis auf den heutigen Tag augenscheinlich. Die daraus resultierenden Konflikte kennzeichnen den Weg der Habsburger durch die Jahrhunderte. Schon in den Tagen, als sich das Schweizer Grafengeschlecht den Vorrang im Heiligen Römischen Reich zu sichern vermochte, waren die Diskrepanzen offensichtlich. Dem habsburgischen Anliegen, den Einfluss des Kaisers zu vergrößern, stand ein Heiliges Römisches Reich gegenüber, das, dezentral und föderativ strukturiert, einem mit vielen Wohnungen ausgestatteten Haus glich. In ihm obwaltete eine gewohnheitsmäßige mittelalterliche Friedensordnung mit ihren Fundamentalgesetzen.[13] Das Auftreten der Reichsstände, die Wahl des Kaisers sowie seine Vereidigung auf die bestehenden Feudalverträge und Herrschaftsrechte machten das Reich gewiss zu einem schwerfälligen Koloss, galten aber als Schutz vor autokratischer Willkür.[14]

Während der Kaiser innerhalb seines Machtbereichs an die Übereinkünfte der „teutschen Libertät" erinnert wurde, provozierte seine im Schwur auf die Reichsgrundsätze verankerte und religiös legitimierte Forderung nach einer Universalmonarchie äußere Gegner, welche gleichfalls zu imperialer Größe gelangten. Der osmanische Sultan Selim I. bezwang zu Beginn des 16. Jahrhunderts Persien, Syrien und Ägypten. Seine Nachfolger führten schon kurz danach ihre Streitmächte gegen Mitteleuropa.[15] Noch wenig Beachtung fanden die Wendungen in Russland, obwohl Großfürst Iwan III. nichts Geringeres beabsichtigte als nach dem Erbe des byzantinischen Reiches zu greifen. Dementsprechend hatte sein Nachfolger bereits 1514 in einem Vertrag mit dem Habsburger Maximilian den Zarentitel „eingeschmuggelt". Geltung sollte diese Würde schließlich unter Iwan IV. erlangen, in dessen Regierungszeit Moskau, das Dritte Rom, das neue Imperium, zum eigentlichen Sinn der Welt- und Heilsgeschichte erklärt wurde. Im Westen hatte das Moskowiterreich anfangs wenige Erfolge zu verbuchen. Seinen Einfluss dehnte es vorerst auf die Gebiete der östlichen Tatarenchanate aus. Nichtsdestoweniger gab der Kreml ein erstes kräftiges Lebenszeichen von sich. Ein neuer Rivale um die „irdische Oberhoheit" fing an, seinen Platz unter den Großen einzunehmen.[16]

Karl V. traten auf diese Weise neue und alte Kontrahenten im

Kampf um die Weltherrschaft entgegen. Die Imperien der Anders- und Ungläubigen ebenso wie die einzelnen Teile des Heiligen Römischen Reiches mit ihren verbrieften Rechten und unterschiedlichen Interessen zeigten wenig Neigung, sich unter das gemeinsame Dach einer habsburgischen „Monarchia universalis" zu begeben, die selbst dem Papst als geistigem Oberhaupt des christlich-katholischen Abendlandes und italienischen Territorialfürsten mit eigenen machtpolitischen Strategien eher ein Dorn im Auge war.

Was damals in Wien und Madrid ausgeheckt wurde, musste aber nicht nur zwangsläufig die gängigen Konflikte vertiefen. Der Herrschaftsanspruch des Erzhauses verursachte noch zusätzliche Spannungen, indem er als geradezu anachronistische Erscheinung auf die Veränderungen einer Zeitenwende traf. Der „Herbst des Mittelalters" löste tiefgreifende geistige, soziale und ökonomische Umwälzungen aus. Die großen Entdeckungen verlagerten die Handelsrouten. Neuer Reichtum bildete sich im Frühkapitalismus. Feuerwaffen machten dem Rittertum ein Ende. Erfindungen verdrängten traditionelle Technologien, wobei dem Buchdruck besondere Bedeutung zukam. Eine große Zahl von Schriften trug neue Ideen in eine im Umbruch befindliche Gesellschaft.[17]

Die große geistige Gärung beschränkte sich nicht bloß auf den Adel, der in den Ständen seine Privilegien verteidigte. Sie erfasste auch das städtische Bürgertum sowie die breite Front der Bauern, welche unter den zunehmenden Bedrückungen der Grundherrschaft litten.[18] Die Thesen Martin Luthers erschütterten in dieser Phase den vielschichtigen Kontinent bis auf die Grundfesten. Ohne es zu wollen, hatte Luther den entscheidenden Funken in das explosive Gemisch geworfen. Seine Ansichten wurden von Teilen der Landbevölkerung als Sozialkritik, als Zeichen zum Aufstand missverstanden. Während die Aristokratie ihr Feudalsystem gegen die unzufriedenen Untertanen verteidigte, machte sie sich gleichzeitig die Überzeugungen des Reformators selbst zu eigen. Von seiner Lehre bestärkt, griff sie nach dem Kirchengut in ihrem Machtbereich und emanzipierte sich gegenüber den Landesherrn und kaiserlichen Einrichtungen, indem sie die ständische „Libertät" mit der Glaubensfrage verknüpfte.[19]

Sowohl die einzelnen Glieder des Heiligen Römischen Reiches als auch die Adeligen jener zentraleuropäischer Länder, in denen Habsburg als Landesherr fungierte, empfanden unter diesen Bedingungen das Sendungsbewusstsein der Casa d'Austria als besondere Anmaßung. Deren prinzipielles Beharren auf universaler oder wenigstens abendländischer Hegemonie sowie deren meist zu religiöser Intoleranz neigender Katholizismus boten hierfür genügend Anlass.

Dazu kam noch ein neues Selbstverständnis monarchischer Machtentfaltung. Die Erblegitimität wurde zum entscheidenden Kriterium der Herrscherwürde. Zur Auffassung, dass dem „heiligen Blut" des Königs und seiner Familie fast sakramentale Bedeutung zukomme, gesellte sich eine in Wien besonders favorisierte Auffassung. Ihrzufolge empfing der Fürst nicht nur sein Amt aus den Händen überirdischer Gewalten. Vielmehr glaubte man, Gottes Gnade nun auch an jeder einzelnen Entscheidung des Regenten ablesen zu können.[20] Umso deutlicher formulierte der solcherart sakrosankte Monarch seine Rechte. Gestützt auf militärische Stärke und eine zentrale Verwaltung, gefestigt durch die Segnungen des Christentums und ideologisch bestärkt von theoretischen Schriften, welche beispielsweise im Sinne Niccolò Machiavellis dem Fürsten die Weisheiten der Staatsräson empfahlen, reklamierte der Herrscher alle Macht für sich, ohne an die Mitwirkung oder Zustimmung autonomer politischer Körperschaften gebunden zu sein.

Obwohl dieses Ideal des Absolutismus nirgendwo vollständig zur Geltung gebracht werden konnte, neigten fast alle Höfe zu einer derartigen Regierungsform. Allein die Tendenz in diese Richtung sollte Europa für Jahrhunderte prägen, wobei die Position der Habsburger besonderen Konfliktstoff in sich barg. Versuche, die Stellung des Kaisers im Heiligen Römischen Reich zu stärken, stießen auf den erbitterten Widerstand der einzelnen Fürstenhäuser, die in ihren Ländern nach eigenem Gutdünken schalten und walten wollten.[21]

Außerhalb des Reichs war man ebenso wenig gewillt, den Träumen des Hauses Österreich zu willfahren. Frankreichs Könige wurden zu Erzfeinden der Casa d'Austria. Lange schon hatten sie sich gegen die Umklammerung durch den von Spanien und Deutschland aus operierenden Habsburgerclan gewehrt. Von der Defensive ging das (weitestgehend absolut regierende) Geschlecht der Bourbonen zur Offensive über. Unter dem Sonnenkönig Ludwig XIV. stieß man jedoch an seine Grenzen. Zu Beginn des 18. Jahrhunderts reihte sich Frankreich in die Reihe der Großmächte ein.[22]

Von nun an war man um ein europäisches Kräftegleichgewicht bemüht. Die Französische Revolution und Napoleon sollten dieses noch einmal in Frage stellen, was enorme ideologische Spätfolgen nach sich zog.[23] Die „Balance of powers" auf dem Kontinent favorisierte indessen auch London, das sich vorerst durch seinen Freihandel, dann durch einen macht- und wirtschaftspolitischen Imperialismus ein überseeisches Weltreich zu sichern vermochte.[24]

Die Geschichte Englands relativiert im übrigen auch eine gern ins Treffen geführte Rechtfertigung habsburgischer Gewaltanwendung. Manche Kommentatoren meinen nämlich noch heute, der Wiener Hof habe die Macht der Stände brechen müssen, um den Zerfall des Donauraums in verschiedene Adelsrepubliken zu verhindern.[25] Einmal abgesehen von einer merkwürdig unzeitgemäßen Parteinahme für den Erhalt eines kaiserlich-königlichen Gesamtstaates, der durch seine absolutistischen Neigungen und religionspolitischen Maßnahmen Konflikte in hohem Maße mitzuverantworten hatte, ist diese Argumentation auch sonst wenig überzeugend. Das Parlament in London stellte nämlich das Gesetz über die Krone.[26] Gewaltenteilung und Mitsprache einflussreicher Gesellschaftsschichten erwiesen sich dort aber keineswegs als unüberbrückbares Hindernis bei der Verwirklichung imperialer Ziele. Gleiches gilt auch für die Niederlande, deren Stände die spanischen Habsburger vertrieben und in ihrer Republik wichtige Kompetenzen bei den Vertretungen der verschiedenen Provinzen beließen.

In der Regel bezieht man sich dabei aber ohnehin auf das „abschreckende" polnische Beispiel, wo das seit der ersten Hälfte des 17. Jahrhunderts geltende „Liberum veto", also der Einspruch eines einzigen Adeligen, die wichtigsten legislativen Entscheidungen verhindern konnte.[27] Tatsache ist jedoch, dass sich Polen im Laufe des 18. Jahrhunderts als durchaus reformfähig erwies. Zeitgleich mit der Französischen Revolution entstand hier eine moderne Verfassung, welche auch die Zustimmung des Königs fand.[28] Kurz danach holten die absolutistischen Herrscher zum letzten, vernichtenden Schlag aus. Polen wurde aufgeteilt. Dem federführenden Russland assistierten zwei gleichfalls nach Ländergewinn dürstende Reiche: Preußen und Österreich, das bei der endgültigen Auflösung des Nachbarstaates den Hauptteil Westgaliziens einstreifte.[29] Schon gut zwanzig Jahre davor hatte die Habsburgermonarchie im Rahmen der Ersten Polnischen Teilung eine beträchtliche Besitzerweiterung in Form des neu eingerichteten Kronlandes Galizien und Lodomerien zu verzeichnen.[30] Maria Theresia artikulierte moralische Bedenken hinsichtlich der „Beraubung eines Unschuldigen". Preußenkönig Friedrich II. hatte für die Zurschaustellung derartiger „Empfindlichkeiten" wenig Verständnis. Trocken bemerkte er: „Sie weinte, doch sie nahm."[31]

Nicht ohne Grund haben jüngere Historiker betont, dass auch der aufgeklärte Absolutismus mit seinem Modernisierungswerk speziell realpolitisch-konkrete Ziele, namentlich die Erhöhung der militärisch-außenpolitischen Schlagkraft, verfolgte. Die Reformen Maria Theresias und Josefs II. dienten vor allem diesem Zweck. Neben Preußen und Russland wurde unter solchen Umständen auch Österreich zeitweilig zu einer expansionistischen und aggressiven Macht, die der internationalen Politik „einen besonders skrupellosen Zug verlieh".[32] Als Träger des einen universalen Herrschaftsprinzips, durch den Einfluss in Deutschland, im Donauraum und, nach den Türkenkriegen, am Balkan, wurde die Casa d'Austria fortwährend zum Verursacher europäischer Spannungen.

Selbst eine beinahe offiziöse, für eine größere Öffentlichkeit bestimmte Geschichtsdarstellung, muss einräumen, dass die Monarchie verhältnismäßig viele Kriege geführt hat.[33] Dabei hielten die Möglichkeiten zu keiner Zeit den übersteigerten Ansprüchen stand.[34] Bis zuletzt, unter Franz Josef I., verlangte man als Großmacht nach Weltgeltung, so gut es ging nach Gebietszuwachs, wenigstens aber nach dem zum Ewigkeitswert erklärten Status quo.[35] „Andere mögen Kriege führen, du glückliches Österreich heirate", hieß es in einer der bekanntesten Verklärungen des Erzhauses. Wahr ist daran so gut wie gar nichts.[36] Die gesamte europäische Aristokratie nutzte das Ehebett zur Durchsetzung machtpolitischer Interessen. Der Krieg hingegen wurde gerade für die Habsburger zum ständigen Begleiter. Obwohl es fast immer an Ressourcen fehlte und viele Feldzüge als Verlustgeschäfte, wenn nicht gar als Debakel abzuschreiben waren, gefiel man sich immerfort in militärischem Gehabe.[37] Nur zu oft zog der Wiener Hof das Schwert. Appelliert wurde an Pflicht und Moral, an die abstrakten Begriffe von der Ehre des Monarchen und der Würde des Reiches. Der Kaiser wusste besser als die Bevölkerung, dass die anbefohlenen Waffengänge des öfteren zu langwierigen Kämpfen oder gar zu Weltbränden, zu Verwüstung und unzähligen Opfern führten. Untertanen, Soldaten gleichermaßen wie Zivilisten, fragte die „allerhöchste Majestät" jedoch nie, „ob sie in Ehren zugrunde gehen wollten".[38]

Entscheidung für den Krieg

„Fluch, Kaiser, dir! Ich spüre deine Hand, an ihr ist Gift und Nacht und Vaterland! [...] Dein Zorn ist deiner Kleinheit Übermaß, der alles Maß verrückt, um groß zu sein, wenn er die Welt zerstückt!"[39]

Einem Verwundeten hatte Karl Kraus diese Sätze in den Mund gelegt – stellvertretend für alle, die ihr Elend kraftlos, stumm und ohne Pathos hinzunehmen hatten. Im Namen derer, die keine Worte und keinen Biographen fanden, nannte Kraus, der sich in seinem monumentalen Werk *Die letzten Tage der Menschheit* selbst als „Nörgler" eine tragende Stimme verlieh, den Verantwortlichen: das „österreichische Antlitz", den „Dämon der Mittelmäßigkeit", Franz Joseph, den „alten Herrn in Schönbrunn". In seiner Hand, erklärt der „Nörgler", ruhe „Habsburgs Szepter, dessen Mission es schien, als Damoklesschwert über dem Weltfrieden zu schweben".[40]

Was Karl Kraus über die Zeit des Ersten Weltkrieges sagte, galt freilich schon seit Hunderten von Jahren. Genauer, seit jenen Tagen, in denen das Erzhaus die Führung im Heiligen Römischen Reich an sich brachte.Unter Maximilian I. begannen nicht enden wollende Kämpfe um die Vorherrschaft in Europa. In Burgund war der streitbare Habsburger durch die Hochzeit mit der dortigen Herzogstochter Maria erbberechtigt. Eheliche Verbindungen nach Spanien waren durch seinen Sohn Philipp den Schönen geknüpft worden. Das eingekeilte Frankreich trat als Kontrahent auf und wurde vom rastlosen Maximilian prompt mit gesteigertem Vernichtungswillen bedrängt.[41] Ein Entscheidungskampf sollte den endgültigen Erfolg sichern. Maximilians Vater, der eher passive, wenn auch von der Bedeutung seiner Position und der Mission seiner Dynastie durchdrungene Kaiser Friedrich III., verhielt sich ablehnend. Der widerstrebende Reichstag stellte nur bescheidene finanzielle Mittel zur Verfügung. Schließlich flossen private Gelder aus den Kassen einer süddeutschen Kaufmannsfamilie. Die Fugger mit ihrer nach Weltgeltung strebenden Handelsgesellschaft machten sich die unbescheidenen Pläne imperialer Macht zunutze.[42]

Nun konnten die Waffen sprechen. Mit wenigen Unterbrechungen brachte es der cholerische Maximilian in vier Jahrzehnten auf nicht weniger als fünfundzwanzig Feldzüge, vor allem gegen Frankreich, unter anderem aber auch gegen Ungarn, Bayern und Venedig. Aus gutem Grund hatte man selbst im Vatikan Angst vor dem Tatendurst eines Fürsten, der sich selbst in Trient die Kaiserwürde verliehen hatte und diese zeitweilig in seiner Person mit dem Papsttum zu vereinigen trachtete.[43] Der „letzte Ritter“, ein ebenso sprunghafter wie leidenschaftlicher Machtmensch, eilte von einem Kampfgeschehen zum anderen, ohne die für ihn wesentlichen Fragen zu lösen.

Es blieb Karl V. vorbehalten, in vier Kriegen gegen Frankreich das burgundische Erbe und den Einfluss in Italien zu sichern. Die Kriege erstreckten sich über einen Zeitraum von mehr als zwanzig Jahren, in denen ein am katholischen Weltreich bauender Monarch noch an mancher anderen Front zu bestehen hatte. Karl, dem Zeitgenossen einen bis zum Hochmut entwickelten, religiös und dynastisch genährten Herrscherstolz nachsagten, musste sowohl gegen die „aufmüpfigen protestantischen Fürsten im Norden“ als auch gegen „stolze spanische Adelige“ zu den Waffen greifen.[44]

Schließlich verheerte der „allerchristlichste Monarch“ sogar das muslimische Nordafrika. 1535 erschütterte er die Basis der türkischen Korsarenflotte, nahm Tunis in hochsommerlicher Hitze und belebte damit die Kreuzzugsidee Maximilians.[45] Dieser hatte vor allem Ungarn, das er seinem Länderbesitz hinzufügen wollte, für ein „gutes Schild wider die Ungläubigen" gehalten.[46] Von Anfang an suchte man solcherart den Defensivcharakter der gegen den Islam gerichteten Militäraktionen hervorzuheben.

In Wahrheit war beiden, Habsburgern und Osmanen, an der Erweiterung ihres Einflussbereiches gelegen. Die heftigeren Schläge teilte zunächst die Pforte aus. In den Belagerungen von Wien 1529 und 1683 konnte sich das Haus Österreich als Bollwerk des christlichen Abendlandes profilieren. Unter Leopold I. wendete sich das Blatt. Die Kaiserlichen übernahmen nun den Part des Aggressors, überrannten den „heidnischen Teil" Ungarns und stießen in südöstlicher Richtung auf den Balkan vor.[47] Die Erfolge Prinz Eugens beflügelten nachhaltig die Phantasie der k. k. Regierung.

Wenzel Anton Graf Kaunitz, wichtigster österreichischer Staatsmann in der zweiten Hälfte des 18. Jahrhunderts, blickte weit in den Südosten. Mit Feldmarschall Franz Moritz Graf von Lacy hoffte er auf den Kollaps des „kranken Mannes am Bosporus", wie das Osmanische Reich später von Zar Nikolaus I. apostrophiert werden sollte. Ohne in den Prozess der Desintegration einzugreifen, achteten Lacy und Kaunitz auf den richtigen Augenblick, um bei der Zerstückelung des Nachlasses nicht zu spät zu kommen. Es war Maria Theresia, die derlei Expansionsgelüsten vorläufig Einhalt gebot. Dabei ging es ihr allerdings weniger um moralische Einwände. Aus Gründen der Staatsräson wehrte sich die Monarchin gegen das Ansinnen ihrer Berater, den habsburgischen Besitzungen die Walachei sowie Gebiete von Bulgarien, Griechenland, Serbien und Bosnien hinzuzufügen. Wozu die Stärke des Reiches durch den Erwerb „unkultivierter Provinzen" gefährden; dort habe man ohnehin nur „illoyale Griechen" in Schach zu halten, konstatierte Maria Theresia.[48]

Ihr Sohn Josef II. vermochte solchen Vorbehalten nichts abzugewinnen. An der Seite des zaristischen Russland, das gleichfalls Istanbul ins Visier genommen hatte, betrieb Josef unverhüllte Eroberungspolitik. „Expansion" hieß die oberste Devise, als der Kaiser im März 1788 den Feldzug gegen den Sultan mit rund einer Viertelmillion Mann eröffnete. Prinz Eugen hatte im Gegensatz dazu seine Soldaten noch mit einer idealistischen Motivation in den Kampf geführt: Man wollte die Fahne des Propheten Mohammed nicht auf der Stephanskirche flattern sehen. Die Verteidigung des Glaubens hatte durchaus motivierend gewirkt.[49]

Dahinter verbargen sich freilich schon damals kalte Machtstrategien. Habsburg verursachte dementsprechend lang andauernde Kriegshandlungen, etwa in der ersten Hälfte des 17. Jahrhunderts. Mehrere Konflikte griffen in dieser Epoche ineinander. Von der Nachwelt wurden sie zum Dreißigjährigen Krieg zusammengefasst, einem wahrhaft europäischen Kräftemessen. Zeitgenossen, welche den unzähligen Kämpfen noch keinen gemeinsamen Titel zu geben vermochten, erkannten jedoch mit gutem Grund einen Hauptverantwortlichen, dessen Familie aus Gründen der Staatsräson der historischen Verklärung anheim fiel.[50] Eine der „größten Katastrophen der Geschichte" hatte sich an den absolutistischen und gegenreformatorischen Absichten des Habsburgers Ferdinand II. entzündet.[51] Die Freiheiten, welche seine Vorgänger den Ständen in den eigenen Herrschaftsbereichen vertraglich zugesichert hatten, wollte der aufgrund seines fanatischen Katholizismus bereits übel beleumundete Fürst keinesfalls anerkennen.

Als Ferdinand zum böhmischen König gewählt wurde, kam es zum offenen Konflikt. Der zweite Prager Fenstersturz vom Mai 1618 – der erste hatte im September 1419 die Hussitenkriege eingeleitet – machte offensichtlich, in welch' gespannter Atmosphäre die Ansprüche des Erzhauses auf die Anliegen des politischen Protestantismus trafen. Letzterer zeigte selbst wenig Kompromissbereitschaft, als er im Streit um die Erlaubnis zum Kirchenbau Gewaltmittel anwendete. Die beiden verhassten Statthalter des Kaisers wurden gemeinsam mit einem Sekretär aus der Kanzlei in den Burggraben des Hradschin geworfen. Die drei überlebten dank des Unrates zu Füßen der Moldauresidenz.[52]

Für den Wiener Hof war dieser ein wenig grotesk anmutende Vorfall das Zeichen von offenem Aufruhr. Dass man die Empörung selbst provoziert hatte, fand in den meisten Darstellungen kaum

Beachtung.[53] Immerhin suchten Ständedelegationen vor und nach den Ereignissen in Prag das Gespräch mit Ferdinand. Die erste Abordnung wurde verhaftet, die zweite konnte keinerlei Übereinkünfte erzielen. Der Autokratie, also dem Selbstherrschertum, und dem wahrhaftigen Glauben sollte mit Waffen Geltung verschafft werden.

Der Krieg um Böhmen verursachte indes eine internationale Krise. Auf der einen Seite machten die böhmischen Protestanten nämlich den pfälzischen Kurfürsten Friedrich V. zu ihrem König. Auf der anderen Seite gedachten beide Linien der Casa d'Austria fortan enger miteinander zu kooperieren.[54] Beides musste zwangsläufig das Kräfteverhältnis in Europa beeinflussen.

Dennoch hätte man weitere Kampfhandlungen vermeiden können, wenn nicht von Wien aus der Versuch unternommen worden wäre, im Heiligen Römischen Reich die geltenden Verhältnisse über den Haufen zu werfen. Der engherzige und beschränkte Ferdinand wurde nicht bloß zum Kriegsverursacher, sondern auch zum Kriegsverlängerer, zur eigentlichen dämonischen Kraft hinter dem dreißigjährigen Morden. Mehrmals zwischen 1618 und 1648 trat dieser Umstand besonders deutlich zu Tage: 1621, als man dem katholischen Bayernherzog Maximilian die Kurpfalz sichern wollte.[55] Dann 1629, als Wien seinen Einfluss im Reich durch das sogenannte Restitutionsedikt, „die Rückgabe aller der Kirche seit 1555 entrissenen Gebiete", zu vergrößern beabsichtigte.[56] Schließlich 1635, als die auf ihre Libertät bedachten Reichsstände durch die Vereinbarungen des Prager Friedens schon lange gehegte Verdachtsmomente bestätigt sahen. Bestimmungen dieses Vertrages besagten nämlich, dass in Hinkunft ein „armiert verbleibendes" Reichsheer in der Höhe von fast 80.000 Mann dem Kaiser anvertraut werden sollte. Ferdinand II. wurde dadurch die Möglichkeit eröffnet, Schritt für Schritt im heterogenen Heiligen Römischen Reich eine absolutistische Diktatur zu errichten.[57] Dem eigentlichen Kriegsende kam man also in Prag nicht näher, weil zu viele Mächte und Interessen unberücksichtigt blieben.[58] Das habsburgische Hegemonialstreben rief außerdem Schweden und Frankreich auf den Plan. Beide Königreiche zogen Vorteile aus den „innerdeutschen Zwistigkeiten".[59]

Es wurde deutlich, dass Habsburgs Stellung in Europa zum dauerhaften Unruheherd werden konnte. Statt Behutsamkeit im Dienste einer oft beschworenen Friedensordnung an den Tag zu legen, gab sich Wien weiterhin aggressiv. Leopold I., der nach erfolgreichen Türkenkriegen gerade über eine beträchtliche Zahl von Truppen verfügte, bürdete dem alten Kontinent im Interesse seines dynastischen Familiensinns den nächsten großen Waffengang auf. Dieses Mal ging es um Spanien, wo der letzte, völlig degenerierte Habsburger ohne Nachkommen seinem Ende entgegendämmerte.[60] Die europäischen Höfe waren alarmiert. Spanien mit seinen Kolonien, seinen niederländischen und italienischen Besitzungen, die Kaiserwürde und ein nach Südosten expandierendes Donaureich unter dem Szepter eines habsburgischen Regenten war ihnen entschieden zuviel. Nachdem der vorzeitige Tod eines potentiellen Thronanwärters aus dem Hause Wittelsbach eine einigermaßen akzeptable Lösung zunichte gemacht hatte, wurden Teilungspläne ausgearbeitet. Englands Wilhelm III. fungierte als Vermittler. Mit Ludwig XIV. erzielte Wilhelm eine Abmachung, bei der Wien gar nicht schlecht wegkam. Erzherzog Karl, der spätere Kaiser Karl VI. und Vater Maria Theresias, sollte König von Spanien werden und das Kolonialreich bekommen, der französische Dauphin Neapel und Sizilien samt den toskanischen Häfen.[61] In der Hofburg aber gingen die Meinungen auseinander. Enge Vertraute rieten Leopold zu einem Tauschhandel mit den Wittelsbachern. Österreich möge Spanien abgeben und dafür ein leichter kontrollierbares Bayern annektieren. Der Kaiser aber ging auf keinen der Vorschläge ein; er wollte alles. Gott der Herr, erklärte seine Majestät, bestrafe jene, „die fremde Königreiche teilen und zerreißen".[62]

Unter Anrufung der himmlischen Mächte zeigte sich Wien einmal mehr starrsinnig und anmaßend. Ein vierzehn Jahre langer europäischer Krieg war die Folge, nicht der letzte in einem an Schlachten reichen 18. Jahrhundert.[63] Das allerhöchste Haus spielte dabei stets eine herausragende Rolle. Auslöser war in der Folge vor allem auch das österreichische Erbe der Habsburger, welches Karl VI., selbst ohne männlichen Stammhalter, den Töchtern sichern wollte. Die Pragmatische Sanktion von 1713, die den Zusammenhalt des heterogenen Hausbesitzes festigen wollte, wurde nach und nach sowohl von den Erbländern als auch von den Großmächten anerkannt.[64] Die Kaiserwürde aber konnte die Hauptbegünstigte, Maria Theresia, damit nicht erreichen. Die Krone des Heiligen Römischen Reichs war deshalb für ihren Mann, Franz Stephan von Lothringen, vorgesehen. Dafür aber verlangte der Preußenkönig Friedrich II. als Kurfürst von Brandenburg eine angemessene „Handsalbe". Friedrich dachte an Schlesien. Wien fühlte sich brüskiert und winkte entschieden ab, worauf Friedrich die Entscheidung am Schlachtfeld suchte.[65] Bündnisse in der Hauptsache zwischen Preußen und Frankreich einerseits und Österreich und Großbritannien andererseits lösten einen neuen Krieg in Europa aus, der nach acht Jahren Franz Stephan die Kaiserkrone und Friedrich II. Schlesien brachte.

Gerade dieser Verlust erfüllte Maria Theresia mit revanchistischen Gefühlen. Die zur gütigen Landesmutter verklärte Monarchin konnte sich mit dem „schmerzlichen Verlust familiären Eigentums" nicht abfinden.[66] Der Wiener Hof schmiedete denn auch jene Ränke, die zum neuerlichen großen Kräftemessen führten, zum Siebenjährigen Krieg, den manche Historiker als den eigentlichen ersten Weltkrieg apostrophierten. Immerhin gerieten in diesem Zusammenhang die Kolonialmächte England und Frankreich auch in ihren überseeischen Gebieten aneinander. Schließlich blickte aber doch wieder alles auf den alten Kontinent. Das allerhöchste Haus schloss mit dem Erzrivalen Frankreich ein Defensivbündnis. Dritter im Bunde war Russland, das ebenfalls gegen Preußen rüstete.[67] Damit wurde die politische und strategische Isolierung Friedrichs II. anvisiert. Früher oder später wollte man gegen ihn losschlagen.[68] Friedrich, nicht weniger militärisch gesinnt, erkannte die Gefahr und traf Präventivmaßnahmen. Er marschierte zuerst los und kam damit den Wiener Rachegelüsten im wahrsten Sinne des Wortes auf halbem Weg entgegen. Denn der neuerliche Waffengang um das verlorene Schlesien war zunächst einmal Maria Theresias Krieg. Die österreichischen Minister hatten ihn in ihrem Sinn vorbereitet. In den Wochen und Monaten vor dem Ausbruch der Kampfhandlungen hatte „sie sich von der schlechtesten Seite gezeigt: arrogant, anmaßend, unaufrichtig".[69]

Während das Blut der Regentin in erster Linie bei der Wiedergewinnung verlorengegangener Besitzungen in Wallung geriet, konnte sich Josef II. durchaus an der Einverleibung neuer Territorien erfreuen, was ja der Machterweiterung diente. Seine oft zum Ausdruck gebrachte Bewunderung für die Humanität hinderte ihn nicht daran, ein eifriger Verfechter aller militärischen Angelegenheiten zu sein. „Mehr Land", lautete, wie bereits erwähnt, auch in seiner Regierungszeit die vorrangigste Losung.[70]

An den unterschiedlichsten Grenzen der Donaumonarchie fanden sich Objekte expansionistischer Begierde. Galizien und Lodomerien holte man sich von Polen, zwei Jahre später, 1774, die Bukowina von den Osmanen, welche damals durch Vermittlung Österreichs mit Russland Frieden schlossen. Wien war bei dieser Gelegenheit keineswegs freiwillig für eine „völkerverständigende Mission" beschenkt worden. Die Pforte musste vielmehr, zu einem Zeitpunkt, als sie durch die Kämpfe mit dem Zarenreich geschwächt war, den Einmarsch habsburgischer Truppen in eines ihrer nördlichsten Grenzgebiete hinnehmen. Man hatte seitens der k. k. Regierung also etwas mehr als sanften Druck ausgeübt.[71]

Boten sich keine günstigen Gelegenheiten für leichten Landgewinn, so war das Erzhaus wie eh und je bereit, der dynastischen Ehre durch Schlachtenruhm gerecht zu werden. Nicht nur auf dem Balkan, wo Josef II. gegen die Türken auf die alten imperialistischen Ziele des Staatskanzlers Kaunitz zurückkam.[72] Auch das seit langem begehrte Bayern geriet ins Blickfeld des Monarchen. Als in München der Nachlass des kinderlosen Kurfürsten Maximilian Joseph zur Disposition stand, ließ man prophylaktisch und ohne echte Erbansprüche gleich einmal Niederbayern besetzen.[73] Europas Königshöfe und die Großen im Heiligen Römischen Reich, allen voran Friedrich II., waren nicht gewillt, die Aggression Wiens ohne weiteres hinzunehmen. Das Erzhaus manövrierte sich in die nächste große Krise. Obwohl sie letztlich beigelegt werden konnte, schien sich der Streit mit dem Dauerkontrahenten Preußen ins Endlose hinzuziehen.[74]

Kurz darauf aber wurden alle bisherigen Streitigkeiten durch die Französische Revolution in den Schatten gestellt. In Wien reagierte man zunächst mit gemischten Gefühlen. Unter Leopold II., dem Nachfolger Josefs II., siegten dann aber bald die dynastischen Interessen. Die Behandlung Ludwigs XVI. und seiner Frau, der verwöhnten Habsburgerin Marie Antoinette, kam in dieser Hinsicht neben anderen Faktoren zum Tragen. Leopold rief in einem Rundschreiben vom 6. Juli 1791 die Höfe Europas auf, der französischen Monarchie zu Hilfe zu kommen. Zunächst fanden die alten Rivalen Preußen und Österreich zusammen. Paris erklärte daraufhin den Krieg gegen eine rasch durch weitere Mächte vergrößerte Koalition.[75]

Gegen die Wucht der revolutionären Armeen unter dem Korsen Napoleon Bonaparte war zunächst kein Kraut gewachsen. Es bedurfte zweier Jahrzehnte, um die Vorherrschaft Frankreichs im Zeichen der neuen Ideen wieder durch das alte Gleichgewicht der Kräfte ersetzen zu können. Auf dem Wiener Kongress etablierte sich das System des Staatskanzlers Metternich. Wenn auch eine vollständige Rückkehr zu den alten Verhältnissen weder möglich noch erwünscht war, zeigte Wien doch, dass es aus den Problemen früherer Zeiten wenig gelernt hatte.

Das Heilige Römische Reich war dem Ansturm Napoleons erlegen. Im Vorfeld hatte man bei Hofe Vorsorge getroffen, um die Würde der Dynastie auch äußerlich weiterhin zur Geltung zu bringen. Franz, der nach Leopold II. an die Spitze der Donaumonarchie trat, machte sich zum „Kaiser von Österreich", eine Bezeichnung, die sich auf das Erzhaus selbst bezog, ohne dem Länderbesitz im Herzen Europas eine einheitliche staatsrechtliche Konstruktion zu geben.[76]

Im Deutschen Bund, der anstelle des alten Heiligen Römischen Reiches aus der Friedensordnung von 1814/15 hervorgegangen war, beabsichtigte Österreich jedoch auch weiterhin die erste Geige zu spielen.

Ebenso starrsinnig verhielten sich die Habsburger in Italien.[77] In den dortigen Provinzen, betonte Kaiser Franz Josef, dürfe es nie eine von Wien unabhängige Regierung geben.[78] Für den Hausbesitz war der junge Monarch bereit, den Säbel zu ziehen. Frankreich und Sardinien erhielten für ihre bewusst in Szene gesetzte Eskalationspolitik die erwartete Antwort.[79] Mehr als seine Minister wollte Franz

Josef den Krieg. 1859, bei Solferino, und sieben Jahre später, bei Königgrätz, blutete man für die Ehre einer Herrscherfamilie, welche die erstarkenden Nationalbewegungen letztlich vergeblich mit dem eigenen Hegemonialstreben konfrontierte.[80] Obwohl Franz Josef nach 1866 ähnliche Rachegefühle gegenüber Preußen hegte wie seinerzeit Maria Theresia nach dem Verlust Schlesiens, waren die Entwicklungen nicht aufzuhalten.[81]

Österreich wurde aus dem unter Sardinien-Piemont geeinigten Italien gleichermaßen abgedrängt wie aus einem Deutschen Reich unter Preußens Führung.[82] Kompensation suchte man dafür am Balkan. Dabei entsprach die habsburgische Vorgangsweise in einer etwas gemilderten Form immer noch den expansionistischen Zielen Josefs II. Nach dem russisch-türkischen Krieg 1877/78 war im Einvernehmen mit dem Berliner Kongress Bosnien-Herzegowina okkupiert worden. Schritt für Schritt verwickelte das österreichische Großmachtspiel den Kontinent in neue, schwere Auseinandersetzungen.

Trotz kaiserlich-königlicher Besetzung war Bosnien vom Einfluss Istanbuls noch nicht frei. Eigenmächtig und gegen die Berliner Absprachen änderte Wien im Jahr 1908 diesen Zustand. Mit der Annexion des südöstlich an die k. u. k. Monarchie angrenzenden Gebiets führte das allerhöchste Haus Europa wieder einmal an den Rand einer Katastrophe.[83] Wien und Berlin, welche bald nach Königgrätz eine Allianz bildeten, lehnten Verhandlungen ab. Sie stellten vielmehr Ultimaten an das Zarenreich und seinen kleineren Partner Serbien. Dieser hatte sich die Vereinigung seiner ethnischen Bevölkerung zum Ziel gesetzt.[84]

Belgrad, das zunächst einmal gegen den morschen Staat des Sultans vorging, erweckte auf diese Weise auch den Zorn Österreichs, zumal letzteres eben erst die Zahl seiner serbischen Untertanen durch die Einverleibung von Bosnien-Herzegowina vergrößert hatte. Die Bestrafung Serbiens wurde zum Fixpunkt des habsburgischen Großmachtstrebens.[85] Die Gefahr einer Konfrontation mit Russland nahm man, Deutschland hinter sich wissend, in Kauf, ebenso wie das Risiko, ein Bündnissystem zu aktivieren, welches die Lokalisierung des geplanten Konfliktes unmöglich machen würde.[86]

Das Attentat auf den Thronfolger Franz Ferdinand in Sarajewo lieferte einen Vorwand. Am Wiener Ballhausplatz tüftelten die Diplomaten unannehmbare Forderungen an Serbien aus. Belgrad zeigte dennoch Konzessionsbereitschaft. Die Donaumonarchie aber wollte keine Gespräche.[87] Das Militär stand bereit, und Franz Josef gehörte, wie schon so oft, zu den „Falken".[88] Der k.u.k. Finanzminister Bilinski machte den Kaiser noch einmal ausdrücklich darauf aufmerksam, dass ein Waffengang in Serbien einen europäischen Konflikt nach sich ziehen würde. „Gewiß", antwortete der Monarch in Kenntnis der Konsequenzen, „Rußland kann diese Note unmöglich akzeptieren."[89] Der „alte Herr in Schönbrunn" zog in den Krieg. Mit ihm seine „getreuen Völker" und bald schon die ganze Welt.

Zweifelhafte Persönlichkeit

Rudolf (1552–1612)

Franz Grillparzer legt Kaiser Rudolf in seinem Trauerspiel *Ein Bruderzwist in Habsburg* folgende Worte in den Mund: „Glaubst: in Voraussicht lauter Herrschergrößen / Ward Erbrecht eingeführt in Reich und Staat? Vielmehr nur: weil ein Mittelpunkt vonnöten / Um den sich alles schart, was Gut und Recht.“[1]

Viele und vieles scharte sich um den Kaiser des Heiligen Römischen Reiches Deutscher Nation. Sicherlich nicht nur das, „was Gut und Recht“ war. Mit der symbolischen Wirkung ihres Herrscheramtes, zu welcher der Grillparzersche Rudolf Zuflucht nimmt, gaben sich die Habsburger selten und der wirkliche Rudolf nie zufrieden. Dass der Kaisertitel nicht erblich war, vergaßen die Habsburger in all den Jahrhunderten zwar nie, belastete sie aber in Anbetracht der dauerhaften Besetzung des Kaiserthrons wenig. Immer wieder einigten sich die Kurfürsten auf einen Angehörigen des Hauses Österreich, auch wenn es oft genug aussah, als folge eine Notlösung auf die andere. Die Habsburger fanden sich schließlich ab mit einer Kaiserwahl, die trotz mancher Unsicherheiten und Unklarheiten im Vorfeld der Stimmenabgabe ohnehin stets einem Abkömmling ihrer Familie zur Krone verhalf. Ein Erbrecht war gar nicht nötig. Was ihre Länder betraf, hatten sie ohnehin genug Schwierigkeiten, den Besitz an die vielköpfige Verwandtschaft zu verteilen. Es zeigte sich bald, dass der Wunsch Kaiser Ferdinands I., keinen seiner Söhne zu benachteiligen, unerfreuliche Folgen für seine Nachkommen haben sollte. Die geteilte Herrschaft in den habsburgischen Ländern war auf Dauer nicht aufrecht zu erhalten. Ferdinands Enkel, Rudolf, hatte Mühe, die liebe Familie, die mit wachsender Unruhe auf sein „Junggesellendasein“ reagierte, in Schach zu halten. In diesem Sinne war Rudolf, der 1576 seinem Vater Maximilian II. nachfolgte, im Grillparzerschen Sinne ein Mittelpunkt.

Jedenfalls fanden die Habsburger Gefallen daran, die „Einzigartigkeit" des Herrschers mit dem Hinweis auf die Würde seines Amtes vorwegzunehmen, und zwar sowohl in den Erblanden als auch im Reich. Diese Selbsterhöhung, die es auch Regenten mit beschränkten geistigen Gaben möglich machte, zu den „Größen" gezählt zu werden, wurde zur bewährten Strategie eines Geschlechts beharrlicher Sesselkleber, dem es an fähigen Köpfen mangelte. Der Umstand, dass sich die allerhöchste Dynastie als konkrete Wirklichkeit göttlichen Willens, als weltliches Abbild einer höheren Ordnung begriff, änderte nichts an der stets gähnenden Kluft zwischen dem traditionsbewussten, von der Religion legitimierten Wollen und dem realitätsbezogenem Können. Ob erfolgreich oder nicht, den Habsburgern blieb die wohlige Gewissheit, dass man die eigene Überhöhung mit samt den daraus resultierenden persönlichen Vorteilen als selbstlosen Dienst an der Gesellschaft darstellen konnte. Dieser berichtete man mit Vorliebe von den drückenden Pflichten, die auf dem Kaiser lasteten. Zu Rudolfs Zeiten war die Kommunikation mit den Untertanen aber ohnehin kaum nötig. Es reichte, wenn sie wussten, dass sie zu gehorchen hatten.

Was die Formen der Herrscherverehrung betraf, ließ Rudolf sich vom spanischen Hof inspirieren, an dem er erzogen worden war. Das dort praktizierte Hofzeremoniell war „denn auch letzten Endes nichts anderes als eine profanierte und säkularisierte Kulthandlung größten Ausmaßes, eine wahnartige ‚Vergötzung' des weltlichen Souveräns, eine blasphemische Gleichsetzung von göttlichen und menschlichen Begriffen. Es ist der [...] Ausgangspunkt jener ethischen Haltung und Gesinnung, die den lieben Gott zur himmlischen Majestät und die seligen Heerscharen zum himmlischen Hofstaat ernennt, nicht aus verstärktem Kulturgefühl heraus, sondern weil sie eines wirkungsvollen Gegenstückes zur Heroisierung und Überhöhung der irdischen Herrscherpersönlichkeit und des weltlichen Hofstaates zu bedürfen glaubt."[2]

Die sich dem Göttlichen nähernde Erhabenheit des Herrschers räumte von vornherein den Vorwurf beiseite, der Kaiser belohne sich selbst in ungebührlicher Weise mit Prunk und Pomp für sein unermüdliches Wirken zu Gunsten des Reiches. Nach dem Motto „Kaiser sein verpflichtet", galt so gut wie alles, wozu sich ein Herrscher von Gottes Gnaden verstieg, als gerechtfertigt. Rudolf machte ausgiebig Gebrauch von diesem Vorrecht. Der kunstsinnige, gebildete aber schizophrene Kaiser, der Mann mit so vielen Eigenschaften, dass man keine charakteristische findet, ohne nicht auch das jeweilige Gegenteil davon nennen zu müssen, war kein „großer" Herrscher. Dass er sich gerne mit schönen Dingen umgab und eine Reihe von Künstlern förderte, die ihre Fertigkeiten in den Dienst des Hofes stellten, machte ihn der Nachwelt sympathisch oder ließ ihn zumindest interessanter erscheinen als manch anderen aus seinem Geschlecht.

Sein tendenziell positiv besetztes Image wurde davon begünstigt, dass die Vorzüge der Herrscher zumeist in einem zeitlosen Vakuum vor sich hinglänzen dürfen, während ihre negativen Seiten im Nebel längst vergangener Zeiten versinken. Die Habsburger sind unzweifelhaft strahlende Profiteure dieses ungeschriebenen Gesetzes einer nicht auf Touren kommen wollenden Vergangenheitsbewältigung.

Um Rudolfs Zukunft sorgte sich die gesamte habsburgische Sippschaft. Die vielleicht prägendste Phase seiner Jugend hatte er, wie erwähnt, in Spanien verbracht. Unter König Philipp II. herrschte dort ein Klima extremer religiöser Intoleranz. Rudolfs Vater, Maximilian, legte nach dem Dafürhalten der spanischen Verwandtschaft allzu große Konsensbereitschaft gegenüber den Protestanten an den Tag. Da Rudolf, so war es damals geplant, Philipps Tochter ehelichen sollte, schien es ratsam, den künftigen Schwiegersohn aus einer Umgebung zu entfernen, die sich in Religionsfragen eher tolerant zeigte. Damals war noch nicht abzusehen, dass Rudolf etliche illegitime Kinder zeugen, aber zeitlebens unverheiratet bleiben würde. Immer wieder ließ er verschiedene Porträts seiner in Betracht gezogenen Bräute anfertigen. Entscheiden konnte er sich aber nie. Der zögerliche Werber musste sich damit abfinden, dass die Väter der Kandidatinnen schließlich andere Schwiegersöhne wählten. Noch im Alter von über fünfzig Jahren foppte er seine Berater und seine Familie mit Eheplänen, die kaum angedeutet, auch schon wieder passé waren.

In Spanien blieb Rudolf sieben Jahre. Zeit genug, um dem ältesten Sohn des Kaisers ganz bestimmte Vorstellungen von seiner künftigen Stellung zu vermitteln und ihn absolutistisch zu prägen. 1571 kehrte er in seine Heimat zurück. Bereits im darauffolgenden Jahr wurde Rudolf zum König von Ungarn und weitere drei Jahre später zum König von Böhmen gekrönt. Nach dem Tod des Vaters folgte schließlich die Wahl zum Kaiser.

Rudolfs Brüder mussten sich mit weniger bedeutenden Positionen begnügen. Sie wurden entschädigt. Doch führte ihm vor allem sein Bruder Matthias vor Augen, dass die Freude der Familie über Rudolfs Aufstieg keine ungeteilte war. Matthias' Ehrgeiz machte sich bald in einer für den Kaiser unangenehme Weise bemerkbar. Aber trotz Rudolfs Unberechenbarkeit, die nicht zuletzt Resultat seiner schweren psychischen Erkrankung war, entging der in den Vordergrund strebende Bruder unmäßigen Zurechtweisungen.

Nicht alle trafen es so günstig. Wenn der Kaiser seine Launen hatte, reichte eine Nebensächlichkeit, um in Ungnade zu fallen. Im Nahbereich des Herrschers zu leben, war für Leib und Leben nicht ungefährlich. Aber auch außerhalb der Mauern des Prager Hradschins, wo Rudolf residierte, war man nicht sicher vor dem Zorn eines Kaisers, der mit zunehmendem Alter und fortschreitender Krankheit in größer werdender Angst vor Verrätern lebte.

Ungeachtet einer damals vermeintlich selbstverständlichen Obrigkeitshörigkeit äußerten Zeitgenossen mitunter ihr Missfallen an der Allgewalt der Eliten. Ihre Kritik fiel zwar resignativ aus, ist aber nichtsdestoweniger bemerkenswert. „In Summa", hieß es da vor dem Hintergrund eines Prozesses gegen den Grafen Kinsky, „mit den Herren darf man nicht scherzen, sie haben lange Hände, und man muß das Maul nicht zu weit auftun."[3] Erst nachdem sich Graf Kinsky vor Rudolf niedergekniet und seine devote Entschuldigungsformel wiederholt hatte, wurde er vom Monarchen begnadigt. Der Kaiser genoss derartige Szenen.

Rudolf hegte keine überragenden Sympathien für die Aristokratie, deren Macht mit seinen Vorstellungen von einem uneingeschränkt waltenden Fürsten kollidierte. Projekte, denen zufolge der österreichische, ungarische und mährische Adel entmachtet werden sollte, blieben freilich im Stadium unverbindlicher Erwägungen stecken.[4] Schwankend waren seine Sympathien für die Bauern. Wenn auch Rudolf nachgesagt wird, dass er sich um eine Verständigung mit seinen Untertanen bemüht hat, geworden ist daraus nichts. Die bestehende Hierarchie, bestimmt von einer unüberwindlichen Distanz zwischen dem allgewaltigen Kaiser und dem gemeinen Mann, erwies sich eben doch als zu vorteilhaft für den, der oben saß. Die luftigen Höhen der eigenen Erhabenheit zu verlassen und in die Tiefen einer derben und letztlich fremden Untertanenwelt hinabzusteigen – das widersprach dem Selbstverständnis des Habsburgers völlig.

Die aufständischen Bauern, die unter drückenden Steuern litten, erfuhren schließlich, dass ihre Beschwerden „gar nit erheblich" wären. Es handle sich vielmehr um „lautter erdichte und unbegründte ding".[5] Man machte ihnen darüber hinaus klar, daß sie „wider Gottes Befelch unnd Gebott" gehandelt hätten, weil sie gegen die Obrigkeit aufgestanden waren. In einem kaiserlichen Patent wurde Gnade für den Fall versprochen, dass die Bauern sich wieder in ihre untergeordnete Stellung fügten. Ansonsten, so drohte man, müssten sie sich auf unbarmherzige Strafen gefasst machen. Auch Unschuldige wollte man nicht schonen und kündigte an, dass der Zorn des Regenten auch vor Frauen und Kindern nicht halt machen würde. Ohne „Gnad und Verschonung" seien die Aufständischen zu verfolgen. Bei seinem Rachefeldzug würde sich der Kaiser, so hieß es weiter, des ihm von Gott „auß dem hohen Himmel" anvertrauten Schwertes bedienen.[6] So ähnlich geschah es dann auch. Der Aufstand wurde in Blut erstickt. Dennoch blieb der Kaiser für die Untertanen eine ferne, unerreichbare Lichtgestalt, ein vage auszunehmender Hoffnungsträger.

Rudolf fügte sich nicht ungern in die Rolle des entrückten Herrschers. Gerade in der letzten Phase seiner Regentschaft, in der seine erblich bedingte Schizophrenie in immer häufigeren Schüben über ihn hereinbrach, versteckte er sich gerne hinter dem strengen Hofzeremoniell. Es schirmte ihn von einer Außenwelt ab, die ihm mehr und mehr zur Bedrohung wurde. Kaum jemand konnte zu ihm durchdringen, wenn Rudolf eine seiner extremen Rückzugsphasen durchlebte.

Der Kaiser, der großes Interesse für Alchemie und Astronomie aufbrachte, entwickelte unbändige Angst vor der schwarzen Magie. Engste Vertraute ließ er plötzlich aus Furcht vor Verhexung entfernen. Der Verfolgungswahn, unter dem Rudolf litt, hatte freilich einen durchaus realen Hintergrund. Sein von Ehrgeiz zerfressener Bruder Matthias war all die Jahre nicht untätig gewesen. Er scharte Gesinnungsgenossen um sich, die wie er Interesse am Sturz des Kaisers hatten. Rudolfs Autorität begann zu schwinden. Wenige Jahre vor seinem Tod und auf dem Höhepunkt des so genannten Bruderzwistes verschlimmerte sich sein Zustand. Seine Tobsuchtsanfälle wurden häufiger, Selbstmord war nicht mehr auszuschließen. Der Monarch ersann ausgefallene Wege, um seinem Leben ein Ende zu setzen. Einmal probierte er es mit einem Hirschgeweih, gegen das er mehrmals anrannte, um sich eine tödliche Verletzung zuzuziehen.[7] Matthias aber hatte mittlerweile die Familie mobilisiert, um den „zu unterschiedlicher Zeit“ infolge seiner „gefährlichen Gemüthsblödigkeiten“[8] regierungsunfähigen Bruder schrittweise zu entmachten.

Doch ist nicht außer acht zu lassen, dass Rudolf über weite Strecken seiner Regentschaft durchaus ein mündiger und sogar schlauer Herrscher war. So gelang es ihm, die Bedrohung durch die Heerscharen des türkischen Sultans propagandistisch geschickt als Strafe Gottes für die Sünden der Menschen auszugeben und auf diesem Wege eine herrschaftsstabilisierende Wirkung zu erzielen. „Die Fiktion, daß eine Besserung der Menschen, ein Leben ohne Laster und in Gehorsam vor der weltlichen Gewalt alles Böse von der Welt nimmt – seien es Seuchen oder die osmanische Expansion – ist ein immer wieder auftauchender Topos, der der Herrschaftslegitimierung und Festigung des an der Kirche angelehnten Frühabsolutismus dient“[9], stellt dazu der Historiker Karl Vocelka fest.

Rudolfs eigene Positionierung gegenüber Glaubensfragen gab und gibt Rätsel auf. Den Katholiken war er zu wenig und den Protestanten zu sehr katholisch. Das überrascht nicht. Doch wie stand es mit Rudolfs ganz persönlichem Verhältnis zur „himmlischen Majestät“? Als fromm kann man den Habsburger aufgrund seiner ausschweifenden Lebensführung jedenfalls nicht bezeichnen. Der Beichtvater des Monarchen war unzufrieden mit seinem Schützling. „Der Kaiser", urteilte er, „denkt nicht im geringsten an Gott, kennt ihn gar nicht."[10] Rudolf wusste aber sehr wohl, welche Bedeutung der Religion für sein Herrscheramt zukam. Sie, die das Volk in Furcht halten sollte, hatte auch und gerade im Zusammenhang mit den Türkenkriegen die Funktion eines Druckmittels gegen eine aufmüpfige Bevölkerung zu erfüllen. Diese nicht zuletzt vom Papst bereitwillig bestätigte Politik[11] akzeptierten auch die Stände, welche ungeachtet ihrer konfessionellen Gespaltenheit den finanziellen Forderungen des Kaisers angesichts der „Türkengefahr" nachkamen.

Die Erfordernisse der gewährten „Türkenhilfe" wurden freilich auf die Untertanen abgewälzt. Die Stände hielt Rudolf im Unklaren über die Erfolge der kaiserlichen Truppen im Krieg gegen die „Ungläubigen". Rudolf wusste, dass er die militärische Lage in den schwärzesten Farben schildern musste, um die gewünschte Unterstützung von Reichsständen zu erhalten, deren Gebiete weit entfernt von den Schauplätzen der Kämpfe lagen. Wenn es an der Zeit war, wollte der Kaiser allerdings auch die kleinsten Erfolge ausschlachten und setzte sich gerne als glanzvoller Sieger in Szene.[12]

Das Bild eines unangefochtenen, unumschränkten Herrschers hatte er vor sich, als er begann, die Gegenreformation voranzutreiben. Vor allem sein junger Cousin Ferdinand von Innerösterreich, der den „Ketzern" in seinem Land das Fürchten gelehrt hatte, war diesbezüglich mit gutem Beispiel vorangegangen. Nun ließ sich auch Rudolf davon überzeugen, dass die Gegenreformation ganz im Sinne einer Stärkung der Position des Monarchen wirken würde, während ein Nebeneinander von verschiedenen Konfessionen der Obrigkeit großen Schaden zufügen, jegliche Einheit sprengen und schließlich zum totalen Machtverlust führen müsse.[13]

Vom Heiligen Vater in Rom wurde Rudolf zu dieser Einsicht beglückwünscht. Doch erwies sich der Kaiser mit der Rekatholisierung des überwiegend protestantischen Siebenbürgen keinen guten Dienst. Der Hass gegen die Habsburger wuchs und mündete in eine Allianz mit den Osmanen. Rudolf hatte sich verkalkuliert. Die wachsenden konfessionellen Spannungen im Reich, die sich vor dem Hintergrund des Bruderzwistes verschärften, konnten von der vormals solidarisierenden Wirkung der „Türkengefahr" nicht mehr unterdrückt werden. Siebenbürgen war nur der Anfang. In dieser Situation hoffte Rudolf vergebens auf ein Bündnis mit Persien, um den Sultan in die Knie zu zwingen. So musste er schließlich dem verhassten Matthias die Initiative überlassen. Dieser handelte einen Frieden mit den Türken aus, in dem Letztere die Habsburger erstmals als gleichberechtigte Gegner anerkannten. Auch eine Verständigung mit dem Führer des ungarisch-siebenbürgischen Aufstandes konnte erzielt werden. Doch der Friede hatte seinen Preis. 200.000 Dukaten sollte Rudolf der Pforte als einmalig zu leistendes Geschenk aushändigen – eine riesige Summe für einen Kaiser, der so gut wie pleite war. Eine bittere Pille galt es auch im Zusammenhang mit dem zweiten Friedensschluss zu schlucken: Die den protestantischen Ständen des ungarischen Königreichs zugestandene religiöse Freiheit war trotz ihrer befürchteten Beispielwirkung für die übrigen habsburgischen Länder eine Notwendigkeit. Rudolf hielt die Abkommen, die sein Bruder zustande gebracht hatte, für „schändlich" und ratifizierte sie nur mit Widerwillen. Matthias ging bald darauf in die Offensive, um den Kampf mit dem Bruder endgültig für sich zu entscheiden. In der Wahl der Waffen war er nicht zimperlich. Das unschöne Ringen um die Macht legte den egomanischen Charakter der beiden offen. Die Brüder übten sich in religiöser Toleranz, wenn es die Lage erforderte, und streiften sie wieder ab, wenn es die Kräfteverhältnisse erlaubten. Vor allem Matthias zeichnete sich als skrupelloser Wendehals aus. Am Ende blieb Rudolf nur mehr die Kaiserkrone.

1611 wurde Matthias zum König von Böhmen gekrönt und Rudolf saß auf dem Hradschin wie ein Gefangener. Im Jänner 1612 starb der entmachtete Monarch. Sein Leben vermochten die Elixiere der Alchimisten ebenso wenig zu verlängern, wie die von ihm zu Rate gezogene schwarze Magie das Leben seines Bruders verkürzen konnte. Genauso wie sein Vater Maximilian verzichtete die allerchristlichste Majestät auf dem Sterbebett auf den Trost der katholischen Kirche.

Der Bruderzwist der Habsburger hatte dem Ansehen des Kaisertums schwer geschadet. „Machtlos wie du", klagt Matthias in Grillparzers Stück eingedenk des toten Bruders, „wank ich der Grube zu."[14] Und in der Tat, Grund für Optimismus gab es keinen. Die

Macht, um die Matthias mit allen Mitteln gekämpft hatte, zerrann ihm zwischen den Fingern. Und hinter dem neuen, nicht mehr jungen Kaiser wartete schon der nächste Erzherzog, der begierig auf dessen Erbe und den Thron schielte.

Beispiele allerhöchster Güte und Gerechtigkeit – Wider die Konspiration

Die Magnatenverschwörung oder: Wie macht ein ungarischer König sein Land so apostolisch, wie sein Titel es verlangt

Am südlichen Ortsrand der niederösterreichischen Katastralgemeinde Kottingburgstall im Bezirk Melk erhebt sich unweit der Trasse der Westbahn ein eigentümliches Monument: eine etwa vier Meter hohe Votivsäule aus rotweißem Stein, errichtet auf Veranlassung einer Wiener Laienbruderschaft, die alljährlich auf der Wallfahrt nach Sonntagberg an dieser Stelle vorbeizog. Im typischen Stil des Hochbarock gehalten, zeigt diese Säule neben Darstellungen der Heiligen Dreifaltigkeit und eines Engels eine kurze Inschrift folgenden Inhalts:

„Schaut an den Sonntagberg von fern, wohin zur höchsten Gottesehren man jährlich diese Prozession. Dem Vater, Sohn, Heil: Geist z. Lohn verrichtet, weil dort vor vielen Jahren, deß Christen Volk, die Türkenscharen zurückgetrieben: und das Land erhalten war durch Gotteshand, weil auch erst jüngst soviel gefahren dem Kaiser Leopoldi waren, von den Rebellen zur Gericht die er so glücklich all zernicht, damit ihm stets Sie verleihe. Mit jungen Prinzen höchsterfreue, zu diesem End aus Wien die Brüderschaft diese Bildnis hierhero geschafft; gehe nicht vorbei, o frommer Christ, du sprechest dan zu jeder Frist, gelobt und gebenedeyet, sei die heilg'e Dreifaltigkeit. Amen! 1675“[1]

Dieser Text kommentiert in salopper Form zeitgenössische Ereignisse in Ungarn, die zu einem der grausamsten Kapitel habsburgischer Herrschaftspraxis während des 17. Jahrhunderts gehören. Im Frieden von Eisenburg (Vasvár) vom 8. August 1664 hatte Leopold I. dem türkischen Sultan trotz des bedeutenden militärischen Erfolges in der Schlacht bei St. Gotthard/Mogersdorf aus wirtschaftlichen und militärisch-strategischen Erwägungen, vor allem hinsichtlich der

Ankurbelung des Orienthandels und einer noch anstehenden Auseinandersetzung mit Frankreich, einen großzügigen Vergleich eingeräumt: Die Türkei behielt nicht nur die Staatshoheit über die seit dem Kriegsausbruch im Jahr 1663 eroberten Gebiete, sondern Österreich leistete auch noch eine jährliche Kriegskontribution in Höhe von 200.000 Gulden; eine in den Augen vieler Zeitgenossen unwürdige und unverständliche Vorgangsweise des Siegers.[2]

Insbesondere die Vertreter der habsburgisch-königlichen Herrschaft in Ungarn, allen voran der Palatin, der Vizekönig beziehungsweise Verweser von Ungarn, Franz Freiherr von Wesselényi, und der Banus von Kroatien (damals ein autonomer Teil des ungarischen Königreichs), Franz Frangepány, waren von ohnmächtiger Wut und dem Gefühl tiefster nationaler Erniedrigung erfüllt. Sie hatten sich für eine mögliche Rückeroberung der von den Türken annektierten Teile Ungarns unter Habsburgs Fahnen zur Verfügung gestellt. In ihren Augen war der Friedensschluss ein Verrat des Kaisers an der ungarischen Sache. Da Leopold es auch nicht für nötig erachtet hatte, den ungarischen Reichstag vom Friedensschluss in Kenntnis zu setzen, lag ein klarer Bruch der Verfassung vor. Damit war in den Augen so mancher Mitglieder der ungarischen Eliten ein Anwendungsgrund ihres verfassungsmäßig gewährleisteten Widerstandsrechtes gegeben. Viele Magnaten gelangten zur Überzeugung, dass das Haus Habsburg politisch unfähig sei, Ungarn zu regieren, und dass es deshalb besser sei, die Macht in die eigenen Hände zu nehmen sowie den verhassten Ausländer auf dem Thron samt seinen Parteigängern außer Landes zu jagen.

Der von den unterschiedlichsten persönlichen Motiven und Interessen getragene Kreis der Verschwörer, der sich ab 1666 herauskristallisierte, umfasste als bedeutendste Mitglieder die Ungarn Franz I. Rákóczi, Thomas Nádasdy, Oberster Richter Ungarns, und Georg Lippay, Erzbischof von Gran (Esztergom) sowie die kroatischen Magnaten Frangepány, Peter Zrinyi und den Steirer Tattenbach. Gestützt auf eine große Anhängerschaft in der Bevölkerung und die Kontrolle über die Komitatsmilizen, waren sie entschlossen, die österreichische Herrschaft zu brechen. Doch das Verhältnis der Magnaten untereinander war von großen persönlichen Animositäten politischer und konfessioneller, aber auch ethnischer Natur geprägt. Dies führte unter anderem dazu, dass die in den politischen Diskussionen und Korrespondenzen der Verschwörer gefassten Aufstandspläne von einigen Weggefährten bald an den Wiener Hof verraten wurden.[3]

Seit 1669 gut über die konspirativen Bestrebungen der Magnaten informiert, wurden diese Berichte vom Kaiser und seiner Umgebung zunächst nicht sonderlich ernst genommen. Erst als die Stände Oberungarns einer nach Neusohl (Banská Bstrica) einberufenen Tagung nicht Folge leisteten, kam Leopold zum Schluss, dass die Rebellion unmittelbar bevorstünde. Der Monarch ordnete am 27. März 1670 die vorsorgliche militärische Intervention unter General Herberstein an. Diese führte, obgleich der Aufstand der Magnaten tatsächlich im kroatischen Reichsteil losbrach, sogleich zum Erfolg und erstickte die Revolte bereits im Ansatz. Die kroatischen Magnaten Frangepány und Zrinyi resignierten und begaben sich am 18. April nach Wien in Gefangenschaft. In den zentralen Gebieten Ungarns waren von kaiserlicher Seite ungleich intensivere militärische Gegenmaßnahmen vonnöten, um der dort am 9. April von Rákóczi ausgerufenen Rebellion Herr zu werden. Nachdem sich auch dieser Magnat dem Kaiser ergeben hatte, konnte die Intervention mit der Einnahme der letzten von Aufständischen gehaltenen Festungen im August 1670 beendet werden.

Verhängnisvoll erwies sich nun für die Verschwörer ihr gegenseitiger Verrat: Es lag genug schriftliches Beweismaterial vor, die exemplarischen Strafverfolgungen und Vergeltungsmaßnahmen zur Rechtfertigung dienen konnten. Der in Wien aufgrund des kaiserlichen Dekrets vom 20. September 1670 abzuhaltende Prozess gegen die Angeklagten Frangepány, Nádasdy und Zrinyi sollte vor einem eigens zu diesem Zwecke einberufenen außerordentlichen Gerichtshof („judicium delegatum“) entgegen den Bestimmungen der ungarischen Verfassung – ein weiterer schwerer Verfassungsbruch des Kaisers – stattfinden. Den Angeklagten wurden Aufruhr, Majestätsbeleidigung und Hochverrat vorgeworfen.[4] Ausdrücklich wies der Kaiser in seinem Dekret vom 30. März 1671 die Mitglieder des Gerichtshofes auf die zu beschleunigende Prozessführung und Urteilsfindung hin: „Und so nun die hohe Nothdurfft erfordert, daß solche Process nunmehr auff alle weiß befördert, und ehist zu End gebracht werde; Als ist Ihrer Kaiserl: Mayestätt weiterer gnädigister Befelch, daß Er Herr Hoff-Cantzler, mit und neben denen andern hierzue deputirten Herrn Räthen und Commissarien bedeute Process schleunigist befördern, und, wann auch gleich dieselbe nicht alle gegenwertig weren, Er Herr nichts destoweniger mit denen übrigen Anwesenden zur Verfassung deß Sentenz in Sachen fürschreitten, solchen aber in höchster Enge und Geheimb erhalten, auch nicht publiciern, sondern denselben vor der Publication, mit allen denen dabey gehabten Motivis verschlossener nacher Hoff geben und erwarten sollen, was mehr Allerhöchstermelt Ihre Kayserl. Mayestätt allergnädigist befelchen werden."[5]

Die vom Gericht und in der Geheimen Konferenz in rascher Abfolge gefällten Urteile lauteten jeweils auf Tod durch Enthaupten. Am 25. April 1671 wurde vom Kaiser „gnädigst resolviert, daß der Justizi hierinnen der Lauff gelassen, vnd demnach vermög der angezogenen dreyen Sentenzen allen dreyen Reis jhre Güther confisciert, dero Gewdächtniß vor der Welt außgetilgt, dero Persohnen dem Freymann überantwortet, vnnd die Rechte Hand sambt dem Kopff abgeschlagen: Dises auch mit dem Nadaßdi allhie zu Wienn, mit beeden andern aber zu Neustatt vollzogen werden solle."[6] Die Vollstreckung der Todesurteile wurde auf den 30. April festgesetzt. Bezogen auf seine vermeintliche ursprüngliche Absicht, Milde gegenüber den Magnaten walten zu lassen, äußerte der Kaiser am 1. Dezember 1671 in einem Brief an den kaiserlichen Gesandten in Spanien: „Ich habe es nicht gerne getan, doch ich kann mir nicht sagen lassen, daß ich einen Unterschied zwischen Ungarn und Deutschen mache."[7]

Mit der tatsächlich den Delinquenten entgegengebrachten kaiserlichen Milde hatte es allerdings eine eigene Bewandtnis. Im Falle Nádasdys geschah folgendes: „So ist des Grafen Nadasty jüngstes Söhnlein auf allen Vieren, ein Memorial im Munde haltend, zu höchstgedachter Ihrer Römischen Kayserl. Majestät Cabinet gekrochen, und umb Gnade geruffen: Und weiln Er so freymüthig bekennet, weiln Er ja sterben müste, so wolte Er nichts auf seinem Herzen behalten, sondern alle Conspiranten, soviel Ihme wissend, vollends entdecken. Und dieses hat die Gnad verursacht, daß Er nicht offentlich, sondern im Zimmer enthauptet worden."[8]

Die Gnadengesuche Zrinyis und Frangepánys wurden ebenfalls abgelehnt. Die Begründung lautete: „Ihr Mayestätt als ein hochvernünfftiger Potentat wüsten gar wohl, daß die allzu grosse Mildigkeit in so schweren Verbrechungen, die Beherrschung der Fürsten mehr schwäche als besteiffe, Sie führten zu Gemüth, daß kein gnugsame Sicherheit Ihro, vnd Ihren trew gehorsamisten Ständen vnd Underthanen, wegen der jenigen, so Ihr Güttigkeit so übl mißbraucht, kundte gegeben werden, Sie befunden daß die Abstraffung etlich wenig berühren, der Schrocken aber und das Exempl vil tausend auff den rechten Weeg erhalten wurde: Vnd daß die Gerechtigkeit allein der ainige wahre Balsamb ist, so daß grosse Corpus Politicum vor der Corruption bewahren kan. Dahero Ihr Kayserliche Mayestätt endlich die milde Natur, so Ihro Gott gegeben, zu Gottes Ehr überwunden, vnd daß geschehen zu lassen, was wegen deß gemeinen Heyls so hoch vonnöthen gewest, ut Justitia & Pax sese oscularentur."[9]

Allein eine weitere Gnade wurde jedem der drei Verschwörer durch eine kaiserliche Erklärung zuteil: „Ihre Kayserliche Mayestätt haben obgemeltes Vrtheil auß puren Kayserlichen vnd Königlichen Gnaden dahin limitirt, daß jhme der Kopff abgeschlagen: vnd jhme die Abhawung der rechten Hand nachgesehen werden solle. Laxenburg den 29. Aprilis Anno 1671."[10] Die Hinrichtung Frangepánys geriet zur unfreiwilligen Groteske: Nach Zrinyi „ist der Frangipany angetreten, hat ein Lateinisch Gebeth laut recitiret, nachgehends Ihrer Römischen Kayserlichen Majestät für die unverdiente Gnade, ita Formalia, der geschenckten Hand gedancket, von Deroselben Abschied genommen, an die Umbstehende eine Vermahnung gethan, an seinem Exempel eine Warnung zu nehmen, und von dem Gesalbten des Herren nicht abzufallen, wodurch Er viel Leut zu mitleidentlichen Weinen beweget, darnach ist Er gleichfalls niedergeknyet, es hat aber der Freymann den Streich gefehlet, und ihn in die Schulter gehauen, davon Er zwar zu Boden gefallen, und den Namen, Jesu bis mir gnädig, angeruffen, darauf sich aufgerichtet, und auf den Rücken geleget, worüber der andere Freymann herzu gesprungen, und Ihn bey dem Schopff gehalten, also daß er mit etlichen Streichen den Kopff abgelöset, unter welchem Actu der Frangipany etlichemal Jesus geruffen, der Freymann ist alsobald in Verhafft genommen worden."[11]

Noch während des Prozesses gegen die Hauptverschwörer waren vom Wiener Hof weitere Schritte unternommen worden. Zur Untersuchung des Ausmaßes der Verschwörung in Ungarn wurde eine Sonderkommission mit Sitz in Pressburg unter abermaliger Missachtung der diesbezüglichen Zuständigkeit ungarischer Justizbehörden eingerichtet. Ihr oblag unter ihrem Leiter Graf Rottal die möglichst lückenlose Aufdeckung und Verfolgung von Sympathisanten. Daneben ermittelte eine ungarische Untersuchungskommission mit demselben Ziel. Bis Ende des Jahres 1672 wurden etwa 2.000 Personen, hauptsächlich Protestanten, verhaftet und davon 100 Personen zwischen 26. Februar und 18. Juli 1671 vor ein weiteres Sondergericht gestellt. Einige Todesurteile wurden ausgesprochen, eines davon vollstreckt. Alle Verurteilten verloren ihre Besitztümer. Sie wurden in das Eigentum der Krone überführt.[12]

Damit nicht genug, schien es Leopold, unterstützt von seinen Ratgebern, an der Zeit, aus Anlass dieser politischen „Befriedungsmaßnahmen" einige wichtige Bereiche der Souveränität des Königreichs Ungarn und damit der ungarischen Verfassung im Sinne des habsburgischen Zentralstaatsgedankens zu modifizieren. Die Grundlage dafür bot die Auffassung einer eigens für diesen Zweck ins Leben gerufenen Kommission, dass nämlich die Ungarn durch die Rebellion eines Teiles des Adels ihre Freiheiten verwirkt hätten. Der Kaiser sei dadurch an den Krönungseid, der ihn unter anderem zur vollständigen Respektierung der ungarischen Verfassung verpflichtete, nicht mehr gebunden. Zu diesem Zweck wurde mittels kaiserlichen Dekrets vom 21. März 1672 die kontinuierliche militärische „Bedeckung" der ungarischen Komitate angewiesen. Für den Unterhalt des Militärs hatten die lokalen Behörden aufzukommen. Weiters wurde in Pressburg im Februar 1673 eine zentrale Regierungsbehörde mit einem königlichen Statthalter an deren Spitze installiert, die Wien in allen politischen Fragen unmittelbar unterstand.[13]

In den Augen des Kaisers waren politische Rebellion und religiöse „Irrlehre“ Faktoren, die einander bedingten. Daher verlagerte sich die habsburgische Repressionspolitik nach den Hochverratsprozessen insbesondere auf den Kampf gegen den ungarischen Protestantismus. Der Schönheitsfehler an dieser Vorgangsweise war allerdings das Faktum, dass in die Magnatenverschwörung fast ausschließlich katholische Akteure verwickelt gewesen waren. In der Alltagspolitik der kommenden Jahre spielte das aber keine Rolle mehr, da der katholische Adel und der Prälatenstand nunmehr darauf erpicht waren, Leopold von ihrer unerschütterlichen Gefolgschaftstreue zu überzeugen, zumal ihnen beschlagnahmte Rebellengüter in Aussicht gestellt wurden. Den Beginn dieser neuen Entwicklungsphase markiert ein kaiserliches Dekret vom Sommer 1672, das sämtliche protestantische Prediger des Landes aufforderte, Ungarn zu verlassen. Weiters sollten danach Protestanten, die nicht bereit waren, zum Katholizismus zu konvertieren, mit Militär bequartiert werden, um sie „umzustimmen“. Mit der Durchsetzung dieser – man kann es nicht anders ausdrücken – religiösen Vernichtungspolitik wurde der neue Primas von Ungarn und Erzbischof von Gran, Georg Fürst Szelepscéni, beauftragt.[14]

Im Jänner 1674 wurde abermals ein außerordentlicher Gerichtshof einberufen, vor dem insgesamt 330 Prediger des Hochverrats angeklagt wurden. Den für schuldig Befundenen blieb die Wahl zwischen Glaubensübertritt und Exekution. Schließlich wurden 93 nicht konvertierungswillige Prediger zum Tode verurteilt, und danach zu lebenslänglicher Haft begnadigt. Über einen Teil von ihnen wurde die besonders berüchtigte Galeerenstrafe verhängt. Diesen deportierte man nach Neapel.[15]

Die wichtigste unmittelbare Folge der Magnatenverschwörung und der habsburgischen Gegenmaßnahmen war die Spaltung der ungarischen Nation in Anhänger (Labanzen) und Gegner der Krone (Kuruzen), die dem Haus Habsburg noch schwer zu schaffen machen sollte. Daran konnte auch die Einberufung des Reichstags nach Ödenburg im Mai 1681, welcher die Wiederherstellung der ungarischen Verfassung festschrieb und alle seit der Rebellion vom Kaiser verfügten Verfassungsbrüche sanierte, nichts ändern. Dasselbe galt für die durch außenpolitische Zwangslagen gewährten Zugeständnisse im Bereich der Religionsfreiheit. Das Bemühen um Entspannung sollte überdies nur wenige Jahre anhalten. Leopold erlebte die endgültige Beilegung der durch seine Ungarnpolitik heraufbeschworenen Krise nicht mehr.

Die Jakobinerverschwörung oder: 's ist ja das Volk kein Arschpapier

Am 20. April 1792 hatte König Ludwig XVI. vor der Französischen Nationalversammlung in Paris auf deren Antrag den Kriegszustand zwischen Frankreich und dem König von Ungarn und Böhmen, Franz II., mit den Worten erklärt: „Die Nationalversammlung und viele Bürger überall im Königreich wollen nicht länger mitansehen, wie die Würde des französischen Volkes mit Füßen getreten wird, sondern [...] bevorzugen den Krieg."[16]

Diese neue außenpolitische Konstellation, die in eine Koalition europäischer Mächte zur Niederwerfung der Revolution mündete, ging innerhalb der Habsburgermonarchie einher mit einer restaurativen Kehrtwendung in der Person des noch jungen Franz. Die reformorientierten Kreise, die im Umfeld seiner Vorgänger tätig gewesen waren, wurden nun zusehends verdrängt.

Jeder publizistischen Tätigkeit, die dazu geeignet schien, revolutionäres Gedankengut aus Frankreich in der Monarchie zu verbreiten, wurde mit den Hofdekreten vom 21. Dezember 1792 und 9. Februar 1793 die Grundlage entzogen. Nicht verhindert werden konnte aber das Entstehen kleiner Gruppen, die dem neuen staatlichen Kurs ablehnend gegenüberstanden. In Form von Debattierrunden, bestehend aus einigen ehemaligen politischen Mitarbeitern Leopolds II., diversen Angehörigen von Freimaurerlogen, Beamten, bürgerlichen Intellektuellen und Studenten, die in Kaffeehäusern und Privatwohnungen zusammenkamen, wurde Kritik an den herrschenden Zuständen geübt.[17]

Basis für diese politischen Überlegungen des Bürgertums war die verstärkte Einbindung von Staatsbeamten bürgerlicher Herkunft in die großen Reformvorhaben ab der Mitte des 18. Jahrhunderts. Sie mündeten im zweiten Jahrfünft der Regierungszeit Josefs II. in konkrete politische Konzeptionen, wie die Festsetzung gesetzlich verankerter Grundsätze für die staatliche Exekutive, verschiedene Rechtskodifikationen, darunter ein Katalog von Grundrechten des einzelnen gegenüber dem Staat, eine gesamtstaatliche Ständevertretung und anderes mehr.[18] Kaiser Leopold II., nach seiner Eigendefinition „Delegierter des Volkes", ließ den liberalen Kräften zunächst den notwendigen Freiraum, ihre Ideen in angemessener Form zu artikulieren.[19] Die baldige politische Wende unter seinem Sohn und Nachfolger Franz kündigte sich an, als Josef von Sonnenfels vorschlug, die Grundrechte verfassungsmäßig zu verankern, was der neue Regent kategorisch ablehnte. Die Unterschiedlichkeit der politischen Vorstellungen manifestierte sich auch in den Beschlüssen der staatlichen Behörden. Während die Hofkanzlei der Notwendigkeit der Kodifikation von Menschenrechten mit dem Hinweis bejahte, dass diese ihre Berechtigung nicht dadurch verlören, weil sie in Frankreich missbräuchlich angewendet würden, lehnte der Staatsrat das Sonnenfelsische Konzept als obsolet ab.[20] Das neue Regime definierte sich aus der totalen Ablehnung der Französischen Revolution und deren Beweggründe. Reform wurde gleichgesetzt mit Revolution.[21]

Die Träger der von Leopold II. vielfach gutgeheißenen Reformideen, die in fast allen Ländern der Monarchie zwischen 1792 und 1794 Zusammenkünfte abhielten, nannten sich unter anderem „Josefiner" oder „Demokraten". Kaiser Franz beschuldigte sie des „Jakobinismus". Mit diesem diffus gefassten Begriff etikettierte man alle Anhänger oppositioneller Denkweisen.[22]

Eine besonders große Anhängerschaft fanden die Ideen der Französischen Revolution in Ungarn, wo 1793 Protestaktionen durchgeführt wurden, welche die Beseitigung der habsburgischen Herrschaft und die Beendigung des Krieges gegen Frankreich forderten.[23] Dort wurde Ignaz von Martinovics zum geistigen Führer der Oppositionsbewegung. In den anderen habsburgischen Ländern, wie in der Steiermark, in Tirol und in Niederösterreich, erschöpften sich diese Aktivitäten in schriftlich fixierten Reformprogrammen in Form von Flugblättern und Flugschriften, Sammlungen von Revolutionsliedern sowie – als größte „Frivolität" – in der Teilnahme an einer Verbrüderungsfeier auf dem Klenderberg bei Mödling im Juni 1794.[24]

Konkrete Anzeichen für einen revolutionären Umsturz waren nirgends auszumachen. Dennoch schlug die Staatsmacht mit dem weitverzweigten Spitzelsystem der Polizeihofstelle zu und verhaftete Personen, deren Ansicht, wie es hieß, „auf nichts weniger gehe, als das Ansehn, und die Macht der Monarchen nach und nach zu untergraben, Freyheitssinn bey den Nazionen aufzuregen, die Denkungsart des Volkes umzustimmen, und solches durch eine geheime Oberherrschaft nach ihren Absichten zu lenken".[25] Die Festgenommenen wurden während ihrer Untersuchungshaft einer derartig grausamen Behandlung unterzogen, dass ein Angeklagter sogar dem Wahnsinn verfiel.[26]

Nachdem Franz II. mit seiner ursprünglich geäußerten Absicht, die Angeklagten vor einem außerordentlichen Geheimgerichtshof allesamt aburteilen und hinrichten zu lassen, auf entschiedene Ablehnung bei den Kronjuristen, allen voran Karl Anton Freiherr von Martini, gestoßen war, wurden die Zivilpersonen wegen Majestätsbeleidigung und Hochverrats (nach der josefinischen Kriminalgerichtsordnung von 1787) von ordentlichen Gerichten zu langjährigen Kerkerstrafen verurteilt.

Über einen von ihnen, Andreas Freiherr von Riedel, einem früheren Erzieher des Kaisers, befand das Gericht in seinem Urteil: „Andreas Freiherr von Riedel hatte vorhin das Glück, dem Monarchen selbst nahe zu sein. Er war Zeuge von dessen unausgesetztem Bemühen, seine ihm von Gott anvertrauten Völker durch Milde, Biederkeit und Gesetze glücklich zu machen, wurde mit Gnaden und Wohltaten überhäufet und sogar in den Freiherrnstand erhoben. Aber alles dieses vergaß der Undankbare. Eben zu der Zeit, als er sich mit heuchlerischer Ehrfurcht dem Throne näherte, um Vertrauen zu erschleichen, schmiedete er meuchelmörderische Pläne, ebendenselben zu untergraben. In dem Augenblicke, wo er die Vorzüge des Adelsstandes genoß und stolz auf andere herabsah, sann er unaufhörlich darauf, die Abstufungen der verschiedenen Stände, welche schon in den ungleich ausgeteilten Naturalien und Vermögensumständen ihren Grund haben und zum Glück der Gesellschaft bestehen müssen, zu zerrütten, alle Verhältnisse zu zerreißen und die bürgerliche Ordnung, Ruhe und Sicherheit, die so süßen Früchte einer weisen und sanften Regierung, seinem Aberwitze und seiner boshaften Gemütsart aufzuopfern. (...) Nach Maß dieser abscheulichen, auch die Sicherheit des Throns und das Glück aller guten Bürger so nahen Bezug habenden Verbrechen hat die strafende Gerechtigkeit folgendes gesetzmäßiges Urteil über ihn gefällt: Derselbe soll seines Adels entsetzt, durch drei nacheinander folgende Tage jedesmal eine Stunde lang mit einer ihm vor der Brust hangenden, die Aufschrift: Landesverräter und Verführer enthaltenden Tafel auf der Schandbühne ausgestellet, sohin durch sechzig Jahre in dem langwierigen schwersten Gefängnisse zweiten Grades auf einer Festung angehalten, der Pension und des Vermögens verlustigt erkennet und demselben dieses Urteil öffentlich angekündiget werden."[27] Riedel konnte erst 1809 aus der Festungshaft anlässlich der französischen Operationen gegen Österreich entkommen; die anderen Verurteilten waren im Jahr 1802 amnestiert worden.[28]

Vor einem Militärgericht hatten sich hingegen die der Verschwörung beschuldigten Angehörigen des Soldatenstandes zu verantworten. Von ihnen wurden 19 zum Tod durch den Strang und 17 zu langjährigen Kerkerstrafen verurteilt.[29] Die Exekution wurde schließlich an neun Delinquenten vollzogen.[30]

Auf diese Weise endeten ohnehin zaghafte Versuche, eine Änderung der Regierungspolitik herbeizuführen und die österreichische Monarchie in ein fortschrittlicheres Staatswesen zu verwandeln.[31]

Zweifelhafte Persönlichkeit

Ferdinand (1578–1637)

Im Spätherbst 1607 brach Erzherzog Ferdinand, seit über zehn Jahren Herr von Innerösterreich, nach Regensburg auf. Der Kaiser hatte ihn zum dort stattfindenden Reichstag geschickt, um mit den Reichsständen über eine Unterstützung für einen neuerlichen Krieg gegen die Osmanen zu verhandeln. Im Jänner 1608 wurden die Gespräche aufgenommen. Die Stimmung war schlecht. Dass Kaiser Rudolf den als „Protestantenvertilger" berüchtigten Erzherzog entsandt hatte, der dem Vernehmen nach zu „Blutvergießen und Tyrannei"[1] neigte, trug nichts dazu bei, die ablehnende Haltung der Protestanten in Hinblick auf die eingeforderte „Türkenhilfe" aufzuweichen. Im Gegenteil. Die ohnehin verhärteten Fronten aufzubrechen, schien bald darauf unmöglich, als nämlich bekannt wurde, dass Rudolf die Reichsacht über die freie Reichsstadt Donauwörth verhängt hatte, um so die bedrängte Position der dortigen katholischen Minderheit nachhaltig zu stärken. Exekutiert wurde dieser Beschluss vom bayrischen Herzog Maximilian, der die lutherischen Prediger vertrieb und den Widerstand der Bevölkerung gewaltsam unterdrückte.

Diese kaiserliche Machtdemonstration verunsicherte die protestantischen Reichsstände zutiefst. Der Religionsfrieden schien in Gefahr. Die sich ohnehin schleppend dahinziehenden Verhandlungen waren nun zusätzlich belastet. Man trat auf der Stelle, und Ferdinand begann sich zu langweilen. Auch der in rauen Mengen aus der heimatlichen Steiermark angelieferte Wein vermochte nicht, des Erzherzogs Laune zu verbessern.[2] Überdies trank der fromme Ferdinand angeblich nie über den Durst. Zu sehr war er darauf bedacht, sein Verhalten auf die Freuden eines gottesfürchtigen Lebens auszurichten. Abwechslung verschaffte ihm lediglich die Jagd. Trotzdem empfand er, der die Hetzjagd besonders schätzte, nur gedämpfte Begeisterung für das Erlegen von Rebhühnern, Enten und anderem Geflügel in den Mooren und Auen der Umgebung. Ferdinand wollte nach Hause. Umso bestürzter zeigte er sich, als man ihm über den harten Winter in der Steiermark berichtete, in dessen Folge der Wildbestand erheblich dezimiert worden war. Der Erzherzog verlangte nach Details über das Ausmaß der vermeintlichen Katastrophe und schrieb darauf hin nach Graz: „Das Verzeichnis des umgefallenen Wildbrets habe ich empfangen. Es ist ziemlich viel, aber um die Wahrheit zu bekennen, habe ich mich eines viel größeren Schadens besorgt. Ich wollte wünschen", setzte er hinzu, „daß so viel Prädikanten und rebellische Rädelsführer dafür verreckt wären."[3]

Der fromme Ferdinand, der so fromm gewesen sein soll, dass ihm als Kind die Worte „Jesus" und „Maria" als erste über die Lippen kamen, wurde den Vorstellungen der bayrischen Mutter entsprechend zu einem fanatischen Katholiken erzogen. Schon früh entdeckte er seine Leidenschaft für Prozessionen, fastete trotz angegriffener Gesundheit regelmäßig und begeisterte sich besonders für sakrale Musik – das trefflichste „Gotteslob", wie er meinte. Während seine Mutter, die Ferdinand nach Ingolstadt zu den Jesuiten geschickt hatte, die Entwicklung ihres Sohnes begrüßte, äußerte sich Ferdinands gleichnamiger Onkel skeptisch über dessen Werdegang und war zunächst mit der physischen Konstitution des Neffen unzufrieden. So meinte Ferdinand von Tirol erkannt zu haben, dass der Neffe, „von den Jesuiten sehr eingenommen und durch sie etwas blöde, verzagt und schwach gemacht"[4] worden war. Verzagt war Ferdinand nicht, und die Sorge, er könnte unter dem Einfluss einer allzu geistlichen Erziehung zu weich geraten, erwies sich als gänzlich überflüssig. Die Jesuiten sorgten dafür, dass der frömmlerische Eifer ihres Zöglings nicht auf emotionaler Ebene verharrte und sich auf Andachten und Prozessionen beschränkte. Es war ihnen und Ferdinands gestrenger Mutter zu verdanken, dass seine Religiosität an Bestimmtheit gewann und sich schließlich konkrete missionarische Ziele ins Blickfeld des jungen Habsburgers schoben.

Als Ferdinand die Regentschaft in Innerösterreich antrat, ließ er binnen kurzer Zeit keinen Zweifel daran aufkommen, was er unter gelebter Frömmigkeit verstand. Im Zuge einer Pilgerfahrt, die ihn nach Rom zum Papst führte, soll Ferdinand den Schwur getan haben, seine Untertanen wenn nötig mit Gewalt in den Schoß der katholischen Kirche zurückzuführen. Als der Landesfürst von Innerösterreich heimkehrte, war man im Lager der Protestanten zu Recht besorgt. Ferdinands Mutter hingegen riet dem tatendurstigen Sohn, der die Bedrohung durch die Türken als Strafe Gottes für die hinausgezögerte Gegenreformation deutete, lutherische Prediger kurzerhand ins Jenseits zu befördern.[5] Zur Mäßigung rief niemand in Ferdinands Umgebung auf. Schon gar nicht die Bischöfe Stobäus und Brenner, die offenbar darauf brannten, ihr Bekehrungswerk möglichst breitenwirksam zu entfalten.

Von Söldnern unterstützte Kommissionen zogen durch das Land, schlossen oder zerstörten protestantische Kirchen und vertrieben Prediger. Mancherorts wurden sie „wie das Wild gehetzt."[6] Wer nicht beichtete, fastete oder die Kommunion empfing, hatte mit Strafen zu rechnen.[7] Ferdinand beschritt den Weg eines landesherrlichen Absolutismus, dessen Intoleranz in Glaubenssachen sich mit der Intoleranz gegenüber ständischen Freiheiten verband.

Sein Wunsch nach konfessioneller Einheit führte zu einem Kahlschlag sowohl in wirtschaftlicher als auch intellektueller Hinsicht. Das störte Ferdinand wenig. Der Exodus der protestantischen Bevölkerung war einkalkuliert. Nicht nur ein Johannes Kepler verließ angesichts der gewaltsamen Rekatholisierung die Steiermark. Die Vertreibung der „Ketzer" bescherte dem ohnehin finanzschwachen Habsburger zwar noch tristere Bilanzen, doch brachte diese Art der Politik dem Erzherzog die Sympathien der spanischen Verwandtschaft ein, die es bekanntermaßen mit der christlichen Nächstenliebe nicht so genau nahm, wenn Glaubensfragen im Spiel waren.

Überzeugt von seiner Mission, für die ihn der Papst bei seiner Visite in Rom mit den Segnungen der Kirche versehen hatte, bekämpfte der Habsburger nicht nur Andersgläubige, sondern vielmehr Andersdenkende. Nicht nur in Spanien brannten die Scheiterhaufen. Bücherverbrennungen gehörten von Beginn an zu den bewährtesten Methoden der Gegenreformation. So auch in Innerösterreich, wo Bischof Brenner seinem Namen alle Ehre machte und die Schriften der „Ketzer" dem Feuer überantwortete.[8] Unterwerfung sowohl in Glaubensfragen als auch in Hinblick auf die weltliche Ordnung war erklärtes Ziel des habsburgischen Erzherzogs. Ein „reinigendes Feuer" kam Ferdinand gerade recht.

Kein Wunder, dass sein Auftritt beim Regensburger Reichstag so große Skepsis hervorrief. Wenn Rudolf diesen Mann schickte, was sollte man dann vom Kaiser selbst erwarten? Wie würde sich die Religionspolitik der Casa d'Austria im Reich entwickeln? Der Erzherzog, um eine katholische Mehrheit bemüht, scheiterte schließlich in seiner Rolle als kaiserlicher Kommissär. Der Dreißigjährige Krieg, dessen Ausbruch Ferdinand in hohem Maß mitverschulden und dessen Verlauf er entscheidend beeinflussen sollte, warf seine Schatten voraus. Die Stände trennten sich, ohne eine Einigung erzielt zu haben. Eine lange Tradition von Kompromissen zwischen den beiden religiösen Parteien, die nicht zuletzt angesichts der Türkengefahr immer wieder gelungen waren, ging zu Ende.[9] Aber bereits vor Abbruch der Verhandlungen hatte eines für Ferdinand festgestanden: „Besser ist, man lasse den Reichstag zerstoßen als daß etwas Gefährliches und der Religion Schädliches gepracticiert werde."[10]

Zu dieser Zeit sorgte sich der fromme Erzherzog außerdem wohl weniger um die Vorgänge in Regensburg als um seine eigene Rolle im Habsburgischen Bruderzwist. Der Machtkampf zwischen Kaiser Rudolf und seinem Bruder Matthias spitzte sich mehr und mehr zu. Seine Mutter, stets eine wichtige Instanz für seine Entscheidungen, riet Ferdinand, „beschaidene, vernünfftige und verschwiegene Neutralität"[11] zu wahren. Diesen Ratschlag zu befolgen, fiel dem Erzherzog allerdings etwas schwer, hatte er sich doch bereits als Diener zweier Herren versucht. Dennoch schaffte Ferdinand es bis nach ganz oben, obgleich zwischenzeitlich die Chancen für seinen Bruder Leopold um einiges besser ausgesehen hatten. Doch eine Neuauflage des habsburgischen Bruderzwistes erübrigte sich schließlich: Matthias, Nachfolger des Bruders Rudolf, bestimmte den steirischen Cousin zum Erben. 1617 wurde Ferdinand zum König von Böhmen gekrönt und im Jahr darauf trug er auch die Stephanskrone. Trotz der Schwüre, die der Doppelkönig geleistet hatte, war abzusehen, dass er die Rechte seiner protestantischen Untertanen, die in Böhmen noch unter der Regentschaft Rudolfs II. mit dem so genannten Majestätsbrief erweitert worden waren, nicht respektieren würde. Ab Mai 1618 eskalierte die Situation in Böhmen. Ferdinand hielt nichts davon, diese gefährliche Entwicklung aufzuhalten. Den offenbar um eine friedliche Lösung bemühten Kaiser Matthias stellte er kalt, und dessen wichtigsten Berater, Kardinal Khlesl, ansonsten als Scharfmacher in Sachen Gegenreformation tätig, ließ er verhaften. Ferdinands Trauer hielt sich in Grenzen, als Kaiser Matthias 1619 starb. Wenige Monate später wurde der Erzherzog aus Graz zum Kaiser des Heiligen Römischen Reiches gewählt.

Ferdinand, auf dessen Haupt sich nun drei Kronen türmten, war auf dem Gipfel der Macht. Doch wusste er, dass der Glanz des Ornats nicht ausreichte, um wirklich von Macht sprechen zu können. Es gab noch erhebliche Schwierigkeiten zu überwinden (vor allem in Böhmen, wo Ferdinand als König abgesetzt worden war), um die habsburgische Politik durchzusetzen. Wie diese aussehen würde, war vorhersehbar. Nicht vorhersehbar aber war die schrankenlose Brutalität, mit der er Strafgericht über die Aufständischen hielt. Den Majestätsbrief zerschnitt er eigenhändig und ebenso eigenhändig unterschrieb er Todesurteile, ordnete Konfiskationen an und überwachte die Umverteilung des Besitzes, der den Hingerichteten und Geächteten gehört hatte. Die Protegés der allerchristlichsten Dynastie durften sich ungeniert bedienen. Ferdinand gelang es, sich und seinen Nachfahren ein ergebenes Klientel zu schaffen, welches das System Habsburg verinnerlichte und dadurch den Erfolg der Entmündigungspolitik absicherte. Des Kaisers Beichtväter, die die Heilige Schrift nicht zum ersten Mal als moralischen Selbstbedienungsladen missbrauchten und sich mit Vorliebe in der Kunst der Exegese übten, hatten auch jetzt den einen oder anderen passenden Bibelspruch parat, um den – so will es die bewusst in die Welt gesetzte Darstellung aus dem Umfeld des Kaisers – von Schuldgefühlen geplagten Monarchen von der Richtigkeit seines Vorgehens zu überzeugen. Ferdinand, der für das Seelenheil seiner Opfer betete, gelangte schließlich zu der für ihn beruhigenden Erkenntnis, dass Milde und Gnade, Tugenden, der sich die Dynastie rühmte, in Böhmen deplaziert gewesen wären. Schließlich, so das Argument seiner Einflüsterer, zerstöre bedingungslose Milde die Grundlagen allen göttlichen und menschlichen Rechts.[12]

Allerdings ließ es sich der fromme Ferdinand nicht nehmen, den meisten Verurteilten das Vierteilen und Handabhacken bei lebendigem Leib zu ersparen. Ungeachtet dieser Güte dauerte es an die vier Stunden, bis der Scharfrichter alle Köpfe abgetrennt hatte und Ferdinands durch geistlichen Beistand zustande gekommener Anschauung von Gerechtigkeit Genüge getan war.

Dass der gemeine Mann, egal welcher Konfession, nicht auf Schonung hoffen durfte, stand von Beginn an fest. Über die Zustände in Südböhmen wusste Herzog Maximilian von Bayern, der die Disziplin unter seinen Truppen offenbar nicht aufrecht erhalten konnte, bereits im Oktober 1620 zu berichten: „Ich kann Euer k. Majestät nicht verhehlen, daß derselben Armada ungeachtet meiner vielfältigen wohlmeinenden Erinnerungen mit Rauben, Plündern, Brennen, ja sogar Niederhauung unschuldiger katholischer Personen beiderlei Geschlechts, [...]mit Entführung der Weibspersonen und Jungfrauen, mit Plünderung von Kirchen und Klöstern wüthet. Der gemeine Mann", so Maximilian weiter, „ist ruiniert und zur äussersten Verzweiflung getrieben und wird sich in vielen Jahren nicht erholen können, wie dann auch E.M. im Falle des Sieges durch viele und lange Jahre aus diesem verderbten und devastirten Königreiche keines Einkommens sich erfreuen werden."[13] Maximilians Schilderung war nur einer von vielen Berichten über das Leiden der Menschen, die den Kaiser im Laufe des Krieges erreichten. An seinen Entscheidungen haben sie nichts geändert.

Die Zahl jener, die an die Milde des frommen Herrschers in Wien glaubten, schrumpfte. Den rebellischen Oberösterreichern war 1620 mitgeteilt worden, „Ihre Majestät Natur wär sanffthmüethig".[14] Diese Behauptung war allerdings wenig glaubhaft. So hatte Ferdinand

Oberösterreich als „Nest und Quelle allen Unheils" sowie Hort „der Untreue und Rebellion"[15] bezeichnet. Das verhieß nichts Gutes. Zur Sicherheit suchten die, denen es möglich war, das Weite. Ferdinand verpfändete das Land an seinen Schwager, den Bayernherzog Maximilian. Mit ihren gegenreformatorischen Maßnahmen lagen die Besatzer ganz auf kaiserlichem Kurs, allerdings erst nachdem Ferdinand dafür gesorgt hatte. Jene, die sich gegen die Zwangsbekehrung stemmten, mussten das Land verlassen und darüber hinaus Zahlungen leisten, bevor man sie gehen ließ. Als 1626 ein politisch, wirtschaftlich und religiös motivierter Bauernkrieg losbrach, konnten die Bayern auf kaiserliche Hilfe rechnen, um die Aufständischen zur Räson zu bringen. 12.000 von 40.000 Bauern starben, die Anführer wurden hingerichtet.[16] Selbst der in Oberösterreich eingesetzte bayrische Statthalter Herberstorff, der ob seiner Grausamkeit und seines Sadismus bei der Bevölkerung noch Generationen nach seinem Tod verhasst blieb, riet Ferdinand davon ab, die durch den Krieg unterbrochene Gegenreformation fortzusetzen. Doch der Monarch dachte nicht daran. Als das Land 1628 wieder unter habsburgische Verwaltung kam, ging man aufs neue daran, den „allein selig machenden" Glauben zu verbreiten.

Auf die Unterstützung lutherischer Reichsstände verzichtete Ferdinand jedoch nicht, solange sie kaisertreu waren. Auch ein katholischer Fanatiker wie er konnte sich zurückhalten, wenn Toleranz den irdischen Machtinteressen zugute kam. Und diese waren enorm. Der Habsburger, der von einem Aufstieg zum Universalherrscher eines konfessionell geeinten Reiches träumte, machte 1627 Böhmen zum Erbkönigreich. Damit war gesichert, dass das Land in Familienbesitz blieb. Auf diese Weise überwand Ferdinand wohl das Trauma, zu Beginn des Krieges mit einem böhmischen Gegenkönig konfrontiert worden zu sein. Damals war auch die ungarische Krone in Gefahr gewesen. Doch hatte der Habsburger gegenüber den Magyaren das Augenmaß nicht verloren. Zu gefährlich war es, den ungarischen Widerstand herauszufordern. Diese Lektion hatte der Kaiser bereits 1619 gelernt, als Graf Bethlen vor Wien stand.

Zehn Jahre später, 1629, sah die Welt anders aus. Ferdinand erlag einer maßlosen Gier. Sie aus seinem militanten Katholizismus heraus zu erklären, schmälert nicht die Tragweite dieser bedenklichen Eigenschaft. Der Kaiser gedachte, die Zeit um mehr als siebzig Jahre zurückzudrehen und das seit damals protestantische Kirchengut wieder in die Verfügung der Katholiken zu überführen.

Dass es dabei nicht nur um territoriale Interessen ging, sondern Ferdinand noch deutlicher als bisher gegen die fürstliche Souveränität rüstete, verunsicherte zum Teil auch seine treuesten Weggefährten. „Die Katholischen haben Angst vor der Monarchie, die anderen wegen der Restitution der geistlichen Güter“[17], schrieb 1630 der kaiserliche Feldherr Wallenstein. In der Tat war die Erbitterung groß. Von seinen Zielen ließ sich Ferdinand, der das so bezeichnete Restitutionsedikt als „fructus der von Gott uns bishero verliehenen Victorien“[18] betrachtete, aber nicht abbringen. Die Ermordung Wallensteins war für den Kaiser schließlich nicht viel mehr als die Beseitigung eines Problems, das ihn an seiner Mission zu hindern drohte. Die Mörder belohnte Ferdinand nach bewährter Manier mit großzügigen Geschenken.[19]

Den Preis für seine überspannte Religionspolitik, sein dynastisches Machtstreben und seine auf Entmachtung der Stände aufbauende Erneuerung des Kaisertums mussten Millionen von Menschen mit dem Leben bezahlen. Das Ende des Dreißigjährigen Krieges, der erst 1648 mit dem Westfälischen Frieden seinen formalen Abschluss fand, erlebte Ferdinand nicht mehr.

Bis zuletzt glaubte er, alles richtig gemacht zu haben. Als er kurz vor seinem Tod beobachten konnte, wie viele Menschen die Heilige Messe in Linz feierten, fühlte er sich bestätigt. Gerade in Oberösterreich, wo Ferdinand mit „einer Rebellion nach der anderen“[20] konfrontiert worden war, hatte nach Meinung des zufriedenen Regenten schließlich doch der Katholizismus gesiegt. 1637 starb der fromme Ferdinand.

Dieser Herrscher, der sich stets als Verteidiger des katholischen Glaubens gerierte, hinterließ ein Reich, in dem die Menschen ob der Katastrophe des Krieges an der Existenz eines höheren Wesens mehr denn je zweifelten. „Sie sagen“, hieß es da in einer Familienbibel aus Schwaben, „der schreckliche Krieg sei jetzt vorbei. Ist aber noch nirgends ein Fried zu spüren. Überall sind Neid, Haß und schlimmere

Ding – der Krieg hat uns so gelehrt. Die Alten sind mit der Gottlosigkeit alt geworden – wie sollten sie's noch lassen können vor ihrem Ende? Vom Fleck stehen noch ein paar Häuslein. Wir Leut leben wie die Tier, essen Rinden und Gras. Kein Mensch kann sich denken, daß so etwas vor uns geschehen sei. Viele Leut sagen, es sei jetzt gewiß, daß kein Gott ist."[21]

Reisen durch die schlechte alte Zeit – Krieg und Außenpolitik II

Militärmacht Österreich

Wer ambitionierte Pläne mit Waffengewalt verwirklichen will, braucht eine schlagkräftige Armee. Das leuchtete auch den Habsburgern ein. An der Wende zur Neuzeit lag es an Kaiser Maximilian I., die notwendigen Veränderungen einzuleiten. Aufgrund seiner Kampferfahrung favorisierte Maximilian Fußtruppen, die mit ihren Spießen und Hellebarden, Schwertern und Armbrüsten den Ritterheeren das Fürchten lernten. Der Kaiser wurde zum „Vater der Landsknechte". Sie sollten ihm auf seinen vielen Feldzügen hervorragende Dienste leisten.[1]

Der Gestaltungswille eines Monarchen, der im übrigen früh den Wert der Artillerie erkannte, erstreckte sich aber auch auf die Verwaltung. Gewaltige Kriegstaten auf fremdem Boden verlangten nach einem tiefgreifenden Reformwerk im eigenen Land. Die Umstrukturierung zielte auf eine zentrale Administration ab, wodurch die Macht des Herrschers erweitert werden konnte. Jede Reform im zivilen Bereich würde sich dann auch auf den militärischen auswirken.[2]

Maximilians Werk wurde von seinen Nachfolgern aus dem Haus Österreich fortgeführt. Neben der ranghöchsten Behörde, dem geheimen Rat und den ihm zur Seite gestellten Kanzleien für das römisch-deutsche Imperium und die Erbländer sowie dem für die Rechtsprechung zuständigen Reichshofrat, kam der Hofkammer als Finanzbehörde eine Schlüsselposition zu. Was immer die Kammer an zusätzlichen Geldmitteln auftreiben konnte, schluckten die kostspieligen Streitkräfte.[3] Es erwies sich als unumgänglich, auch den Truppen eine koordinierende Einrichtung zur Seite zu Stellen. Demgemäss entstand der Hofkriegsrat, dessen Generäle und Beamte vom Rhein bis an die Save und Theiß ihre Verfügungen trafen. Im Gebiet der Militärgrenze gegenüber dem Osmanischen Reich, in Kroatien, später auch im Banat und in Siebenbürgen, verfügte diese Institution obendrein über besondere Befugnisse. Die Erlässe aus Wien waren hier Gesetz, und selbst Dorfgemeinschaften lebten entsprechend militärischer Disziplin.[4]

Während unter solchen Bedingungen eine k. k. Amtswelt entstand, die für mehrere Jahrhunderte in ihren Grundzügen bestehen bleiben sollte, wandelte sich das Heereswesen von Grund auf: Nachdem das ständische feudale Aufgebot an Bedeutung verloren hatte, dominierten selbständige Kriegsunternehmer die Szenerie. In der Regel traten sie auf eigenes Risiko als Financiers und Heereslieferanten, aber auch als Befehlshaber der von ihnen angeworbenen Truppen auf.[5]

Damit gefährdeten sie allerdings den Zugriff des Fürsten auf die Streitkräfte. Mit der absolutistischen Herrschaftspraxis vertrug sich das schlecht, denn diese bevorzugte ein ständig einsatzbereites Heer. Söldnerführer wie der bekannte kaiserliche Generalissimus Albrecht Eusebius von Waldstein, genannt Wallenstein, standen einer derartigen Entwicklung im Weg. Das Erzhaus mit Ferdinand II. an der Spitze zögerte nicht, die unbequemen Condottierifiguren zu beseitigen. Die Frage der „monopolistischen Verfügung über die bewaffnete Macht" war der eigentliche Grund für die Ermordung Wallensteins.[6] Ferdinand und seine Nachfahren wurden nicht müde, die staatstragende Funktion der Streitmacht als Bindeglied zwischen den unterschiedlichen habsburgischen Ländern zu betonen.[7]

Das stehende Heer als zeitgemäßes Instrument autokratischer Herrschaft bedurfte jedoch in den kommenden Jahrzehnten und speziell ab der ersten Hälfte des 18. Jahrhunderts einer gründlichen Reform. Der Kampf gegen Preußen zeigte, dass Neuerungen unausweichlich waren. In dieser Situation erwies sich das Wort Friedrichs des Großen über den Zivilisten, der lediglich aus den Gazetten vom Krieg wusste, als fromme Mär.[8] Die Wirklichkeit sah anders aus. Die Aufbringung der benötigten Finanzmittel, die Rekrutierungen auf breiter Basis und Einquartierungen größerer Truppenkontingente nahmen alle Untertanen in die Pflicht. Dies galt auch für die Monarchia Austriaca, insbesondere seit den Türkenkriegen im 16. Jahrhundert. Im Donaureich der Habsburger wurde – ähnlich wie bei anderen Großmächten – die Verwaltung der militärischen Agenden

„zu einem Faktor der Staatsbildung".[9] Die Neuordnung der Zentralverwaltung, Verordnungen zur Installierung von Kreisämtern in den Provinzen, Maßnahmen gegen die drückendsten Formen der Grundherrschaft, die kartographische Aufnahme des eigenen Machtbereiches, zunächst die katholische „Konfessionalisierung", dann die Toleranzpolitik als Mittel zur Schaffung eines einheitlichen Staatsvolkes, und schließlich die Reformen im Steuer- und Schulwesen – all das diente nicht zuletzt der Kriegsvorbereitung.[10] Josef II., welcher sich selbst gerne der Öffentlichkeit im Waffenrock präsentierte, stand noch vorbehaltloser als Maria Theresia hinter diesem Konzept.[11]

Die Armee war zur tragenden Säule des Staatsgebäudes geworden. 1848 sollten die Erfolge Radetzkys diese Ansicht noch untermauern. Franz Josef I. ließ keine Gelegenheit aus, das Heer als Retter des Reiches zu preisen.[12] Indem er sich den uneingeschränkten Oberbefehl über die bewaffnete Macht sicherte, folgte er einer Zeiterscheinung, die sich zur Mitte des 19. Jahrhunderts nicht bloß in Preußen oder Russland, sondern auch im Frankreich Napoleons III. zeigte. Anders als die anderen jedoch dehnte der habsburgische Monarch seine militärische Allgewalt auf den gesamten Bereich des öffentlichen Lebens aus. Mit dem konservativen Geist des allerhöchsten Hauses infiziert, wurde die Armee als Verkörperung des Gehorsamsprinzips zum innenpolitischen Schutzschild gegen Freigeistigkeit und Demokratie.[13]

Als man dem absolutistisch gesinnten Franz Josef in den Sechzigerjahren die Fesseln der Konstitution anlegte, schaffte es die Dynastie dennoch, in vielerlei Hinsicht den traditionellen Stellenwert der Streitkräfte zu erhalten. Auch weiterhin erblickte man in ihnen das einigende Band der Völker Österreich-Ungarns. Durch die in der Erziehung propagierten Kriegsideale, durch die Einführung der allgemeinen Wehrpflicht sowie durch die Möglichkeit für Absolventen höherer Schulen, nach einem Freiwilligenjahr zum Reserveoffizier zu werden, kam es zu einer Aufwertung des Militärischen in der Gesellschaft. Sie manifestierte sich unter anderem in einem weithin geltenden Offiziersehrenkodex und einer damit verknüpften Ausweitung der Duellsitten.[14] Dazu kam, dass Heeresfragen Prärogative der

Krone blieben, ein Sachverhalt, welcher bei der häufigen Ausschaltung demokratischer Mechanismen durch den Notverordnungsparagraphen bedenklich stimmen musste.[15]

Der Generalität wurden zu Beginn des Ersten Weltkrieges bereits zahlreiche Kompetenzen zugestanden, die sich auf das Hinterland, vor allem jedoch auf die Bevölkerung im Frontbereich und in den besetzten Gebieten nachteilig auswirkten. Mit dem Kriegsleistungsgesetz, das die Fabriken zu Kasernen machte, mit der Suspendierung der wichtigsten Freiheitsrechte, mit der Aufhebung der Verwaltung in vielen Gebieten der Monarchie und der Unterstellung von Zivilpersonen unter die Militärgerichtsbarkeit war der Generalstab zur dominanten Macht des Reiches geworden.[16] Franz Josef hinterließ bei seinem Tod einen fast vollständig militarisierten Staat, dessen Armeekommando Verordnungen mit ganzer Härte zur Anwendung brachte.

Bei späteren Generationen blieb vom strengen Kaiser und seinem monturvernarrten Reich häufig nur die verkitschte Erinnerung an fesche Leutnants und glänzende Paraden hängen. Als Habsburg noch das Sagen hatte, bot sich abseits des Deutschmeister – Mythos allerdings ein anderes Bild. Dort, wo die Generäle den Ton angaben, degradierte man den Untertanen einfach zum Material. Unangemessen empfanden diese Behandlung vor allem die Bewohner der Militärgrenze. Auf dem Balkan war es deshalb schon im 18. Jahrhundert zu Aufständen gekommen.[17]

Obwohl Begriffe wie „Menschenwürde“ oder „innere Führung“ noch nicht zum Vokabular der Zeit gehörten, manifestierte sich durchaus die Bereitschaft, scharfen „Disziplinierungsmaßnahmen“ nicht immer widerspruchslos Folge zu leisten. Dabei war das Bewusstsein, dass die eigene Situation auf dem persönlichen Wohlwollen des Vorgesetzten beruhte, noch kaum einer kritischen Reflexion unterzogen worden. Der gemeine Mann gehorchte, wie in anderen Ländern auch. Angesichts der tristen Verhältnisse im zivilen Leben fügte sich das Gros der Soldaten in sein Schicksal, dachte an die Aufstiegsmöglichkeiten im Heer und hoffte auf das Verantwortungsgefühl der patriarchalisch eingestellten Befehlshaber.[18]

Mit der Duldsamkeit der Truppe trieb man allerdings gerade im Habsburgerimperium ein übles Spiel. Besonders die k. k. Streitkräfte bestünden „aus einer großen Menge roher, auf einer niedrigen Kulturstufe stehender Menschen", schrieb Julius von Wickede, der 1856 eine „vergleichende Charakteristik ... der österreichischen, preußischen, englischen und französischen Landarmee" vorlegte.[19] Tatsächlich verankerte Wien das Regime der „groben Oberste". Sie versuchten mit drakonischen Mitteln, „Geist und Hirn" von den Truppen fernzuhalten. Die Herabwürdigung des Einzelnen zum Objekt verschlechterte zusehends die bislang leidlichen Beziehungen zwischen Offizier und Mannschaft, eine Entwicklung, die in wesentlichen Punkten vom allerhöchsten Haus durchaus gefördert wurde.[20] Franz Josef, der die Bedeutung des Militärs zwar stets betonte, dem innersten Wesen der Armee jedoch fremd gegenüber stand, sah im Heer im Grunde immer noch das Spielzeug seiner Kinderjahre. Der Monarch war demzufolge nie ein „Soldatenvater", wie es die Zeit von ihm verlangt hätte. Vielmehr erschienen ihm die Truppenkontingente wie beliebig herumzuschiebende Zinnfiguren, wie Teile eines prächtigen Schauspiels, anlässlich der vielen Militärparaden etwa, bei denen er jedes noch so kleine Missgeschick penibel beanstandete.[21]

Hinter dem schönen Schein des kaiserlichen Formalismus aber verbargen sich unbarmherzige Disziplinarstrafen für jede erdenkliche Unregelmäßigkeit. Mitunter waren kritische Stimmen zu vernehmen. Sie wiesen darauf hin, dass in der ganzen Armee „der Stock schrankenlos herrsche". Eigene Erfahrungen machten vereinzelt sogar Höherrangigen zu schaffen. „Das dreimalige Auf- und Ablaufen durch eine Gasse von mit Weidenruten bewaffneten Soldaten", berichtete einer von ihnen, „gehörte nicht zu den Seltenheiten, wobei einzelne sich wahrhaft heroisch zeigten und keinen Laut von sich gaben, bis sie ohnmächtig zusammenbrachen, während andere ganz jämmerlich wimmerten, da sie nicht laut heulen durften, ohne neue Verschärfungen der Strafe erdulden zu müssen."[22] Die Folgen dieser Torturen beschrieb ein Oberleutnant der Wiener Alserkaserne wie folgt: „Das Fleisch hing in Fetzen vom Rücken. Stürzte der also Gemarterte zusammen, wurde er auf die Bank gebunden und dreihundert Mann defilierten an ihm hauend vorüber, bis die Strafe, die bei vielen mit dem Tode, bei den meisten mit lebenslänglichem Siechtum verbunden war, vollzogen war. Zehnmaliges Gassenlaufen mit zweimal gewechselten Ruten galt ebenso wie 100 Stockstreiche als eine Strafe auf Leben und Tod."[23]

An den „viehischen Exekutionen" nahm allerdings kaum jemand Anstoß. Der Generalstab hatte nicht das geringste Interesse, die schrecklichen Zustände zu ändern.[24] Noch viel weniger fielen die seelischen Verkrüppelungen der Malträtierten auf. Nur selten kam die Öffentlichkeit mit dem Schicksal der armen Teufel in Berührung. Einzelfälle, wie zum Beispiel in Lombardo-Venetien, erregten jedoch beträchtliches Aufsehen. Dort hatte man am 12. Juli 1819 einen ungarischen Soldaten gefunden, der sich mit seinem Ledergürtel in den Giardini Publici von Venedig erhängt hatte. Später erfuhr man, dass er zwei Wochen zuvor mit dem Stock geschlagen worden war.[25]

Obwohl es sich bei dem Selbstmord um keinen Einzelfall handelte, hielten das Erzhaus und die Militärführung an der Prügelstrafe fest. In Frankreich kam sie seit der Revolution von 1789 nicht mehr zur Anwendung; in Preußen wurde sie als Disziplinarmaßregel 1852 abgeschafft. Die Habsburgermonarchie aber vollzog sie noch 1859 an nicht weniger als 10.290 Menschen.[26] Den Umschwung brachte erst das Jahr 1868. In den vorhergehenden Jahrzehnten hatte man noch Strafkompanien eingerichtet, welche an die deutsche Wehrmacht im Zweiten Weltkrieg erinnern; sogar die „Dezimierung", die massenhafte Erschießung im Falle der Desertion ganzer Truppenteile, wurde ins Auge gefasst. Nun aber bemühte sich Wien ebenfalls um zeitgemäße Strafmilderung. Der Menschenverachtung des konservativen Monarchen war es zu verdanken, dass sich selbst zu diesem Zeitpunkt die längst überfälligen Reformen verzögerten.

Die Grundeinstellung der allerhöchsten Majestät, welche in körperlicher Züchtigung ein Mittel zur Besserung sah, prägte freilich bis zuletzt die Armee der Donaumonarchie.[27] Das bekamen nach 1914 auch die Kriegsgefangenen zu spüren. Sogar die Soldaten aus dem damals allgemein als „barbarisch" bezeichneten Zarenreich bemängelten bei dieser Gelegenheit die rückwärtsgewandten Anschauungen der k. u. k. Staats- und Heeresleitung. Kritisiert wurde hauptsächlich das sogenannte „Anbinden und Schließen in Spangen". Heimkehrende Russen berichteten ihren Angehörigen von dieser demütigenden Strafe, bei der sie nach den geringsten Verstößen mit den Händen so an einen Pfahl gebunden worden waren, dass die Füße kaum den Boden berührten.[28] Auf internationalen Druck hin ließ sich Kaiser Karl dann zu einem Gnadenakt verleiten. Die im Ausland beanstandete Disziplinarmaßnahme, welche auch hochrangige österreichische Offiziere als Überrest der Vergangenheit empfanden, wurde abgeschafft.[29] Nun aber war es das Armeeoberkommando, das den Geist Franz Josefs am Leben erhielt. Zu Jahresbeginn 1918 sah sich der Generalstabschef veranlasst, den nachgeordneten Instanzen „gegebenenfalls die aufgehobenen Strafverschärfungen" wieder zu gestatten.[30] Im Heer der Habsburger konnte man sich seines „Leibes nicht sicher"[31] sein – bis zuletzt.

Inferno

„Es war halt Krieg", lautet eine weit verbreitete Formel. Vielleicht erfreut sie sich solcher Beliebtheit, weil sie im Grunde gar nichts aussagt, um alles zu rechtfertigen, fast immer die eigene Gedankenlosigkeit, von Fall zu Fall aber auch die Verstrickung in Schuld. So ist der Satz bei all seiner Inhaltsleere vor allem auch gefährlich: Er leistet, denkt man nur an die Ereignisse zwischen 1933 und 1945, der Vertuschung gleichermaßen Vorschub wie der Verantwortungslosigkeit.

Demgegenüber gilt es festzuhalten, dass Krieg zu keiner Zeit die Aufhebung aller geltenden Bestimmungen und Regeln bedeutete. Keine Übereinkunft der Streitparteien proklamierte jemals mit dem Beginn der Kampfhandlungen die Anarchie. Seit dem Mittelalter waren gängige Vorstellungen von Ritterlichkeit weit verbreitet. Christliche Tugenden, humanitäre Ideale, völker- und schließlich kriegsrechtliche Bindungen kamen in den darauffolgenden Jahrhunderten hinzu und drangen, trotz ihrer permanenten Missachtung, ins Bewusstsein der Öffentlichkeit. Der haltlosen Furie des gewaltsamen Kräftemessens, dem Recht des Stärkeren und der nachvollziehbaren

Erfahrung des Ausgeliefertseins hält man heute die Tribunale von Nürnberg und Den Haag entgegen. Auf die Gewalttäter wartet nach der Götterdämmerung der Gerichtssaal. Was in der Gegenwart juristische Konsequenzen hat, sollte bei der Betrachtung früherer Jahrhunderte zumindest nachdenklich stimmen und vielleicht eine Korrektur des Geschichtsbildes nach sich ziehen.

Feldherren und Könige entschieden nicht bloß über den Ausbruch des Kampfgeschehens. Durch ihr Zutun waren die meisten Waffengänge mit abscheulichen Begleiterscheinungen verknüpft. Die Machthaber agierten in diesem Zusammenhang durchaus mit Kalkül. Der „bedauerliche Fehler" war oder wurde zur Methode, auch und gerade bei den Habsburgern. Waren beispielweise Übergriffe nicht schon durch die schlechte Behandlung der Soldaten vorgezeichnet? Immerhin wurde ein in der Ausbildung gedemütigtes „Menschenmaterial" in seiner ganzen Rohheit sowohl auf den militärischen Gegner als auch auf die Zivilbevölkerung losgelassen.

Von der rauen Soldateska hatte Letztere aber noch aus anderen Gründen wenig Gutes zu erwarten. Einquartierungen lasteten auf den Kriegsgebieten. Zudem warteten die Truppen nur zu oft vergeblich auf ihre Bezahlung. Die finanziellen Engpässe der Habsburger verursachten solcherart die schlimmsten Übergriffe ihrer Armeen, etwa im Frühjahr 1527, als es den in Italien stationierten Landsknechten Karls V. wieder einmal am Notwendigsten fehlte.

Obwohl man daran bereits gewöhnt war, verloren die Kommandanten diesmal die Kontrolle. Die Truppe verselbständigte sich und marschierte nach Süden. Anfang Mai wurde Rom erreicht. Benvenuto Cellini, ein Augenzeuge, beschrieb den Überfall: „Die Feinde sprangen über die Mauer [...] und drangen mit voller Macht in die Stadt, mit solcher Wut und aufgeblasenen Gemüt [...], daß das römische Volk, da zumal ein sehr dicker Nebel war, dachte, die ganze Welt würde untergehen. Die Soldaten, so an und für sich frech sind, wurden nicht nur durch den Sieg, sondern auch durch den Zorn, weil sie ihren General verloren, noch wilder und grausamer und legten sich darauf, die ärgsten Greuel, so nur einem Menschen in den Sinn kommen können, zu begehen."[32] Der Ewigen Stadt, der Residenz des geistlichen Oberhaupts der Christenheit, wurde schwerster Schaden zugefügt. Das glänzende Rom der Renaissance war mit einem Schlag dahin, eine Katastrophe, welche der Nachwelt als „Sacco di Roma" in lebhafter Erinnerung blieb. Karl gab dem Papst die Schuld, nicht den von ihm zu verantwortenden Mängeln bei der Truppenversorgung.[33] Im Gegenteil. Die Casa d'Austria machte, wie andere Herrscherhäuser auch, aus der Not eine Tugend.

Den Feldzügen wurde ein wohldurchdachtes Konzept zugrunde gelegt. „Krieg ernährt den Krieg", lautete die Zauberformel. Was der Heerestross benötigte, sollte er sich bei der Bevölkerung holen.[34] Auf diese Weise fraßen die Armeen des Dreißigjährigen Krieges ganze Landstriche leer. Kommandanten wie Wallenstein achteten in diesem Zusammenhang darauf, die eigene Streitmacht im Feindesland überwintern zu lassen. Dort konnte man die Ortsansässigen mit ruhigerem Gewissen auspressen.[35]

Manchmal trieben es die „Streitscharen" aber auch in den Augen ihrer Zeitgenossen zu bunt. Wieder waren es Truppen der allerhöchsten Majestät, die, wie schon 1527, mit ihren Grausamkeiten aufhorchen ließen. Im Jahr 1631 fielen die Kaiserlichen plündernd und mordend in einem, so der Jargon der Zeit, schrecklichen Strafgericht „wider die Kätzer" über die Stadt Magdeburg her.[36] Kein Stein blieb auf dem anderen. Von den 40.000 Einwohnern überlebten nur einige tausend.[37] Nach dem Gemetzel herrschte auf allen Seiten Angst. Über die Konfessionen hinweg wurde das Bild vom brennenden Magdeburg zur Metapher des Schreckens. Die Generäle Ferdinands II. aber triumphierten. „Als wan die selige Jungfrau Maria droben im Himmel auch so ein mörderisch Herz hätte", drohten sie, auch andere Orte „totaliter zu ruinieren und mit ihnen gleichwie Magdeburg zu procedieren", wie es in den Quellen jener Tage heißt.[38]

Die habsburgischen Befehlshaber waren bereit, auch in Zukunft auf roheste Gewalt zurückzugreifen. Erst recht gegen die Muslime, die es aus Ungarn zu vertreiben galt. Als die christliche Streitmacht Buda, das erst 1872 mit Pest vereinigt werden sollte, nach mehrmonatiger Belagerung am 2. September 1686 erstürmte, siegte die Zerstörungswut über die Vernunft. In der Stadt, die man zur Plünderung freigegeben hatte, brach ein so großes Feuer aus, dass die heiß umkämpfte Beute bereits in Asche lag, als Leopold I. vom jüngsten „Schlachtenglück“ erfuhr.[39]

Anderswo ging man umsichtiger vor. Das bereits habsburgische Rumpfungarn musste in den vorangegangenen Jahren mehr als 50 Prozent des Aufwands für die „Befreiungstruppen“ decken. In den eroberten Gebieten wurden bis zu 50.000 Soldaten einquartiert. Deren Kommandanten, also keineswegs nur ausgehungerte Soldaten, gingen gegen die Zivilbevölkerung mit unvorstellbarer Grausamkeit vor.[40] Einen traurigen Ruf erwarb damals insbesondere der Generalkriegskommissar

Plündernd und mordend fielen die kaiserlich-katholischen Truppen 1631 über Magdeburg her.

Antonio Caraffa. Dieser erpresste in Debrecen durch barbarische Foltermethoden Geld und Lebensmittel. Ein Jahr darauf erfand er im oberungarischen Eperjes (Préšov) sogar eine weitverzweigte Verschwörung, bei der zwanzig wohlhabende Bürger und Adlige, Deutsche und Magyaren, nach grausamer Tortur hingerichtet wurden. Und Caraffa beschlagnahmte umgehend das Vermögen dieser völlig unschuldigen Menschen.[41]

Das drückende Besatzungsregime und die Willkür der k. k. Heeresadministration förderten früh die Unzufriedenheit. Mancher „Befreiter" begann die Rückkehr der Türken herbeizusehnen. Dennoch lernten der Kaiserhof und seine Offiziere wenig aus der kontra-

produktiven Okkupationspolitik. Der Schwachpunkt blieb die Logistik, die Verpflegung der durch Krankheiten und Armut mitgenommenen Truppen. Vor allem außerhalb der Erblande nahm man also die Zivilbevölkerung in die Pflicht. Selbst Prinz Eugen, der in den Feldzügen gegen die Osmanen groß geworden war, orientierte sich an dieser verhängnisvollen Tradition.[42]

Als die Habsburger für ihr spanisches Erbe halb Europa mit Krieg überzogen, ließen sie das unterworfene Bayern in der gewohnten Weise bluten. Bei dieser Gelegenheit versuchten sie zudem, die stark dezimierten Truppen durch Zwangsrekrutierungen aufzufüllen. All das brachte das Fass zum Überlaufen. Früher hatten sich vereinzelt die hart bedrängten Bauern gegen die Anmaßungen der k. k. Streitkräfte zur Wehr gesetzt. Nun aber empörten sich alle, auch der Adel und das Bürgertum. Die alten ständischen Barrieren gerieten ins Wanken. Nicht mehr für den Kurfürsten wollte man kämpfen, sondern für das ganze Land Bayern, das sich trotz mancher Kontroversen in einem Parlament zusammenraufte – die gesamte Bevölkerung erhob sich gegen die menschenverschlingende Kriegsmaschinerie des Erzhauses.[43] Letzteres legte eine beispiellose Unbarmherzigkeit an den Tag. Strafexpeditionen der Österreicher löschten das schlecht ausgerüstete Aufgebot der Bayern aus. Im Dorf Sendling bei München streckten die „Oberländer" zu Weihnachten 1705 die Waffen. Trotz des hohen Festes gab es keine Gnade. 2000 Infanteristen und 650 Kavalleristen der kaiserlichen Truppen erschossen und zersäbelten Wehrlose. Dann hieß es: „Wer noch lebendig ist, stehe auf!" und „Rosenkränze heraus!". Bei den Überlebenden keimte Hoffnung auf. Vergebens. Wieder wurde Schießbefehl gegeben. Die Bilanz der Mordnacht: 1100 Tote und 600 Verwundete, von denen viele zur Abschreckung unversorgt blieben und starben. Vierzehn Tage später kam es zu einem weiteren Massaker in Aidenbach vor Vilshofen. Hier mussten noch mehr „Rebellen", wie sie der Wiener Hof nannte, über die Klinge springen.[44] Es folgten Verhaftungen, Folterungen, Hinrichtungen. Und Kaiser Josef I., der gerade erst Leopold auf dem Thron nachgefolgt war, ließ keinen Zweifel daran aufkommen, dass er die harte Gangart bevorzugte. Seinen Vertretern in München schärfte er denn auch noch einmal in aller Deutlichkeit seine Meinung ein. „Inmittelst habt Ihr", so Josef, wenn dergleichen „Aufwiegler zu Haft gebracht werden können, sie anderen zur Abscheu exemplarisch zu bestrafen".[45]

Die allerchristlichsten Hoheiten scheuten sich nicht, ihre Ordnung mit den drakonischsten Mitteln aufrechtzuerhalten. Nicht nur im 17. und 18., sogar noch zu Beginn des 20. Jahrhunderts, als der Begriff „Humanität" bereits einen wesentlich verbindlicheren Klang hatte, blieben die Habsburger sich selbst auf fatale Weise treu. Ihrer Kriegsführung haftete auch weiterhin der Makel der Rücksichtslosigkeit an, auch nach 1914. „Für jeden hingerichteten österreichisch-ungarischen Soldaten werden zwei russische Kriegsgefangene exekutiert", erklärte das k. u. k. Armeeoberkommando dem Zarenreich.[46] (Solche

Strafexpedition der Österreicher während des Spanischen Erbfolgekrieges. Gnadenlos werden bayrische „Rebellen" in Sendling bei München niedergemacht.

Überlegungen ähneln in erschreckender Weise der Denkweise deutscher Kommanden im Zweiten Weltkrieg.)

Die Opfer der eskalierenden Gewalt waren wie so oft Unbewaffnete, die Einwohner Galiziens etwa, Untertanen des Kaisers, die man wiederholt der prorussischen Spionage bezichtigte.[47] Eine ganze Palette von Strafmaßnahmen sah man in diesem Fall vor. „Bei feindseliger Haltung" der Ortsbewohner sollten die Truppen strengstens vorgehen und „das oft dringend gebotene Kriegsnotwehrrecht [!] ohne Intervention eines Richters kurzwegs auf Grund der militärischen Kommandogewalt" zur Anwendung bringen, erklärte die Generalität. Im Klartext hieß das: „Niedermachung der an Ort und Stelle Ertappten, Aushebung von Geiseln" und deren Hinrichtung, „wenn sich die strafbaren Handlungen wiederholen", „Dezimieren der Ortsbewohner", „Niederbrennen der Ortschaften".[48]

Dass die Armee der Habsburger unzählige Male danach handelte, bestätigen die Quellen in den Archiven. Allein ein einziges Dienststück vom 21. September 1914 befiehlt die Zerstörung von vierzehn galizischen Ortschaften, deren Bewohnern man eine „verräterische Haltung" zur Last legte. „Sollte das Anlegen von Feuer mit der Hand nicht möglich sein, so ist von Geschützfeuer Gebrauch zu machen", hieß es in dem Schreiben abschließend. Zwei Tage später befasste sich ein anderer Akt mit grausigen Details: In zwei „russophilen Dörfern" sei dafür Sorge zu tragen, das die ausgehobenen Geiseln gehängt werden, lautete die Anordnung. Ein örtlicher „Zivilkommissär" hatte „die zu Justifizierenden" ausgewählt. Ein handschriftlich hinzugefügter Kommentar liest sich wie blanker Hohn: „Laut Mitteilung des Kommissärs sonst eigentlich ganz ordentliche Leute."[49]

Nach und nach häuften sich die Nachrichten über die Repressalien an den Bewohnern Galiziens. Abgeordnete brachten sie in den letzten Sitzungen des Reichsrates, des österreichischen Parlaments, einer breiteren Öffentlichkeit zur Kenntnis. Tausende, erklärten diese im Jahr 1917, seien „kurzerhand erschossen, gehängt, im glücklichsten Falle verhaftet und abgeschoben worden" – unter ihnen, wie auch einige dramatische Einzelfälle belegen, viele Frauen und Kinder.[50] Seitens der österreichisch-ungarischen Militärverwaltung konnte man die meisten dieser Behauptungen ebenso wenig widerlegen wie die Beschuldigungen, die auf dem Balkan erhoben wurden.[51]

Dort hatte man mit den gleichen Mitteln gearbeitet wie an der Ostfront. Die Illoyalität fürchtend, wurden unter der eigenen grenznahen Bevölkerung Geiseln ausgehoben. Schließlich mussten die kommandierenden Generäle diesen Unterdrückungsmaßnahmen Einhalt gebieten, um sie, wie es hieß, „nicht ihrer Wirkung zu berauben".[52] Auf serbischem Boden entfesselten dann beide Kriegsparteien ein hemmungsloses Morden. Die Österreicher standen ihren

Massenhinrichtungen auf dem Balkan, durchgeführt von der k. u. k. Armee während des Ersten Weltkriegs.

Gegnern in nichts nach. Es kam zu regelrechten Massakern, in Sabac etwa, wo die 29. Infanteriedivision 80 Zivilisten im Kirchhof niedermachte. Ihnen hatte man vorgeworfen, an den Kämpfen gegen die k. u. k. Formationen beteiligt gewesen zu sein.[53] Als man das „feindliche Territorium“ okkupierte, kam es neben den auch international Aufsehen erregenden Übergriffen zu den üblichen Erscheinungen. Plünderungen waren an der Tagesordnung. Selbst die Offiziere der Donaumonarchie mussten zugeben: „Unsere Truppen haben ärger wie [...] im 30jährigen Krieg gehaust. Nichts, aber auch gar nichts ist ganz. In jedem Haus sieht man einzelne Leute, die suchen, was sie etwa noch brauchen könnten.“[54]

Die tiefere Ursache war, wie so oft, eine wirtschaftliche Notlage, welche sich im Laufe des Ersten Weltkrieges ins Unerträgliche steigerte. „Habsburgs hohe Führung“ konnte die von ihr in den Krieg gehetzten Massen immer schlechter ernähren. In den Flüchtlingslagern und an den Unterbringungsorten der Zivilinternierten und Kriegsgefangenen hatte die administrative Überforderung schon 1914/15 zahllosen Insassen das Leben gekostet. In einigen Lagern, berichteten Ärzte, kam man „buchstäblich mit dem Beerdigen der Leichen nicht nach“. An die 200 Tote pro Tag wurden mancherorts gezählt.[55] Dem Elend der in Gewahrsam des österreichischen Heeres befindlichen Kriegsgefangenen entsprach das Elend der eigenen Bevölkerung. Streiks häuften sich. In der Armee begann es zu gären. Desertionen quälten die Generalstäbler. 1918 schätzten Letztere die Abgänge auf 100.000 bis 250.000 Mann.[56]

Ein Umdenken kam jedoch auch jetzt noch nicht in Frage. Ausdrücklich wurde betont, dass der Kaiser persönlich Fahnenflüchtigen mit dem Standrecht drohe. Selbst nach dem Ende des Krieges, unterstrich man im Armeeoberkommando, sei mit „einem Gefühl der allgemeinen Versöhnlichkeit“ nicht zu rechnen.[57]

Die Erklärungen der Militärführung waren umso ernster zu nehmen, als man bereits bewiesen hatte, dass man es nicht bei Drohungen belassen würde. Als die Mannschaften der Ersatzkörper aufgrund der schlechten Behandlung und der miserablen Ernährungslage aufbegehrten, kannte man kein Pardon. Die Niederschlagung von Meutereien zog rigorose Strafaktionen nach sich. Im südungarischen

Pécs (Fünfkirchen) wurden 19, im nordböhmischen Rumburg 10, im serbischen Kragujevac 24 und in der Steiermark 20 Todesurteile vollstreckt.[58]

Zögerliche Versuche, zum Frieden zu gelangen, rückten auch unter Karl, dem letzten Habsburgerkaiser, in den Hintergrund. Nach innen und nach außen blieb man bis zum letzten Moment martialisch. Was die hungernden Infanteristen an der Italienfront nicht mehr alleine bewerkstelligen konnten, sollte mit deutscher Hilfe und Giftgas gelingen. In der zwölften Isonzoschlacht drängte man den Gegner weit zurück. Ein Vorstoß in den Untergang, wie sich bald zeigen sollte. In der ganzen Monarchie waren kaum mehr Lebensmittel und Brennstoffe aufzutreiben. Das spürte bald auch eine unversorgte Front, deren Pyrrhussiege schon zu viele Opfer gefordert hatten.[59]

Folgen und Fehler

Die Kriegsführung des Erzhauses brachte stets erschreckend hohe Verluste mit sich. Die Bestimmungen des humanitären Völkerrechts, mit denen es Wien auch zwischen 1914 und 1918 nicht so genau nahm, hatten ihren Ursprung in den blutigen Schlachten der Habsburger.

Was sich beispielsweise unter Franz Josef auf dem Schlachtfeld von Solferino 1859 abspielte, wurde uns vom Gründer des Roten Kreuzes, Henry Dunant, überliefert: „Es ist ein schrecklicher Kampf Mann gegen Mann“, schrieb er, „die Soldaten treten sich gegenseitig unter die Füße, machen einander mit Kolbenschlägen nieder, zerschmettern dem Gegner den Schädel, schlitzen einer dem anderen mit Säbel oder Bajonett den Bauch auf. [...] Selbst die Verwundeten verteidigen sich bis zum letzten Augenblick. Wer keine Waffen hat, packt den Gegner und zerreißt ihm die Gurgel mit den Zähnen. An anderer Stelle [...] bahnt sich die Reiterei ihren Weg über Tote und Verwundete [...] Körper werden zu formlosen Massen. Die Erde wird buchstäblich mit Blut getränkt. Und die Ebene ist übersät mit unkenntlichen Resten von Menschen.“[60] Auch inmitten dieser apokalyptischer Szenen empfand der Kaiser kein Mitgefühl. Seine

Tränen galten nur der drohenden Niederlage. „Vom Schmerz hingerissen ... warf er sich den Fliehenden entgegen“ und hielt „ihnen ihre Feigheit vor“.[61]

Bis zu seinem Lebensende umwehte Franz Josef die Aura ebenso vergeblicher wie grausamer Tapferkeit. Seine antiquierten Vorstellungen von Heldentum und Ritterlichkeit verursachten schon wenige Jahre danach das nächste Gemetzel. Die „Haudrauf-Mentalität“ eines Herrschers, der „als Liebhaber des Bajonettangriffs“ bekannt war, färbte auch auf seine Befehlshaber ab. „Dicht gedrängt wie Rindvieh“ trieben sie ihre Mannschaft in die Schlacht. Man bediente sich der sogenannten Stoßtaktik, ein Prinzip, das bei Königgrätz seinen blutigen Abschied nehmen musste.[62] Auf dreihundert Schritt ließen 220.000 Preußen 215.000 k. k. Heeresangehörige heran paradieren. Dann eröffneten sie das Feuer. Das Ergebnis war nieder-

„Und die Ebene ist übersät mit unkenntlichen Resten von Menschen“ – die verlustreiche Niederlage des Habsburgerheeres bei Solferino 1859.

schmetternd. Die Verluste (Verwundete, Vermisste, Gefangene und Getötete) beliefen sich bei den Preußen auf 9000, bei den Österreichern auf 42.000 Mann. Gefallen waren rund 7500 Soldaten, davon 5600 aus der Donaumonarchie.[63]

Königgrätz und Solferino reihten sich indessen fugenlos in die Bilanzen der von Habsburg verschuldeten oder mit zu verantwortenden Schlachten ein. Die allerhöchste Majestät forderte alle Jahrhunderte hindurch einen beträchtlichen Blutzoll. Zwischen 1618 und 1648 behauptete Bayern, 80.000 Familien und 900 Dörfer verloren zu haben. In Böhmen sollen es fünf Sechstel aller Dörfer und drei Viertel der Bevölkerung gewesen sein. Angeblich lebten in Württemberg nur noch ein Sechstel und in der verwüsteten Pfalz ein Fünfzigstel der ursprünglichen Einwohnerzahl. Die Ziffern beruhen allerdings auf den Angaben schockierter Zeitzeugen, die dem erlebten Alpdruck übertriebene Berichte hinzufügten.[64]

Dennoch ist eine Tendenz erkennbar, die von wissenschaftlichen Untersuchungen bestätigt wird. Im Dreißigjährigen Krieg starben nach jüngsten Schätzungen insgesamt zirka 1,7 Millionen Soldaten, davon gut 250.000 auf dem Schlachtfeld. Die meisten anderen fielen dem Alltag zum Opfer, dem Hunger, den Epidemien. Diese Verhältnisse kennzeichnen auch die Feldzüge der folgenden Jahrzehnte. Zwischen 1620 und 1720 sind ungefähr 75 Prozent aller Todesfälle auf Krankheiten und Entbehrung zurückzuführen. Der Rest verteilt sich etwa zu gleichen Teilen auf „Ausfälle" in den Kampfhandlungen und der Kriegsgefangenschaft.[65] Dass allerdings selbst die Gefechte nicht selten eine erschreckende Vernichtungsgewalt entwickelten, zeigen die Auseinandersetzungen um die spanische Hinterlassenschaft der Habsburger. Der Sieg von Prinz Eugen bei Höchstädt am 13. August 1704 kostete 10.000 Mann das Leben. Weitere 15.000 wurden verwundet. Bei Malplaquet 1709 waren allein auf Seiten der Sieger, der österreichisch-englischen Allianz, 23.000 Tote und Verwundete zu beklagen.[66] Als das Erzhaus ein halbes Jahrhundert später Schlesien wiedergewinnen wollte, verlor die österreichische Armee mehr als 300.000 Mann.[67] Keine zwanzig Jahre danach waren selbst kleinere Konflikte, wie der bayrische Erbfolgekrieg, mit enormen Nachwirkungen verbunden. Auseinandersetzungen, die sich hauptsächlich auf das Requirieren von Lebensmitteln beschränkten und in der Geschichtsschreibung verniedlichend „Zwetschkenrummel“ genannt werden, zeitigten zweifelhafte Resultate. Die k.k. Monarchie erhielt als „Trostpreis“ das Innviertel mit 2000 Quadratkilometer und 60.0000 Einwohnern.[68] Feldberichte beider Streitparteien registrierten allerdings das Missverhältnis zwischen Aufwand und Ergebnis. Die Österreicher verloren fünf Generäle, 175 Offiziere, 19.257 Mann, 2838 Pferde und sechs Geschütze; die Preußen einen General, 87 Offiziere, 19.416 Mann, 3835 Pferde und fünf Geschütze.[69]

Für die Besitzungen in Italien und die Vormachtstellung auf deutschem Boden scheute in der Folge auch Franz Josef I. keine Mühen. Die Truppen mussten den Kopf hinhalten. Tausende blieben, wie erwähnt, 1859 und 1866 auf dem „Feld der Ehre“.[70] Schließlich brachte die leichtfertige Großmachtpolitik der Donaumonarchie die Lichter in Europa zum Erlöschen. Die Bilanz des vierjährigen Massenmordens wurde 1918/19 gezogen: Von mehr als 65 Millionen mobilisierten Soldaten starben, ungeachtet der verhältnismäßig hohen Verluste kleinerer Nationen, 1,8 Millionen deutsche, 1,2 Millionen österreichisch-ungarische, 1,7 Millionen russische, 1,4 Millionen französische, eine Million britische, eine halbe Million italienische und mehr als 100.000 US-amerikanische Soldaten. 8,5 Millionen Gefallene, 21 Millionen Verwundete und fast 9 Millionen Gefangene waren das „ruhmreiche“ Resultat eines großen „Völkerringens“, dessen Konsequenzen in so auffallendem Gegensatz zur patriotischen Begeisterung des Sommers 1914 standen.[71]

Wofür aber hatten vor allem die Untertanen des habsburgischen Erzhauses gekämpft, einer Familie, die in so maßgeblicher Weise an den Kriegskatastrophen der Neuzeit Anteil hatte? Waren die unbescheidenen Ziele, um derentwegen Österreichs Mächtige so viel Blut vergossen, erreicht worden?

Die Bilanz fällt auch in dieser Hinsicht ernüchternd aus. Im Heiligen Römischen Reich konnte die absolute Hegemonie der Casa d’Austria nicht durchgesetzt werden, nicht im Dreißigjährigen Krieg, nicht nach dessen Ende. Um die Besitzungen in Spanien stritt man in blutigen europäischen Kabinettskriegen vergeblich. Leopold musste nach unzähligen Schlachten Teilungsplänen zustimmen, die um 1700 auf diplomatischem Wege angeboten worden waren.[72] Nicht anders verhielten sich seine Nachfahren, als sie das Angebot, Venedig an Italien zu verkaufen, hochmütig ablehnten und den Verlust der Provinz nach einem opfervollen Waffengang im Jahr 1866 mit Menschenleben und Kontributionen bezahlten. Zur gleichen Zeit brachten die Revanchegelüste gegenüber Preußen weder Schlesien noch die Vormachtstellung in deutschen Landen zurück.[73] Für die „gekränkte" Monarchie ließ sich keine entsprechende Kompensation finden. Die Eroberungspolitik im Südosten des Kontinents war schon unter Josef II. unrühmlich verlaufen.[74] Aus Geltungssucht entfachte man schließlich auf dem Balkan einen Weltbrand, welcher der

Die Schlacht von Malplaquet (1709) während des Spanischen Erbfolgekrieges: Allein auf Seiten der Sieger, der österreichisch-englischen Allianz, waren 23.000 Tote und Verwundete zu beklagen.

Monarchie den Todesstoß versetzte. „Man muß sich wehren, so lange es geht, seine Pflicht bis zuletzt tun und endlich mit Ehren zugrunde gehen", erklärte Franz Josef, dessen Kommentare an den düsteren Selbstauslöschungspathos eines späteren, noch größenwahnsinnigeren Österreichers erinnern.[75] Das wenig „würdevolle Gefasel" des alternden Kaisers wurde bitterer Ernst. In den „letzten Tagen der Menschheit" ging sein Reich zugrunde – nicht zuletzt an ihm selbst.

Die Verantwortung bürdeten sogar durchaus monarchietreue Zeitgenossen dem allerhöchsten Regenten und seiner Umgebung auf. Schon rein militärisch war man nur zu oft ins Hintertreffen geraten. Der Hofkriegsrat an der Spitze der Militäradministration etwa galt von Anfang an als langsam und ineffizient. Entscheidungsschwäche, Korruption, Unfähigkeit und Kompetenzwirrwarr belasteten die Arbeit eines Verwaltungskörpers, der zudem seinen wichtigsten Aufgaben nur in Absprache mit anderen Wiener Behörden nachgehen konnte. Die keineswegs reibungslose Zentralverwaltung hatte außerdem ihre Forderungen nach Finanzen und Rekruten mit den ständischen Landtagen auszuhandeln.[76]

Zugleich setzten sich die einzelnen Teile der Truppen nicht selten über alle Konventionen hinweg. Um die Einheit des Heeres war es darum vielfach schlecht bestellt. Grenzfestungen und magyarische Einheiten gaben sich widerspenstig. Eine Unzahl unabhängiger Kommanden und Regimenter, die von Fremden aufgestellt und bezahlt wurden, verwandelte die kaiserliche Armee über Jahrhunderte in einen bunten Haufen verschiedenster Truppenverbände.[77] Nicht einmal die Reformära unter Maria Theresia und Josef II. konnte schwerwiegende Unzulänglichkeiten beseitigen. Nachdem die Fahnenflucht angesichts der unmenschlichen Lebensbedingungen beim Militär überhand genommen hatte, entschied man sich immerhin zu Beginn des 19. Jahrhunderts, die lebenslange Dienstpflicht abzuschaffen. Mit einer Verwaltungsreform versuchte die Führung überdies, bürokratischen Auswüchsen Herr zu werden. Eine längst überfällige Maßnahme, wenn man bedenkt, dass jeder Akt beim Hofkriegsrat von 48 Personen bearbeitet, geprüft und rund zwanzig Mal kopiert werden musste.

Als Militärstrategen gaben sich die Österreicher hingegen auch weiterhin eine Blöße nach der anderen. Erzherzog Karl hatte erklärt, dass die Eroberung eines Landes von der Einnahme einiger wichtiger Punkte abhängig sei.[78] Unglücklicherweise war es dem allerhöchsten Haus nicht gelungen, auch Napoleon von dieser Lehrmeinung zu überzeugen. Der korsische Antichrist war so vermessen, die Ansichten der k. k. Kommanden einfach zu ignorieren. 1805 umgingen die Franzosen unbemerkt die österreichischen Truppen unter General Mack. Aus dessen blamabler Niederlage lernte man allerdings wenig.[79]

Noch ein halbes Jahrhundert später orientierten sich Habsburgs Offiziere an den verstaubten Weisheiten eines heroischen Erzherzogs, der 1809 einmal bei Aspern gesiegt hatte. Dessen zweifelhafter Leitfaden erwies sich dann vor Königgrätz als verhängnisvoll. Man harrte 1866 so lange im gut befestigten Olmütz aus, bis endgültig feststand, dass die Preußen nicht so freundlich sein würden, dort vorbeizukommen.[80]

Den taktischen Fehleinschätzungen folgten bald blutige Niederlagen. Die Verantwortung dafür lag unmittelbar beim Kaiser und seinen engsten Beratern, welche die eigenen Reihen in breiter Linie vor den wendigeren und besser gerüsteten Feind dirigierten. Wien hielt allzu lange an der Tradition fest, jahrhundertealte Gepflogenheiten waren der allerhöchsten Majestät heilig. Franz Josef zeigte keine Bereitschaft, dem preußischen Vorbild nachzueifern und die Regimenter zu verkleinern. Gegenüber zahlenmäßig kleineren aber beweglicheren Formationen hielt der Monarch am „Regimentsgeist" fest.[81] Wichtige Maßnahmen wurden vernachlässigt: Die Soldaten führten vergleichsweise wenig Schießübungen durch, und die Ausrüstung ließ zu wünschen übrig. Bekanntermaßen hatte die Donaumonarchie das Zündnadelgewehr, das 1866 Preußens Sieg wesentlich begünstigte, bereits 1853 getestet, jedoch als unzuverlässig abgelehnt. Auf groteske Weise stellte die Streitmacht Franz Josefs die Welt auf den Kopf, kehrte das Unterste zuoberst und rückte Vordringliches in den Hintergrund. Demgemäss liebte man die Farb- und Formenpracht der Uniformen in einer Zeit, als Armeen anderer Staaten längst schlichtes, unauffälliges Grau bevorzugten. Die

Wirkung war verheerend. Die leuchtend weißen Infanteristen der Habsburgerarmee wurden zu optimalen Zielscheiben feindlicher Truppenverbände. Mannschaften mochten untrainiert und unvorteilhaft ausgestattet sein, ästhetischen Werten aber wurde größte Aufmerksamkeit geschenkt. Zum „tüchtigen Dienst" gehörte es, halbe Tage lang mit der Anordnung der Tornister bei der Parade befasst zu sein und sich gegenseitig die obligatorischen Schnurrbärte mit Schuhcreme aufzumalen. Stundenlanges Exerzieren war eine der Hauptbeschäftigungen.[82] Stumpfsinnige Truppenbewegungen galten als Markenzeichen der Österreicher, auch und gerade im Krieg. Planlos und ohne den Feind beim Aufmarsch nachhaltig zu stören, ließ das unfähige Oberkommando die eigenen Leute im Land herummarschieren. Dann schlitterte man, befehligt vom Kaiser persönlich, in die Katastrophe von Solferino.[83]

Nach Königgrätz mussten für die eklatanten Fehlentscheidungen der Führung schließlich noch deutlicher als bisher Sündenböcke herhalten. Einige Generäle, vor allem jedoch die seitens der stockkonservativen Staatsspitzen misstrauisch beobachteten Parlamentarier wurden an den Pranger gestellt. Im Streit um das Budget, erklärten hochrangige Offiziere, hätten demokratische Kräfte ihren Einfluss geltend gemacht und das Heer kaputt gespart.[84] Das k. u. k. Imperium befinde sich in einem Zustand ständiger Abrüstung, meinte demgemäss auch Conrad von Hötzendorf, der es später noch zum kriegstreiberischen Generalstabschef bringen sollte.[85]

Conrads ironische Bemerkung über diesen unfreiwilligen Pazifismus lenkte freilich von der Verantwortung des Kaiserhauses und seiner Militärs ab. Die Modernisierung der Armee war schließlich Aufgabe der Befehlshaber. Und wenn es hierfür an den notwendigen finanziellen Mitteln mangelte, so hätte das Kaiserhaus die Beziehungen zu anderen Staaten darauf abstimmen müssen.

Die Habsburger aber taten sich gerade damit besonders schwer. Ihre Ansprüche waren über Jahrhunderte Ursache europäischer Konflikte. Nach den napoleonischen Kriegen beruhte dann das Selbstverständnis des Wiener Hofes in zunehmendem Maße auf Illusionen. Garantiert durch das internationale Kräfteverhältnis, behielt die

Monarchie einen Platz in der Runde der Großen. Dass man sich unter ihnen immer schwerer aus eigenem Vermögen halten konnte, wollte sich das Erzhaus nicht so recht eingestehen. Hinter der industriellen Entwicklung Englands und Frankreichs blieb man weit zurück. Mit der Bevölkerungszahl, durch die das zaristische Russland seine Defizite wettmachte, vermochte das Reich der Habsburger ebenfalls nicht zu punkten. Dem Trugbild von der eigenen Weltgeltung widersprach die wirtschaftliche Entwicklung.[86]

Darüber hinaus war der Status quo in drei Gebieten gefährdet: In Italien, Deutschland und auf dem Balkan. Mit eigener Kraft ließen sich lokale Widerstände brechen. Die Intervention einer Großmacht konnte jedoch alles über den Haufen werfen. Dennoch verteidigte Wien starrsinnig dynastische Ehrgefühle und Vorrechte, welche andere Mächte nicht mehr gelten ließen. In Italien kamen französische Interessen ins Spiel. An Venetien und der Lombardei festzuhalten, wurde ab diesem Zeitpunkt immer problematischer. Naiv und wirklichkeitsfremd träumte Franz Josef noch nach Solferino davon, die Lage auf der Apenninen-Halbinsel mitgestalten und die verlorene Lombardei zurückholen zu können. Tatsächlich musste er wenig später auch noch Venetien aufgeben.[87] Nicht viel realistischer als im Süden verhielt sich Österreich im Norden. Preußen, das wirtschaftlich, militärisch und politisch im Vormarsch war, stellte die Führungsrolle der Habsburger auf deutschem Boden in Frage. In Berlin begann man die Haltung der k. k. Staatsmänner als anachronistisch einzustufen. Schließlich schien die Donaumonarchie nicht über die Ressourcen zu verfügen, um ihren hegemonialen Bestrebungen Nachdruck zu verleihen.[88]

Franz Josef aber beharrte auf der Politik imperialer Stärke und manövrierte sich dabei gemeinsam mit seinen Ministern auf eine geradezu dilettantische Weise ins diplomatische Abseits.[89] Auslöser war unter anderem der sogenannte Krimkrieg in den Jahren 1853 bis 1856. Russland, erneut um Machterweiterung an seiner Südgrenze bemüht, traf damals nicht nur auf den alten Kontrahenten, das Osmanische Reich. Letzterem stellten sich Frankreich und Großbritannien zur Seite. Die k. k. Regierung aber schaffte es, überall anzuecken. Mit den Westmächten schmiedete man eine Allianz gegen

Russland, dessen Herrscherhaus in den vergangenen Jahrzehnten die dynastischen Vorrechte der Habsburgerfamilie zu verteidigen bereit gewesen war.[90] 1854 drohte Wien dem Zaren sogar ultimativ mit Krieg, obwohl der k. k. Generalstab wegen der Schwächen der Monarchie Bedenken äußerte. Ohne jegliche militärische Absicherung riskierte man eine Eskalation, um dann wiederum Paris und London im Regen stehen zu lassen. Ein Vertrag mit Frankreich und England, in dem sich beide Staaten den vom Außenminister Franz Josefs verlangten gemäßigten Kriegszielen unterwarfen, wurde schließlich von Österreich selbst nicht unterzeichnet. Das Habsburgerreich redete vom Krieg, hielt sich allerdings heraus. Man beteiligte sich nicht an den Kämpfen, blieb aber auch nicht neutral.[91]

Niemand geringerer als Fürst Metternich, der die außenpolitische Linie der Donaumonarchie und das internationale Gleichgewichtssystem unter antiliberalen Vorzeichen maßgeblich gestaltet hatte, meldete sich in dieser Situation zu Wort. „Die Zentralmacht Österreich darf sich niemals als die Speerspitze des Ostens gegen den Westen noch als die des Westens gegen den Osten brauchen lassen“, konstatierte er.[92] Zwar nahm es der ehemalige „Kutscher Europas“ mit Prinzipien nicht so genau; Russland aber hatte er, anders als die Wiener Führung im Jahr 1854, niemals militärisch herausgefordert. Das Vorgehen Franz Josefs und seiner Berater konnte er nur als kurzsichtig abqualifizieren, ein Urteil, das manchem Geschichtsforscher heute noch zu milde erscheint. „Eine Tat von fast unvorstellbarer Dummheit“, nennt etwa der Historiker Norman Rich das Ultimatum an den Zaren. Dieses kann rückblickend, so Rich, als „ein Wendepunkt der europäischen Geschichte betrachtet werden, denn es bedeutete das Ende der Freundschaft und Zusammenarbeit der beiden osteuropäischen konservativen Mächte und den Anfang einer erbitterten Feindschaft, die im Krieg von 1914 gipfeln sollte, in der Zerstörung beider Kaiserhäuser, und in der Liquidierung des Habsburgerreiches.“[93]

Zweifelhafte Persönlichkeit

Leopold (1640–1705)

1693 wurde die Pestsäule am Wiener Graben vollendet. Kaiser Leopold I. hatte 14 Jahre zuvor, als der „schwarze Tod“ in der Stadt wütete, gelobt, ein Denkmal errichten zu lassen. Die Säule symbolisiert die Allianz von Dynastie und katholischer Kirche, gestützt auf die Pietas Austriaca, die spezifische Frömmigkeit des Hauses Habsburg. Inmitten dieser Dreifaltigkeit zeigt das Monument den Kaiser in knieender Pose, das Haupt zum Himmel erhoben. Leopold setzte sich hier ein Denkmal besonderer Art. Ein Leben lang auf die in ein strenges Zeremoniell eingebettete Distanz zu den Normalsterblichen bedacht, war diese Geste der Devotion nur einem vorbehalten: Gott, jenem höheren Wesen, dem der Kaiser seine Stellung im Diesseits zu verdanken hatte. Nur vor ihm beugte ein Kaiser sein Knie. Der fromme Habsburger verzichtete auf eine pompöse Darstellung als Held, hoch zu Ross und mit gebieterischer Geste. Leopolds religiöser Fanatismus verlangte nach subtileren Darstellungsformen des Machtanspruchs. Seine Herrscherwürde aber ließ er sich sicherheitshalber im Zuge einer Wallfahrt noch einmal von der Jungfrau Maria bestätigen.

Der unbändige Glaubenseifer des Kaisers stieß beim Papst nicht auf Begeisterung. Im Gegenteil. Man hatte keine rechte Freude mit der exzessiven Frömmigkeit des allerchristlichen Herrschers. Vor allem regte sich Ärger über Leopolds Eigenmächtigkeiten, wenn es darum ging, Feiertage festzusetzen oder Andachten anzuordnen. Hinzu kamen die dem Klerus aufgebürdeten Steuern. Selbst Kirchensilber wurde beschlagnahmt, um die Kriege, die der Habsburger führte, finanzieren zu können. Leopolds Versicherung, seine Nachkommen würden den Kirchenschatz zu gegebener Zeit rückerstatten, stellte den Heiligen Stuhl keineswegs zufrieden.[1] Es verwunderte niemanden, dass sich die Verbindung zwischen Wien und Rom wenig harmonisch gestaltete. Aber dort wie da wusste man um die gegenseitige Abhängigkeit. Schon aus diesem Grund überwog das Misstrauen in dieser trotz aller Schwierigkeiten funktionierenden, weil als notwendig akzeptierten Partnerschaft.

Kaiser Leopold I., jener Monarch, der im Zusammenhang mit den Kriegen gegen die Osmanen und hier vor allem mit der Türkenbelagerung von Wien 1683 in Erinnerung blieb, hat nur wenige Biographen gefunden. Manch einer, der sich näher mit ihm beschäftigt hat, kam zu dem Schluss, das geringe Interesse am Leben des „Türkenpoldl" sei in des Kaisers Charakter zu suchen. Zu sanft und zu passiv sei er gewesen.[2] „Frömmigkeit gepaart mit entwaffnender Fröhlichkeit, Freundlichkeit und Offenheit im Verein mit Gewissenhaftigkeit und Stolz" habe den Habsburger ausgezeichnet. Des Weiteren wird er als gut informiert, intelligent und wissbegierig beschrieben, als ehrlich und korrekt, aber auch als „kleinmütig und unentschlossen, gedankenvoll, unendlich hart arbeitend [...] und in hohem Maße auf Ratschläge vertrauend, von denen er allerdings nicht abhing und die er ohne jegliche Verpflichtung zu behandeln wußte."[3] Überhaupt lenkte das angeblich so liebenswürdige und von Pflichtbewusstsein durchdrungene Wesen des kunstsinnigen Monarchen offenbar von seiner Tätigkeit als Regent eines riesigen und unter seiner Ära wachsenden Reiches ab. In der 47 Jahre dauernden Regentschaft des Kaisers Leopold finden sich jedoch einige Geschehnisse, die ein eher düsteres Licht auf den so sympathisch präsentierten Herrscher werfen. Leopolds Frömmigkeit spielt in diesem Zusammenhang keine unbedeutende Rolle. Der für die Habsburger bezeichnende militante und missionarische Katholizismus, der eine auf unterschiedlichen Ebenen angewandte Vernichtungs- und Vertreibungspolitik gegenüber Andersgläubigen legitimierte, sollte nicht einfach mit dem Hinweis auf den zeitbedingten Wertekanon barocker Frömmigkeit abgehakt werden.

Leopold, eigentlich für eine Karriere als Geistlicher bestimmt und nur durch den unerwarteten Tod des älteren Bruders zum Kaiser des Heiligen Römischen Reiches geworden, versprach bereits am Beginn seiner Regentschaft, alles zu unternehmen, um eine öffentliche Ausübung des lutherischen Bekenntnisses in den Erblanden zu verhindern. Da er sich als „Vater" seiner Untertanen verantwortlich für deren Heil fühlte, gelobte er außerdem, ebenso wie seine Vorfahren es getan hatten, eher „betteln zu gehen als einer Ausbreitung der Häresie [...] zuzuschauen."[4]

Jahre später und geleitet von ziemlich profanen Motiven unterdrückte er eine Diskussion über konfessionelle Fragen vor dem ungarischen Reichstag mit dem Argument, dass religiöse Angelegenheiten nicht öffentlich, sondern privater Natur seien.[5] Nicht, dass er infolge eines plötzlichen Sinneswandels davon Abstand genommen hätte, ganz Ungarn katholisch zu machen. Hier zeigte sich vielmehr ein durchaus praktisch denkender Charakter, losgelöst von den starren Prinzipien eines Verteidigers der katholischen Kirche. Leopold wollte nicht über Glaubensfragen verhandeln, um zu vermeiden, einer Rückgabe konfiszierter Güter protestantischer Magnaten zustimmen zu müssen. Außerdem forcierte er als Kaiser des Heiligen Römischen Reiches Deutscher Nation eine Politik des Ausgleiches mit den protestantischen Reichsständen, wenn konfessionelle Konflikte auszubrechen drohten. Anders als in den Erblanden verschob Leopold seine Prioritäten zugunsten eines auf die Bestimmungen des Westfälischen Friedens achtenden Miteinanders.

Dort aber, wo er allein das Sagen hatte beziehungsweise glaubte, es zu haben, gedachte er, seine Untertanen, ob sie wollten oder nicht, auf den „rechten Weg" zurückzuführen. Vom Glauben als Privatsache war nun nicht mehr die Rede. Die aus seiner Sicht Gestrauchelten fühlten sich jedoch in ihrem Dasein als Ketzer ganz wohl und kamen offenbar ohne katholische Seligkeitsgarantien aus, die ihnen der fromme Leopold aufdrängen wollte. Doch im patriarchalischen Selbstverständnis der Herrschenden hatte der Wunsch auf Selbstbestimmung des Einzelnen kein Gewicht.

Mit Sätzen wie „aus der Zeit heraus verständlich" oder „dem religiösen Denken der Habsburger Dynastie entsprechend" kann man schließlich alle Unebenheiten im Wirken der Monarchen beseitigen. Argumente wie diese gehören in das Vokabular anspruchsloser Geschichten-Geschichte, die uns schließlich jede Grausamkeit, kurz jedes Verbrechen, als situationsbedingt, zeitgemäß oder sonst wie erklären kann.

In diesem Sinne war der fromme Leopold ein Kind seiner Zeit, den traditionellen Vorstellungen vom Herrscheramt verpflichtet und im Rahmen der damals geltenden Spielregeln agierend. Und schon steht ein strahlender, wenn auch auffällig hässlicher Habsburger vor uns, dem Österreich seinen Aufstieg zur Großmacht zu verdanken hat. Doch musste sich der Kaiser, der die Überhöhung seiner Person durch das Hofzeremoniell abgesichert wusste, den Ruhm mit seinem Feldherrn Prinz Eugen teilen.

Die schon zu Lebzeiten einsetzende Verehrung und erst recht die posthume Karriere des kleinen Prinzen als „österreichischer Held" strapazierten die latente Eifersucht des Kaisers erstaunlicherweise nicht. Leopold hatte ein ausgeprägtes Sensorium dafür, wie weit die Beliebtheit seines Feldherrn gehen durfte. Immerhin gehörte es zum Geschäft eines Monarchen, alleine vor dem Hintergrund der Repräsentation und Selbstinszenierung übermütig gewordene Fürsten auf ihre Plätze zu verweisen. Nichtsdestoweniger erinnerte sich die Nachwelt weniger an einen Ehrfurcht einflößenden Kaiser oder einen tiefreligiösen Monarchen ohne Furcht und Tadel, sondern vielmehr an einen „edlen Ritter" namens Prinz Eugen. Der Prinz, dessen blütenweißes Heldenimage bei näherer Betrachtung nicht mit seinem blutigen Handwerk übereinstimmen will[6], machte sich die Hände für ein Regime schmutzig, das lediglich nach dem Dafürhalten des Kaisers für eine bessere oder gerechtere Sache in den Krieg zog. Mit derlei Spitzfindigkeiten hielt sich eine nach Idealfiguren suchende Nachwelt nicht auf. Nach dem Zerfall der Donaumonarchie, in einem kleinen Österreich, wurde die Ära Leopold zum Projektionsfeld nostalgischer Rückbesinnung auf eine „große" Vergangenheit. Der kleine Prinz aus Savoyen spielte darin eine größere Rolle als der Kaiser.

An Leopold erinnerte man sich auch, doch fiel das Gedenken zuweilen wenig schmeichelhaft aus. Den habsburgischen Barockherrscher beschrieb man gerne als Flüchtling: Er verließ Wien, als die Pest Tausende Bewohner der Stadt hinwegraffte und er kehrte seiner Residenz den Rücken, als das türkische Heer unter Kara Mustafa

1683 heranrückte. Damals, als Wien von den verbündeten Truppen unter dem Oberbefehl des Polenkönigs Jan Sobieski und des Herzogs Karl von Lothringen befreit wurde, hatte Leopold in Dürnstein auf den Ausgang der Kämpfe gewartet. Dennoch war es seiner Ansicht nach ungebührlich, dass der Polenkönig sich als Retter Wiens feiern ließ, anstatt dem Kaiser den Vortritt zu lassen.

Persönliche Erfolge feierte Leopold nicht auf den Schlachtfeldern, sondern auf dem Gebiet der Kunst. Der Kaiser, zum Herrschen, wie es heißt, nicht geboren, widmete sich mit großer Begeisterung der Musik. In Anbetracht seiner sonstigen Aufgaben hinterließ Leopold „gewaltig viele Noten". Erstaunlicherweise kaprizierte er sich nicht allein auf das Komponieren von Kirchenmusik. Die Zahl der weltlichen Werke übertrifft sein sakrales Œvre. Trotzdem wird stets hervorgehoben, dass der tiefgläubige Leopold am Wiener Hof eine würde- und weihevolle Atmosphäre bevorzugte, während sein großer Gegenspieler, der französische König Ludwig XIV., in Versailles in Luxus schwelgte und weltlichen Genüssen frönte. Nichtsdestoweniger gilt die Festkultur unter Leopold I. mit ihren glanzvollen Feiern und Opernaufführungen als Höhepunkt barocken Glanzes in unserem Raum.

Das gemeine Volk des 17. Jahrhunderts, in dem permanent Krieg geführt wurde, konnte das Ausmaß der Lustbarkeiten der Mächtigen nicht einmal erahnen. Diese setzten sich wie die Zecken auf ihre Untertanen und saugten sie aus – mit Steuern, Truppendurchmärschen, Einquartierungen und Musterungen –, um all die Kriege, die geführt wurden, zu finanzieren. Leopold nahm wahrscheinlich vom Volk lediglich in Gestalt eines Publikums für seine Großzügigkeit Notiz. Hierbei handelte es sich um eine jener Herrschertugenden, der im Absolutismus besondere Bedeutung zukam. Über den Habsburger wird berichtet, dass er niemals ausfuhr, ohne einen großen Sack mit Münzen in seiner Kutsche mitzunehmen. Die Geldstücke ließ er dann unter das Volk werfen oder verteilte sie höchstpersönlich.[7]

Mit christlicher Nächstenliebe oder gar mit einem Ansatz von sozialem Denken hatte diese Form der Freigebigkeit nichts zu tun.

Eine Änderung im sozialen Gesellschaftsgefüge war nur dann opportun, wenn es dem Herrschenden nützte. Eine andere Inspiration für innovative, fortschrittliche Entwicklungen war Leopold fremd. Der als sanftmütig beschriebene Kaiser konnte sehr ungemütlich werden, wenn der Wunsch nach Veränderung von unten kam. Aufmüpfige Bauern, die sich gegen die Ausbeutung durch die Grundherren auflehnten, konnten keineswegs auf Verständnis seitens des allerhöchsten Hauses rechnen. Mit „sinnloser, aber kennzeichnender Grausamkeit“[8] wurden Aufstände niedergeschlagen. Leopold ließ einige Aufrührer hinrichten, um im Jahr darauf, 1680, ein Robotpatent für Böhmen zu verabschieden, das den Beschwerden der Bauern teilweise Rechnung trug. Der Kaiser gewährte, wenn es ihm gefiel. Abringen ließ er sich nichts, schon gar nicht von ein paar Bauern, die sich erdreistet hatten, ihm ihre Forderungen vorzulegen.

Auch die Ungarn machten Bekanntschaft mit der gnadenvollen Großzügigkeit des frommen Kaisers. Leopold, der daran ging, den Protestantismus in Ungarn auszulöschen, kümmerte sich ansonsten wenig um seine Untertanen im Osten, vor allem, als der Franzosenkönig die Westgrenze des Reiches unsicher machte. Manch einer fühlte sich vom Kaiser in Wien im Stich gelassen und erblickte in der Zusammenarbeit mit Franzosen und Osmanen eine Möglichkeit, sich der habsburgischen Herrschaft zu entledigen. Außerdem steigerte Leopolds gegenreformatorisches Programm in Ungarn nicht unbedingt seine Beliebtheit. Leopold musste, wie es heißt, hart durchgreifen, um die Grenzen zwischen Recht und Unrecht nicht durch gefühlsbestimmte Entscheidungen zu verwischen. So mag er vielleicht die eine oder andere Träne vergossen haben, als er ungeachtet seiner anfangs in Aussicht gestellten Gnade der Hinrichtung jener ungarischen Magnaten zustimmte, die sich gegen ihn verschworen hatten. Dennoch kann man davon ausgehen, dass er schnell über die Angelegenheit hinwegkam. Trost spendeten ihm möglicherweise die Bücher des Ferenc Nadasdy, einer der 1671 exekutierten Magnaten, die mit ihrer Verschwörung so furchtbar gescheitert waren. Leopold hatte die Überführung eines Teils der wertvollen Bibliothek des ungarischen Adeligen nach Wien angeordnet. Der

Kaiser wurde aber für seine Gewissensbisse, die ihm die Todesurteile bescherten, nicht nur mit neuem Lesestoff entschädigt, sondern auch mit einem ansehnlichen Vermögen, das man von den Hingerichteten und von mehreren zu langen Kerkerstrafen verurteilten Mitverschwörern einzog. Allein die Hinterlassenschaft Ferenc Nadasdys brachte dem Hof 200.000 Gulden ein.[9]

Ähnlich wie die böhmischen Bauern musste also auch der ungarische Adel zur Kenntnis nehmen, dass Milde und Gnade keine verlässlichen Konstanten im Tugendkatalog des Herrschers waren. Viel eher handelte es sich hier um gleichsam moralische Wetterfähnchen, die sich im Regelfall nach machtpolitischen Überlegungen richteten und abseits davon höchstens der Imagepflege des allerchristlichsten Hauses dienten.

Während die Wiener Propaganda dem französischen König, der mit äußerst fragwürdigen Begründungen seine Expansionen rechtfertigte, Größenwahn und zerstörerische Gier vorwarf, firmierte der fromme Leopold als „Verteidiger der europäischen Freiheit."[10]

Der Vergleich mit dem Sonnenkönig wirkte auch in späteren Zeiten entlastend. Die Habsburger waren durch und durch ebenso absolutistisch eingestellt. Es blieb aber bei einem Anspruch, der meist im Wollen stecken blieb. Und das wurde dann der Dynastie als Pluspunkt angerechnet. Frankreichs Majestät hingegen zog als ausschweifender, despotischer und kriegslüsterner Finsterling in die Geschichtsbücher ein. Doch auch ein Leopold streifte seine Sanftmut ab, wenn es ums Erben ging. Im Spanischen Erbfolgekrieg präsentierte sich der Kaiser nicht nur „als frommes, demütiges und friedliebendes ewiges Opfer der türkischen und französischen Aggressoren. [...]. Dieser kleine, schwarz gekleidete Mann, unfähig ein Heer in die Schlacht zu führen, zögerte ebensowenig, einen Krieg zu beginnen, wie sein ruhmreicher Verwandter in Versailles."[11]

Das Erlöschen der Linie der spanischen Habsburger mit dem degenerierten Karl II. als letzten Spross der Familie muss Leopold an sein eigenes Schicksal erinnert haben. Zwanzig Jahre hatte der Kaiser warten müssen, um von der Sorge der Nachfolge befreit zu werden. Erst

1678 schenkte ihm seine dritte Frau den ersehnten Sohn, Josef, der seinen Vater im Jahr 1705 beerbte. Die Kaiserin Eleonore gebar ihrem Gemahl weitere neun Kinder, darunter Karl, den Vater Maria Theresias.

Die beiden ersten Gattinnen Leopolds waren in noch jungen Jahren verschieden und hatten die typische Karriere von Damen edlen Geblüts durchlaufen: Sie waren an einen fremden Hof gesandt worden, um, dem Willen ihrer Väter entsprechend, eine passende Partie zu machen. Im Falle einer Verehelichung mit einem Kaiser hatten die meist jungen Prinzessinnen das große Los gezogen. Freilich waren die Schattenseiten eines derartig vorgezeichneten Lebens offensichtlich. Sie wurden „in das Bett eines Ehemanns gelegt, der häßlich wie ein Affe sein konnte, oder ein Kretin, oder ein lasterhafter Verderbter oder einfach ein alter Dummkopf, aber von dem sie sich so oft als möglich schwängern lassen mußten, im Interesse der Dynastie".[12] Sofern sie all die Geburten, zu deren Zweck sie ja geehelicht worden waren, überlebten, konnten sie allerdings ihr Leben ganz dem Vergnügen widmen. Im Ausgleich für die Mühen der Fortpflanzung „hatte eine Prinzessin des 17. Jahrhunderts die Sicherheit, verrückte Verschwendungen auf Kosten devoter Untertanen machen zu können und ihr Leben mit Festen, Bällen, Jagden, Banketten, heiligen Messen und geistlichen und weltlichen Zeremonien, die jeweils einen Berg Geld kosteten, zu verbringen."[13]

Was Leopolds äußeres Erscheinungsbild anbelangte, hatten seine Frauen diese Art von Entschädigung wahrscheinlich bitter nötig. Selbst die schmeichelnden Porträts des Herrschers zeigen uns einen fast schon entstellten Mann, dessen überdimensionierte Lippen und auffällige Kinnpartie die Aufmerksamkeit des Betrachters erregen. Sein grotesk vorspringendes Kinn hinderte den Kaiser sogar daran, den von den wulstigen Lippen umrandeten Mund auf Dauer geschlossen zu halten. Zeitgenossen behaupteten, dass es in die allerhöchste Gesichtsöffnung regnete und dass seine recht flüssige Aussprache dazu führte, dass stets etliche Pagen damit beschäftigt waren, ihm den Speichel aus den Mundwinkeln zu wischen.

Der Kaiser akzeptierte sein Äußeres als ebenso gottgewollt wie seine Siege und Niederlagen. Erstaunlicherweise stellten sich militärische Erfolge vor allem im Osten und Südosten ein. Die Ideologisierung der militärischen Auseinandersetzung mit den Türken als Religionskrieg übertünchte die massiven territorialen Interessen Habsburgs. Noch 1683 hatte niemand geglaubt, dass Leopolds Reich sich in den folgenden Jahren auf Kosten der Osmanen vergrößern würde.

Unentschieden aber war der Kampf zwischen Okzident und Orient in puncto Grausamkeit ausgegangen. In Ungarn, das nach dem Sieg Sobieskis vor Wien vom „türkischen Joch" befreit wurde, waren sich die Menschen nicht im Klaren darüber, ob sie von den kaiserlichen Besseres als von den türkischen Soldaten zu erwarten hatten. Die Truppen der apostolischen Majestät ebenso wie seine Administratoren betrachteten Ungarn als feindliches Gebiet, verhielten sich dementsprechend und wurden in der Folge als Okkupanten empfunden. Der Palatin Fürst Esterhazy meinte schließlich, dass Ungarn den Türken in einem Jahrhundert nicht so viel zahlen hatte müssen wie der kaiserlichen Armee in zwei Jahren.

Seinen Kreuzzug gegen die Protestanten in Ungarn setzte Leopold fort, bis 1687 sein gegenreformatorischer Eifer zugunsten der Absicherung habsburgischer Erbansprüche auf die Stefanskrone eingebremst wurde. Dennoch blieb Ungarn auch in der Folgezeit ein Unruheherd. Erst 1711 wurde die jahrelange Auseinandersetzung mit den sich Kuruzen nennenden Rebellen beigelegt. Nach dem Frieden von Szatmar unternahmen die Habsburger zwei Generationen lang keinen Versuch, die Rechte der Ungarn, wie sie damals festgelegt worden waren, zu beschneiden.

Die Kehrseite der Medaille hieß Stagnation. Die Habsburger hatten mit diesem Frieden den Fortbestand der feudalen Gesellschaftstraditionen in Ungarn garantiert und damit das Land frühzeitig aus dem Reformprozess des aufgeklärten Absolutismus ausgeschlossen. Nutznießer waren die Dynastie und der ungarische Hochadel. In Sachen Eigennutz sprachen die Mächtigen dieselbe Sprache. Die „höhere Idee", ob man sie nun mit religiösen oder nationalen Inhalten anreicherte, landete schnell auf dem Kehrichthaufen, wenn sich materieller Gewinn einzustellen versprach und Privilegien unangetastet blieben. Die Casa d'Austria beteuerte, „dass sie den ungarischen ‚Völkern' stets nur Gutes hatte tun wollen, und nur die Rebellionen hätten sie daran gehindert. Das war eine Lüge. Der Adel sprach über die unaufhörlichen Leiden der ‚ungarischen Nation', was mit der Zeit eine doppelte Lüge wurde, da der Adel, wenn er von der Nation sprach, ausschließlich sich selbst meinte [...] und er selbst ja gar nicht so zu leiden hatte."[14] Was Leopold anbelangt, der ebenso wie sein Sohn Josef das Zustandekommen des Friedens von Szatmar nicht mehr erlebte, könnte sein Kommentar wohl so ausgefallen sein: In Gottes Namen!

Beispiele allerhöchster Güte und Gerechtigkeit – Verbote und Strafen

Die Zensur um 1800 oder: Das gesamte Volk in kontrollierter Ruhe halten

Die Funktion der obersten Zensurbehörde in der Österreichischen Monarchie ging unter Josef I. von der katholischen Kirche auf den Staat über.[1] Der Tod des fortschrittlich gesinnten Gerard van Swieten, Leibarzt Maria Theresias und Leiter des staatlichen Unterrichtswesens, war für aufklärerische Kreise, die eine Lockerung der staatlichen Zensurmaßnahmen anstrebten, ein herber Rückschlag. Ein vorübergehender Wandel trat erst unter Josef II. ein, der 1781 relative Pressefreiheit gewährte. Allerdings mussten gewisse Richtlinien – von der Studien- und Zensurhofkommission überwacht – von den Publizisten eingehalten werden. Ergänzend wurde mit der Hofentschließung vom 29. März 1783 verfügt: „Künftig soll von allen öffentlichen Lesekabineten der Katalog der darinn aufgestellten, und noch fort aufzustellenden Bücher vorhinein der Bücherrevision eines ieden Orts eingereicht, und von derselben zur Uibersehung und Berichtigung an die Zensur eingesendet werden."[2]

In den folgenden Jahren war es vornehmlich eine Fülle von Zeitschriftenpublikationen, die politische und religiöse Fragestellungen allgemein verständlich thematisierten. Nach Ansicht des Kaisers handelte es sich dabei um keine literarischen Erzeugnisse, „die der hiesigen Gelehrsamkeit Ehre gemacht, oder dem Publico einige Belehrung verschafft" hätten. Deshalb verschärfte man die Zensurvorschriften wieder, indem die Drucklegung von Manuskripten vor der Zensurierung wieder aufgehoben und der Export verbotener Bücher mit Züchtigungsstrafen bedroht wurde. Schließlich belegte man sämtliche Produktionen 1789, im Jahr der Französischen Revolution, mit einer Stempelgebühr. Unter Leopold II. erfolgte dann noch eine weitere Verschärfung der Zensur.[3]

Ausgehend von den im Gefolge der Französischen Revolution

illegal verbreiteten Schriften und sonstigen frühdemokratischen Aktivitäten der in den Jakobinerprozessen abgeurteilten Reformer sah sich schließlich Kaiser Franz II. zur Wahrung der staatlichen Ordnung veranlasst. Im Jahr 1795 erließ er ein Hofdekret, das kritischen Geistern als Drohung erscheinen musste: „Wer durch frechen Tadel in öffentlichen Reden, Schriften oder bildlichen Darstellungen Anlaß gibt, daß die Gemüther zum Mißvergnügen gegen die Regierungsform, Staatsverwaltung oder Landesverfassung aufgewiegelt werden könnten, ist wegen einer solchen Störung der öffentlichen Ruhe als ein Kriminalverbrecher mit hartem Kerker von fünf bis zehn Jahren zu strafen."[4] Mit dieser Maßnahme sollte jegliche politische Kritik unterdrückt werden.

Das gesamte Zensurwesen wurde 1801 dem Polizeiministerium unterstellt. Neue Zensurvorschriften wurden erlassen. An der allerhöchsten Bevormundung änderte sich nichts.[5]

Strafen für die Untertanen oder: Habsburgs Volkserziehungsmittel

Maria Theresia, eine gestrenge Sittenwächterin, interessierte sich mehr für den „richtigen" Lebenswandel ihrer weiblichen Untertanen als für deren soziale Probleme.[6] Die bekannteste Reformidee auf diesem Gebiet ist die 1774 ins Leben gerufene „Keuschheitskommission", eine staatliche Sittenpolizei, die vor allen Dingen das „nächtliche Herumtreiben" von Mädchen und jungen Frauen zu unterbinden hatte. Dazu gehörten auch Kellnerinnen, die nach Meinung der Kaiserin in Wirklichkeit der Prostitution nachgingen. Als Ergänzung dazu war ein Gesetz erlassen worden, welches die Beschäftigung weiblicher Personen in öffentlichen Lokalen unter Strafe stellte.

Die von der Sittenpolizei aufgegriffenen Frauen wurden bis auf das Unterhemd entkleidet, kahlgeschoren, ihre Köpfe geteert. Sie wurden mit Ruten gezüchtigt und während des Sonntagsgottesdienstes am Kirchentor als Zeichen der Schande und zur Belustigung des Volkes gefesselt „ausgestellt", um anschließend aus der Stadt gejagt zu werden. Jene, die zurückkehrten, wurden per Schiff in das Gebiet des Banats zur Zwangsarbeit deportiert.[7] Diese Strafe konnte per Verordnungen vom 18. August 1764 und 14. Juni 1766 ebenso gegenüber „Landstreichern" angewandt werden.[8]

Weitere typische theresianische Vorschriften, welche die Förderung der Sittlichkeit betrafen, waren: Das Verbot für Bäckerjungen, sich ohne Oberbekleidung außer Hauses zu begeben (24. März 1774); die Anstellung von Kirchenaufsehern, die das Verhalten der Teilnehmer am Gottesdienst zu überwachen hatten (22. Mai 1751); die Einstellung „nächtlicher Umtriebe" der Landjugend; das Verbot der „unehrbaren und leichtfertigen Tracht" der Bauernmädchen (1. Mai 1753), wobei „die dermal vorhandenen Kleider noch durch ein ganzes Jahr, jedoch dergestalt gestattet [werden], daß binnen dieser Zeit die Röcke, durch Hinabrückung, oder Verlängerung, in eine solche Länge, daß sie den Fuß bis auf die Waden bedecken, gehörig gebracht, die unartig ausgeschoppten Mieder aber ebenfalls nach und nach auf eine sittsamere Art abgeändert, kein neues Kleid entgegen auser auf vorgeschriebene Art verfertiget werden soll." Die Geistlichkeit war hiermit angewiesen, allen Frauen, „wenn sie in ihrer alten leichtfertigen Tracht erscheinen", jeden kirchlichen Beistand und die Teilnahme an Veranstaltungen zu versagen.[9]

Am 9. August 1762 erging ein Patent, das den Gastwirten auftrug, niemanden vor Abhaltung der heiligen Messe zu bedienen, und die Kirchdiener anwies, „auf das Schwätzen, und sonstige ungebührliche Aufführung in den Kirchen gute Obsicht zu tragen". Die Stadt- bzw. Dorfrichter mussten „vor dem Gottesdienste die Wirthshäuser durchsuchen, die darinn angetroffenen Leute hinaus, und in die Kirche weisen."[10] Am 9. Mai 1775 erging des weiteren ein Verbot des Pfeifens und Fußstoßens während der Theatervorstellungen. Die „Patent-Lösung" des „Bettlerunwesens" stammte vom 31. Mai 1766. Sie lautete: „Das Betteln gehet mehrmals fast aller Orte auf dem Lande, besonders auf den Wallfahrtstrassen, auch sogar von den Kindern, im Schwunge. Dieser Unfug rühret daher, weil die Kreisämter, Landgerichte, Grundobrigkeiten, und Kommunitäten hierwegen keine Obsicht tragen; daher haben sowohl die Kreisämter, als auch alle übrige Obrigkeiten den Unterthanen das Betteln ihrer Kinder bei Bestrafung der Aeltern, auch Verschaffung der Kinder in die Spinn- und Arbeitshäuser einzustellen, müssen selbe durch das schädliche Betteln schon in ihrer zarten Jugend zum Müssiggange angewöhnet, und künftig zu aller Arbeit, auch eigener Nahrungserwerbung, untauglich gemacht werden."[11]

Aber auch Josef II. war nicht ganz frei von den mütterlichen Borniertheiten. Er erließ am 1. August 1781 einen noch eher harmlosen „Oeffentlichen Ruf", womit „das muthwillige Schreien und Händeklatschen auf der Gasse" ohne Ansehen der Person unter Strafe gestellt wurde.[12] Besonders augenfällig wird die Einstellung des selbsternannten „Schätzers der Menschheit" gegenüber seinen Schäfchen durch das Hofdekret vom 20. April 1783: „Und sobald eine gegebene Militärassistenz und deren Kommando nach aller gemachten Vorstellung und gehabten Langmuth, entweder wirklich mißhandelt, oder von der Erfüllung seines Auftrages platterdings verhindert wird: so soll das Militare nie blinde Schüsse machen, oder in die Luft schiessen, sondern alsogleich scharf Feuer geben, mithin durch Bestrafung einiger Menschen den ganzen Unfug bei Zeiten von weitern Folgen rückstellig machen."[13]

Während seine Mutter mit der Publizierung ihres Strafgesetzbuches Anno 1769 eine Verschärfung der Todesstrafe erreichte, wurde Josef II. bei seinen Reformideen zum Strafrecht durch das 1775 erschienene Werk „Über die Abschaffung der Tortur" des Mailänder Juristen Cesare Beccaria maßgeblich beeinflusst. Dessen These von der Ersetzung der Todesstrafe durch Zwangsarbeit kam dem Nützlichkeitsdenken des Kaisers entgegen: Wozu die Todesstrafe vollstrecken, wenn man die Arbeitskraft der Delinquenten nutzen konnte! 1781 wies der habsburgische Regent alle Strafgerichte an, den zum Tode Verurteilten den Urteilsspruch zwar zur Kenntnis zu bringen, jedoch von der Vollziehung Abstand zu nehmen.[14] Tatsächlich wurde die Todesstrafe mit dem Erlass des *Allgemeinen Gesetzbuches über Verbrechen und deren Bestrafung* am 13. Jänner 1787 auf das Standrecht beschränkt. Doch stellten die statt ihr verhängten Freiheitsstrafen in Verbindung mit körperlicher Züchtigung, entstellender Brandmarkung, Vermögensentzug und Zwangsarbeit eine höchst zweifelhafte Humanisierung des Strafrechts dar. Es kam außerdem vor, dass der Kaiser persönlich das Strafmaß der Verurteilten verschärfte.[15]

Eingeführt wurde von dem aufgeklärten Herrscher auch das berüchtigte Gassenkehren, eine Strafe, die soziale Gleichheit im Strafrecht demonstrieren sollte. Denn kehren mussten nicht nur Verbrecher aus dem einfachen Volk, sondern auch Straftäter aus der Aristokratie. Das Gassenkehren war ein ideales Instrument zur Demütigung des von Josef gehassten Adels.[16]

Eine weitere kaiserliche „Wohltat" war die Einführung des Schiffziehens. Der Kaiser war anlässlich einer Reise durch das Königreich Ungarn mit dem Problem der donauaufwärts führenden Handelsschifffahrt im Gebiet der Militärgrenze konfrontiert worden. Diese funktionierte nur durch den kostenintensiven Einsatz von Schiffziehern und Pferden. An deren Stelle sollten nun Zuchthaussträflinge treten. Dass zunächst keinerlei gesetzliche Grundlage für die neue Strafe bestand, störte den Monarchen nicht, der sie als Ersatz für die Todesstrafe ansah. Erst mit Paragraph 188 der Kriminalgerichtsordnung vom 17. Juni 1788 wurde das Schiffziehen als Strafe rechtlich fixiert: „Wenn ein Verbrecher männlichen Geschlechtes wegen Mord, Raub oder Brandlegung zum harten Gefängnis und zur öffentlichen Arbeit, auf was immer für eine Zeit, oder wegen anderer Verbrechen auf anhaltende Zeit verurteilt ist, so wird derselbe nach Ungarn abgeschickt." Im Mai 1784 wurden erstmals hundert Verurteilte nach Ungarn verbracht.[17]

Bis zum Jahr 1789 wurden nun jeweils zu Jahresende die in den Verließen und Kerkern der gesamten Monarchie einsitzenden geeigneten Sträflinge in Listen statistisch erfasst. Die Deportation der „Auserwählten" ging relativ rasch vonstatten.[18]

Die Eskortierung vom und zum Arrest und die Bewachung der Häftlinge während der Zwangsarbeit erfolgte im ungarischen Einsatzgebiet durch Angehörige der Grenzregimenter, später durch zivile Wachen, die mittels Stock und Ochsenziemer die Schiffzieher zur Arbeit antrieben. Untergebracht wurden die Häftlinge in ober- und unterirdischen Verließen mit einer Aufnahmekapazität für 50 bis 100 Personen. Wenn das Schiffziehen aus irgendeinem Grund entfiel, wurden den Sträflingen andere Zwangsarbeiten wie das Gassenkehren, Schanz- oder Holzarbeiten zugewiesen. Die Kombination aus schwerster körperlicher Arbeit, völlig unzureichender Verpflegung und schwierigen klimatischen Bedingungen führte dazu, dass von den insgesamt 1200 zur „Ersatz-Todesstrafe“ verschickten Personen 740 verstarben. Am 19. Juli 1790 verfügte Leopold II. per Dekret die ersatzlose Streichung der Strafe des Schiffziehens.[19]

Zweifelhafte Persönlichkeit

Maria Theresia (1717–1780)

1888 wurde zwischen den beiden Hofmuseen an der Wiener Ringstraße ein Denkmal errichtet. Es zeigt Maria Theresia, umgeben von ihren Beratern und Feldherren.

Im Vorfeld der Denkmalenthüllung schrieben die Zeitungen viel über diese habsburgische Regentin. Sie wurde zur strahlenden Ikone der Dynastie und Protagonistin einer glorreichen Vergangenheit hochstilisiert. Vor allem aber präsentierte man sie als Mutter ihrer Völker und Symbol der Standhaftigkeit. Das Gedenken an Maria Theresia sollte identitätsstiftend oder -stärkend wirken auf die Österreicher, die Bevölkerung Kakaniens, die Menschen in Cisleithanien, die nicht so recht wussten, ob der Gesamtstaat, dem sie angehörten, mehr war als nur eine Klammer, welche die verschiedenen Länder zusammenhielt. Die in der königlich-ungarischen Reichshälfte, in Transleithanien, lebenden Untertanen, welche Sisi, die Kaiserin Elisabeth, ins Herz geschlossen hatten, sollten sich nun an eine andere Habsburgerin erinnern, die so beliebt gewesen war, dass die Magyaren sie *mókuska,* Eichhörnchen, genannt hatten. So wurde der Geist der Ahnen beschworen, um Eintracht zu demonstrieren.

Doch am Vorabend der feierlichen Denkmalenthüllung lenkte eine Demonstration von Antisemiten die Aufmerksamkeit der Öffentlichkeit auf sich. Die Demonstranten sangen „Die Wacht am Rhein", ihr politisches Glaubensbekenntnis, mit dem sie sich gegen Österreich und für ein Aufgehen der deutschen Provinzen in das seit 1871 existente Deutsche Reich aussprachen. Die Menge johlte. Maria Theresia, die „Mutter ihrer Völker", die „Mutter Österreichs", war noch mit Leinenplanen verhüllt, als die Demonstranten an ihr vorbeimarschierten. Mitten im Tumult befand sich Kronprinz Rudolf, der seinen Wagen verlassen und den Weg zur Hofburg zu Fuß zurücklegen musste. Was der Sohn des Kaisers gesehen hatte, war das Gegenteil von dem, was er sich erträumte.[1] Zwei Jahre zuvor hatte er einen Brief an den französischen Politiker Georges Clemenceau geschrieben, in dem er die Bedeutung Österreichs als Träger einer übernationalen Idee beschwor.[2]

Rudolf täuschte sich. Die Habsburger hatten höchstens aus der Not eine Tugend gemacht, sich aber niemals ein Programm zurechtgelegt, welches Rudolfs Vision wenigstens theoretisch vorweggenommen hätte. Nicht die Idee eines friedvollen Miteinanders verschiedener Völker lag dem Werden der Habsburgermonarchie zugrunde. Das Erbe, den Besitz zusammen zu halten, dieses Bestreben war der Ausgangspunkt eines allmählich Gestalt annehmenden, zentral verwalteten Flächenstaates gewesen, den die Kartographie erst 1725 als Ganzes wahrzunehmen begann.[3]

Das Einheitsprinzip der habsburgischen Länder hatte Karl VI., Maria Theresias Vater, ins Zentrum seines Handelns gestellt. In der Pragmatischen Sanktion wurde nicht nur die Erbfolge geregelt, derzufolge im Falle des Aussterbens des Mannesstammes auch Karls Töchter erbberechtigt sein sollten, sondern auch der Grundsatz eines unteilbaren und untrennbaren habsburgischen Territorialbesitzes verankert. Kaiser Karl, einst König von Spanien, versuchte für die Zukunft auszuschließen, was ihm selbst in der Vergangenheit widerfahren war. Wien hatte in einem langen Krieg vergebens versucht, das spanische Erbe zu halten und das Land am Ende einem Bourbonen abgeben müssen. Eine Teilung oder Abspaltung habsburgischen Territoriums sollte sich nicht wiederholen. Darauf und folglich auf die Anerkennung der Pragmatischen Sanktion durch die Landtage, das Reich und die ausländischen Mächte legte Karl das Hauptgewicht seiner Tätigkeit.

Daneben hatte Karl allerdings noch Kapazitäten frei für einen in den Jahren 1716–1718 geführten Türkenkrieg, der dem Kaiser einen beachtlichen Gebietszuwachs einbrachte. Der einige Jahre später ausgetragene Konflikt um die polnische Thronfolge zeitigte weniger erfreuliche, aber nicht wirklich niederschmetternde Folgen für die Wiener Führung. Neben seinen unermüdlichen Bestrebungen, seiner 1717 geborenen Tochter Maria Theresia ein stabiles Reich übergeben zu können, fand Karl VI. freilich genügend Zeit, um unter barocker Prachtentfaltung Hof zu halten. Die Kunstsinnigkeit des Monarchen verschlang ebensolche Unsummen wie seine Lust am Bauen. Die Zurschaustellung herrscherlicher Machtfülle kollidierte keineswegs mit der für die Habsburger typischen Frömmigkeit, die sich im Barock von ihrer üppigsten Seite zeigte. Die Dynastie hatte eben ihrer Vorrangstellung auf allen Ebenen Ausdruck zu verleihen, und der Adel eiferte dem großen Vorbild nach. Der Schuldenberg wuchs, dennoch lebte Karl weiter über seine Verhältnisse und führte Kriege, die er sich nicht leisten konnte. Den finanziellen Belastungen eines neuen Türkenkrieges war der unter chronischem Geldmangel leidende Staatshaushalt schließlich nicht gewachsen. Es wundert nicht weiter, dass die Erfolge gegen die Osmanen ausblieben. Der „Held" in den Diensten der Habsburger, Prinz Eugen, war schon 1736 gestorben. Ebenso wie an einem begabten Feldherrn fehlte es der Armee nun auch an Ressourcen. 1739 verloren die Habsburger alle im Friedensschluss von Passarowitz (1718) gewonnenen Gebiete südlich der Donau und Save, einschließlich Belgrad.

Als Karl 1740 starb, wurde bald klar, dass die Pragmatische Sanktion das Papier nicht wert war, auf dem sie geschrieben stand. Maria Theresia übernahm ein schweres Erbe und fand sich von Feinden umgeben. Ganze Historikergenerationen empfanden von nun an gegenüber allen Habsburgerherrschern – ausgenommen vielleicht für Josef II. – Mitgefühl: So hatte nicht nur Maria Theresia eine schwierige Hinterlassenschaft antreten müssen. Auch ihr Sohn Leopold II. oder ihr Enkel Franz litten unter den Altlasten der Krone. Von der Habsburgischen Erbmasse regelrecht erdrückt wurde der schwache Kaiser Ferdinand, dem sein Neffe Franz Josef nachfolgte, welcher um sein Erbe wirklich nicht zu beneiden war. Ganz ungünstig erwischte es schließlich Kaiser Karl, der 1916 die allerschwerste aller schweren Erbschaften antrat, als er seinem Großonkel nachfolgte. Franz Josef erschien angesichts Karls Dilemma mitunter in einem ungewohnt ungünstigen Licht. Wahrscheinlich aber hätte Franz Josef ja alles richtig gemacht, wenn da nicht sein Nachfolger gewesen wäre, der gar nichts mehr tun konnte, weil Franz Josef ja alles falsch gemacht hatte. Einzeln betrachtet waren selbstredend alle habsburgischen Regenten

„gute, väterliche Hirten"[4], die, wenn sie einmal aus der Rolle fielen und hart durchgriffen, für nichts etwas konnten.

Man könnte sagen, mit Maria Theresia begann die habsburgische „Erbschafts-Passion" und parallel dazu eine Tradition rückwirkender Schuldzuweisungen. Viele Habsburg-Biographen tendieren dazu, den jeweiligen Vorgänger ihres Schützlings als Verursacher jenes schweren Erbes anzuklagen, das die neuen Regenten dann jeweils antreten mussten. Für alles, was den Glanz der habsburgischen Regenten trüben könnte, werden selbstverständlich die Umstände im Allgemeinen und Besonderen zur Verantwortung gezogen; natürlich auch das Ausland.

Die Erbtocher Karls VI., Maria Theresia, beklagte sich später über die „Missbräuche, so bei dieser österreichischen Monarchie unter ihren Vorfahren nach und nach eingeschlichen"[5] und verwies in diesem Zusammenhang vor allem auf die gähnend leeren Staatskassen, die sie bei Regierungsantritt vorfand. Dennoch sah sie in den Beratern ihrer Vorgänger die Hauptverantwortlichen für die Misere und entlastete vor allem ihren Vater. Dieser hatte sich der Illusion hingegeben, das verhindert zu haben, was wenige Wochen nach seinem Tod ausbrach: Krieg. König Friedrich von Preußen eröffnete im Dezember 1740 mit der Besetzung Schlesiens die Schlacht um das Erbe des Erzhauses. Nicht einmal ein Jahr später hatte Österreich auch Bayern, Sachsen, die Pfalz, Frankreich, Sardinien und Spanien gegen sich. Hinzu kam eine weitere Niederlage: Nicht Maria Theresias Gemahl, sondern der Wittelsbacher Karl Albrecht wurde im Jänner 1742 zum Kaiser gewählt. Als Karl VII. unterbrach er die lange Reihe habsburgischer Regenten im Reich. Hinzu kam, dass der Widerstand gegen die Feinde der Casa d'Austria in Schlesien, Böhmen oder Oberösterreich erstaunlich gering ausfiel. Offenbar hatte man wenig Bedenken, die Herrschaft der Habsburger gegen eine andere zu tauschen. Darüber hinaus erwiesen sich die Landstände in Kärnten und Krain als „sehr renitent"[6], wenn es darum ging, die ihnen auferlegten steuerlichen Leistungen zu erbringen. Maria Theresia, empört über dieses Verhalten, fiel es später einigermaßen schwer, diesen „Verrat" ihrer Untertanen zu vergessen. Als österreichische Truppen Böhmen zurückeroberten und die Habsburgerin daraufhin in Prag gekrönt wurde, schmollte sie immer noch. Die Wenzelskrone bezeichnete sie spöttisch als „Narrenhäubl".[7] An die vor Beginn des Feldzuges versprochene Amnestie für all jene, die mit den Bayern zusammengearbeitet hatten, wollte sie sich nun nicht mehr erinnern.

Aber nicht nur ihren ungehorsamen, illoyalen Untertanen bürdete Maria Theresia hohe Abgaben auf, um den Krieg finanzieren zu können. Überall musste tief in die Taschen gegriffen werden, damit die bedrängte Erbtochter die geforderte Unterstützung erhielt. Einer Charmeoffensive bedurfte es bei den Ungarn: Sie zeigten erst nach einem Mitleid erheischenden Auftritt Maria Theresias in Pressburg Entgegenkommen, sagten finanzielle und militärische Hilfe zu und ließen die junge Herrscherin hochleben, als sie zum „König von Ungarn" gekrönt wurde. Maria Theresias Rührung über die Ritterlichkeit der Magyaren verflog, als man sie über die Niederlagen des habsburgischen Heeres informierte. Einlenken wollte sie nicht. Eher hätte sie alle Ungarn auf dem Schlachtfeld geopfert[8], als auch nur einen Quadratmeter ihres Erbes abzutreten.

Die Regentin hatte von Beginn an keinen Zweifel darüber aufkommen lassen, dass sie, und nicht ihr Mann, Franz Stefan von Lothringen, das Sagen hatte. Obgleich sie später ihren Töchtern Unterwürfigkeit gegenüber dem männlichen Geschlecht predigte, machte sie keine Anstalten, dieser religiös fundierten Anschauung Folge zu leisten. „Die Pflicht der Frauen ist die Ergebenheit vor Gott und den Menschen"[9] lautete einer ihrer Leitsprüche. Ganz abgesehen davon, dass diese Aussage die Frage aufwirft, ob Maria Theresia Frauen als Menschen gesehen hat, zeigt sich hierin die Widersprüchlichkeit ihres Charakters. Die Habsburgerin predigte das Gegenteil dessen, was sie tat. Franz Stefan jedenfalls ließ seiner Frau den Vortritt, widmete sich vornehmlich der Mehrung des eigenen Vermögens und machte vor dem Hintergrund der kriegsbedingten Krise durchaus profitable Geschäfte. 1745 kam dann der Karrieresprung. In diesem Jahr starb Karl VII. Der Kaiserthron war erneut vakant. Nun sollte die Krone wieder auf ein habsburgisches Haupt gesetzt werden. Verfügbar war freilich nur der Kopf des Lothringers Franz Stefan, der zum Begründer des Hauses Habsburg-Lothringen wurde. Franz Stefan, der Prinzgemahl, als Kaiser Franz I. genannt, blieb jedoch auch in dieser Position eher blass.

Es zeigte sich, dass sich die allerhöchste Dynastie zunehmend auf die Wahrung hauseigener Interessen konzentrierte. Der Anspruch, im Reich die erste Geige zu spielen, war zwar nach wie vor aufrecht, doch ließ er sich angesichts des sich herausbildenden österreichisch-preußischen Dualismus nicht ohne weiteres verwirklichen. Maria Theresia jedenfalls wollte das Habsburgerreich als Großmacht erhalten. Sie betete um die Vernichtung des „Monstrums" Friedrich. Umsonst. 1748, am Ende eines jahrelangen Ringes, war und blieb Schlesien im Besitz des verhassten Königs. Die vorwiegend protestantischen Schlesier waren wahrscheinlich weit weniger unglücklich über dieses Schicksal als die katholische Maria Theresia, die eine gänzlich unchristliche Intoleranzpolitik gegenüber jenen forcierte, die ein anderes Glaubensbekenntnis bevorzugten. Protestanten wurden in entfernte Gebiete der Monarchie „transmigriert". Eine Ausreise in protestantische Fürstentümer des Reiches erlaubte man ihnen nicht. Ihre Kinder durften sie zum Teil nicht mit in die Verbannung nehmen. Maria Theresia, besorgt um das Seelenheil der „Irrgläubigen", setzte auf Umerziehung in eigens dafür eingerichteten „Konversionshäusern".[10]

Dass Kriege viel Geld kosten, diese Lektion hatte sie in den vorangegangenen Jahren gelernt. Eines konnte Maria Theresia also in Zukunft nicht brauchen: Widerspenstige Stände, die wenig Neigung verspürten, kostspielige Waffengänge zu finanzieren. Viele der als fortschrittlich gepriesenen Reformen, die nun folgten, hatten den für die Regentin angenehmen Nebeneffekt, dass sie die Kompetenzen der Länder einschränkten und der Durchsetzung absolutistischer Prinzipien dienten. Auf diese Weise wollte man die Stellung des Habsburgerreiches als Großmacht konsolidieren. Da die Leistungsfähigkeit der Monarchie von einer Vielzahl europäischer Staaten übertroffen wurde, erblickte man im Kopieren erfolgreicher Modelle, etwa des preußischen, ein probates Mittel, um im Wettbewerb der Großen bestehen zu können.

Maria Theresia stimmte ihre Politik ganz auf dieses Ziel ab. Die

Neuordnung der Staatsangelegenheiten, die das dezentralisierte Reich in eine absolutistisch regierte Monarchie umgestalten sollte, wurde rasch vorangetrieben. Der Erfolg der vom Grafen Haugwitz konzipierten Reform überzeugte die an Finanzprobleme gewöhnte Kaiserin. Obwohl das reiche Schlesien verloren war, wuchsen die Steuereinnahmen. Bei näherer Betrachtung allerdings wurde deutlich, dass trotz aller Anstrengungen die steigenden Ausgaben für die Armee nicht gedeckt werden konnten. Hier zu sparen kam für Maria Theresia aber nicht in Frage. Doch wehe dem, der am Bild der mütterlichen, friedliebenden Kaiserin kratzt! Wer wollte denn eine Mutter von 16 Kindern als kalkulierenden Machtmenschen sehen? Maria Theresias hehres Image als „beherzte, offene und geradlinige" Regentin profitierte von der Gegenüberstellung mit dem „listigen, gerissenen und skrupellosen Neurotiker"[11] Friedrich. Die nach 1945 einsetzende Entzauberung der preußischen Erfolgsgeschichte, die zugleich den martialischen Kult rund um den Preußenkönig entsorgte, machte die Hohenzollern-Dynastie zum Inbegriff des größenwahnsinnigen, säbelrasselnden Aggressors. Die Habsburger hingegen wurden gerne als frommes Geschlecht von friedliebenden Menschenfreunden dargestellt. Besonders Maria Theresia und Friedrich schienen dazu prädestiniert, in die Geschichte als Opfer und Täter einzugehen. Wie ein Schwamm saugte der preußische Friedrich alles Üble auf, während Maria Theresia zur engelsgleichen Gestalt mutierte.

Interessanterweise begegnen wir dem Absolutismus in den Schulbüchern meist am Beispiel Ludwig XIV, wobei er gern als französisches Phänomen dargestellt wird. Selbstredend wird er in diesem Zusammenhang negativ bewertet. Maria Theresias Absolutismus, der nur in begrenztem Maße als aufgeklärt zu bezeichnen ist, stößt hingegen auf nahezu uneingeschränkte Sympathie. Ist von Machtpolitik die Rede, dann wird sie als zeitgemäß und in Bezug auf die Monarchin als standesbedingt gerechtfertigt. Darüber hinaus überstrahlt das dem Allgemeinwohl dienende Reformwerk der Kaiserin alle anderen Aspekte ihrer Amtszeit. Ihre antijüdischen Ressentiments und ihre unversöhnliche Haltung gegenüber den Protestanten werden, sofern erwähnt, ebenfalls als zeitgemäß und weltanschauungsbedingt entschuldigt. Dass sie die Schriften der Aufklärer als „ekelhaft" abtat, sich als eine von Gottes Gnaden eingesetzte Herrscherin fühlte, dogmatischen Glaubenssätzen statt vernunftgeleiteten Meinungen den Vorrang gab, ihre bigotten Lebensvorstellungen mit Hilfe einer Keuschheitskommission auch ihren Mitmenschen aufzuzwingen gedachte, schadet ihrer Popularität bis heute nicht. Wenige Darstellungen erlauben sich Kritik an dem von der Kaiserin eingeschlagenen antipluralistischen Kurs und erkennen in den theresianischen Reformen die Vorwegnahme eines obrigkeitlichen Verwaltungsstaates, der Eigenverantwortung und Ansätze demokratischen Denkens frühzeitig erstickte. Ebenso wenige weisen daraufhin, dass die geradezu sprichwörtliche Friedensliebe der Kaiserin auf der Erfahrung vergangener Niederlagen beruhte. Wenn sie im Alter ihrem Sohn lieber einen „mittelmäßigen Frieden als einen glücklichen Krieg" ans Herz legte, dann deshalb, weil sie realpolitischen Überlegungen folgte. Am Ende ihrer Regentschaft hatte sie wohl eingesehen, dass das Habsburgerreich eine monströse Länderansammlung mit ständig offenen Flanken war. Zu Beginn des Siebenjährigen Krieges dachte sie noch anders.

Maria Theresia wollte Schlesien wieder, und sie wollte Friedrich, der zum Rivalen im Reich geworden war, am Boden sehen. Dass Österreich nun Bündnisse mit Frankreich und dem Zarenreich einging, erschütterte die an die Feindschaft zwischen Bourbonen und Habsburgern gewöhnte internationale Diplomatie. Der Wechsel der Allianzen wurde vollzogen, die Armee der Österreicher aufgerüstet. „Preußen muß über den Haufen geworfen werden"[12], erklärte Maria Theresia. Friedrich, von Truppenbewegungen an der Grenze zu seinem Reich alarmiert und längst schon in Kenntnis der gegen ihn gerichteten Pläne, wartete die bevorstehende Kriegserklärung gar nicht erst ab, sondern setzte mit dem Einfall in Sachsen den Auftakt zu einem Krieg, der ein Weltkrieg wurde. Am Ende hatte Österreich über 300.000 Soldaten verloren und Schlesien blieb im Besitz des „Ungeheuers". Wenn sie also später ihren nach Gebietsgewinn strebenden Sohn vor den Folgen eines Krieges warnte und in diesem

Zusammenhang auch auf die Leiden der Zivilbevölkerung verwies, so hinderten sie derlei Skrupel zur Zeit des Siebenjährigen Krieges nicht, der Bevölkerung drückende Lasten aufzuerlegen.

Ein bisschen „Wohlfahrt und Glückseligkeit" konnten die Menschen brauchen, um sich von den Kriegsfolgen zu erholen. Maria Theresia schenkte ihnen also Reformen auf dem Gebiet von Kirche, Justiz und Bildung. Sie beabsichtigte aber keineswegs, mit ihren Schulreformen mündige Staatsbürger heranzuziehen. Die Monarchin hielt sich hier an eine Aufklärung, die keine hierarchischen Umwälzungen empfahl und den Herrschern folgende Vorgangsweise ans Herz legte: „Verlange nicht einen übermäßigen Grad von Cultur und Aufklärung von Leuten, die bestimmt sind, im niederen Stande zu leben! Trage auch nichts dazu bey, ihre intellektuellen Kräfte zu überspannen, und sie mit Kenntnissen zu bereichern, die ihnen ihren Zustand widrig machen, und den Geschmack an solchen Arbeiten verbittern, wozu Stand und Bedürfniß sie aufrufen!"[13] Die Schule sollte demnach die Menschen fit für ihr Untertanendasein machen, sowohl Gott als auch den Herrschern gegenüber. Im Unterricht erwünscht war ein wenig praxisorientiertes Wissen, um auf diesem Wege die landwirtschaftliche Produktion zu verbessern.

Gegenüber der katholischen Priesterschaft betrieb die tiefgläubige Kaiserin eine Politik, die in vielen Bereichen nicht weit weg war von jenem Weg, den später ihr Sohn beschreiten sollte. Es ging um Einfluss, und diesen wollte auch die fromme Maria Theresia nicht unbedingt mit der Kirche teilen müssen. Die Religion war die Legitimation der eigenen Herrschaft und Basis für die Festigung und Erweiterung derselben. Doch war die Kaiserin darauf bedacht, das Abhängigkeitsverhältnis zugunsten der weltlichen Macht zu verschieben, ohne dabei mit ihrem Glauben in Konflikt zu kommen. Graf Haugwitz hatte am Beginn der großen Reformen darauf hingewiesen, dass die Monarchin erst in die Lage versetzt werden müsse, über ihre Länder zu herrschen. Alles, was dazu beitrug, der Kaiserin Macht zu geben, fand daher deren Billigung.

Manche aufklärerisch wirkende Maßnahme, die der Habsburgerin im Urteil der Nachwelt so viel Lob einbrachte, war, wenn man zu einer

Nahaufnahme übergeht, eher ein Zufallsprodukt, wie etwa die Schaffung einer Obersten Justizstelle. Maria Theresia hatte hier nicht im Sinne der von Montesquieu geforderten Gewaltentrennung gehandelt, sondern in der Entflechtung von Verwaltung und Justiz lediglich eine Verbesserung in der Arbeitsweise der betroffenen Stellen erblickt. Ansonsten orientierte sich die theresianische Rechtsprechung an mittelalterlichen Vorbildern. Die Aufhebung der Folter im Jahr 1776 erfolgte schließlich trotz der Bedenken der Kaiserin und nicht als Folge ihrer humanen Gesinnung.

Die ständig hervorgehobene Mütterlichkeit und Güte der Kaiserin in Hinblick auf ihre Untertanen verdient eine kritische Betrachtung. Maria Theresia, die „Mutter Theresa" der allerchristlichsten Dynastie, verknüpfte ihre Fürsorge und Menschlichkeit mit handfesten ökonomischen Interessen. Die Monarchin, deren Parteinahme für die Bauern nicht zuletzt auf eine Schwächung des adeligen Ständewesens abzielte, sorgte sich vor allem um das Staatswohl, wenn sie Reformen einleitete, die der Agrarbevölkerung zugute kamen. Es hatte sich bis nach Wien durchgesprochen, dass die Bauern, bei weitem die Mehrheit der Gesamtbevölkerung, jene Schicht darstellten, deren Produktivität bestimmender Faktor für das Ausmaß steuerlicher Einnahmen war. Ihnen leistungssteigernde Rahmenbedingungen zu bieten, drängte sich somit auf. Nach dem Motto „Wer beißt schon die Hand, die ihn füttert", bemühte man sich nun um eine bauernfreundliche Politik. Dabei war es unvermeidlich, die Vorrechte der Grundherren einzuschränken. Doch eine Reform, welche die Forderungen der Bauern befriedigen sollten, ohne den Eliten zu viel Vergünstigungen zu nehmen, war unmöglich. Die Bauern verwechselten den von oben in Gang gesetzten Privilegienabbau in Bezug auf die Grundherren mit kaiserlicher Solidarität. Maria Theresias Verständnis für die Agrarbevölkerung und Josefs zur Schau gestellte Wertschätzung bäuerlicher Arbeit – man denke an die berühmte Szene vom Kaiser mit dem Pflug – vermochte eines nicht zu verdecken: Der Staat bestand auf seinem Anteil.

Überdies ist gerade die Tatsache, dass Josef persönlich Hand anlegte und den Pflug führte, vielleicht gar nicht unbedingt jenes Paradebeispiel für die Einstellung eines aufgeklärten Monarchen gegenüber den Leistungen seiner Untertanen. Josef, trotz aller Aufgeklärtheit überzeugt vom Gottesgnadentum, könnte, dem Glauben vom „Königsheil" folgend, deshalb hinter den Pflug getreten sein, um einfach kraft seiner Person den Segen Gottes auf das bebaute Land zu rufen. Auch wenn man Josefs Verknüpfung aufgeklärten Denkens und absolutistischer Politik berücksichtigt, sollte man nicht immer so großzügig sein und stets nur seine aufgeklärten Züge beleuchten.[14]

Maria Theresia zeichnete sich durch einen praktischen Reformwillen aus, der ganz ohne theoretischen Unterbau auskommen wollte. Doch waren den Veränderungen Grenzen gesetzt. Steuerliche und andere Maßnahmen, welche die weltlichen und geistlichen Grundherren finanziell belasteten und ihre Rechte beschnitten, waren nicht darauf ausgerichtet, das bestehende hierarchische System grundsätzlich in Frage zu stellen. Sie sollten vielmehr die Umverteilung in Richtung Staatskassa erleichtern. Vor allem hinsichtlich der von den Bauern als besonders drückend empfundenen Robotregelungen kam man Letzteren nur halbherzig entgegen. Auch die rechtliche Besserstellung der Bauern gegenüber ihren Grundherren reichte oft nicht aus, um Willkür einzudämmen. Obwohl Maria Theresia sich über Gewaltakte und ungerechtfertigte Forderungen der Grundherren an die Bauern empörte, waren manche dann doch gleicher. So zum Beispiel der Graf Sinzendorf, ein Günstling des Hofes. Trotz seines notorischen Verhaltens gegenüber den Bauern seiner Herrschaft war Maria Theresia selbst nach Anhörung der bäuerlichen Klagen nicht zu bewegen, jenen Grundsätzen von Gerechtigkeit zu folgen, deren Einhaltung sie so gern auf ihre Fahnen heftete.[15]

Als dann großflächige Unruhen in Böhmen ausbrachen, gab sie zu bedenken: „Nicht nur der böhmische Bauer ist zu befürchten, ebenso steht es mit den mährischen, steyrischen und österreichischen." Selbst in Schönbrunn, „vor unseren Toren", fügte sie hinzu, „nehmen sie sich die größte Unverschämtheit heraus."[16] In Böhmen wollte Maria Theresia aber Milde walten lassen, doch es wurden schließlich Truppen eingesetzt, um der Lage Herr zu werden. Was nutzte den Bauern eine Kaiserin, die ihnen in der Sache Recht gab, aber es dabei bewenden ließ, ihre „Untertanenliebe" diversen Schriften anzuvertrauen? Anspruch und Wirklichkeit lagen also oft weit auseinander. Das Reformwerk Maria Theresias ist daher nicht nur danach zu bewerten, was sie wollte und in Gang setzte, sondern auch danach, was es tatsächlich für den Einzelnen bewirkte.

Im privaten Bereich nahm Maria Theresias Nächstenliebe oft doktrinäre Züge an. Ihre Kinder versuchte sie in das Korsett von gebetsmühlenartig vorgetragenen Verhaltensregeln zu pressen, gegen die sie selbst in ihrer Jugend verstoßen hatte. Nicht ohne Folgen für die psychische Verfasstheit der Erzherzöge und Erzherzoginnen blieb auch der Umstand, dass sie ihre Zuneigung nicht gleichmäßig auf ihren Nachwuchs verteilte, sondern offensichtlich besondere Lieblinge hatte. Jene, die nicht spurten, wie ihre Tochter Maria Amalia, ignorierte sie. Andere, wie ihre Jüngste Maria Antonia, die als Königin Marie Antoinette in die Geschichte eingegangen ist, versuchte sie noch von Wien aus zu einem Geschöpf nach ihren Vorstellungen zu formen. Doch bei dieser Prinzessin, die ihr eigener Bruder Josef sinngemäß als verzogen und nicht besonders gescheit bezeichnete, versagte die Mama offenbar vollständig. Jene Kinder, die den Absprung aus Wien nicht geschafft hatten oder des öfteren in der Residenzstadt weilten, buhlten eifersüchtig um die Gunst der übermächtigen Mutter. Maria Theresia breitete ihre Schwingen über sie und mischte sich in alles ein, was ihre Kinder betraf.

Als Franz Stephan 1765 starb, verschenkte die Kaiserin ihre Kleider und zeigte sich von nun an nur mehr in schwarzer Witwentracht. Feindselig begegnete sie nun jedem, der gegen ihre Trauervorschriften bei Hof verstieß und sich der verordneten Trostlosigkeit zu entziehen suchte. Den eigenen Verlust an Lebensfreude dachte sie offenbar besser verkraften zu können, indem sie auch ihrem Umfeld Vergnügungen untersagte. Die Kaiserin wurde schwerfällig und flüchtete sich mehr denn je in ihren Glauben. Ihr Sohn Leopold beschrieb sie als melancholische, ja vergrämte, misstrauische und für Schmeicheleien anfällige Frau. Mit ihren regelmäßig artikulierten Rücktrittsdrohungen, die bald niemand mehr ernst nahm, versuchte sie um jeden Preis die Aufmerksamkeit ihrer Umgebung auf sich zu lenken. Erfolge des Sohnes Josef machten sie nicht nur glücklich, sondern durchaus auch eifersüchtig. In ihren letzten Lebensjahren zeigte sie weniger Interesse für Staatsgeschäfte als für die Anliegen einzelner, denen gegenüber sie gerne als Gebende und Gnade Spendende auftrat.

1780 starb die „große" Kaiserin. Was hat sie groß gemacht? Reicht es aus, dass in den Schriften Maria Theresias dort und da eine humane Gesinnung aufblitzt? Genügt es, dass die Kaiserin, die man weder als aufgeschlossen noch als tolerant gegenüber Andersdenkenden oder Andersgläubigen bezeichnen kann, ein verbesserungswürdiges System verbesserte, um ihrer Position als Herrscherin Gewicht zu verleihen? Und: Wer hat sie groß gemacht? Betrachten wir das 1888 der Öffentlichkeit präsentierte Denkmal für die Kaiserin: Sie sitzt auf einem Thron und ist unter anderem umgeben von den Feldherren Daun, Laudon und Khevenhüller, von den Staatsmännern Bartenstein, Starhemberg und Kaunitz, den Komponisten Gluck, Mozart und Haydn, von den Reformern van Swieten, Haugwitz und Sonnenfels. Das Denkmal ist Stein gewordene Verherrlichung einer Frau, deren Taten weit weniger grandios sind, wenn wir den Heiligenschein der gekrönten Übermutter als Requisit der „allerhöchsten" Propaganda erkennen wollen. Doch gingen die Gesellschaften nach 1918, die sich mühelos vom einen Mutterkult abwandten, um sich dem nächsten zuzuwenden, dem Mythos Maria Theresia auf den Leim. Heute sucht und findet man in ihr vielleicht die starke Frau, die Beruf und Familie unter einen Hut brachte. Es bleibt zu befürchten, dass die Kaiserin die Heldin einer am „Fun-Faktor History" interessierten Welt bleibt. Solcherart an Geschichte Interessierte würden gerne in das Kostüm einer echten Kaiserin schlüpfen und wären sicher bereit, stundenlange Wartezeiten in Kauf zu nehmen, um wenigstens neben einer womöglich sprechenden Wachspuppe der Kaiserin zu sitzen.

Reisen durch die schlechte alte Zeit – Wirtschaft und Gesellschaft

Pleiten ohne Ende

Wien „macht einen verwahrlosten Eindruck: Papier liegt herum, die Rasenplätze um die Denkmäler sind mit Abfall besät, viele Fenster sind zerbrochen und mit Brettern vernagelt", notierte Harold Nicolson, Mitglied der britischen Friedensdelegation, Anfang April 1919. „Die Leute in den Straßen sind niedergeschlagen und schlecht gekleidet; sie starren uns erstaunt an ... Ich habe das Gefühl, daß mein rundliches Apfelgesicht eine Beleidigung ist für dieses armselige Volk."[1]

Was Nicolson in der ehemaligen Kaiserhauptstadt zu Gesicht bekam, beobachteten Repräsentanten der Siegermächte auch anderswo. Im gesamten Donauraum herrschte bitterste Not. Sie wurde durch die Geldentwertung, durch Exporthemmnisse und die Desorganisation des Verkehrswesens noch verstärkt. Nach dem Sterben auf dem Schlachtfeld kamen der Hungertod, epidemische Krankheiten und Tuberkulose. Die Säuglingssterblichkeit erreichte mit rund 25 Prozent einen beängstigenden Höchststand.[2]

Versorgungsschwierigkeiten trieben die verzweifelten Menschen bald zur Selbsthilfe. Der Schleichhandel blühte. Wer sich mit dem Notwendigsten für den Augenblick ausgestattet hatte, blickte sorgenvoll in die Zukunft. Ein Unternehmen nach dem anderen musste angesichts der Wirtschaftskrise schließen. Die Zahl der Arbeitslosen stieg, täglich durch tausend Heimkehrer der abgerüsteten Armeen vermehrt.[3]

Das wachsende Heer der Unzufriedenen konnte sich am Verursacher des Übels allerdings nicht mehr schadlos halten. Die liquidierenden Behörden der untergegangenen k.u.k. Monarchie boten keine angemessenen Entschädigungen an. Hilflos rief man der abgetretenen Macht, dem von der Krone verkörperten Bündnis zwischen Kirche und Aristokratie, seine Flüche hinterher.[4] Der apostolischen Majestät gegenüber hatten sich die meisten lange als gehorsam erwiesen; nun aber weinte nicht einmal das christliche Landvolk dem Erzhaus eine Träne nach. Militärische Requirierungen hatten auch in den Agrargebieten den Boden für eine Neuorientierung bereitet. Im November 1918 fand sich selbst dort kaum ein Verteidiger des gestürzten Regimes.[5]

Die Bauern erhofften sich vielmehr von der „Wende" die Aufteilung des Großgrundbesitzes und der herrschaftlichen Forste. Aus eigener Erfahrung kannte man die Bedrückungen der bisherigen Vermögensverhältnisse.[6] Die Erzählungen der Älteren zeigten, dass das Leben früher nicht viel besser gewesen war. Das Elend aber, meinten kritischere Geister, war nach und vor dem Krieg von der Krone hervorgerufen, zumindest aber mitverschuldet worden.[7]

Einige Habsburger stellten diese Behauptung nicht einmal in Abrede. Hatten die allerhöchsten Entscheidungen nicht schon in weiter zurückliegenden Jahrhunderten Anlass zur Diskussion gegeben? Immerhin musste beispielsweise Maria Theresia eingestehen, dass es zu ihrer Zeit fast durchgehend außerordentlich schlecht um die kaiserlich-königlichen „Etats" bestellt war. Freilich hatte sie gleich eine Erklärung bei der Hand, die sich bestens zur Verklärung ihrer Familie eignete. „Die dem österreichischen Hause angeborene Gnade", schrieb die Monarchin, sei Schuld an der Misere. Der Hof lasse ob seiner „gottesfürchtigen Fürsorglichkeit" viel Unvorteilhaftes geschehen, nicht selten zeige er sich über alle Maßen freigebig.[8] Aber weder Liebe noch Duldsamkeit oder Nachlässigkeit hatten die Staatskasse in Schwierigkeiten gebracht. Wirklich ins Gewicht fielen vor allem die Ausgaben für das Militär.

Seit dem ausgehenden Mittelalter verursachte die Gewaltpolitik im Dienste hochtrabender Ambitionen quälende Geldsorgen. Den größenwahnsinnigen Träumen stand ein mehr als reales Finanzdesaster gegenüber. Maximilian I. streckten am Ende sogar seine geliebten Tiroler nichts mehr vor. In Innsbruck fand sich kein einziger Wirt, der dem erhabenen Schuldenmacher noch Kost und Logis gewährte. Zuerst wollte man Bares sehen.[9] Der Kaiser aber war abgebrannt, seine Zahlungsunfähigkeit persönliches Missgeschick und zugleich Symptom einer Staatskrise.

Wie Maximilian hinterließen auch seine Nachfolger regelmäßig einen Scherbenhaufen. An die tiefroten Zahlen im Budget hatte man sich schon gewöhnt. Nur noch gegen den völligen Zusammenbruch wurde angekämpft. Zahlen des 18. und 19. Jahrhunderts belegen diese Entwicklung: 1701 betrug die Staatsschuld rund 22 Millionen, nach dem Kampf um das spanische Erbe bereits 50 Millionen Gulden. Innerhalb von drei Jahren, von 1716 bis 1718 stieg sie dann auf 70 Millionen, bis 1739 auf knapp 100 Millionen.[10] Um diese Beträge richtig einschätzen zu können, muss man wissen, dass gegen Ende des 17. Jahrhunderts ein niederösterreichischer Bauer mit einem Erbe von 320 Gulden als „wohlhabend" eingestuft wurde.[11] Angesichts solcher Zahlen überrascht es daher keineswegs, dass die Monarchie beim Tod Karls VI. praktisch nicht mehr kreditwürdig war. Dennoch ließ man sich in neue Kriegsabenteuer hineinziehen, um schließlich nach dem Ende des Siebenjährigen Krieges mit 300 Millionen Gulden, also mit zirka drei Viertel des Bruttosozialproduktes, in der Kreide zu stehen. Eine Armee, die stets einsatzbereit sein sollte, verschlang auch in Friedenszeiten Unsummen. Mindestens ein Drittel, nicht selten sogar weit mehr als die Hälfte der Ausgaben musste für den Heeresetat aufgewendet werden.[12] Geändert wurde daran nichts, das Schuldenkarussell drehte sich munter weiter.

In den Neunzigerjahren des 18. Jahrhunderts wurde eine gefährliche Entwicklung eingeleitet. Der Budgetabgang vervielfachte sich von Jahr zu Jahr. 1798 war man bei 572 Millionen angelangt. Horrende Mengen an Papiergeld, Bankozettel genannt, überschwemmten den Markt. Eine rasch um sich greifende Inflation – 1801 zahlte man beispielsweise für ein Kilogramm Rindfleisch 65 Kreuzer, zehn Jahre später sechs Gulden – brachte den völligen Zusammenbruch.[13] Das von den napoleonischen Kriegen mitgenommene Imperium war bankrott. Im Februar 1811 kam die Abwertung der Bankozettel, schon davor und vor allem danach gab es starke Preis- und Lohnschwankungen, Einkommensumverteilungen, steigende Mieten, Wohnungsnot. Es folgten der Verlust von Sparguthaben und das Verschieben von Vermögen ins Ausland.[14]

Kaum aber hatte man sich von den unmittelbaren Konsequenzen

des Kollapses erholt, traten die alten Probleme wieder auf. Schon die Kosten des Wiener Kongresses riefen Widerspruch hervor. Wie früher brachte die kaiserlich-königliche Finanzpolitik das Staatsschiff ins Schlingern; einige Jahre später drohte es erneut zu sinken.[15] Gegen Ende des Vormärz war von einer „Backhendlzeit" wenig zu bemerken. Teuerung und Hunger führten zu Plünderungen. Staatliche Geldwechselämter wurden gestürmt, um die Banknoten in Silbergeld umzutauschen. Die Menschen verloren das Vertrauen in die Regierung. Deren Maßnahmen, erklärten Repräsentanten der Stände, seien im höchsten Maße erklärungsbedürftig. Am Vorabend der Revolution von 1848 stand alles zur Disposition: Die geltenden Herrschafts- und Vermögensverhältnisse, das Ausmaß politischer Mitentscheidung, das Verhältnis zwischen Zentralverwaltung und Länderkompetenzen, schließlich die Donaumonarchie selbst.[16]

Habsburg gefährdete die eigene Herrschaft durch seine Misswirtschaft in fast jedem Bereich. Nicht bloß die horrenden Ausgaben für die Armee erwiesen sich dabei als kaum zu bewältigende Belastung, auch die Bürokratie wollte bezahlt werden. Um 1840 gingen zum Beispiel von den jährlichen Staatseinnahmen in der Höhe von 160 Millionen Gulden 50 Millionen an die Streitkräfte und 6 Millionen an Militärpensionisten beziehungsweise -invaliden. Fast ebenso viel, nämlich 48 Millionen, kostete die Besoldung der Beamten und die Abgeltung ihrer Pensionsansprüche.[17] Die Verwaltungskosten waren durch Zentralisierungsbestrebungen des absolutistischen Herrschers ständig gestiegen. Schon Leopold I. kommandierte ein Heer von 25.000 Kammerbediensteten, denen selten Tüchtigkeit und Uneigennützigkeit nachgesagt wurde.[18] Nachlässigkeit, Inkompetenz und eine omnipräsente Korruption lähmten Institutionen, deren aristokratische Führungsschicht bei jeder Gelegenheit die Hände aufhielt.[19] Die Leiter der Zentralbehörden bereicherten sich mitunter schamlos. Anfang des 17. Jahrhunderts horteten zum Beispiel einige von ihnen überhöhte Jahresgehälter für mehrere Spitzenpositionen sowie Bestechungsgelder und Grundbesitz im Wert von mehreren 100.000 Gulden, phantastische Beträge, wenn man bedenkt, dass zur selben Zeit viele Grundherrschaften innerhalb von zwölf Monaten nicht einmal 1000 Gulden erwirtschafteten.[20] Die Nähe zum Regenten erwies sich als lukrativ. Anfallende Rechnungen vermochte die „gütige Majestät" jedoch kaum noch zu bezahlen.

Der Wiener Hof wuchs stetig – und mit ihm die Ausgaben. Im 16. Jahrhundert gehörten rund 500 Personen zur engsten Begleitung des Kaisers; unter Karl VI. waren es schon über 2000, so dass wohl mit den Familien etwa 10.000 Menschen direkt von der „allerhöchsten Residenz" abhängig waren.[21] Dementsprechend stiegen die Kosten. Ferdinand I., der Bruder Karls V., verbrauchte noch verhältnismäßig bescheidene 80.000 Gulden, Leopold I. mehr als eine Million und die Monarchen des 18. Jahrhunderts fünf bis sechs Millionen.[22] Maria Theresia beanspruchte für sich und ihre nächste Umgebung auf diese Weise sechs bis acht Prozent der Staatsausgaben, ein Betrag, der ihrem Sohn Josef II. entschieden zu hoch war. Josef, ein Gegner barocker Herrscherpracht, mahnte zu privater Bescheidenheit. Das marode Budget konnte allerdings mit den Einsparungen kaum entlastet werden. Enorm aufgeblähte Militärausgaben verhinderten wieder einmal die Sanierung des Staatshaushalts.[23]

Die Budgetkrise wurde zum Dauerzustand, umso mehr, als sich die Habsburger immer wieder entschlossen, das finanzschwache Imperium auf dem Schlachtfeld bluten zu lassen. Unter Kaiser Franz Josef war es nicht anders. Nach Solferino stand man aufs Neue vor dem Ruin. Der Monarch musste jetzt allerdings ein Parlament dulden, das mit unbeliebten Reformschritten aus der Misere herauszufinden versuchte. Die Aufgabe der Abgeordneten war alles andere als leicht. Schließlich hatte der Regent durch kurzsichtige Geldbeschaffungsmethoden die Situation nicht eben vereinfacht. Franz Josef stand dabei ganz in der Tradition seiner Vorgänger, die sich ebenfalls mit kühnen Anleihen über Wasser gehalten hatten. Um 1859 waren es die Rothschilds, die mit 25 Millionen Gulden den Zusammenbruch verhinderten.[24]

In der Ära Karls V. hatte man sich bei den Fuggern Rückendeckung geholt – letztlich zum Schaden der Geschäftsleute. Als Philipp II. mit den Schulden des Vaters Karl V. nicht mehr fertig wurde, wischte man die Forderungen der Gläubiger einfach vom Tisch. Zwischen 1556 und 1584 gingen deswegen siebzig international bekannte Augsburger Firmen zugrunde.[25] Mitte des 17. Jahrhunderts war es dann auch mit dem Fugger'schen Handelshaus vorbei, und die Habsburger hielten nach einem neuen Financier für ihre kostspieligen Aktivitäten Ausschau. Lange musste nicht gesucht werden. Unter Leopold I. übernahm es Samuel Oppenheimer, dem Haus Österreich mit gewagten Transaktionen unter die Arme zu greifen. Leopold, sonst alles andere als tolerant gegenüber den Juden, schätzte den reichen Oppenheimer bald als potenteste Geldquelle.[26] Als dieser 1703 starb, machten seine Erben Ansprüche in der Höhe von sechs Millionen Gulden geltend. Die chronisch zahlungsunfähige Hofkammer winkte erwartungsgemäß ab. „Für den undankbaren Kaiser blieb Oppenheimer auch nach seinem Tod, was er von Anfang an gewesen war: der nützliche, aber zuweilen doch lästige ‚Hofjud'."[27]

Lästige Zahlungsaufforderungen ließen sich freilich nur selten mit dem Ende der Kreditgeber oder ihrer Unternehmen abschütteln. Um den eingegangenen Verpflichtungen nachzukommen, wandte Wien deshalb naheliegende Strategien an. Man veräußerte das Familiensilber auf nicht immer ganz feine Art, wodurch bald überall in Europa „allerhöchste Kostbarkeiten" auftauchten. Die nimmersatten Kriegskassen waren damit aber keineswegs zu füllen.[28] Etliches erwies sich überdies als schwer verkäuflich. Der erzielte Gewinn hätte angesichts der aufwendigen Machtspiele aber ohnehin niemals gereicht.

Das Kammergut und die Regalien, also landesfürstliche beziehungsweise königliche Besitzungen und Hoheitsrechte, wurden schließlich auch zu Spekulationsobjekten der imperialen Politik gemacht. Ackerflächen und Forstgebiete, Bergwerke, die Verfügung über hohe Ämter oder Hoheitsrechte wie Zölle und Steuern ließen sich bei finanziellen Engpässen schnell einmal verpfänden.[29] Dem Fiskus entgingen somit aber wichtige Einnahmen, der Handlungsspielraum der Krone wurde weiter eingeschränkt. Anders als in Frankreich fiel es deshalb dem österreichischen Monarchen schwer, die Aristokratie an den Hof zu binden.

Feldherren, Ratgebern, Günstlingen und Hofschranzen überließ man in gut feudaler Tradition Grund und Boden. Bürgerliche Juristen und Händler erhielten Regalrechte, Monopole und Herrschaften. Die Gewinner aus allen Schichten näherten sich auf diese Weise den Landständen, dem sozialen Umfeld des älteren Adels an.[30] Um sie an das Zentrum zu binden, mussten die Residenz und ihre Spitzenbehörden mit neuen Anreizen aufwarten. Die daraus resultierenden Ausgaben schlugen zusätzliche Löcher in den arg lädierten Haushalt der Habsburger. Dieser erwies sich in Anbetracht der aufrechterhaltenen Machtansprüche als Fass ohne Boden, zumal der Wiener Regierung über die Jahrhunderte nichts Besseres in den Sinn kam, als die Zustände durch weitere Missgriffe zu verschlimmern.

Karl VI. nahm in gewohnter Manier Kredite auf, ohne über die Mittel für deren Rückzahlung zu verfügen. Dass es andere europäische Herrscher nicht besser machten, spendete wenig Trost. Die Lage war katastrophal. Zuerst hauptsächlich bei der Wiener Stadtbank, dann zunehmend auch bei ausländischen Geldinstituten schlecht angeschrieben, belastete Karl die Einnahmen von Jahr zu Jahr mit schwereren Hypotheken: Die direkten und indirekten Steuern wurden durch den Schuldendienst aufgebraucht.[31]

Da man sich aufwendige Feldzüge eigentlich nicht leisten konnte, wurde der Siebenjährige Krieg unter Maria Theresia wie gewohnt finanziert. Der vergebliche Kampf um Schlesien schlug sich mit insgesamt 260 Millionen Gulden zu Buche. Den Aufwand deckte man zu zwei Drittel durch Anleihen.[32] Der Zinsendienst verschlang daraufhin einen Großteil der Staatseinnahmen, ein Übel, das nie mehr behoben werden konnte. Im Gegenteil. Das Defizit, vor allem in Form von Staatsanleihen, welche vor 1848 die astronomische Höhe von 1.021 Millionen Gulden erreichten, führte an den Rand des Untergangs.[33] Die Katastrophe, politisch, ökonomisch und sozial, war systembedingt, kein Produkt des Augenblicks, des Zufalls oder widriger Umstände. Am Hof, wo man in autokratischer Weise die Geldflüsse zu kontrollieren gedachte, hatte man abgewirtschaftet.[34]

Zu alledem war die Führung kaum imstande gewesen, zur strukturellen Verbesserung des heimischen Marktes beizutragen. Ideologische Vorbehalte spielten diesbezüglich eine bedeutende Rolle. Schließlich bewirkte die Gegenreformation ab 1600 in einer an und für sich bereits schwierigen Situation nicht gerade positive Effekte. Mitteleuropa, welches konjunkturellen Schwankungen besonders stark ausgesetzt und im internationalen Wettbewerb schwach vertreten war, machte der katholische Eifer des Erzhauses sehr zu schaffen. Bergarbeiter, die „hartnäckig am Luthertum" festhielten, wurden verfolgt und vertrieben, wichtige Berater der Krone gefangen genommen und verbannt.[35]

Zu leiden hatten auch die Städte, wobei die religiöse Haltung der Obrigkeit nicht alleine den Ausschlag gab. Die Habsburger erblickten in ihnen nämlich meist nur Einnahmequellen, die es nach Kräften auszubeuten galt. Man erhöhte den Steuerdruck und schränkte gleichzeitig die kommunalen Privilegien ein.[36] Dieser Trend erfasste letztlich alle lokalen Gemeinwesen, die bürgerlichen Städte, die bäuerlichen Dorfgemeinschaften und schließlich selbst die adeligen Stände.

Ausgerichtet auf das jeweils höchste Autoritätszentrum sollte der Anstoß zur Besserung der Situation stets vom Kaiser kommen. Wien kam jedoch auf keinen grünen Zweig, obwohl eine Zeitlang die Voraussetzungen für einen Aufschwung vielversprechend waren. Das meinte zumindest Philipp Wilhelm von Hörnigk, der auf seinen Reisen durch die Länder der Casa d'Austria statistisches Material gesammelt hatte und zu durchaus optimistischen Ansichten gelangte. „Österreich über alles, wenn es nur will", hieß denn auch Hörnigks programmatische Schrift aus dem Jahr 1684, in der er die Grundlagen eines habsburgischen Merkantilismus präsentierte.[37] Das hieß vereinfacht gesagt: Steigerung der inländischen Produktion, Schutzzölle gegen fremde Waren und Verstärkung des Exports, um dem bislang fast unentwegt defizitären Budget dauerhaft Überschüsse zu verschaffen.

Die Theorie hörte sich schön an. An der österreichischen Praxis musste sie allerdings weitgehend scheitern.[38] Ein vom Erzhaus niedergehaltenes Bürgertum erwies sich als kapitalschwach und wenig risikobereit. Der hierarchisch gegliederte Kaiserstaat mischte sich ein, wo er nur konnte, schuf Privilegien, die hauptsächlich der behäbigen Bürokratie zugute kamen, und hielt an Handwerksordnungen fest, die sich mit ihren quantitativen Beschränkungen und beruflichen Ehrbegriffen hemmend auf eine gedeihliche Entwicklung auswirkten.[39]

Obwohl gegen die „zünftlerische Enge" im Laufe des 18. Jahrhunderts vorgegangen wurde, konnten die hochgesteckten Ziele nicht erreicht werden. 1844 betrug das Handelsdefizit 11 Millionen Gulden. Die Donaumonarchie hatte es verabsäumt, ihren Absatzmarkt durch Schiffe und Häfen frühzeitig und planvoll zu vergrößern. Kolonialprojekte verliefen – nicht aus moralischen Gründen, sondern ressourcenbedingt – im Sand. Vom Gewerbe waren keine entscheidenden Impulse zu erwarten. Die einsetzende Industrialisierung blieb hinter der Westeuropas zurück.

Während in der ersten Hälfte des 19. Jahrhunderts 50 Prozent der englischen Bevölkerung auf dem Land lebte, waren es im Habsburgerreich noch 77 Prozent.[40] Die Abgaben aus den Agrargebieten hatten folglich auch weiterhin einen entsprechenden Stellenwert. Was das Erzhaus von den Ständen bewilligt haben wollte, holten sich diese wiederum von ihren Untertanen. Letztere wurden solcherart zweimal zur Kasse gebeten. Zum einen vom Landesfürsten und zum anderen vom Grundherrn, der seine Forderungen unaufhörlich in die Höhe schraubte.[41]

Lange Zeit hindurch reagierte das Erzhaus auf die drückende Lage der meisten Bauern mit vornehmer Zurückhaltung. Die daraus resultierenden Schwierigkeiten verlangten schließlich Eingriffe in die bestehenden Verhältnisse. Josef II., nüchterner Architekt des autokratischen Vernunftstaates, handelte aus kühler Berechnung. Seine an machtpolitischen Plänen orientierten Maßnahmen führten zur Aufhebung der Leibeigenschaft, zur Umwandlung von Robotleistungen in Geldzahlungen und zum Untertansstrafpatent, das den Adeligen im Hinblick auf ihre richterlichen und polizeilichen Befugnisse genaue Vorgaben machte.[42] Noch aber waren die Bauern zu Arbeits-, Natural- und Geldrenten verpflichtet. Weitblickenden Reformern ging es deshalb um die freie Verfügung des Bauern über seinen Besitz, das Ende der Grundherrschaft, die damit verbundene Gemeindeautonomie und letztlich um den Wert der staatsbürgerlichen Gleichheit.[43]

Gerade in diesem Zusammenhang ließ es der Wiener Hof aber an Initiativen mangeln. Die Probleme häuften sich, nachteilige Entwicklungen in den einzelnen Reichsgebieten trieben selbst die meisten Aristokraten in die Reihen der Kritiker. Bezeichnenderweise brachte keineswegs der allein regierende Wiener Hof die Wende, sondern die Revolution. 1848/49 versuchten die Habsburger die Entwicklung immer noch eher zu bremsen, um schließlich die von den verachteten Parlamentariern ausgearbeiteten Konzepte für sich zu nutzen. Der allerhöchste Gedankenraub fiel nicht ins Gewicht. Von der Bevölkerung ließ sich das Kaiserhaus als Bauernbefreier feiern. Die Grundherrschaften waren Geschichte, Hof und Boden der Bauern „entlastet", die früheren Herren durch Ablösesummen entschädigt.[44]

Eines aber wird oft übersehen: Der Erfolg des gesellschaftlichen Erneuerungswillens, den sich Franz Josef auf seine Fahnen heftete, verursachte zwar tiefgreifende staatspolitische Wandlungen; unter rein ökonomischen Gesichtspunkten aber erwiesen sich die Ereignisse zur Mitte des 19. Jahrhunderts als wenig eindrucksvoll. Das Bruttosozialprodukt stieg nur um rund zwei Prozent. Dieses Ergebnis blieb hinter den Erwartungen zurück. Man hatte auf die Profitsteigerung durch Eigenverantwortlichkeit gehofft, dabei aber die nüchterne Sprache der Zahlen außer acht gelassen. Gemessen an der Gesamtarbeitsleistung hatten nämlich zum Beispiel die Robotarbeitstage in Ungarn nur 4,4 und in Österreich 9 Prozent ausgemacht.[45]

Ähnlich wie die Grundentlastung dürften die Abschaffung von Zollbarrieren, der Aufbau der Eisenbahnen und die Gründung großer Bankinstitute wirtschaftliche Entwicklungen nur marginal gesteuert haben. Konjunkturelle Schwankungen waren in allmählich zunehmende Wachstumsraten eingebettet, die von komplexen internationalen Zusammenhängen ebenso beeinflusst wurden wie von der Lage im Inneren.

Zum Kippen brachte das fragile System jedoch immer wieder der von der Regierung verordnete Krieg. Was folgte, kannte man nur zu gut: die Anzahl der öffentlichen Obligationen stieg, die Notenpressen liefen immer schneller. Fiskal- und Geldpolitik wurden von den militärischen Zielen der Monarchie bestimmt. Ein im Vergleich zu anderen Ländern höheres Haushaltsdefizit bewirkte auf lange Sicht Rückständigkeit. Jeder Waffengang konnte den „großen Krach" herbeiführen.[46]

Man hätte es 1914 besser wissen müssen. Statt dessen setzte man alles auf die militärische Karte und verlor. Ein letztes Mal hatten die „braven Völker" den Schuldenberg abzutragen. Habsburgs schweres Erbe wurde zur Hypothek auf die Zukunft.

„Zu ebener Erde und im ersten Stock"

Durch die Zurückdrängung der Ständemacht Anfang des 17. Jahrhunderts erweiterte das Erzhaus seinen Aktionsradius. Nachhaltiger als bisher konnte man den eigenen Überzeugungen Geltung verschaffen. Die neuen Einflussmöglichkeiten nutzte man jedoch nicht, um soziale Gegensätze innerhalb der Gesellschaft abzubauen und neuen Schichten die Annäherung an den Alleinherrscher zu ermöglichen. Es blieb bei halbherzigen Gesten. Die Habsburger schufen sich keine alternative Stütze ihrer Macht.[47] Der Hof, welcher sich nach 1650 in Wien sesshaft machte, wurde zu einer weitgehend geschlossenen Gesellschaft. Aristokratische Familien, die von den vorangegangenen Kriegen profitiert hatten, rückten um eine Dynastie zusammen, deren höchster Grundsatz es war, unter sich zu bleiben.[48]

Dementsprechend verhielt sich der Hochadel, allen voran die verschiedenen Zweige der Casa d'Austria, vor dem Traualtar. Abgesegnet von der Amtskirche folgte eine fürstliche Verwandtenehe nach der anderen. Philipp II. von Spanien nahm seine Nichte zur Frau. Deren Sohn, Philipp III., vermählte sich mit Margarethe von der Steiermark, eine Nichte des Großvaters Philipps II.. Philipp IV., Sohn von Philipp III., schloss mit Maria Anna, Tochter Kaiser Ferdinands III., den Bund fürs Leben. Habsburgs österreichische und spanische Linien feierten Orgien der Inzucht. Was aus den herrschaftlichen Betten hervorkroch, war weniger schön anzusehen. Karl II., Nachfolger von Philipp IV., galt als „infantiler Krüppel", viele seiner Blutsverwandten in der Wiener Residenz gleichfalls.[49]

Doch trotz des massiven Auftretens von Gebrechlichkeit und Geistesschwäche kam die Kaiserfamilie nicht zur Vernunft. Während sich rings herum die Welt veränderte, im Zuge der Französischen

Revolution kein Stein auf dem anderen blieb und das Bürgertum nach oben drängte, schottete sich die allerhöchste Dynastie noch weiter ab. In der Regierungszeit der „vollkommenen Null, des Idioten" Ferdinand I., wie ihn ein britischer Staatsmann bezeichnete, wurde der Weg in die genetische Katastrophe durch ein Familienstatut verankert. Dem Oberhaupt des Clans sollte dieses die Einmischung in das Leben seiner Angehörigen und die obligate standesgemäße Verehelichung sichern.[50] Rund fünfzig Jahre davor war es freilich um das Erzhaus nicht viel besser bestellt. Josef II. hüllte sich aufgrund dessen in Ironie. „Wollte ich nur unter meinesgleichen sein, dürfte ich lediglich in die Kapuzinergruft gehen!", bemerkte einer, der gewillt war, sein Reich von Grund auf zu verändern.[51]

Was er darunter verstand, passt allerdings schlecht in die Legende vom Volks- und Bauernkaiser. Leutseligkeit und Demokratie waren nicht die Sache eines Monarchen, der einfache Landmädchen bevorzugte, „weil er mit ihnen ‚dabei' nicht sprechen mußte". Verordnungen Wiens veränderten in den Achtzigerjahren des 18. Jahrhunderts zweifellos die rechtliche Stellung der Bauern. Die traditionelle Sozialhierarchie wurde aber nicht aus den Angeln gehoben.[52] Wie weit wäre Josef gegangen? Dessen früher Tod verweist derartige Fragen in das Reich der Spekulation. Unbestritten ist, dass sowohl vor als auch nach ihm von einem vergleichbaren Reformgeist wenig zu erkennen war. Angesichts der Ereignisse in Paris nach 1789 kehrte sein Nachfolger Leopold II. aber zu früheren Gepflogenheiten zurück. Die Regierung zeigte sich führenden Adelsgeschlechtern gegenüber in gesellschaftlicher wie wirtschaftlicher Hinsicht konzessionsbereit und verzichtete auf den Einsatz absolutistischer Machtinstrumente gegen grundherrliche Kompetenzen. Die staatstragende Allianz zwischen Fürstenhaus und Hocharistokratie hatte Priorität.[53]

Beide Bündnispartner konsolidierten ihre Position auf Kosten der Mittelschicht und der Bauernschaft. Letzterer begegnete man dabei mit einer beispiellosen Arroganz, die im Laufe des Barockzeitalters auf die Spitze getrieben wurde. Während prächtige Repräsentativbauten in verhältnismäßig kurzer Zeit durch Robotleistungen aus dem Boden gestampft wurden, fühlte sich die Obrigkeit bemüßigt, das schuftende Landvolk als tölpelhaft zu verspotten und wie Vieh zu behandeln.[54] Audienzen gewährten manche Herren solcherart nur mit Duftstoffkapseln unter ihrer Nase. Der Pöbel sei am besten, wenn er weint, und am schlechtesten, wenn er lacht, behaupteten herrschaftliche Beamte. Sie waren überzeugt, dass dem „Landmann wacker ums Maul" geschlagen werden müsse.[55]

Auf Rücksichtnahme war demnach nicht zu hoffen. Die Situation auf dem Land war und blieb katastrophal. Um 1500 waren bäuerliche Rechte massiv eingeschränkt worden. An deren Stelle trat vielerorts ein unternehmerisches Denken, das, wenn auch nicht überall mit gleicher Intensität, den Untertanen bislang nicht gekannte Bedrückungen auferlegte. Abgaben, Dienstleistungen und Gebühren wurden erhöht oder neu eingeführt. Anfeil- und Mühlenzwang verlangten von den Bauern, ihre Produkte zuerst dem Grundherrn zum Kauf anzubieten beziehungsweise in den herrschaftlichen Betrieben verarbeiten zu lassen. Gemeinsam mit rechtlichen und konfessionellen Bestimmungen bewirkten diese Bedingungen ein soziales Debakel. Letzteres äußerte sich nicht allein in den großen Bauernaufständen des 16. und 17. Jahrhunderts, sondern auch in einer Kette von Unruhen während der Regentschaft späterer Habsburger.[56] Diese aber unterstützten die geltende Ordnung. Der Hof erlangte als Berufungsinstanz in Streitfragen der Feudalbeziehungen keine größere Bedeutung. Vielmehr übertrug sich dessen Herrschaftsverständnis auf andere Grundherrn, die in absolutistischer Weise ökonomische und juristische mit sozialen und moralischen Sanktionen verknüpften.

Um 1700 fand demgemäss eine ziemlich systematische Unterwerfung statt, die, gepaart mit der Ausweitung von Dienstpflichten in unzähligen und entwürdigenden Arten, zur Verarmung führte.[57] Dem immer stärker an die Scholle gebundenen „Landmann" bürdete die Obrigkeit enorme Lasten auf. Für Niederösterreich ermittelte man 1785 zum Beispiel eine Gesamtbelastung der bäuerlichen Wirtschaften mit 40 bis 50 Prozent des Bruttobodenertrags. Entschloss sich die kaiserliche Majestät zu neuen Kriegen, wurde noch einmal zur Kasse gebeten. Die militärischen Ausgaben, welche die Stände bewilligten, mussten zur Gänze von den Untertanen bestritten werden. Der Adel aber blieb bis 1748/49 in vielen Belangen steuerfrei und privilegiert.[58]

Im habsburgisch regierten Österreich rechneten einige Dutzend Familien in Millionen und die breite Masse in bestenfalls ein paar hundert Gulden.[59] Reformen Maria Theresias und Josefs II. überwanden die soziale Kluft ebenso wenig wie das Jahr 1848. Die Grundentlastung vollzog sich als gewaltiger Kapitaltransfer, welcher die drastischen Vermögensunterschiede nur in neue Formen goss. In den westlichen Ländern der Donaumonarchie flossen 290 Millionen Gulden in die Taschen der ehemaligen Grundherrn, in Ungarn etwas mehr als 300 Millionen.[60] Einige Adelsfamilien kassierten tüchtig ab. Die Schwarzenbergs holten sich 1,87, Fürst Franz Liechtenstein bekam 1,11 Millionen.[61]

Im Gegensatz dazu vegetierte das Gros der früheren Untertanen weiterhin am Existenzminimum dahin. Auf dem Land, wo mehr als 70 Prozent der Gesamtbevölkerung siedelten, gehörten zwei Drittel den Unterschichten an. Inleute, Gesinde und Dienstboten – sie alle zählten nicht viel in der Welt einiger wohlhabender Bauern, deren Geschwister bisweilen selbst wie Knechte und Mägde gehalten wurden. Jene, die sich einen eigenen Hof wünschten und den Luxus einer Familiengründung in Betracht zogen, sahen sich mit wenig verlockenden Perspektiven konfrontiert. Kleinhäusler waren stets vom Elend bedroht.[62] Dennoch nahm ihr Anteil rapide zu. Untersuchungen belegen, dass die Zahl der Selbständigen in der Land- und Forstwirtschaft zwischen 1891 und 1910 um dreißig Prozent wuchs. Solche Wirtschaftsstatistiken könnten bei oberflächlicher Betrachtung als modern anmutende Erfolgsgeschichte interpretiert werden. Tatsächlich waren die vielen neuen Selbständigen das, was sie gelegentlich auch heute sind: Ausdruck gesellschaftlicher Umbrüche und Krisen, Symptome der Not und Verunsicherung. Dass die Zwergwirtschaften mit sinkender Lebensfähigkeit um 1900 nicht genug Ertrag einbrachten, belegen nämlich andere Entwicklungen: Unzählige kehrten dem Reich der Habsburger den Rücken. Speziell Galizien, Krain und Dalmatien erlebten eine massive Auswanderung.[63]

Wer blieb, versuchte es in der Stadt, wo allerdings die Verhältnisse nicht viel besser waren. Der Zuzug vom Land verschärfte die Situation in den Ballungszentren. Vom Hof seit langem vernachlässigt, standen kommunale Einrichtungen den Entwicklungen beinahe hilflos gegenüber. Zwischen 1800 und 1846 verdoppelte sich die Einwohnerzahl Wiens. Die k.k. Haupt- und Residenzstadt wies die größte Bevölkerungsdichte Europas auf. Eng aneinander gedrängt, lebten die Menschen in finsteren Wohnungen mit nassen Wänden. Dunkelheit, schlechte Luft und beklemmende sanitäre Verhältnisse verursachten speziell bei den Kindern Rheumatismus, Durchfälle, Auszehrungen, Augenentzündungen, Bleich- und Wassersucht.[64]

Trotz derartiger Lebensbedingungen, konnten sich jene glücklich schätzen, die ein Zimmer ergatterten. Viele Neuankömmlinge hatten kein Dach über dem Kopf. Sie lagerten unter freiem Himmel auf öffentlichen Plätzen. Vor den Augen der allerchristlichsten Majestät spielten sich Elendsszenen ab. Laufend brachte die Polizei mittellose Familien in Scheunen, Stallungen und Kellern unter, selbst die Gefängnisse waren mit Obdachlosen überfüllt. Krone und Aristo-

Der Großteil der Bevölkerung lebte an der Armutsgrenze oder darunter. Peter Fendi, Die Pfändung, 1840

kratie aber verschlimmerten die Lage durch ihr Verhalten. Den Prunkbauten der Adelsfamilien fielen ganze Stadtviertel zum Opfer. Der ohnehin knapp bemessene Wohnraum wurde dadurch weiter reduziert.[65]

Die Mietpreise kletterten in astronomische Höhen, eine Tendenz, welche durch die Regierungsmaßnahmen noch verstärkt wurde. Vor allem die Aufhebung der Steuerfreiheit für Neubauten fiel ins Gewicht. Infolge dessen erlahmte die gemeinnützige Bautätigkeit. Doch ein Verbot der Mietzinserhöhungen kam nicht in Frage. Die kaiserliche Familie votierte für das freie Spiel der Kräfte. „Wohlfeilheit läßt sich nicht gebieten", erklärte Erzherzog Karl. „Die Vermehrung des gesuchten Bedürfnisses durch weise und zweckmäßige Mittel zu befördern, ist alles, was der Staat kann. Das Übrige muß er den Privaten unter sich überlassen."[66]

Klug und vorausblickend empfanden Beobachter die marktwirt-

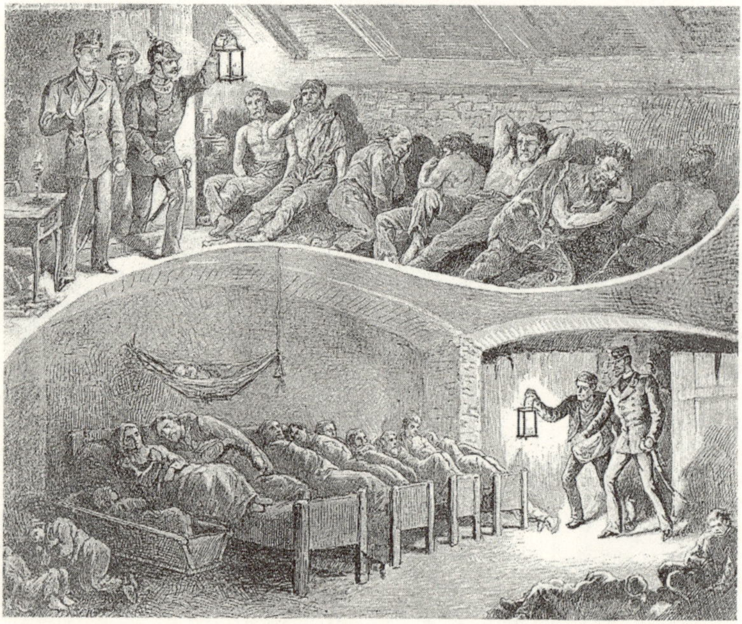

Die Ärmsten von Wien: Eine behördliche Kommission inspiziert ein Massenquartier in Hernals Ende des 19. Jahrhunderts.

schaftliche Entscheidung jedoch nicht. Immobilien galten als Spekulationsobjekt. Viele Haushaltungen wurden in den Substandard abgedrängt.

Innerhalb des städtischen Handwerks verschärften sich dadurch bereits vorhandene Gegensätze. Die Meister waren in den zünftisch geprägten Lebensgemeinschaften gut aufgehoben, Gesellen und Lehrjungen erging es ganz anders. Wanderzwang, Familienlosigkeit, fehlende Aufstiegschancen und die totale Abhängigkeit von den Vorgesetzten hatten schon bisher ihren Alltag bestimmt.[67] Eine Mischung aus traditionellen und kapitalistisch umgeformten Beschäftigungsverhältnissen verschlechterte die Situation. Im Kleingewerbe, dessen Anteil in Wien größer als in vergleichbaren deutschsprachigen Städten war, herrschten elende Bedingungen. Die Verpflegung war mangelhaft, die Unterkünfte nicht selten kläglich. In der Werkstatt diente vielfach eine Kiste als Schlafstelle für ein oder zwei Lehrlinge. Keine wesentliche Verbesserung brachte es, als „Bettgeher“ auswärts unterzukommen. Letztere sah man nämlich tagsüber nicht gern. Das Lager wurde morgens beiseite geräumt und erst abends wieder aufgeschlagen.[68]

Viele Betroffene versuchten deshalb eine eigene Betriebsgründung. In der Selbständigkeit warteten auf die meisten allerdings gewohnte Entbehrungen. Handwerker lebten mit der ganzen Familie in Zimmer-Küche-Wohnungen; „Sitzgesellen“ hausten in herabgekommenen Hof-, Dach- und Kellerkammern oder, wenn sie ledig waren, zu zweit als Untermieter in elenden Kabinetten.

Nicht viel besser war es um die Gesundheit der solcherart schlecht Versorgten und Untergebrachten bestellt. Vor allem die Tuberkulose raffte in einigen Gewerben überdurchschnittlich viele Menschen hinweg. Auf sie waren bei den Buchbindern, Hutmachern und Zuckerbäckern in der zweiten Hälfte des 19. Jahrhunderts phasenweise rund achtzig Prozent aller Sterbefälle zurückzuführen.[69]

Während das in den Industrialisierungsprozess eingebundene Kleingewerbe mit alten und neuen Missständen zu kämpfen hatte, boten die Großbetriebe zur selben Zeit ein differenzierteres Bild. Im Maschinenbau waren die Beschäftigten besser gestellt; die Situation in der Textilindustrie erinnerte hingegen zum Teil immer noch an den Vormärz.[70] Damals war der Arbeiter nicht mehr der gesuchte Spezialist einer merkantilistischen Epoche oder der Heimarbeiter unter Maria Theresia, der seine Waren in die Fabriken lieferte. Ab 1800 entstand vielmehr eine Gruppe gering ausgebildeter und schlecht bezahlter „Proletarier", die unter ungünstigen Bedingungen und ohne Arbeitszeitbeschränkung nach Belieben eingesetzt und entlassen werden konnten. „Überall begegne ich heute diesen arbeits- und heimatlosen Menschen." Sie „durchfrieren den Winter unter zerlumpten Decken". Ihre „Nahrung ist ungesund und unzureichend". So „sterben sie zeitig und hinterlassen ein immer schwächeres Geschlecht", schrieb ein kritischer Zeitgenosse, der sein Umfeld aufrütteln wollte.[71] Weite Kreise der Öffentlichkeit empfanden die Armut allerdings als festen Bestandteil der Gesellschaftsordnung. Selbst die beschämendsten Formen des Ausbeutung blieben auf diese Weise über lange Zeit erhalten.

Durch die Beschäftigung von Frauen und Kindern, welche bisweilen sogar gegeneinander ausgespielt wurden, senkten die Unternehmer ihre Lohnkosten. Speziell die Textilbranche vervielfachte ihre Gewinne auf Kosten von „Weibspersonen" und Jugendlichen, die einen hohen Prozentsatz der ungelernten Kräfte stellten.[72] Der Kaiserhof und die Theoretiker des Merkantilismus waren sich einig. Wollte man wirtschaftlich reüssieren, mussten auch die jüngsten Untertanen „in frühesten Jahren zu Arbeit und Fleiß angehalten werden".[73] Maria Theresia dachte diesbezüglich vor allem an die Waisen- und Soldatenkinder, deren Unterhaltskosten man dadurch senken konnte. Die Konsequenzen der allerhöchsten Verordnungen waren schon zu Lebzeiten der „Landesmutter" unverkennbar.[74] Unterbringung und Versorgung der Minderjährigen blieben, wie kaiserliche Inspektionen bewiesen, auch später katastrophal. In der Nähe der Fabriken lebten in eigenen Kinderhäusern oft bis zu hundert Knaben und Mädchen. Sie verwandelten sich durch harte Disziplinierungsmaßnahmen und belastende Handlangerdienste in früh gealterte, abgestumpfte und körperlich wie geistig zerstörte Existenzen.[75]

Dass neue Regelungen, nicht zuletzt Altersbegrenzungen, dem

Elend kein Ende setzten, zeigen Berichte aus der Zeit vor 1848.[76] Sie lenkten zum Beispiel die Aufmerksamkeit auf Fabrikarbeiterinnen in Böhmen und Niederösterreich, die, nicht älter als 12 oder 13 Jahre, beschwerlichste Tätigkeiten von fünf Uhr früh bis acht Uhr abends zu verrichten hatten. Bei den Eltern holten diese, so ein Reisender, „müden Geschöpfe mit glanzlosen Augen und bleicher, grünlicher Gesichtsfarbe" am Sonntag Kartoffeln, welche sie die ganze Woche „hindurch ohne die kleinste Zugabe" aßen.[77] Dass es sich dabei um keine Einzelfälle handelte, belegen noch Schilderungen aus der Zeit Franz Josefs. Die Simmeringer Jute-Spinnerei und -Weberei AG beschäftigte in ihren Werken mehr als zweitausend, größtenteils weibliche Arbeitskräfte. Über ihre Lage meinte der Sozialreformer Karl Freiherr von Vogelsang: Die Kinder hierher zur Arbeit zu entsenden, heißt, sie „in's bewußte Verderben zu schicken".[78]

In der Stadt wie auf dem Land lebte unter diesen Bedingungen ein großer Teil der ohnehin streng hierarchisch gegliederten Gesellschaft in existenzbedrohender Armut. Es nimmt daher nicht Wunder, dass die Zahl der Ausgestoßenen stets hoch gewesen ist. Vom 16. bis 18. Jahrhundert wurde über eine Zunahme von „Vagabunden" in der Residenzstadt Wien berichtet. 1727 zählte man allein in Oberösterreich 26.000 Versorgungsbedürftige, darunter drei Viertel Frauen und Kinder.[79] Die Ursache hierfür sahen die Behörden nicht ohne Grund in Einbrüchen der Agrarkonjunktur. Dazu kamen zahllose Kriege, die schlecht abgesicherte Angehörige der Unterschichten leicht aus der Bahn werfen konnten. Ohne festes Zuhause und ohne Erwerb stellten die Entwurzelten regelrechte Bettlerheere.[80]

Als „schlimmes Gesindel" wurden sie genauso ausgegrenzt wie die große Schar von Behinderten. „Narren" oder „Krüppel", so der Jargon der Zeit, empfand man als Störung und Unglücksboten. Geistig Behinderte wurden deshalb häufig in Käfigen angekettet und wie wilde Tiere gehalten. Invalide, darunter viele ehemalige Soldaten, mussten sich von öffentlichen Plätzen fernhalten.[81] Wie von selbst fügt sich in das Verhalten gegenüber gesellschaftlich Deklassierten die Verfolgung von Zauberei sowie die Ausgrenzung von Juden, Roma und Sinti.[82]

Der Obrigkeitsstaat reagierte auf die Randgruppen wiederholt mit Unduldsamkeit. Wurde beispielsweise die wegen der fehlenden Armenversorgung meist erlaubte Bettelei als übermäßig lästig empfunden, folgte der Abschub. 1683 hielt man sich daran: 7000 Bettler mussten Wien verlassen.[83] Ausgewiesen wurden überdies auch „leichtfertige Frauenzimmer", die der Kaiserhof keineswegs bloß aus gesundheitlichen Gründen als Gefahr betrachtete. Neben der Bekämpfung von Geschlechtskrankheiten ging es der gestrengen Maria Theresia auch um die Moral der Oberschicht, welche sie durch die Keuschheitskommission bespitzeln ließ. Gab es für den Adel Geldstrafen oder Zwangsaufenthalte in Klöstern, so wartete auf Tausende „gemeine Dirnen" die Deportation nach Ungarn.[84] Zweimal im Jahr verfrachtete der so genannte „Temesvarer Wasserschub" zwischen 1752 und 1768 „liederliche Weiber" gemeinsam mit Bettlern in das Banat. Dort erwarteten sie bedrohliche Lebensbedingungen, schlechte sanitäre Verhältnisse und schließlich epidemische Krankheiten.[85]

Wer als Außenseiter im Zentrum des Habsburgerreiches blieb, hatte jedoch bisweilen mit einem mindestens ebenso schlimmen Schicksal zu rechnen. Hexenprozesse waren im übrigen Europa schon wieder im Rückgang begriffen, als sie auf dem Territorium des heutigen Österreich ihrem Höhepunkt zustrebten. Zwischen 1650 und 1700 waren nach vorsichtigen Schätzungen 5.000 Personen in diesem Zusammenhang vor Gericht gebracht und ein hoher Prozentsatz davon hingerichtet worden.[86] Schlecht erging es immer wieder auch den Roma und Sinti, die verstärkt nach dem Dreißigjährigen Krieg ins Land gekommen waren und als Kesselflicker, Wanderschmiede, Scherenschleifer, Besenbinder, Korbflechter und Musiker ein Auskommen fanden.[87] Nach Ansiedlungsversuchen folgten mitunter regelrechte Hetzjagden, bei denen man so ziemlich alles gegen diese Minderheiten vorbrachte: Diebstahl, Kindsraub oder Spionage für die Türken. Der völlig absurde Vorwurf des Kannibalismus kostete noch 1782 45 „Zigeunern" das Leben.[88]

Gegen derlei „aufzuklärende" Auswüchse zog Josef II. mit gutem Grund zu Felde. Tieferen spirituellen Bedürfnissen seiner Untertanen schenkte er jedoch im gleichen Atemzug nicht viel Aufmerksamkeit. Als Exempel erwies sich hinsichtlich dessen Galizien, das eine große jüdische Bevölkerungsgruppe in die habsburgische „Erbmasse" einbrachte. Für religiöse Besonderheiten hatte Josef allerdings kein verfeinertes Sensorium. Anders als seinen Vorgängern, die den Juden in finanziellen Angelegenheiten mit Kalkül, in konfessionellen Fragen aber oft sogar feindselig gegenüber standen, ging es dem stürmischen Reformmonarchen nun um die Einbeziehung uniformer Untertanen in das politische und ökonomische Konzept des absolutistischen Machtsystems. 1773 lagen demgemäss der Ausweisung von Betteljuden aus Galizien vorwiegend Nützlichkeitserwägungen zugrunde.[89]

In sozialer Hinsicht kamen die Habsburger des 18. Jahrhunderts oft über Ansätze nicht hinaus. Eigentlich versuchte man schon vor 1500 zwischen verschuldeter und unverschuldeter Not zu unterscheiden.[90] Der Wiener Hof vermochte dieser Differenzierung allerdings keine dauerhafte Geltung zu verschaffen. Versuche, Außenseiter zu einer Änderung der Lebensführung zu bewegen, gingen mit der Kriminalisierung des Bettlers einher. Rechtsbrecher, Arme und zeitweise auch Waisen wurden in einen Topf geworfen. Seit Leopold I. entstanden solcherart Zucht- und Arbeitshäuser, die Fürsorge und Strafvollzug in einem gemeinsamen Bereich von gewaltsamer Disziplinierung ansiedelten.[91] Noch Maria Theresia ließ 1770 eine derartige Anstalt in Brünn errichten, obwohl die mangelnde Trennung von Kindern, Alten, Geisteskranken, Kriminellen und sonst wie Verarmten zunehmend als Problem erachtet wurde.[92] Josef II. war gewillt, die Unzulänglichkeiten zu beseitigen. Den „k. k. Besserungsanstalten" gliederte man „freiwillige Arbeitsstätten" an, die jedoch den schlechten Ruf, der ihnen anhaftete, nie los wurden. Selbst in Zeiten größter Not boten die neuen Institutionen kaum Hilfe[93].

Dem Scheitern josefinischer Veränderungsbestrebungen folgte dann eine Epoche unter Franz I., die trotz des Bevölkerungsanstiegs in den großen Städten und der steigenden Zahl Hilfsbedürftiger im Zuge der industriellen Revolution kein Modell zur Armutsbekämpfung entwickelte.[94]

Das unternehmerfreundliche Erzhaus begünstigte durch seine

Wirtschaftspolitik sogar eindeutig die Begüterten. Ein Beispiel dafür ist die Reform der Stempelsteuer im Vormärz. Die Belastungshöchstgrenze lag zunächst bei einem Einkommen von 64.000 Gulden. Dafür waren 100 Gulden abzuführen. 1840 senkte man die Höchstgrenze auf 8.000 und die Gebühr auf 20 Gulden. „Was sich als eine Geste des Verzichtes ausgab, erwies sich als Geschenk an die Reichen." Für die Ärmeren blieb alles beim alten.[95]

Während unter diesen Bedingungen traditionelle aristokratische Führungsschichten gemeinsam mit den aufstrebenden, finanzstarken Großbürgern ihre Profite und Privilegien absicherten, schaffte man es andererseits nicht einmal, die erschreckendsten Formen des Massenelends wirksam zu bekämpfen. Stillschweigend wurde die Kinderarbeit toleriert. Dadurch, erklärte man, sei wenigstens ein Teil der Ärmsten vom Betteln abzuhalten. Ein einschlägiges Hofkanzleidekret von 1842 sah die Einschränkung der Beschäftigung von Minderjährigen vor, blieb aber Papier, weil es keine Inspektoren gab.[96]

Ganz allgemein unternahm man wenig gegen das Elend in den Fabriken. Arbeiterschutzgesetze existierten lediglich in Ansätzen.[97] Die Charity-Gesellschaft gab sich betont engagiert. Der wachsenden Not war mit milden Gaben jedoch kaum beizukommen. Schritten die Unterschichten angesichts ihrer tristen Lage allerdings zur Selbsthilfe, entfaltete der Staatsapparat umgehend rege Aktivität. Die in sozialen Belangen oft ohnmächtig wirkende Beamtenschaft überwachte misstrauisch Vereinsbildungen der Arbeiter. Im allgemeinen Klima politischer Repression wurden die meisten Vereinigungen verboten und damit vernichtet oder in den Untergrund gedrängt.[98]

Erst mit der von Franz Josef verabscheuten Demokratisierung etablierte sich die Sozialdemokratie nach und nach als fester Bestandteil der Parteienlandschaft Österreichs. Das Erzhaus vermochte seine Vorbehalte gegenüber den „Emporkömmlingen" jedoch nicht zu überwinden. Noch Karl, der „Letzte", begegnete den Sozialisten, wie Karl Renner berichtet, mit Verständnislosigkeit, ja Furchtsamkeit. So absurd die Annahme sein mochte, Renner könne sich als Brandstifter und Attentäter erweisen, so verständlich erscheint die Angst aus der Sicht der Kaisers.[99] Sie war gewissermaßen historischer Art und beruhte auf althergebrachtem Dünkel. Der streng gegliederte Obrigkeitsstaat mit einer Gesellschaftspyramide, an deren Spitze die allerchristlichste Familie stand, ließ wenig Spielraum für die Überwindung sozialer Gegensätze.

Armut und Reichtum, Macht und Ohnmacht schienen von Gott gegeben. Über die Bevölkerung erhob sich eine Klasse „privilegierter Drohnen", eine von Kirche und Aristokratie verkörperte Ordnung.[100] Dessen innersten Kreis bildete Habsburgs nächste Umgebung. Und fast nur hier, am Hofe, unter den engsten Vertrauten, war etwas von der Milde und Großherzigkeit Seiner Majestät zu bemerken. Die Leiter der Zentralbehörden kassierten Spitzengehälter und Korruptionsgelder. Berater und Feldherrn erhielten stattliche Geschenke, Günstlinge und Geliebte großzügige Abfertigungen. Den Krankheiten, den Entbehrungen, den Bettlerheeren und Industrialisierungsopfern stand die Pracht der höfischen Repräsentation gegenüber.[101] Das kaiserlich-königliche Haus Österreich verfügte über mehrere Etagen. Die Verbindungstreppen aber blieben fast immer ungenutzt, die Türen meist verschlossen.

Zweifelhafte Persönlichkeit

Josef (1741–1790)

Josef II., über den in den Geschichtsbüchern zu lesen ist, dass er seine Untertanen ein Jahrhundert zu früh mit seinem Reformeifer überrollte, kam wahrscheinlich keine Minute zu früh, um das rückständige Habsburgerreich aus seinem barocken Dornröschenschlaf zu wecken. Zu spät tauchte er jedenfalls auf, um traditions- und mentalitätsbedingte Anachronismen zu überwinden und eine nachhaltige Reform an Haupt und Gliedern durchzuführen. Josef war zwar ein Prinz, ein Kaiser gar, nur: Ein unbefleckter Held der Geschichte ist der tatendurstige Aufrüttler deswegen nicht geworden. Denn Dornröschen wollte weiterschlafen.

An Josef II. scheiden sich die Geister. Nicht einmal den getreuesten Habsburg-Fans dürfte es entgangen sein, dass dieser Monarch mehr als jeder andere mehr oder weniger deutlicher Kritik ausgesetzt ist. Dem zeitgenössischen wie dem historischen Image des Kaisers schadete sein vermeintlich verfrühter Auftritt ebenso wie die eher unsanften Methoden, die er anwandte, um den Staat zu modernisieren. Dennoch blieben immer noch viele Wohlgesonnene, die dem ungestümen Sohn Maria Theresias seine chronische Ungeduld nachsahen und ihn, ganz dem Klischee des Mutter-Sohn Konflikts entsprechend, als „schlimmen Buben" verharmlosten. Man einigte sich schließlich darauf, den Willen und nicht das Werk in den Vordergrund zu rücken. Auf diese Weise musste man den so widersprüchlich beurteilten Habsburger nicht vom Sockel stürzen. Andere freilich nahmen Josef, den Unverstandenen, Josef, den einzelkämpferischen Genius gnädig in den Kreis jener Österreicher auf, für die erst die Nachwelt zu Lebzeiten verwehrte Lorbeeren bereithielt und -hält. Es störte nicht, dass Josef seine Reformen nicht zuletzt in den Dienst einer aggressiven und expansionistischen Politik stellte.[1] Als mildernd galt und gilt der Umstand, dass er viele seiner Ziele nicht erreichte.

Als Josef, die „gekrönte Adlersbrut"[2] 1741 das Licht der Welt erblickte, war er für die Familie Habsburg-Lothringen so etwas wie der Messias. Nach drei Mädchen schenkte Maria Theresia endlich einem Knaben das Leben. Die Nachfolge war gesichert, der Jubel groß. Ein Triumphbogen wurde errichtet. In allegorischen Darstellungen pries man die Geburt des Prinzen; eine von ihnen zeigte den Kriegsgott Mars, der die Feinde des Erzhauses, die bezeichnenderweise preußische Standarten trugen, über einen Felsen hinab stieß.[3] Boten wurden ausgesandt, um die Nachricht von Josefs Geburt auch außerhalb der Grenzen der Habsburgermonarchie zu verkünden. Der Papst schickte geweihte Windeln nach Wien. Dort drehte sich alles um den kleinen Prinzen, der die Mutter ihren preußischen Widersacher Friedrich für kurze Zeit vergessen ließ.

Dem heranwachsenden Josef wurde die ihm in die Wiege gelegte Bedeutung seiner Person schnell klar. Er wusste sich zu Höherem berufen und entwickelte einen ausgeprägten Eigensinn. Er entwickelte auch einen Hang zur Selbstüberschätzung, der seiner unbedingten Gehorsam einfordernden Mutter gründlich missfiel. Als Josef zehn Jahre alt war, stachen ihr in seinem Benehmen „einige unzeitige Vorstellungen seiner Hoheit"[4] ins Auge. Die Gewissheit, ein Auserwählter, ein künftiger Herrscher zu sein, verleitete ihn offenbar dazu, die Servilität seiner Untergebenen bereits im Kindesalter auf die Probe zu stellen. Josef, so klein er damals noch sein mochte, ließ sein Umfeld spüren, dass er ein künftiger Herrscher war. Maria Theresia, die neben Gehorsam auch Disziplin und vor allem Frömmigkeit zu den Grundpfeilern erzieherischen Wirkens erklärt hatte, war fest entschlossen, ihren Sohn auf den richtigen Weg zu führen. Regelmäßige Andachten und intensiver Religionsunterricht sollten aus dem Kronprinzen einen demütigen und gottesfürchtigen Menschen machen. Ihrem Weltbild entsprechend hielt sie eine forcierte religiöse Erziehung für das Allheilmittel gegen die Allüren des Sprösslings. Dieser, getrennt von seinen vielen Geschwistern erzogen, war nicht der erste und auch nicht der letzte Habsburger, dessen Charakterbildung zum Experimentierfeld fragwürdiger pädagogischer Methoden wurde.

Bei der Auswahl von Erziehern orientierten sich die Habsburger nicht an der Fortschrittlichkeit und nur in eingeschränktem Maße an der Kompetenz der Kandidaten. Wichtiger war deren Herkunft und von noch größerer Bedeutung deren Leumund in Glaubenssachen. Josef übertrug das erzieherische Credo der Mutter später auf seine Untertanen. Ungeachtet seiner rigorosen Kirchenpolitik, die unter anderem in zahlreichen Klosteraufhebungen seinen Ausdruck fand, blieb auch er stets dem Katholizismus verpflichtet, den er für die Schaffung eines zentralistischen Einheitsstaates nutzte. Gottesdienst und Dienst am Staate sollten gleichwertig zu erfüllende Pflichten des Einzelnen sein. Die Kirche hatte ihren Beitrag zu leisten, diesen Anspruch zu vermitteln und ihre Schäfchen zu gehorsamen und rechtschaffenen Staatsbürgern zu machen. Sie war immerhin erfahren im Einüben der Untertanenrolle.

Maria Theresia hatte stets konkrete Vorstellung von der charakterlichen Entwicklung ihrer Kinder. Mit ihrer unausgesetzten, schonungslosen Kritik an der Nachkommenschaft forderte sie Trotzverhalten und Gegenreaktionen regelrecht heraus. Dadurch trug sie nicht wenig dazu bei, dass Josef geradezu reflexartig Meinungen zu vertreten begann, die ihren entgegenstanden.

Obwohl die Monarchin ab 1765 die Regentschaft in den Erblanden mit Josef teilte, blieb sie bis zuletzt die dominante Übermutter, die jeden Schritt des Sohnes überwachte und kommentierte. Josef, seit 1765 Kaiser, aber in den Habsburgischen Gebieten lediglich im Vorzimmer der Macht, tat sich schwer, die Regentschaft mit der Mutter zu teilen. Der ewige, auch nach außen getragene Familienzwist interessierte schon die Zeitgenossen. Der tiefe Einblick, den uns die üppig sprudelnden historischen Quellen des 18. Jahrhunderts in den Charakter und die Lebenswelt der beiden geben, lenkt von Wichtigerem ab. Die Nachwelt interessierte sich mehr für populäre Darstellungen und entfernte sich von einer nüchternen Betrachtung und Einordnung herrscherlichen Wirkens in einen gesamthistorischen Kontext.

Im Zentrum stand die Privatperson. Maria Theresia und Josef (wenn auch in geringerem Maße) sind die Prototypen für die breitenwirksame Inszenierung des allgemeinen Mitgefühls und des Mitleidens mit dem gesamten Habsburger-Clan. Im Vergleich zu ihnen wirken ihre Vorgänger wie Masken, während die pausbäckigen barocken Habsburger des 18. Jahrhunderts auch heute noch fleischlich-menschlich wirken. Wem geht nicht das Herz auf, wenn von Maria Theresias Liebe zu Franz Stefan berichtet wird, von ihrer Kinderschar, vom kleinen Josef oder der verwöhnten Marie Antoinette, die der Mama stets so große Sorgen machten? Als Hauptfiguren der allerhöchsten Familie wurden Josef und seine Mutter bald weniger als Regenten, sondern viel mehr als Menschen „wie du und ich" dargestellt. Das Wissen um die privaten Nöte der beiden aus der Kenntnis ihrer Korrespondenz schuf ein Maß an Vertrautheit, welches das 18. Jahrhundert zum Wohnzimmer der Herrscherdynastie machte. Die solcherart mit vielen intimen Details über das Leben der Regenten informierte Öffentlichkeit wollte kaum mehr mit der Politik der beiden behelligt werden, und wenn, dann natürlich nur mit all ihren guten Taten, von denen wir, wie jedes Schulkind weiß, noch heute profitieren. Die Habsburger wurden schließlich vom gerührten, mitfühlenden und mitleidenden Publikum auf einer emotionalen Ebene angesiedelt; denn niemand kann sich, scheint es, den allzu menschlichen Seiten einer kaiserlichen Sippe entziehen, die es mit Freud und Leid der schrecklich netten Familien amerikanischer Seifenopern aufnimmt. Wäre da nicht das Reformwerk der beiden, das den Unterhaltungswert ihrer Biographien schmälert, würde sich heute sicher ein Komponist finden, der uns mit einer Josef-Rockoper oder einem Maria Theresia-Musical zu beglücken sucht.

Freilich hat Josef es mit der Publikumsgunst ein bißchen schwerer als seine Mama. Er war ein Zyniker. Während Maria Theresia als „gemütliche Dicke" oder „weise Matrone" präsentiert werden kann und konnte, wich Josef zu sehr von der Norm ab, um Everybody's Darling zu sein. Der an Unterhaltung interessierte Geschichtskonsument ist mitunter intolerant. Er verzeiht Intelligenz, aber er schätzt sie nicht. So wurde Josef später als sympathischer, wohlmeinender, aber schwieriger, eigenwilliger und schließlich tragischer Monarch wahrgenommen. Diese Charakterisierung suchte und fand einmal mehr Bestätigung im Privatleben seiner Majestät. Josefs

Liebe zu seiner früh verstorbenen ersten Frau, Isabella von Parma, bot sich hier als bekräftigendes Beispiel an. Das Melodram der beiden Liebenden hatte allerdings einen Schönheitsfehler: Die extravagante, von Todessehnsucht befallene Prinzessin fühlte sich angeblich mehr zu ihrer Schwägerin Maria Christine hingezogen als zu ihrem Ehemann. Seine zweite Frau, Josefa von Bayern, die ebenfalls nach kurzer Ehe verschied, behandelte Josef wie eine Aussätzige. Anders als Isabella hatte sie nicht mit äußeren Reizen aufwarten können, und ihre inneren Werte waren dem Gatten einerlei. Josef erschien nicht einmal zum Begräbnis seiner ungeliebten Frau. Auf eine weitere Heirat ließ er sich nicht mehr ein. Während seine Mutter „in puncto sexus sehr geschärfte Ordres“[5] ausgegeben hatte, fühlte sich Josef, so sein Bruder Leopold, zu „niedrigen und schmutzigen Frauen“[6] hingezogen.

Leopold sprach seinem älteren Bruder Fähigkeiten und Talente zwar nicht ab, doch er beschrieb ihn vor allem als harten und krankhaft ehrgeizigen Mann, der „keinen Widerspruch duldete“, voll „willkürlicher, gewalttätiger Grundsätze“[7] war und sich ganz wie ein Despot gebärdete. Über Josefs Verhältnis zu Maria Theresia hielt er fest: „Er hat nach Charakter und Geschmack Freude daran, immer allem zu widersprechen und alles das zu machen, was man nicht will und die anderen auch in den kleinsten Dingen zu kränken und besonders die Kaiserin und deshalb streiten und schreien sie immer miteinander, wobei er immer ärgerliche Dinge sagt und sie ärgert und ihr droht, weggehen zu wollen und einen Skandal heraufzubeschwören und die Regentschaft aufzugeben und ähnliche Dinge.“[8]

Josef unterzog sich zwar von Zeit zu Zeit harter Selbstkritik, bezeichnete sich selbst als oberflächlich und leichtfertig, träge und mit „mehr Schein als Tiefe“[9] ausgestattet. Andererseits relativierte er diese negativen Eigenschaften, indem er sinngemäß darauf verwies, dass niemand perfekt sei und sogleich hinzufügte, all seinen Eifer auf das Wohl des Staates zu konzentrieren.[10] Dennoch machten die ständigen Querelen im Hause Habsburg keinen günstigen Eindruck. Leopold meinte sogar, dass der Zwist den ganzen Wiener Hof gespalten hätte und eine Maria Theresia- und eine Josef-Fraktion entstanden sei.

Mutter wie Sohn vermengten die neurotischen Komponenten ihrer privaten Beziehung mit den Staatsgeschäften und vermittelten dem Beobachter das Bild eines zerstrittenen Familienbetriebs, dem die Politik als Austragungsort persönlicher Animositäten diente.

Der cholerische Josef, der vitales Interesse am Militärischen hatte und sich der Öffentlichkeit immer häufiger im grünen Waffenrock präsentierte, kalkulierte das Entsetzen seiner Mutter ein, als er eine Annäherung an den Preußenkönig Friedrich suchte. Josef, der den Erzfeind seiner Mutter zwar als Schurken bezeichnete, aber ihn ob seiner Erfolge auf den Schlachtfeldern verehrte, setzte alles daran, seine Armee zu einem ebenbürtigen Gegner aufzurüsten. Hatte Maria Theresia während der Schlesischen Kriege noch die Opferrolle des Habsburgerreiches bemüht und an einer propagandistischen Abgrenzung gegenüber dem aggressiven preußischen Militärstaat gearbeitet, wurde nun zunehmend deutlich, dass Preußen eine Vorbildfunktion für die Habsburger hatte. Friedrich, der in der Vorstellung lebte, der Kaiser beabsichtige, „die preußische Monarchie vollständig zu zertrümmern, um widerstandslos seine despotische Herrschaft in Deutschland aufzurichten“[11], schätzte Josef folgendermaßen ein: „Er ist von Ehrgeiz verzehrt. Ich kann im Augenblick noch nicht sagen, ob er es auf Venedig, Bayern oder Lothringen abgesehen hat, aber es ist sicher, dass Europa in Flammen stehen wird, sobald er zur Herrschaft gelangt.“[12] Der preußische König sollte mit seinen Prophezeihungen Recht behalten. Zwar vermied Josef es, anders als seine Mutter im Siebenjährigen Krieg, mit seinen Kriegsgelüsten einen Flächenbrand mitzuverschulden, aber er kaprizierte sich darauf, der Donaumonarchie Bayern einzuverleiben.

Die 1777/78 akut gewordene Frage der Erbfolge in Bayern führte zur Konfrontation zwischen Josef und Friedrich. Maria Theresia geriet in Panik. Vor ihrem geistigen Auge sah sie ihr Reich in Trümmern liegen. Ohne ihren Sohn davon zu verständigen, schrieb sie einen Brief an das „Monstrum“ Friedrich, bat um eine Lösung am Verhandlungstisch und unterschrieb mit „Eurer Majestät gute Schwester und Cousine“. Das „Monstrum“ ließ sie zappeln, bevor es tatsächlich zu einem Friedensschluss kam. Die Bilanz des kaiserlichen Expansionswillens: Josef hatte eine militärische Auseinandersetzung provoziert, die keine große Schlacht gesehen, aber viel Elend über die betroffenen Gebieten gebracht hatte. Bescheidene Kriegsbeute war das Innviertel. Josef rechnete sich zwar sofort aus, was der dazugewonnene Landstrich an finanziellem Ertrag abwerfen würde, aber er verabsäumte es auch nicht, Klage über die vorgefundenen Zustände zu führen: „Die Unordnung, die hier herrschte", schrieb er seiner Mutter, „überschreitet selbst die Dummheit der Menschen und das will viel sagen, denn sie übertrifft alle Begriffe."[13]

Während der Kaiser vollmundig über die geistigen Niederungen anderer herzog, entbehrten auch manche seiner Schritte einer gewissen Logik. So war die Beteiligung Österreichs am Krieg gegen die Osmanen auf russischer Seite keine Notwendigkeit und am Ende kein Ruhmesblatt für den Wiener Hof. Josef, der durch das Bündnis mit dem Zarenreich Preußen zu isolieren gedachte, stellte nicht nur das Katharina der Großen vertraglich zugesicherte Hilfskorps von 30.000 Mann, sondern schickte 200.000 Soldaten[14] und trat voll in den militärischen Konflikt ein. Ein formeller Friedensschluss kam erst nach Josefs Tod zustande.

Krieg war ein wesentlicher Bestandteil der Staatstheorie des Absolutismus. Die Staatsräson wiederum verschaffte dem absolut herrschenden Monarchen den Hintergrund, vor dem er alle seine militärischen Aktionen als gerecht und zum Wohle des Staates unternommen rechtfertigen konnte. Die Habsburger unterschieden sich hier in nichts von anderen Herrschern.

Obwohl der Kaiser seine Familie zu mehr Sparsamkeit anhielt, scheute er keine Kosten, wenn es um die Armee ging. Leopold kritisierte, „daß alles, was das Militär will, auch das Ungerechte und Unvernünftige, sofort geschieht und sofort genehmigt wird"[15], um den Monarchen nicht zu verärgern. Josef hielt, so sein Bruder, die Armee für „das einzige wichtige für den Staat."[16]

Dessen ungeachtet wird er zu Recht in die Reihe jener Habsburger eingeordnet, die im Privaten den Sparstift ansetzten. Von diesem Ruf profitierten später auch seine Nachfolger, deren Popularität sich nicht zuletzt auf eine bewusst zur Schau gestellte Bescheidenheit stützte. Darüber hinaus hegte Josef eine tiefe Abneigung gegenüber dem Hofzeremoniell. Josef war es auch, der das obligatorische spanische Mantelkleid, fester Bestandteil des spanischen Zeremoniells, abschaffte. Vielen Feierlichkeiten bei Hof wohnte er lediglich im Sinne der Pflichterfüllung bei. Seine Neigung, Einfachheit dem Prunk und Luxus vorzuziehen, galt zudem als Ausdruck der Volksnähe. Doch blieb diese stets eher abstrakt. Die tatsächliche Überwindung sozialer Unterschiede gehörte selbstverständlich zu keiner Zeit zum Programm der Monarchen, und die Untertanen waren es gewohnt, dass sich die Herrschenden über sie erhoben. Wenn Barrieren fielen und sich die Obrigkeiten volksnah gaben, dann verzichteten diese höchstens auf Symbole, die ihnen selbst zur Last fielen beziehungsweise als nicht zeitgemäß gesehen wurden. Oder es handelte sich einfach um eine Laune der Mächtigen, die nach ihren Expeditionen zum einfachen Volk gerne wieder in ihre Schlösser zurückkehrten.

Josef, ohne Zweifel von den Ideen der Aufklärung beeinflusst, war dennoch weit davon entfernt, die absolutistischen Grundzüge seiner Herrschaft in Frage zu stellen. Er allein glaubte zu wissen, was gut für das Volk und den Staat sei. Josef ignorierte die Aufklärer und sie ignorierten ihn. Einen Voltaire zu treffen – diesen Umweg nahm Josef nicht in Kauf, als er in der französischen Hauptstadt weilte, um seine Schwester Marie Antoinette und ihren Ehemann zu besuchen. „Sudler“[17] nannte er schließlich jene in- und ausländischen Autoren, deren kritische Schriften auch in Österreich Verbreitung fanden. Das intellektuelle Niveau im Habsburgerreich litt unter der Bevormundung von oben. Im Unterschied zu Deutschland wurde hier nur „geistige Dutzendware“ geboten. Die unter Josef erwirkte Milderung der Zensur blieb ein kurzes Zwischenspiel. Der Monarch hatte kein Interesse daran, mit einer im Entstehen begriffenen Öffentlichkeit in einen Dialog über seine Reformpolitik zu treten. Er bevorzugte ein inneres Zwiegespräch. Was Aufklärung war und was nicht, bestimmte er. Das Ideengut der Aufklärung war lediglich ein Steinbruch für die Herrschaftspraxis des aufgeklärten Absolutismus. Josef bediente sich nur jener Bruchstücke, die der Modernisierung und Vereinheitlichung des Staates dienten, hielt aber

Abstand zum revolutionären Kern der Aufklärung, der die gesellschaftlichen Hierarchien nicht länger als gegeben akzeptierte. Im Zweifelsfall erwies sich das „Machtstaatsinteresse" eines Fürsten gegenüber seiner aufgeklärt-humanitären Gesinnung als vorrangig. Josef handelte nicht anders.

Obgleich die Vernunft Ausgangspunkt all seiner Reformen war, übersah er, dass das tief in der Irrationalität verwurzelte 18. Jahrhundert kein aufgeklärtes, sondern ein aufzuklärendes Jahrhundert war. Als er zum Zwecke der Seuchenprävention eine neue Begräbnisverordnung erließ, derzufolge die Leichen unbekleidet in Leinensäcke eingenäht und anschließend mit ungelöschtem Kalk zugedeckt werden sollten, um den Verwesungsprozess zu beschleunigen, regte sich erbitterter Widerstand. Josef mokierte sich über das Unverständnis der Bevölkerung und insbesonders darüber, dass die Menschen so sehr danach trachteten, „daß ihre Körper nach dem Tod langsamer faulen und länger ein stinkendes Aas bleiben."[18] Jahrhundertelang hatte man den Pöbel in dumpfer, ja beinah heidnischer Frömmigkeit dahindämmern lassen. Nun wunderte sich Josef, dass seinen Untertanen das Licht der Vernunft noch nicht aufgegangen war. Viele seine Untertanen lebten „fast noch wie Wilde"[19], teilten sich ihren primitiven Wohnraum mit diversen Nutztieren, waren notdürftig bekleidet und hatten kaum noch von den Schulreformen Maria Theresias profitiert. Unsichtbar macht sich nicht nur die Dummheit, indem sie sehr große Ausmaße annimmt[20], sondern auch die Armut, wenn sie allgegenwärtig ist. Was sah Josef? Anscheinend bemerkte er das Ausmaß der Armut und der Rückständigkeit ebenso wenig wie den Zusammenhang zwischen den herrschenden sozialen Problemen und dem Mangel an Bildung.

Hinzu kam die Macht des religiösen Brauchtums. Trotz der zahlreichen von Josef sowie von Maria Theresia erlassenen Verordnungen, die unter anderem die hohe Anzahl kirchlicher Feiertage reduzierten, die Wallfahrten beschränkten oder sich gegen die inflationär dargebrachten Votivgaben richteten, ließen sich Reliquienverehrung, Aberglaube und jahrhundertealte Rituale schwer ausrotten. Josefs Kampf gegen bizarre Auswüchse barocker Volksfrömmigkeit blieb oft genug erfolglos. Er glaubte wohl an Wunder, wenn er dachte, die Reinigung der Kirche von den Elementen des Aberglaubens könne per Weisung erfolgen.

Der Kaiser ging nicht zuletzt deswegen so scharf gegen diverse Formen der Glaubenspraxis vor, weil er sie als schädlich für die Produktivität der Bevölkerung erachtete. Schon seine Mutter hatte aus diesem Grund eine Verminderung der Feiertage veranlasst. Die Katholiken begingen immerhin doppelt so viele Feste wie die Protestanten. Die Kritik der Aufklärer, dass vor allem die katholische ländliche Bevölkerung ein Drittel des Jahres mit Wallfahrten, kirchlichen Festivitäten und Andachten zubrachte, war nicht unberechtigt.[21]

Von ökonomischen Überlegungen geleitet war auch die Toleranzgesetzgebung Josefs hinsichtlich der Protestanten und orthodoxen Christen. Die protestantischen Unternehmer spielten eine eminent wichtige Rolle in der wirtschaftlichen Entwicklung des Landes. Sie zu motivieren und an den Staat zu binden sollte die nun gewährte freie Religionsausübung ebenso bewirken wie ihre Integration mittels zugestandener bürgerlicher Rechte. Eingeschränkt, aber nicht gänzlich beseitigt wurde des weiteren die Diskriminierung der Juden.[22]

Josef setzte seine Gnadenakte für religiöse Abweichler nicht, weil er – wie Maria Theresia befürchtete – die Vorrangstellung des katholischen Glaubens relativieren wollte. Vielmehr lag ihm daran, das „freie, loyale und nützliche“[23] Individuum über den Weg der Toleranz zum Vorteil des Staates in das Gemeinwesen einzubinden. Seine als antiklerikal bezeichnete Religionspolitik war kein blinder Zerstörungsfeldzug, sondern durchaus ein Beitrag zu einem reformkatholischen Programm. Problematisch war, wie bei vielen seiner Reformen, die Art und Weise, wie er sie durchzusetzen gedachte. Die Kirche blieb, wenngleich kräftig zur Ader gelassen, erwartungsgemäß an der Seite des Kaisers. Sie half auch weiterhin, die Herrschaft der Dynastie zu legitimieren und im Verbund mit dem Staat einen Wertekodex zu unterbreiten, der von der Bevölkerung verinnerlicht werden sollte. Josef wollte demnach die Kirche nicht eliminieren, denn er brauchte sie. Darüber hinaus hielt er, mehr als andere aufgeklärte Herrscher, an der Idee des Gottesgnadentums fest. Die sakrale

Würde des Regenten war trotz des unter Josef eingeschränkten Zeremoniells von zentraler Bedeutung für das Selbstverständnis der Habsburger.

Ebenso zweckorientiert wie seine Toleranzpolitik waren auch die von Josef gesetzten Maßnahmen im Bereich der Sozialfürsorge. Das Volk sollte den Staat willig akzeptieren. Um das zu erreichen, musste die ursprüngliche rohe Gewalt, mit der die Herrschaft errichtet und praktiziert worden war, zurückgenommen und durch die Schaffung von Institutionen und Gesetzen unsichtbar beziehungsweise nur mehr indirekt wahrnehmbar gemacht werden. Der Bau von Kranken- und Armenhäusern, die Betreuung geistig Behinderter in gesonderten Anstalten oder die Errichtung von Waisen- und Findelhäusern gehören zu einem Reformwerk, das nur zu oft alleine der Güte und Menschlichkeit des Herrschers zugeschrieben wird. Eine derartige Interpretation der josefinischen Erneuerungsarbeit erzeugt das Bild vom Vater Staat, der aus purer Menschenliebe seine Wohltaten über seine dankbar staunenden, weil geistig klein gehaltenen Kinder ergießt. Der Nutzen der Sozialpolitik für den Staat selbst wird mehr oder weniger diskret ausgeblendet.

Das Streben nach Erhaltung menschlichen Lebens, das unter anderem seinen Niederschlag in einer verbesserten Geburtshilfe fand, korrespondierte mit staats- und wirtschaftstheoretischen Prinzipien der Zeit. Josef gehörte einer Epoche an, die den Reichtum des Landes mit seiner Bevölkerungszahl gleichsetzte. Ein Mehr an Arbeitskräften bedeutete eine Steigerung der Produktivität in Landwirtschaft und Industrie. Das staatliche Interesse an einem funktionierendem Gesundheits- und Wohlfahrtswesen ist daher nicht zu trennen von gänzlich unsentimentalen Nützlichkeitsüberlegungen.

Der in allen Lebensbereichen um Effizienzsteigerung bemühte Staat vermittelte die Auffassung, wonach niemand der Allgemeinheit zur Last fallen sollte. Er wollte das Problem der Armut nicht durch Mildtätigkeit, sondern auf Basis einer auf Kontrolle abzielenden Institutionalisierung lösen. In den Zucht- und Arbeitshäusern sollte auch mittels körperlicher Züchtigungen die nutzbringende Integration von Müßiggängern erfolgen. Im Wesentlichen ging es darum, unproduktive Bevölkerungsgruppen in produktive umzuwandeln und so den Anteil der erwerbstätigen Bevölkerung zu erhöhen. Die systembedingten Ursachen der Armut interessierten nicht.

Der Staat billigte beziehungsweise förderte auch die Arbeit von Minderjährigen und rechtfertigte sie zum Teil dadurch, dass er sie als Fürsorgemaßnahme bezeichnete. Mit ihrer Hilfe nämlich glaubte man, die Kindersterblichkeit als Folge der Unterernährung senken zu können. Die grauenhaften Zustände in den Fabriken sorgten jedoch dafür, dass die Kinder an der schlechten Behandlung, an Krankheiten und nicht selten auch an Hunger zugrundegingen. Kinder, die in Waisen- und Findelhäusern untergebracht waren, wurden – sofern sie den Aufenthalt überlebten – als reine Ausbeutungsobjekte betrachtet und bezahlten die Fürsorge des Staates mit lebenslänglichem Elend in den Fabriken, als Dienstboten oder als Knechte und Mägde von Pflegefamilien, die meist nur an ihrer Arbeitskraft interessiert waren.

Nützlich über die Grenzen der Menschenwürde hinaus hatten jene meist ledigen Mütter zu sein, die staatliche Geburtshilfeeinrichtungen in Anspruch nahmen. Die unentgeltlich aufgenommenen Frauen mussten sich als Gegenleistung der Wissenschaft zur Verfügung stellen, was unter anderem bedeuten konnte, dass sie als Versuchskaninchen für die medizinische Forschung missbraucht wurden.[24] Nicht zu leugnen ist freilich, dass unter Josef II. ein echter Durchbruch im Bereich der Gesundheitsfürsorge erzielt wurde und der Modernisierungsschub nicht dem Staat alleine, sondern auch den Menschen zugute kam.

Dennoch trugen die unter Josef vollzogenen Änderungen unter anderem dazu bei, einen dubiosen Arbeitsbegriff entstehen zu lassen, der den Wert des Menschen an seinen der Allgemeinheit dienenden Leistungen bemaß. Die Tendenz zur Reglementierung und Überreglementierung nahezu aller Lebensbereiche führte außerdem dazu, dass sich die Wahrscheinlichkeit von Gesetzesübertretungen erhöhte und Ausgrenzungs- oder Disziplinierungsmaßnahmen häufiger zur Anwendung kamen. Josefs Politik zum Wohl der Untertanen zog darüber hinaus einen verschärften Zugriff auf den Einzelnen nach sich. Mit der Anonymität vergangener Zeiten war es vorbei. Parallel zu dieser verstärkt betrieben Kontrolle stieg daher auch die Zahl der Beamten.

Josef erließ zwischen 1780 und 1790 immerhin 6000 Edikte und verursachte dadurch viel Arbeit für die Staatsdiener. Sein zentralistischer Verwaltungsstaat benötigte demgemäß eine entsprechende Zahl von beamteten Mitarbeitern. Diese sollten, trotz schlechter Bezahlung, zu den wichtigsten Stützen des Staatsgebäudes und zum Bollwerk gegenüber externen Änderungsvorschlägen werden. Die Rechnung ging auf, das System sollte noch über das Ende der Habsburgermonarchie hinaus funktionieren: Die bürokratisierte Hierarchie belohnt Anpassung und Unterwürfigkeit mit Aufstieg, verringert die geistige Vielfalt auf Grundlage eines Normenkatalogs, entzieht sich auf diese Weise der Kritik und führt unbehelligt von außen ein mitunter seltsames Eigenleben.

Im Sinne des josefinischen Zentralismus wurde außerdem eine umfassende Justizreform durchgeführt. Sie orientierte sich zwar an humaneren Grundsätzen als noch unter Maria Theresia, enthielt aber immer noch Relikte mittelalterlicher Grausamkeiten. Für überkommen und vor allem seinen Interessen zuwiderlaufend hielt Josef den Einfluss der Stände, den er kontinuierlich beschnitt. War der Wiener Hof früher aus finanziellen Gründen auf die Kooperation mit den Eliten, das heißt den Ständen der Länder angewiesen, strebte Josef nunmehr danach, sich von diesem Konsenszwang zu befreien. Der Abbau ständischer Einrichtungen und der Verlust traditioneller Sonderstellungen der einzelnen Länder erregten freilich die Gemüter. Zwar war der Protest der Stände rückwärtsgewandt und zielte auf die Wiederherstellung eines feudalen Partikularismus ab, doch war auch Josefs Haltung in vielerlei Hinsicht bedenklich. Der Kaiser verfuhr ohne jede Rücksicht. Vor allem die Ungarn brachte Josef gegen sich auf. Sein Versuch, ständische Institutionen zu amtsführenden staatlich konzessionierten Verwaltungsorganen zu machen, scheiterte schließlich nicht nur am Veto der Adelsvertretungen, sondern auch an seinem despotischen Befehlsreformismus. Seine kompromisslose Politik führte dazu, dass die antihabsburgische Stimmung der Magyaren in offenen Aufruhr umzuschlagen drohte. Die Abspaltung

Ungarns musste befürchtet werden. Josefs Nachfolger, sein Bruder Leopold, hatte große Mühe, die Magyaren bei der Stange zu halten. Erst nach zähem Ringen erreichte er, dass der ungarische Reichstag als Preis für die kaiserlichen Zugeständnisse sogar eine Garantie für die Untrennbarkeit und Unteilbarkeit der Gesamtmonarchie abgab.

Josef hingegen besaß kein diplomatisches Geschick. Das zeigt sich auch am Beispiel seiner Beziehung zur Aristokratie. Ohne an seine eigene durch Geburtsrecht abgesicherte privilegierte Stellung zu denken, verdammte er den „ererbten" Müßiggang der Oberschicht, ihre Vorrechte und vor allem ihren mangelhaft ausgeübten Dienst am Staat. Überall witterte Josef Unterschlagung, Faulheit und Protektionswirtschaft. All die Herrschaften „von" und „zu", schienen ihm zu rückständig und zu einflussreich. Besonders erregte ihn der Umstand, dass selbst geistig Minderbemittelte, kamen sie nur aus dem Adel, ohne Aufhebens mit diversen Ämtern betraut wurden. (Sein eigener Nachfahre, der geistig behinderte Kaiser Ferdinand, hätte ihm da wenig Freude bereitet.) Josef übersah, dass gerade das erbrechtlich gestützte monarchisch-dynastische Prinzip den Richterspruch der Vernunft hartnäckig scheute. Nicht nur die Aristokratie, sondern auch das allerhöchste Haus ignorierte leistungsbedingte Bewertungsmaßstäbe. Bei aller sicher nicht unberechtigten Kritik am adeligen Lebenswandel verabsäumte er es, Differenzierungen vorzunehmen. Der Kaiser schien beiseite zu schieben, dass in den Wiener Zentralen Fürsten und Grafen saßen. Ebenso verdrängte er, dass er Zerstreuung nicht nur bei Damen des Gewerbes oder Dienstmädchen suchte, sondern auch bei verschiedenen Damen der Hocharistokratie, die ihre Privilegien für selbstverständlich hielten und eine standesgemäße Überheblichkeit an den Tag legten.

Josef ging zum Entsetzen der Eliten unverhältnismäßig streng gegen Rechtsbrecher aus dem Adel vor, und verlor darüber das Maß. Sein beim Egalitarismus der Aufklärung Anleihe nehmendes Strafjustizwesen war ein gewaltiger Schritt vorwärts in Richtung einer modernen Gesellschaft. Doch unterschätzte Josef die Nachhaltigkeit traditioneller hierarchischer Strukturen. Selbst für jene, die davon profitierten, war das Gleichheitsprinzip gewohnheitsbedürftig und stellte zu allererst eine Beunruhigung für eine Gesellschaft dar, die ungleicher nicht sein konnte.

Der Kaiser hatte niemals einen Sinn für Übergangs- oder Einschleifregelungen. Hinzu kam seine geradezu zwanghafte Lust, andere vor den Kopf zu stoßen oder den starken Mann hervorzukehren. Ebenso wie er es genoss, dem ob seiner Religionspolitik nach Wien geeilten Papst unverrichteter Dinge wieder abreisen zu lassen, bereitete es ihm auch Genugtuung, der Aristokratie seine Macht zu demonstrieren.

Ungeteile Freude riefen nicht einmal seine zu Gunsten der Landbevölkerung eingeleiteten Reformen hervor. Die Rechtssicherheit der Bauern wurde zwar wesentlich verbessert und die Robotleistungen reguliert, doch die Aufhebung der Erbuntertänigkeit rührte noch nicht an den Strukturen der bestehenden Feudalordnung. Josef erweckte mit seiner „gemäßigten Form der Untertänigkeit" Hoffnungen, die er nicht erfüllen konnte.

Als sich 1784 in Siebenbürgen, wo die Leibeigenschaft noch in Kraft war, rumänische Bauern gegen die magyarischen Grundherren erhoben, stand der „König mit Hut", wie Josef ob seiner verweigerten Krönung in Ungarn genannt wurde, auf der Seite der Mächtigen. Die Hinrichtung der Anführer war von ausgesuchter Scheußlichkeit und stellte einen eklatanten Verstoß gegen die Prinzipien der Humanität dar: Die Gliedmaßen wurden ihnen „bei lebendigem Leib zerschmettert, dann wurden ihnen die Eingeweide herausgerissen. 2000 Bauern mussten dem blutigen Spektakel zusehen, weitere 150 wurden abgeurteilt."[25] Im Jahr darauf allerdings hob Josef in Siebenbürgen die Leibeigenschaft auf. Der Kaiser blieb in den Augen der Bauern eine Lichtgestalt. Seine Verehrung als Bauernbefreier erreichte im 19. Jahrhundert einen Höhepunkt, zu einer Zeit, als kein Herrscher in Sicht war, der die Anliegen der Agrarbevölkerung vertrat.

Auf dem Sterbebett nahm Josef die meisten seiner Reformen, die sich angesichts der mächtigen Opposition in Ungarn und anderen Gebieten nicht verwirklichen ließen, zurück und hinterließ aus der Sicht seines Bruders und Nachfolgers Leopold einen Scherbenhaufen.

Sein Tod im Jänner 1790, von manchen bereits ersehnt, von anderen tief betrauert, ist eines jener vielen Ereignisse, die im Zusammenhang mit der Lebensfähigkeit der Habsburgermonarchie als Anfang vom Ende bezeichnet werden. Die Behauptungen, dass mit Josef die Zukunft der Monarchie begraben wurde oder dass er selbst Totengräber des Habsburgerreiches gewesen sei, sind jedoch nicht schlüssig. Josef war vor allem ein „Aufreger", jemand, der Experimente am lebenden Körper vornahm, ohne die Folgen zu berücksichtigen. Sein Fortschrittsglaube hatte keine Bodenhaftung und unterschätzte die mentalitätsbedingte Resistenz seiner Untertanen gegenüber Neuerungen. Am Ende hinterließ er eine Ordnung, die in vieler Hinsicht befreiender, in vieler Hinsicht aber auch bedrückender war als die alte.[26]

Das vielleicht härteste Urteil über Josef kommt von seiner Mutter. Laut Maria Theresia war ihr Sohn eine „Kokotte des Geistes", ein Mensch, der planlos jene Ziele verfolgte, die sich ihm gerade anboten. Seine „Vielregiererei" war Resultat spontanen Reagierens auf eine jeweils in sein Blickfeld geratene Situation. Josef war ein überforderter, wenn auch begabter Despot. Dass am Ende „seiner" Aufklärung wieder das goldene Kalb stand, kann man ihm nicht anlasten. Doch Josefs Erneuerungswillen zu würdigen, sollte nicht heißen, diesen „aufgeklärten" Herrscher des Absolutismus zu verklären.

Beispiele allerhöchster Güte und Gerechtigkeit – Okkupation als Verbrechen

Besatzungspolitik in Kurbayern oder: Die Amputation des österreichischen Heldenarms

Kurfürst Maximilian II. Emanuel von Bayern hatte sich im Spanischen Erbfolgekrieg gemeinsam mit seinem Bruder Josef Clemens, Kurfürst von Köln und Fürstbischof von Lüttich, gegen die Habsburger und für Frankreich entschieden. Der Versuch Max Emanuels, sich im Sommer 1703 die gefürstete Grafschaft Tirol zu unterwerfen, misslang. Die österreichischen Armeen konnten hingegen Erfolge verbuchen und besetzten noch im gleichen Jahr die Oberpfalz, wo sie eine österreichische Verwaltung einrichteten. Auch 1704 standen die militärischen Operationen des bayrischen Kurfürsten unter einem ungünstigen Stern: Ein Vorstoß auf oberösterreichisches Gebiet wurde bald zurückgeschlagen, das vereinigte bayrisch-französische Heer in der Schlacht von Höchstädt am 13. August 1704 besiegt. Max Emanuel floh mit den geschlagenen Verbänden über den Rhein. Die Regierungsgeschäfte des Kurfürstentums übertrug er für die Zeit seiner Abwesenheit seiner Gattin Theresia Kunigunde.[1]

Die Kurfürstin beschloss, auf Anregung der bayrischen Stände mit Kaiser Leopold I. in Verhandlungen zur Beendigung der Kampfhandlungen zu treten, da eine Weiterführung des Krieges aussichtslos erschien. Der Kaiser hatte bereits im Hochgefühl des Sieges von Höchstädt den Oberbefehlshaber Eugen von Savoyen aufgefordert, „Bayern völlig in seine Devotion und seinen entkräfteten Aerario zu gedeihlichem Nutzen zu bringen."[2] Dementsprechend musste Bayern am 7. November 1704 im Vertrag von Ilbesheim alle von Österreich geforderten Punkte akzeptieren. Das bayrische Heer war zu demobilisieren. Die Festungen und sämtliches Kriegsmaterial mussten an die österreichische Armee übergeben werden. Aus den kaiserlichen Erbländern geraubte Güter waren zurückzustellen. Als schwerwiegendste Bestimmung kam der gesamte Kurstaat mit Ausnahme des Rentamts München, das der uneingeschränkten Landeshoheit der Kurfürstin verblieb, unter die Verwaltung Österreichs, welches hierfür die „Generalamtssubstitution" als oberste Behörde installierte.[3]

Für die habsburgische Kriegsmaschinerie war die verwaltungsmäßige Unterstellung Bayerns ein Glücksfall. Nun bot sich Gelegenheit, große finanzielle Lücken, die der Krieg dem Staatshaushalt bereitet hatte, zu schließen. Dazu war es allerdings erforderlich, das Land finanziell völlig auszuplündern.

Mit Bekanntmachung vom 15. Dezember 1704 wurde den okkupierten Gebieten für das Jahr 1705 eine Beitragsleistung zum Unterhalt der Besatzungsbehörden und -truppen in Höhe von unglaublichen 3.150.000 Gulden aufgebürdet. Mittels exzessiver Gewaltanwendung stellte man sicher, dass diese Summe tatsächlich aufgebracht werden konnte.[4] Am 20. Dezember erließ Prinz Eugen ein „Verpflegsreglement". Damit wurde die verpflichtende Einquartierung österreichischer Truppen bei Einheimischen nach dem Grundsatz geregelt, dass der Quartiergeber nicht nur den bei ihm untergebrachten Soldaten Geld- oder Naturalleistungen zu erbringen, sondern auch wöchentlich Geldbeträge an das Generalkriegskommissariat abzuliefern hatte. Zugleich stieg die Zahl der Ausschreitungen einquartierter Soldaten gegen die bedrängte Bevölkerung. Die Berichte über die furchtbaren Exzesse der österreichischen Soldateska, die von den bayrischen Landständen nach Wien gesandt wurden, konnten vom Kaiser bald nicht mehr ignoriert werden. Deshalb sollte die Besatzungsverwaltung einer Reform unterzogen und mit Fachleuten statt Generälen besetzt werden. An die Spitze der neuen Zivilverwaltung („Administration") wurde im April 1705 der Diplomat Graf Löwenstein berufen. Bei aller Grauenhaftigkeit der folgenden Ereignisse, in die er verstrickt wurde, gilt es festzuhalten, dass Löwenstein sich durch seinen Einsatz für die bayrische Bevölkerung und die Linderung ihrer Qualen einsetzte, womit er sich wohltuend vom Kaiser, von Prinz Eugen und deren Beratern unterschied.[5] Das Hauptaugenmerk der österreichischen Okkupationsbehörden blieb auf die Eintreibung der Kontributionen gerichtet. Nebenbei sollte das kurbayrische Rentamt München mit Hilfe von Spitzeln streng überwacht werden, da von dieser Region nach Meinung des Statthalters noch immer eine Bedrohung für Österreich ausging.

Im Februar 1705 hatte auch die Kurfürstin Bayern verlassen. In Abwesenheit der Regentin ergriff Josef I. die Gelegenheit, das bisher nach dem Ilbesheimer Vertrag ausgespart gebliebene Rentamt München in die Administration zu integrieren, womit auch dieses Gebiet der Kriegskontribution unterworfen werden konnte. Der diesbezügliche Entschluss wurde vom Kaiser im Mai 1705 gefasst. Unter verschiedenen Vorwänden wie dem Vorwurf des Hortens von Waffen und der Nichteinhaltung verschiedener Waffenstillstandsbedingungen erschienen am 15. Mai kaiserliche Truppen unter General Gronsfeld vor den Toren Münchens, brachten Artillerie in Stellung und forderten die Übergabe der Stadt, die tags darauf erfolgte.[6]

Eine aus Wiener Sicht ungünstige Entwicklung der militärischen Lage auf dem oberitalienischen Kriegsschauplatz nötigte Prinz Eugen, im Sommer 1705 beim Wiener Hofkriegsrat um dringende Verstärkungen anzusuchen. Der Kaiser entschied, dass das unter österreichischer Verwaltung stehende Kurfürstentum Bayern neben massiven Steuererhöhungen mittels Truppenaushebungen im Umfang von vorerst 3000 und später 6000 Mann den hierzu entscheidenden Beitrag zu leisten hätte. Es handelte sich bei dieser Vorgangsweise um einen eklatanten Rechtsbruch Habsburgs, denn das Erzhaus Österreich hatte vom Reichstag in Regensburg die Verwaltung Bayerns nur mit der ausdrücklichen Auflage übertragen bekommen, dass lediglich Steuern zur Aufstellung eines kurbayrischen Kontingents für die Reichsarmee von der Bevölkerung eingetrieben werden dürften.

Die Administration versuchte den Wiener Hof in einem Schreiben vom 17. August 1705 von seinen Entschlüssen abzubringen, weil die Erfahrung gelehrt habe, „dass die Landesbewohner bei Zwangsmittel nachdem sie ohnehin gegen die kaiserlichen Truppen einen eingepflanzten Hass tragen, dass wenn ihnen nur die geringsten favorablen Conventiien zu statten kommen könnten, sie bald mit der in der Brust liegenden Desperation losbrechen und für ihren Churfürsten alle extrem tentieren würden“.[7] Hinzu kam, wie es weiter hieß, dass es nicht ungefährlich wäre, Leute mit Waffen auszustatten, die dem Erzhaus feindselig gegenüberstünden.[8]

Die Bitte Löwensteins wurde mit dem Bemerken abgeschmettert, dass allenfalls entstehender Unwille des Volkes als „normale Begleiterscheinung“ bei Zwangsaushebungen bewusst einkalkuliert würden.[9] Auch Prinz Eugen verschloss sich den Warnungen der Zivilverwaltung wegen der obwaltenden „Notwendigkeit“, und so blieb Löwenstein nichts anderes übrig, als die Aushebung durchzuführen. Diesbezügliche Versuche misslangen allerdings. Die meisten der dafür in Frage kommenden jungen Männer hatten sich den Rekrutierungskommissionen bereits durch Flucht in die Reichsstädte oder ins benachbarte Ausland entzogen. Die Administration konnte bis Ende Oktober nur der kleinen Zahl von 750 Männern habhaft werden. Diese waren unterwegs von Soldaten überfallen und verschleppt worden. Wien drang indes unbekümmert auf Fortsetzung der Aushebung.[10]

Als es dann in Teilen Niederbayerns zu Unruhen kam, plädierte Josef I. für die Fortführung der Steuer- und Militärpolitik im okkupierten Kurstaat und die möglichst rasche gewaltsame Unterdrückung der Rebellion. Erst die Gefahr einer weiteren Eskalation zwang den Kaiser zur einstweiligen Rücksichtnahme. Er empfing eine Abordnung der Stände und ließ Kontakte mit den aufbegehrenden Bauern herstellen. Zugleich ordnete er die Konzentration starker, kurzfristig verfügbarer Streitkräfte an, um der Lage in Bayern schnell und mit Gewalt wieder Herr werden zu können.[11]

Begonnen hatte die Erhebung Ende Oktober 1705 im Rentamt Burghausen, wo sich die Empörung der Bevölkerung gegen bayrische Beamte richtete, welche die Rekrutierungsmaßnahmen unterstützt hatten. Bis Mitte Dezember 1705 wurden die mit geringen kaiserlichen Besatzungen belegten Städte Braunau, Burghausen, Kelheim und Schärding von improvisierten, schlecht bewaffneten Scharen eingenommen. Daran hatten nicht nur Bauern, sondern Angehörige verschiedenster sozialer Schichten Anteil.

Während man von Wien aus der bayrischen Garnison allmählich Truppenverstärkungen zuführte, wurden die Aufständischen von der bayrischen Zivilverwaltung abwechselnd beschwichtigt und bedroht.[12] Am 18. Dezember ging die Besatzungsmacht zur Gegenoffensive über und konnte Kelheim überfallsartig einnehmen. Ein Großteil der Rebellenbesatzung wurde getötet, die übrigen Aufständischen nahm man gefangen. Eine Woche später wurde bei der Ortschaft Sendling südlich von München ein Bauernheer, das gegen die Zusage des freien Rückzugs durch den österreichischen Kommandanten bereits seine Waffen abgelegt hatte, von der entfesselten Soldateska angegriffen und bis auf kleine Reste niedergemacht. Dabei wurden zwischen 2000 und 3000 Menschen ermordet. Ein linientreues Journal kommentierte diese entsetzlichen Grausamkeiten mit den Worten: „Es wurde aber nicht nur mit Cavallerie und Infanterie gleich nach gesezet, unter Wegs etliche 100. niedergehauen, und mit jenen das Dorff Sendlingen umringet, sondern auch der in disen Winters-Zeiten wegen dises Aufstands hart strappazirte, und deßwegen über das Bauren-Volck sehr ergrimmte Soldat fast nicht abzuhalten ware, alles massacrirt, biß auf 400. meistens elendig Blessirte, so als Gefangene in hiesige Stadt [München] gebracht, und weilen biß zu veranstalteter Unterbringung sie einige Zeitlang auf der Gassen stehen müssen, zum abscheulichen Exempel der Untreu vor Augen gestelltet worden."[13] Ein letzter „Bauernhaufen", der sich zur Schlacht gestellt, jedoch bald die Flucht ergriffen hatte, wurde am 8. Jänner 1706 nahe Aidenbach vollkommen vernichtet, wobei die Zahl der toten Rebellen auf 4000 bis 5000 geschätzt wurde. Ein Augenzeuge: „Dieses Massakriren hat in einem continuo ungefähr von halber 12 Uhr mittags, bis gegen 4 Uhr abends gedauert, also, dass diese Niederlage der vom hl. Christtag bei München vorangegangenen weit überlegen und ist gewiss, dass der wenigste Teil von diesem rebellischen Volke davongekommen."[14] Im Laufe des Monats Januar 1706 konnten die Kaiserlichen Braunau, Burghausen und Schärding zurückerobern. Zahlreiche Ortschaften waren durch die Kampfhandlungen arg in Mitleidenschaft gezogen oder eingeäschert worden. Die gefangenen Rädelsführer wurden von den Administrationssekretären Unertl und Wettstein Verhören unterzogen.[15] Am 29. Jänner enthauptete man die ersten zum Tode Verurteilten, Abel und Clantze. Der Delinquent Kittler wurde zusätzlich gevierteilt „und die Stücke in den vier Rent-Aembtern an Schnell-Galgen aufgehenckt, der Kopff aber auf den Iser-Thurn, welchen die Rebellen in der Christnacht eingenommen gehabt, an einer Spitze aufgesteckt.“[16] Weitere Hinrichtungen erfolgten im Frühjahr 1706. Andere mussten ihre Teilnahme am Aufstand mit Kerkerstrafen büßen.[17]

Aus Furcht vor weiteren Empörungen folgte dem Strafgericht eine Phase der Mäßigung. Am 8. Februar setzte man die Steuerleistung für dieses Jahr auf 2.250.000 Gulden herab, wobei die neue Belastung hauptsächlich auf die „rebellischen“ Rentämter Burghausen und Landshut abgewälzt wurde. Die Zwangsrekrutierungen hörten mit 16. Februar 1706 auf.[18]

Die österreichische Administration Bayerns wurde infolge der Friedensschlüsse von Rastatt und Baden am 25. Jänner 1715 beendet.

Zweifelhafte Persönlichkeit

Franz (1768–1835)

Franz ist jener Habsburger, der sich sowohl Franz I. als auch Franz II. nennen konnte. Als Franz I. war er ab 1804 erster österreichischer Kaiser und bis 1806 durfte er sich als Franz II. in die Liste der Kaiser des Heiligen Römischen Reiches einordnen.

Wie der „gute Kaiser Franz" zu seinem Sympathie erweckenden Beinamen kam, ist nicht nachvollziehbar. Die Hälfte seiner mehr als vierzig Jahre währenden Regentschaft wurden Kriege geführt, im Gefolge derer eine Finanzkrise die nächste ablöste. Selbst im Privaten zeichnete sich der hölzern wirkende Monarch weniger durch Güte als durch ein geradezu bestürzendes Phlegma aus. Den Tod seiner ersten drei Frauen verwand er durch schnell folgende Neuvermählungen. Ein tolerantes, offenes Wesen ist ihm ebenso schwer anzudichten wie bestechende Intelligenz oder sprühende Energie.

Aktuelle Franz-Biographien gibt es keine, und auch in der Vergangenheit erschien nur eine Handvoll ernstzunehmender Bücher über diesen Habsburger. Ist dieses Desinteresse mit der Figur des scheinbar alles überschattenden Metternich zu begründen oder einfach nur damit, dass der Mythos vom guten Kaiser eine Art Ablenkungsmanöver ist, um den Blick auf den Monarchen gar nicht zu vertiefen?

Der für gewöhnlich mit der angeblich so beschaulichen Lebenswelt des Biedermeier in Verbindung gebrachte erste österreichische Kaiser wurde und wird nicht nur als vorbildlicher Familienmensch gepriesen. Gern wird er auch in die Rolle des wohlmeinenden, mit Weitblick gesegneten „Vaters aller seiner Völker" gedrängt, der im Angesicht des aufkommenden Nationalismus in Europa einen wesentlichen Beitrag zur Idealisierung des Erzhauses leistete. Die österreichische Historiographie, die nach 1945 zum Teil in biedermeierlicher Beschaulichkeit verharrte, reinigte die habsburgische Vergangenheit im Säurebad anekdotenhaft und detailreich aufbereiteter Darstellungen von allen dunklen Flecken. Stets hatte man harmonisierende Finalsätze parat, um allzu augenfällige Widersprüche zu glätten. So gelang es, das Vielvölkerreich der Habsburger zur „Insel der Seligen" und die Habsburger selbst zu „reinen Lamperln" zu stilisieren, unablässig bedroht von den nationalen Egoismen der übrigen europäischen Mächte. Da man darüber hinaus ein moralisches Bewertungsmodell bemühte, schienen die Habsburger stets gut, der Rest der Welt aber jederzeit auf die Zerstörung der suggerierten multinationalen Bilderbuchidylle bedacht und damit schlecht gewesen zu sein. Während sich die Monarchie bewusst als supranationaler Staat profilieren wollte und musste, war das Oberhaupt, der Kaiser, weder in überzeugender Weise „anational", „supranational" oder sonst wie über die Dinge erhaben. (Immerhin betonte noch Kaiser Franz Josef, ein „deutscher Fürst" zu sein.) Franz war ab 1792 Römisch-Deutscher Kaiser. Obgleich er diesen Titel „nur" 14 Jahre trug und überdies gering schätzte, fehlte es auch seinem „Österreichertum" an Glaubwürdigkeit. Manche Kritiker behaupteten zu Beginn des 19. Jahrhunderts, das Heilige Römische Reich sei bloß „ein Staat in Gedanken und kein Staat in der Wirklichkeit".[1] Österreich drohte ein ähnliches Schicksal.

Den Volkskaiser Franz interessierten seine Untertanen nur, solange er lenkbare Schäfchen vor oder besser unter sich hatte. Vor dem Hintergrund der ideellen Mobilisierung der Massen im Gefolge der Französischen Revolution erfolgte die Schöpfung eines gegen Frankreich gerichteten österreichischen Patriotismus. Letzterer hob die Bedeutung des einzelnen für den Staat in einer Weise hervor, die über die Loyalität zum Herrscherhaus hinauszureichen drohte. Unübersehbare Gefahren ergaben sich daraus für die Position des Kaisers. Franz fürchtete die Verselbständigung eines Experiments, das in Richtung der zutiefst verabscheuten Volkssouveränität abdriften konnte. Der Monarch gedachte wohl eher, das Phänomen der ganz Europa in Atem haltenden Nationenwerdung auszusitzen. Österreich war gleichzusetzen mit Habsburg. Das sollte auch so bleiben.

Die österreichische Kaiserkrone lastete schwer auf seinem Haupt. Franz hatte keine rechte Freude mit ihr, war sie doch eigentlich eine Verlegenheitslösung gewesen. Nur ein erbliches Kaisertum schien im denkwürdigen Jahr 1804, als der schier übermächtige Napoleon Bonaparte sich gleichsam zum „Gegenkaiser" ausrufen ließ, der Gefahr vorzubeugen, zum Vasallen eines französischen Universalherrschers zu werden. Als Napoleon dann Österreich überrannnte, war diese österreichische Kaiserkrone aber letztlich ein schwaches Gegenmittel, um sich den Korsen vom Leib zu halten. Immerhin ließ dieser, erstaunlich genug, den Habsburger in Amt und Würden. Trotzdem: Auch Bonapartes Abgang von der Weltbühne trug nicht dazu bei, den Monarchen in Wien die Umstände, denen er den neuen Titel zu verdanken hatte, vergessen zu machen. Auf das Krönungszeremoniell verzichtete er.

Franz war das erste Kind Leopolds II. und der spanischen Königstochter Maria Ludovica. Seine Geburt soll Maria Theresia zu einem Freudensausbruch verleitet haben, der bis heute als Beweis ihrer Ungezwungenheit und Impulsivität herangezogen wird: „Der Poldl hat an Buam!" Mehr noch als die Verzückung einer frisch gebackenen Großmutter ist aus diesem Begeisterungsschrei die Abhängigkeit der Dynastie von der Existenz eines männlichen Erbens herauszuhören. Wer hätte das besser gewusst als Maria Theresia! Ihr Ausruf ist jedenfalls fixer Bestandteil jeder Maria Theresia- oder Franz-Biographie und wäre er nicht authentisch, man müsste ihn erfinden.

Der Onkel, Josef II., äußerte sich kritisch über den Charakter des kleinen Franz. Der streitbare Josef war nicht besonders angetan von der Entwicklung seines Neffen, fand ihn heuchlerisch und leidenschaftslos und hielt ihn zunächst eher geeignet für eine mittelmäßige Karriere als Geistlicher denn für die Position eines künftigen Regenten. Als hinterhältig bezeichnete ihn auch sein Erzieher, und selbst der Vater beklagte sich über den Hang des Sohnes, andere zu täuschen und zu hintergehen.[2] Mit diesen wenig einnehmenden Eigenschaften ausgestattet, dürfte es Franz später nicht allzu schwer gefallen sein, sich am Auf- und Ausbau des in seiner Ära perfektionierten Polizei- und Spitzelwesens zu beteiligen.

Dieses sollte Österreich von den Einflüssen der Französischen Revolution bewahren, und das, obwohl sein Vater Leopold das Szenario einer fundamentalen sozialen Umwälzung nach französischem Beispiel gerne benützte, um den Ständen des eigenen Reichs das Fürchten zu lehren. Man musste, dachte der schlaue Leopold offenbar, die Französische Revolution nicht unbedingt verteufeln, um sich gegen ihr Ideengut zu wehren.[3] Dass er der „erste konstitutionell gesinnte Herrscher, den die europäische Geschichte kennt"[4], war, änderte nichts daran, dass es seinem politischen Glaubensbekenntnis an Praxisbezogenheit fehlte und die Französische Revolution viele seiner erstaunlich modernen Grundsätze in den Hintergrund drängte. Die inneren wie äußeren Verhältnisse machten den Kraftakt einer „Revolution von oben" unmöglich. Leopold war nicht dafür zu haben, bei der Auflösung der Monarchie den Vorsitz zu führen. Er wollte geordnete Verhältnisse. Daher war ihm auch daran gelegen, die „Folgsamkeit des Unterthans"[5] sicherzustellen. In diesem Sinne waren „alle elenden Animositäten freiheitssüchtiger Brausköpfe und gemieteter Schnapphähne gegen Regierungen und Regenten" streng verboten. „Dem Revolutionsungeheuer" sollten, in Anspielung auf profranzösische Druckschriften, auf österreichischem Boden „keine papierenen Altäre gebaut"[6] werden. Dafür hatte die Zensur zu sorgen.

Seinen Sohn Franz, der bereits bei seinem Onkel Josef als „Kaiserlehrling" Bekanntschaft mit Verwaltungsangelegenheiten gemacht hatte, hielt er nicht von den Staatsgeschäften fern. Im Gegenteil. Leopold sorgte dafür, dass Franz die Möglichkeit bekam, in die Rolle eines künftigen Herrschers hineinzuwachsen. Allein es blieben keine zwei Jahre Zeit. Leopold starb, und Franz, der kurz nach Regierungsantritt eine Kriegserklärung Frankreichs in Händen hielt, schickte sich an, dem aufgeklärten Absolutismus der vergangenen Jahrzehnte das mildernde Adjektiv zu nehmen.

Im Kampf gegen die Revolution holte sich nicht nur Österreich, sondern bald ganz Europa kalte Füße. Erfolglos blieb Franz auch im Osten, wo Preußen und das Zarenreich 1793 die zweite Teilung Polens ohne Habsburg vollzogen. Franz blieb so das schlechte Gewissen erspart, das seine Großmutter bei der ersten polnischen Teilung geplagt hatte. Zwei Jahre später durfte sich auch der Österreicher bedienen. Diesmal aber waren die Preußen verstimmt, schieden in der Folge für einige Jahre aus dem Krieg gegen Frankreich aus und kehrten zur alten Feindschaft mit den Habsburgern zurück.

In wechselnden Koalitionen, bei denen Österreich nur einmal fehlte, versuchten die europäischen Mächte, die revolutionären Franzosen zur Räson zu bringen. Was Franz außerhalb seines Reiches gründlich missglückte, gelang ihm im Innern umso besser. Schon unter seinem Vater war das „Jacobinerriechen und das Denunzieren vermeintlicher Umstürzler [...] schwunghaft betrieben“[7] worden. Der Sohn übertraf ihn aber bei weitem. Es reichte, als „Neuerer“ verdächtigt zu werden, und schon war man der „Gerechtigkeit“ des Regenten ausgeliefert. Mit den Todesurteilen, die in den sogenannten Jakobinerprozessen ausgesprochen wurden, entschied sich der damals noch junge Herrscher deutlich für ein geistfeindliches, durch und durch reaktionäres Klima. Diese Brutalität gegenüber Andersdenkenden war die Basis für den Machterhalt eines ob der einstürzenden Weltordnung zutiefst verunsicherten und misstrauischen Autokraten.

Barbarisch nannte man die Franzosen, deren Motto „Gleichheit, Freiheit, Brüderlichkeit“ angesichts einer überhand nehmenden Gewalt zunehmend desavouiert wurde. In Österreich, wo man die öffentliche Meinung, ohnehin ein zartes Pflänzchen der Aufklärung, allmählich kompostierte, war bald niemand mehr da, um die Hinrichtungen der „Jakobiner“ als grausames Spektakel zu brandmarken. Während die Franzosen ihre eigene Revolution guillotinierten und eine Schreckensherrschaft gegen die nächste tauschten, hätte der österreichische Monarch seinen Untertanen am liebsten den Kopf vom Rumpf getrennt, um nur ja das Denken abzuschaffen. Dass er von den Ideen der Aufklärung unberührt blieb, zeigte sich auch in seiner Art, Fremdes und Unbekanntes zu behandeln. Den Freimaurer und afrikanischen Königssohn Angelo Soliman ließ der begeisterte Sammler Franz nach dessen Ableben kurzerhand ausstopfen. In der Folge präsentierte der Kaiser seine „Trophäe“ in einer naturwissenschaftlichen Kollektion gemeinsam mit einem Wasserschwein und Sumpfvögeln.[8]

Eine exotische Erscheinung war in Franz' Augen auch der Emporkömmling Napoleon Bonaparte. Während der Korse, der sich bis an die Spitze Frankreichs vorkämpfte, die europäische Landkarte laufend veränderte und die altehrwürdigen Adelsgeschlechter Europas bald nach Belieben absetzte, beharrte der vom Gottesgnadentum durchdrungene Habsburger auf dem Prinzip der Legitimität. Diese war sein Fetisch und der einzige Trumpf, den er letztlich gegen den Größenwahn Napoleons in Händen zu halten glaubte. Im Übrigen hielt er es aber mit Ludwig XIV., der von sich behauptet hatte: „Der Staat bin ich."[9] Franz war es schier unmöglich, seine Person und den Staat getrennt voneinander zu betrachten. Diese Verschmelzung von Staat und Person nahm er als gegeben hin. Eine stärkere und ausdrückliche Identifikation fand auf rechtlicher Ebene statt: 1811 „schenkte" er dem Volk das Allgemeine Bürgerliche Gesetzbuch. An einen Verfassungsstaat hatte der Kaiser allerdings niemals gedacht. Österreich zu einem Rechtsstaat zu machen, war das äußerste Zugeständnis, zu dem der Kaiser bereit war. Dass Österreich wie so oft auch in dieser Hinsicht andere europäische Staaten lediglich nachahmte, störte Franz wenig. Reformbedarf war allerorten zu konstatieren. Die österreichische Verwaltung versank im Chaos ungeklärter Kompetenzen; die Armee aufgrund nicht enden wollender Finanzprobleme ebenfalls. Eigentlich liebte der Kaiser aber geordnete Verhältnisse: Gut war, wer ihm gehorchte, schlecht, wer Zweifel an der allein selig machenden Weisheit des Erzhauses anmeldete. Franz, ausgestattet mit dem Gerechtigkeitssinn des Despoten, pardonierte niemanden, der seine Position zu hinterfragen wagte.

Auch Klemens Graf Metternich, der sich ab 1821 Staatskanzler nennen durfte, kannte seine Grenzen: Franz schickte andere vor, um seine chronische Unentschlossenheit zu verschleiern, entschied aber stets alleine. Ohrenbläser gab es freilich schon. Zu ihnen durften sich nicht zuletzt seine Ehefrauen zählen. Seine vergnügungssüchtige zweite Gattin, die mit Vorliebe alberne Lustbarkeiten auf Schloss Laxenburg inszenierte, wetterte gegen den „abscheulichen" Franzosen Bonaparte und ermunterte ihren Mann, weitere Soldaten gegen Napoleon ins Feld zu schicken.[10] Marie Therese hegte eine tiefe persönliche Antipathie gegen den Korsen, hatte er doch ihre Familie aus Neapel vertrieben. Hass auf Napoleon empfand auch Franz' dritte Ehefrau Maria Ludovica. Es erübrigt sich zu erwähnen, dass die Kaiserin tief religiös war und sich, wie viele Damen der Hocharistokratie, in Barmherzigkeit gegenüber den Armen übte. Frömmigkeit hat allerdings noch selten jemanden davon abgehalten, ungeliebten Dritten Pest und Cholera an den Hals zu wünschen, auch nicht die fragile Maria Ludovica, die jede Verständigung mit dem erfolgsverwöhnten Franzosen ablehnte, dessen Soldaten 1809 Wien bereits das zweite Mal besetzten.

Die territorialen Verluste, die Napoleon dem Habsburgerreich beibrachte, waren enorm. Auch der in der Schlacht bei Aspern siegreiche Erzherzog Karl, ein Bruder des Kaisers, änderte nichts daran, dass Österreich nun ganz der Gnade des „korsischen Emporkömmlings" ausgeliefert war. In Aspern fielen 20.000 österreichische Soldaten, ein hoher Preis dafür, dass sich ein Habsburger rühmen durfte, dem bisher unbezwungenen Napoleon die erste Niederlage zugefügt zu haben. Der Sieg aber hatte lediglich symbolische Bedeutung, militärisch-strategisch gesehen war er völlig irrelevant.

Ohne nachhaltige Wirkung blieb auch Erzherzog Karls Kritik am Zustand der Donaumonarchie. Karl beklagte, dass Österreich in Kunst und Wissenschaft, Industrie und Finanzwirtschaft sowie in etlichen anderen Sparten eklatanten Nachholbedarf hatte. Er sah das Land „durch die langwierigsten und blutigsten Kriege ermattet" und mit „Staatsschulden unablässig belastet." Alles, was im Bereich der Staatsverwaltung geschehen sei, beschränke sich „auf Palliativmittel, die noch obendrein sehr oft ihren Zweck verfehlen, [...] auf fragmentarische Arbeiten ohne alle Pläne, ohne alles System."[11]

Trotz dieser schonungslosen Diagnose seines Bruders fühlte sich Franz nicht veranlasst, einen Weg konsequenter Reformen zu beschreiten. Der Regent, ohnehin meist eifersüchtig auf seine nächsten Verwandten schielend, setzte auf Radikalkuren, mit dem Nebeneffekt, dass sich die Erfolge nur vorübergehend einstellten. Der 1811 verkündete Staatsbankrott, welcher den Finanzhaushalt des Staates sanieren sollte, verfehlte seine Wirkung. Anstatt die Krise zu beheben, blieb diese Österreich auch in den nachfolgenden Jahrzehnten erhalten. Freilich hatte die Oberschicht (auch die Kaiserin Maria Ludovica) angehäufte Reichtümer rechtzeitig in Sicherheit gebracht. Nicht wenige aus dem sogenannten einfachen Volk wurden hingegen durch die Geldentwertung um ihr bescheidenes Vermögen gebracht. Das Leben als Biedermann, das der allerhöchste Herr führte – so will es zumindest das Klischee und die im Auftrag der Habsburger gemalten Familienbildnisse – konnte sich in Wahrheit nur eine Minderheit leisten. Und Franz tat alles, um seine Familie standesgemäß zu versorgen. Er setzte durch, dass zur Deckung der daraus resultierenden Unkosten auch der Griff in die Staatskasse akzeptiert wurde.[12] Auf der anderen Seite gaukelte man den Menschen vor, der Kaiser lebe wie einer von ihnen – ja, schlechter noch.

Seit Jahrhunderten schon gehörte es zum Repertoire habsburgischer Selbstdarstellung, im abgetragenen Mantel inmitten eines blendenden Gefolges zu stehen. Dem Kaiser als Knecht aller Knechte Gottes mochte Bescheidenheit „wohl anstehen". Das „Gefühl vollständiger Überlegenheit gegenüber allen erdgebundenen Erscheinungen" erlaubte es den Angehörigen des Herrscherhauses, „den herzlich-einfachen Charme von Oberförstern im finsteren Wald über jeden Verirrten beruhigend zu verströmen."[13] Franz mimte den guten Patriarchen, empfing Bittsteller und lieh ihnen sein Ohr. Das Audienzzimmer wurde zum Nabel der Welt und suggerierte dem kleinen Mann, einen treu sorgenden Vater zum Oberhaupt zu haben. Diese „direkte" Monarchie sollte die Vorstellung vom Mitspracherecht des Volkes in den Hintergrund drängen und behilflich sein, politisch emanzipatorisches Gedankengut allmählich als gänzlich störendes, überflüssiges Beiwerk zu klassifizieren.

In Hinblick auf das Verhältnis zu Napoleon bahnte sich im übrigen in der Zwischenzeit eine angeblich typisch österreichische Lösung an: Man feierte Hochzeit. Als aber der Korse 1810 durch die Ehe mit der Kaisertochter Marie Louise versuchte, sich die fehlende Legitimität „anzuheiraten", vermochte zwischen dem Bräutigam und der Schwiegermutter keine familiäre Herzlichkeit aufzukommen. Maria Ludovica wollte in dem exkommunizierten Napoleon den Antichristen erkannt haben. Dass Seine Apostolische Majestät diesem Mann das Stiefkind zur Frau gegeben hatte, verzieh die Kaiserin ihrem Franz nur zögernd. Doch Marie Louise, deren wohlwollende Biographen von „ererbtem Temperament"[14] schreiben, wenn sie ihre Neigung zu Promiskuität meinen, fügte sich ohne große Probleme in ihre Rolle. Hinzu kam, dass die Ehe nicht von langer Dauer war. Maria Ludovica durfte bald aufatmen. Nach dem Feldzug Frankreichs gegen Russland, der in einem Fiasko endete, schien die Gelegenheit günstig, den ungeliebten Usurpator zu stürzen. „Siegen oder sterben" lautete die martialische Devise der Kaiserin. Das Sterben übernahmen zum Glück andere, und beim Siegen drängten sich die in der Regel militärisch unbegabten Habsburger gerne in die erste Reihe. 15.000 österreichische und Tausende weitere Soldaten der alliierten Streitkräfte verließen das Schlachtfeld von Leipzig nicht mehr.

1814, am ersten Jahrestag des Sieges über Napoleon, der seinen Untergang eingeleitet hatte, wusste Franz, was er den Veteranen der Völkerschlacht schuldig war. Sie wurden mit einem nahrhaften Menü abgespeist, das der Monarch höchst persönlich zusammengestellt hatte.[15] Sein „Hausmeistercharme" vertrug sich mit dem Denken einfacher Gemüter: Solange man das Volk – wie in diesem Fall – mit Krapfen fütterte, konnte man sie politisch mundtot machen. Bei den nicht gerade verwöhnten Armeeangehörigen schien sich diese Untertanenbehandlung erst recht anzubieten. Erst 1802 war die lebenslängliche Wehrpflicht abgeschafft worden. Danach reduzierten sich die Dienstjahre auf „nur" 10 bei der Infanterie, 12 bei der Kavallerie und 14 bei der Artillerie. Wieder erschien es ratsam, auf die Entwicklung im Ausland zu reagieren. Die allgemeine Wehrpflicht in Frankreich hatte die Österreicher genötigt, über einen weniger demotivierenden als den lebenslänglichen Militärdienst nachzudenken. Dennoch blieben militärische Erfolge weiterhin aus, und die Napoleonischen Kriege hinterließen ein Heer von sozial Entwurzelten, die nach dem Ausscheiden aus den Truppenverbänden in ein nur zu oft perspektivenloses Zivilleben entlassen wurden. Öffentliche Ausspeisungen konnten das Problem nicht lösen.

1815, nach einem Versuch Napoleons, die Macht zurückzuerobern, konnte Maria Ludovica triumphieren. Der unstete Korse wurde –

ohne Weib und Kind – auf eine Insel im Atlantik abgeschoben. Marie Louise und der erst vierjährige Sohn aus der Ehe mit dem Franzosenkaiser residierten wieder in Schönbrunn. Europa besann sich auf die Vorzüge des Ancien régime und die Habsburger, als Gastgeber des Wiener Kongresses, scheuten keine Kosten, um den anwesenden Fürsten und Diplomaten ein angenehmes Begleitprogramm nach ihrem schweren Tagewerk zu bieten. Die Aufgabe, einen Kontinent neu zu ordnen, war erwartungsgemäß nicht einfach, obwohl der Wunsch nach Rückkehr zum Status quo der Zeit vor den Koalitionskriegen ab 1792 alle Kongressteilnehmer zu einen schien. Dennoch musste man über geraume Zeit den Eindruck gewinnen, dass das Streben nach territorialem Zugewinn deren vordringlichstes Anliegen war.

Franz zog durchaus nicht den Kürzeren, als er Belgien und die Vorlande zu Gunsten einer Arrondierung in Galizien, Oberitalien und Dalmatien abgab. Außerdem fand er sich in einem Konzert von Mächten wieder, die versprachen, nationale und demokratische Bestrebungen gleichermaßen zu unterdrücken. Das entsprach ganz seinem Kurs. Sorgen bereitete ihm allerdings der eben erst geschaffene Deutsche Bund. Der Wunsch nach einem national geeinten Deutschen Reich vertrug sich nicht mit Habsburgs Bindung an einen multinationalen Staat. Franz hatte zwar 1806 unter französischem Druck das Heilige Römische Reich Deutscher Nation ohne großes Sentiment für aufgelöst erklärt. Er dachte aber nicht daran, Preußen die Vorrangstellung im Bund zu überlassen. Hatte man damals die alte Kaiserkrone zum Museumsstück gemacht, war man nun nicht bereit, die traditionelle Führungsrolle des Erzhauses in Deutschland aufzugeben.

In der Nachbetrachtung wertete man die Wiener Politik, einer nationalen Einigung der deutschen Staaten entgegenzuwirken, in Hinblick auf die weitere Entwicklung im 19. bis hin zur ersten Hälfte des 20. Jahrhunderts zuweilen als prophetisch. Kritische Stimmen weisen jedoch darauf hin, dass man dadurch weder das deutsche noch das italienische oder das polnische Problem einer Lösung näher gebracht hatte. Vielmehr habe die Vorgangsweise von Franz und seinem Kanzler Metternich nationale Bewegungen beschleunigt. Es ging den Habsburgern nicht um moralische Skrupel. Es ging ihnen – neben vielen anderen Gründen – um die Unmöglichkeit, den Regenten eines Vielvölkerreiches zur Galionsfigur der deutschen Einigung zu machen. Die Behauptung, dass sie mit ihrer nach innen und außen gerichteten antinationalen Politik nichts anderes als den oft beschworenen Reichsgedanken weitertragen wollten, mutet angesichts der 1806 eigenmächtig vollzogenen Auflösung des Heiligen Römischen Reiches sonderbar an. Die Donaumonarchie war kein harmlos gemütlicher Territorialkoloss, der eine politische Heilslehre anzubieten hatte. Es ging um Macht und um das Bestreben, diese zu erweitern oder wenigstens abzusichern.

Franz war jedenfalls nicht unglücklich darüber, dass der immer noch starke Partikularismus im Deutschen Bund das Projekt eines Nationalstaates vorläufig auf Eis legte. So vermied er die Feindschaft der anderen europäischen Großmächte, die selbstverständlich kein Interesse an einem erstarkenden Nachbarn hatten. Österreich konnte vorläufig seine Position im Großen und Ganzen behaupten, ohne allzu sehr von den Sehnsüchten deutschtümelnder Romantiker belästigt zu werden. Außerdem wurde auch der Deutsche Bund in den Dienst einer Politik gestellt, welche den Verfassungsliberalismus und die nationale Idee mittels Polizei und Zensur bekämpfte.

Nach dem Wiener Kongress war Franz erholungsbedürftig. Umso weniger war er bereit, auf ein trautes Familienleben zu verzichten. 1816 heiratete er, ein halbes Jahr nach dem Tod seiner dritten Gattin, die 24-jährige Wittelsbacherin Karoline Auguste. Diese übernahm – wie ihre Vorgängerin – „stiefmütterliche“ Pflichten, die sich auf die Kinder des Gemahls aus seiner zweiten Ehe erstreckten.

Schon Maria Ludovica hatte sich um die Erziehung der erzherzöglichen Söhne und Töchter gekümmert. Einen Problemfall stellte Kronprinz Ferdinand dar. Der Knabe, Opfer der habsburgischen Inzucht, war geistig und körperlich zurückgeblieben. Einer seiner Nachfahren, der 1914 in Sarajewo getötete Franz Ferdinand, fasste die Zwänge und Auswirkungen habsburgischer Vorschriften in Sachen Eheschließung so zusammen: „Wenn unsereiner jemanden gerne hat, findet sich immer im Stammbaum eine Kleinigkeit, die die

Ehe verbietet, und so kommt es, daß bei uns immer Mann und Frau zwanzigmal miteinander verwandt sind. Das Resultat ist, daß von den Kindern die Hälfte Trottel oder Epileptiker sind."[16] Zu letzteren gehörte Ferdinand. Den epileptischen Anfällen und Tobsuchtsausbrüchen des Thronfolgers versuchte man bisweilen durch Opiumgaben entgegenzuwirken, mit dem Effekt, dass dieser stundenlang unansprechbar blieb. Maria Ludovica, entsetzt über die bisher an Ferdinand erprobten Behandlungsmethoden, suchte nach einem geeigneten Erzieher für den behinderten Kronprinzen und fand ihn in Josef von Erberg. Es darf als grotesk bezeichnet werden, dass dieser, nachdem er den geisteskranken Erzherzog einigermaßen präsentierfähig gemacht hatte, selbst an Schizophrenie erkrankte.

Trotz gewisser erzieherischer Erfolge war Ferdinand weit davon entfernt, als vielversprechender Erbe gelten zu können. Nur wenige wussten um das Ausmaß seiner geistigen und körperlichen Defizite. So war zwar an allen europäischen Fürstenhöfen von „seiner kleinen, häßlichen, vermuckerten Gestalt und seinem großen Kopf ohne Ausdruck als den der Dämlichkeit" die Rede. Doch die Wirklichkeit, wie die russische Zarin nach ihrer ersten Begegnung mit Ferdinand schrieb, überstieg „alle Beschreibungen".[17]

Franz hatte offenbar keine großen Bedenken, was die Eignung des Sohnes und Nachfolgers für das Herrscheramt anbelangte. Mit seiner Entscheidung, die Krone an einen Geistesschwachen und Pflegebedürftigen, vom Volk hinter vorgehaltener Hand „Nanderl, das Trotterl" genannt, weiterzugeben, legte er die Prioritäten seiner Dynastie auf entlarvende Weise offen. Die Qualität der Regentschaft spielte keine Rolle, solange nur der lieb und teuer gewordene Besitz in der Familie blieb. Ob das Haupt, auf dem die Krone saß, mehr war als nur eine Art Attrappe, erachtete man als zweitrangig.

Franz versuchte allerdings, dem Sohn eine möglichst günstige Ausgangsbasis für seine Regentschaft zu hinterlassen. Er ließ sich ganz vom dynastischen Ruhe- und Sicherheitsbedürfnis leiten. Denn eines stellte sich bald heraus: Ein Pflegefall war nicht nur Ferdinand, sondern das gesamte Vertragswerk des Wiener Kongresses. Österreich brauchte starke Verbündete, um seine Position als geduldete Großmacht zu bewahren. Die 1815 aus der Taufe gehobene Heilige Allianz, die, vom damaligen Zar Alexander initiiert, ein reaktionäres Bündnis gegen alle nationalen und liberalen Tendenzen in Europa darstellte, erneuerte man 1833 nicht zuletzt aus diesem Grund. Dennoch wurde Europa von Revolutionen und Aufständen erschüttert. Umso hartnäckiger verfolgte Franz innerhalb seines Imperiums eine Politik der Entmündigung. Doch immer wieder stieß sein Feldzug gegen den Geist auf Widerstand, er wurde immer misstrauischer und vermutete überall Konspirationen. Mehr noch als in jungen Jahren war er empfänglich für Gerüchte und Denunziationen aller Art. Selbst engste Berater des Regenten meinten: Wer „längere Zeit in der unmittelbaren Umgebung des Kaisers dienen muß, der muß entweder ein Philosoph oder ein Intrigant oder ein Vieh werden, um es auszuhalten.“[18] Der Wiener Hof mutierte zum „Intrigantenstadel“ und Franz, im Zentrum eines ständigen Ränkespiels, verschanzte sich hinter Aktenbergen.

Als der allerhöchste Schreibtischtäter 1835 verschied, starb er in gewisser Weise zum zweiten Mal. Bereits während des Wiener Kongresses verloren sich für den Betrachter seine Spuren. Die Person Franz schien nur noch in einer Art Symbiose mit Metternich weiterzuleben.

Unter Franz hatte sich Österreich, so ein Zeitgenosse schon einige Jahre vor des Kaisers Tod, zu einer belagerten Festung entwickelt, dem Erhalt des Bestehenden sklavisch verpflichtet. Die versuchte Einschläferung des Widerspruchs durch zeitweilige materielle Sättigung der Bevölkerung verursachte zu große Kosten, um durchgehalten zu werden. Die Gnadensonne des Biedermeiermonarchen erreichte außerdem längst nicht alle. Und das bisschen Mildtätigkeit der Hofdamen war lediglich ein Tropfen auf den heißen Stein. Was blieb, war der matte Abglanz einer Scheinidylle. Nicht umsonst riefen dem nur scheinbar volksnahen Kaiser einige Wiener „Bankrotteur“ ins Grab nach.

Der Thronerbe, der „gütige Nanderl“, erfreute sich dennoch fast uneingeschränkter Beliebtheit. Ferdinand, der Vormundschaft der sogenannten Staatskonferenz unterstellt, bestätigte lediglich die Entschlüsse dieses Gremiums. So billigte er auch die 1837 angeordnete

Ausweisung der Zillertaler Protestanten. Über der Regierung lag lange Zeit der Schatten des Vaters. Dessen Ratschlag, nichts zu verändern, befolgte der neue Monarch brav. Ungehorsam zeigte er sich nur einmal, als er 1848, im Angesicht der Revolution, dem Volk eine Verfassung versprach. Daraufhin wurde der Kursabweichler Ferdinand in Rente geschickt. Das Haus Habsburg präsentierte einen Regenten, der es besser machen sollte. Franz Josef, die neue Majestät, orientierte sich schließlich wieder am autokratischen Führungsstil seiner Vorfahren.

Reisen durch die schlechte alte Zeit – Der innere Feind

Alleinherrschaft

23. Juli 1522. Wiener Neustadt, Hauptplatz. Aus der Menschenansammlung ragt eine purpurverkleidete Bühne hervor, darauf ein Thronsessel und, auf dem Tisch daneben, ein vergoldetes Schwert, das Symbol der fürstlichen Richterwürde. Der Mann, der es zu erheben gedenkt, um sein Urteil zu fällen, ist der Sprache des Landes noch kaum mächtig.[1]

Ferdinand I. hatte in Spanien seine Kindheit zugebracht und weilte erst seit kurzem in den österreichischen Gebieten, welche ihm durch Teilungsvereinbarungen mit seinem Bruder Karl V. ein Jahr zuvor zugesprochen worden waren. Innerhalb der gewaltigen Ländermasse, die sein Großvater Maximilian I. hinterlassen hatte, nahmen sich die Besitzungen im Herzen des Kontinents noch bescheiden aus. Die Schwerpunkte der dynastischen Interessen lagen in Spanien mit seinen Kolonien und im Heiligen Römischen Reich mit seiner Schlüsselstellung in Europa. Den Länder sammelnden Habsburgern galten die Alpen- und Donauregionen dennoch als Ausgangspunkte weiterer Eroberungen. In Linz kam der junge Ferdinand deshalb der Familienpflicht nach: Durch seine Heirat mit Anna von Ungarn und Böhmen im Mai 1521 streckte er die Fühler nach Osten und Norden aus.[2]

Aus seiner Warte mussten ihm dabei die widerspenstigen Vertreter seiner ererbten Territorien besonders lästig erscheinen. Diese nahmen sich kein Blatt vor den Mund. Stein des Anstoßes war das landesfürstliche Regiment, das Maximilian eingerichtet und seinem Testament zufolge bis zum Regierungsantritt der Thronerben im Amt zu bleiben hatte.[3]

Dagegen verwehrten sich die Stände unter der Enns mit besonderer Vehemenz. Den bisherigen Gepflogenheiten entsprechend nahmen sie unter dem Wiener Bürgermeister Martin Siebenbürger die interimistische Leitung des Landes selbst in die Hand, während das alte Regiment fortan ein Schattendasein in Wiener Neustadt führte. Dort aber, und das war bereits ein deutliches Signal, wollte Ferdinand nun einen Streit entscheiden, in dem er von Anfang an parteiisch war. Sein fremdes Gefolge bildete den Gerichtshof. Dessen Schiedsspruch ließ keine Gnade gelten: Acht Deputierte des neuen Regiments, dem selbst an einer Untersuchung und einem gerechten Urteil gelegen war, hatten mit dem Leben zu bezahlen.[4]

Ihre Enthauptung verband sich mit einer beklemmenden Einsicht. Für Widerspruch, selbst aus dem Munde der adeligen Herren und urbanen Patrizier, gab es in der Welt der Habsburger kaum Platz. Noch, das war allen Betroffenen klar, hatten die Gegner des Erzhauses die „Hauptschlacht" nicht verloren. Das Wiener Neustädter Blutgericht aber war eine Kampfansage, deren Wirkung zunächst die Städte zu spüren bekamen. Wien verlor viele Freiheiten, den Großteil der Autonomie, die Gerichtsbarkeit und das Münzwesen. Seine während des 15. Jahrhunderts eindrucksvoll hervorgetretene Eigenständigkeit war für Jahrhunderte gebrochen. Innerhalb der Landesvertretung zeigte sich die Verschiebung des Kräfteverhältnisses ebenfalls. Der städtische Einfluss machte sich kaum mehr bemerkbar. Ab der Mitte des 16. Jahrhunderts trat das einst so selbstbewusste Bürgertum in den Hintergrund.[5]

Noch deutlicher verwies Habsburg die Landbevölkerung in die Schranken. Durch wirtschaftliche Überlastung und protestantische Lehren zum Handeln entschlossen, hatten auch die Bauern den Wunsch nach politischer Anerkennung formuliert. Unruhen in Kärnten, Krain, Tirol, Nieder- und Oberösterreich zwischen 1478 und 1626 nahmen nicht bloß Anstoß am Verhalten der Grundherren. Sie rüttelten an den bisherigen Machtverhältnissen.[6] Eine Vertretung der Bauern im Landtag wurde eingemahnt. Ja sogar die feudale Ordnung in ihrer Gesamtheit stand zur Debatte, sie sollte nach dem Willen einiger Aufständischer überhaupt beseitigt werden. Unter Ausschaltung von Adel und Geistlichkeit wollte man sich als politisch berechtigtes Landvolk direkt dem Kaiser unterstellen.

In Tirol gingen die Wortführer noch weiter. Michael Gaismayr konzipierte eine republikanische Verfassung. Deren Bestimmungen sahen vor, den Landesfürsten durch eine gewählte, von Rechtsgelehrten kontrollierte Regierung zu ersetzen. Gaismayr ging es darüber hinaus jedoch auch um eine Neugestaltung der christlichen Gesellschaftsordnung, welche sich seiner Meinung nach an den evangelischen Gleichheitsforderungen orientieren, den wirtschaftlichen Ertrag des Landes steigern und die Verbesserung der Armenpflege gewährleisten sollte.[7]

Die in Frage gestellten Eliten reagierten auf die Herausforderung zunächst gesprächsbereit. Sobald die alte Macht jedoch wieder Oberhand bekam, gab sie sich selbst moderateren Forderungen gegenüber kompromisslos. Ob und unter der Enns hatten die Bauern zwischen 1595 und 1597 lediglich berechtigten Protest gegen die von der grundherrlichen Obrigkeit herbeigeführte Verschlechterung ihrer Lebensbedingungen erhoben, vor dem „gnädigen Landesfürsten" hingegen ehrfurchtsvoll das Haupt gesenkt.[8] Die Idealisierung des fernen Kaisers erwies sich allerdings als Falle. Während Kaiser Rudolf II. durch einen Reichsherold Versprechungen verkünden ließ, stellte sein Bruder Matthias ein Söldnerherr auf. Mit Waffengewalt ging man gegen die auf allerhöchste Zusagen Hoffenden vor. Zeitgenössische Abbildungen haben einen Eindruck von den darauffolgenden Geschehnissen hinterlassen: Gehängte, Enthauptete, im Hintergrund gebrandschatzte Dörfer und Gepfählte. Gliedmaßen, an Bäume genagelt und Galgen befestigt. Ein Gefesselter, dem ein Scherge gerade die Zunge abtrennt. Ein Delinquent, dem die Hand abgehackt wird. Säcke voller abgeschnittener Ohren. Der aufgeschlitzte Leichnam eines Hingerichteten, dem Eingeweide herausgerissen werden.[9] Was die Darstellung zeigt, war 1597 nicht bloß Androhung, sondern niederschmetternde Wirklichkeit. Die Soldateska wütete hemmungslos unter den Bauern. Um Letztere als Verbrecher zu brandmarken und ihre Verehrung als Märtyrer zu verhindern, hatte man ihnen kriminelle Delikte wie Raub, Sodomie und Ehebruch vorgeworfen.[10]

Als es darum ging, die Hilfeschreie der Entrechteten zu ersticken, hielten die Privilegierten zusammen. Das allerchristlichste Erzhaus und das Gros der Aristokratie verteidigten gemeinsam alte Vorrechte.[11] Sobald aber der untertänige Landmann gehorchte, entzweite sich die Oberschicht. Zunächst hatte es so ausgesehen, als fänden die ständischen Freiheiten auch vor den Augen der Casa d'Austria Anerkennung. Rudolf und Matthias kämpften um die Herrschaft in den von sozialen Unruhen, Glaubenstreitigkeiten und Türkenkriegen heimgesuchten Donaugebieten. Der von Franz Grillparzer beschriebenen Bruderzwist im Hause Habsburg ermöglichte es den großteils adeligen Vertretern Böhmens, Ungarns, Ober- und Niederösterreichs, den fürstlichen Kontrahenten weit gehende Zugeständnisse abzuringen.[12]

Schon unter Ferdinand II. holte der Wiener Hof allerdings zum Gegenschlag aus. Der bewaffnete Konflikt mit den Ständen bot die Möglichkeit, traditionelle Rechtsverhältnisse über Bord zu werfen. Aus dem Kriegszustand heraus operierte man mit der sogenannten „Verwirkungstheorie".[13] Das heißt, die bis dahin gültigen Verbindlichkeiten galten wegen des ständischen Aufruhrs als erloschen. Böhmen verlor auf diese Weise in den Zwanzigerjahren des 17. Jahrhunderts ein System, das mehr Menschen Mitsprache einräumte als das englische Parlament zur gleichen Zeit.[14] Davon wollte Kaiser Ferdinand freilich nichts wissen. Gegen konfessionelle und politische Rechte erließ er absolutistische Verordnungen. Böhmen und seine Nebenländer wurden zum Erbkönigreich, das Wahlrecht der Stände sollte erst beim Erlöschen der Dynastie wieder in Kraft treten, der Einfluss des Landtages auf Finanzangelegenheiten beschränkt werden.[15] Wer dagegen aufbegehrte, musste mit dem Schlimmsten rechnen. Dieser unbarmherzigen Logik folgend, mussten 27 Widerständler am 11. Juni 1621 auf dem Altstädter Ring in Prag sterben. Mit grausamer Ironie ließ man gerade den Moderatesten unter ihnen, Joachim Graf Schlick, die habsburgische Gerechtigkeit am scheußlichsten fühlen. Der Henker schlug Schlick zuerst die rechte Hand ab. Dann hatte dieser die Vierteilung zu ertragen. Schließlich warf man seine Körperteile den Hunden auf der Straße zum Fraß vor. „Sein Schädel aber und die abgeschlagene Hand wurden an den Brückenknopf genagelt, zur Warnung, ja nicht mehr für die Chimäre einer Böhmischen Freiheit aufzumucken."[16]

Wer nicht am Richtplatz endete, wurde um sein Vermögen gebracht. Es erfolgte die Konfiskation jener Güter, die den „Empörern gegen die kaiserliche Macht" gehörten. Erfolgreiche katholische

Truppenführer erhielten die Ländereien als Belohnung. Nach dieser Umverteilung konnte nur noch ein Drittel der bisherigen Grundherren uneingeschränkt über den eigenen Besitz verfügen. Auf solche Art entstand ein Präzedenzfall des habsburgischen Alleinherrschaftsanspruches.[17] Die Ereignisse in Böhmen machten Schule. Auch anderswo kam es zu Beschlagnahmungen, wurden Widerspenstige verhaftet, die alten Freiheiten beseitigt und ständische Befugnisse eingeschränkt. Viele verließen das Land, unter ihnen beispielsweise Erasmus von Tschernembl, der zu den Führern der Fronde gegen die absolutistischen Begierden Ferdinands gezählt hatte. Während des Aufstandes war Tschernembl in Verhandlungen mit Prag für einen ständischen Bundesstaat eingetreten. An der Spitze sollte ein König mit eingeschränkten Befugnissen stehen. Nun aber, nach seiner Flucht, wandte sich Tschernembl überhaupt von der Monarchie ab. Im Exil in Genf, wo sein Vorbild, der Reformator Calvin gewirkt hatte, starb er 1626 verarmt, aber mit einem neuen Ideal: Der Adelsrepublik.[18]

Jene Aristokraten aber, die es wagten, im Habsburgerimperium an der Macht des gekrönten Hauptes zu rütteln, hatten auch weiterhin mit gnadenloser Verfolgung zu rechnen. Ungarische Magnaten, die den Widerstand wählten, wurden 1671 hingerichtet, eine Maß-

Ein Beispiel der kaiserlichen Clementia (Milde):
Die Hinrichtung ungarischer Magnaten 1671.

nahme, die allerdings wenig zur Beruhigung der Lage im Osten des Reiches beitrug.[19] Gegenreformation, Absolutismus und kaiserliche Besatzungstruppen ließen Ungarn nicht zur Ruhe kommen. Jahrzehntelang hielt ein hauptsächlich durch das Elend der einfachen Bevölkerung entfachter Kleinkrieg mit den verhassten Okkupanten an. „Kruzitürken" lautet ein allgemein bekannter Fluch. Darin wird an den Begriff „Kuruzen" erinnert, mit dem man gemeinhin magyarische Rebellen bezeichnete. Wer das Schimpfwort verwendet, sollte freilich bedenken, dass die ungarischen Bauern aufgrund der habsburgischen Gewaltmaßnahmen eher mit den Türken oder Frankreich als mit dem Haus Österreich sympathisierten. Deshalb handelte es sich beim Kuruzenaufstand um eine Massenbewegung, wie auch ihr berühmtester Anführer, Fürst Ferenc II. Rákóczi, nur zu gut wusste. Rákóczi hatte die zunehmende Verelendung der Bevölkerung und die Arroganz der kaiserlichen Militärverwaltung erlebt. Während des Kampfes gegen den Wiener Hof empfahl er sich als Sprecher des steuerzahlenden und Fronarbeit leistenden Volkes.[20] Da Rákóczi aber im Wirrwarr europäischer Kriege keinen potenten ausländischen Verbündeten finden konnte und obendrein die Pest seine Truppen schwächte, behielt die Dynastie der Habsburger die Oberhand. 1711 wurde Frieden geschlossen. Wien hatte seine unruhigsten Provinzen vorläufig ruhig gestellt. Die Erinnerung an den Freiheitskampf Rákóczis, der das Exil wählte, lebte jedoch ebenso fort wie die sozialen Spannungen. Offen blieb gleichfalls die Frage nach den Beziehungen zwischen dem magyarischen Adel und dem absoluten Monarchen, womit letztlich auch die Stellung Ungarns innerhalb des Habsburgerreichs zur Disposition stand.[21]

Zunächst aber hielt die Allianz zwischen Hocharistokratie und Krone. Mit Beschwerden musste man sich bei den Landtagen daher zurückhalten. Wer zu viel wünschte, wurde eben übergangen, wie die Nichteinberufung des ungarischen Landtages über längere Zeitstrecken des 17. Jahrhunderts zeigt.[22] Mit den führenden Familien des Imperiums aber kam das Erzhaus ganz gut zurecht. Wahlkapitulationen, also im Vorfeld der Königswahl erzielte Übereinkünfte zwischen dem Landesfürsten und den Ständen, gab es zwar keine mehr; abgesehen von der Exekutive, die die Krone für sich allein beanspruchte, blieben die begüterten Herren jedoch im Bereich der lokalen Verwaltung unbehelligt. Die Grundabgabe, die einen beträchtlichen Teil des Staatshaushaltes ausmachte, war ebenfalls an die Zustimmung des Adels gebunden. In manchen Ländern arbeitete man auch auf legislativer Ebene zusammen. Dabei handelte es sich um eine Geste des Wohlwollens seitens der Habsburger, die von den Privilegiertesten der Monarchie mit gutem Grund nichts anderes als Kooperationsbereitschaft erwarten durften.[23]

Oberschicht und Kaiserhaus vermochten unter solchen Bedingungen gegen das Volk zu regieren. Ab dem 18. Jahrhundert konnten allerdings neue Geistesströmungen weder von der Hofburg noch von den Ständen aufgehalten werden. Der Mensch als vernunftbegabtes Wesen, seine Erkenntnisfähigkeit, Eigenverantwortung und Grundrechte, die Befugnisse des Einzelnen und der Gemeinschaft sowie das Prinzip der Gewaltentrennung, der unabhängigen Exekutive, Gesetzgebung und Gerichtsbarkeit – all das führte man im Zeichen der Aufklärung gegen Aberglauben und Gottesgnadentum ins Feld. Die Legitimation des absolutistischen Fürsten wurde solcherart in mehrerlei Hinsicht untergraben: Die Macht der Krone konnte nicht mehr allein von religiösen Überzeugungen hergeleitet werden. Ihre Befugnisse innerhalb des Gemeinwesens begrenzte eine für alle geltende Konstitution, eine Verfassung. Der unmündige Untertan sollte durch den am öffentlichen Leben teilhabenden Bürger abgelöst werden.

Es ist daher nicht weiter verwunderlich, dass manche Historiker den „aufgeklärten Absolutismus" als Widerspruch in sich begreifen. Von den umfangreichen Schriften freigeistiger Denker übernahm schließlich Josef II. lediglich das, was der Festigung seiner Alleinherrschaft nutzte. Die Konflikte mit der Kirche, vor allem Josefs Klosteraufhebungen, erregten allgemeines Aufsehen. Ein Gräuel war dem Regenten jedoch nicht nur die Untätigkeit der „Betbrüder", sondern auch die Mitsprache der Bevölkerung. Selbst die Stände wurden unter diesen Voraussetzungen vielfach übergangen. Erste Empörungen führten im Lauf der Zeit zu einer Staatskrise.[24]

Als Josef 1790 starb, hatte sein despotisches Auftreten das Reich an den Rand des Zusammenbruchs gebracht. Das Einlenken seiner

Nachfolger bedeutete dann aber nichts anderes als ein noch deutlicheres Abrücken von den Theorien der Aufklärung. Der ohnehin niemals wirklich demokratische Reformeifer Josefs II. erlahmte unter Leopold II. Der „gute Kaiser Franz" gab ihm den Rest. Wer sich nach 1792 für die Ideale der Französischen Revolution erwärmte, musste mit Verfolgung rechnen.[25] Bald konstruierten die Polizeibehörden eine weitverzweigte „Jakobinerverschwörung", die das ganze Imperium zu unterminieren schien. In Wahrheit waren jene kleinen Gruppierungen, welche die gesellschaftlichen Ungleichheiten anprangerten, lokal differenziert und weitgehend isoliert. Dennoch verlangte die kaiserliche Regierung exemplarische Bestrafungen.

In Wien hängte man am 8. Jänner 1795 Franz Hebenstreit, einen Offizier, der durch sein Plädoyer für die Abschaffung des Privateigentums sogar unter seinesgleichen in der Minderheit blieb. „Solventur vincula populi", „Die Fesseln des Volkes sollen gelöst werden", waren die letzten Worte Hebenstreits. Ein anderer, Kajetan Gilowsky, konnte nichts mehr sagen. Er hatte zuvor Selbstmord verübt, ein Umstand, der die Obrigkeit nicht daran hinderte, das Urteil noch an seinem Leichnam zu vollziehen.[26]

Hinrichtungen fanden auch in Ungarn statt. Achtzehn Delinquenten mussten hier für ihre „jakobinischen" Ansichten sterben; darunter die schillerndste Figur der Oppositionellen, Ignaz von Martinovics, k. k. Rat und Abt von Százvár. Am 20. Mai 1795 brachte man ihn gemeinsam mit vier anderen auf einem Karren zur Generalswiese unterhalb der königlichen Burg Buda. Dort musste er zunächst die Enthauptung der anderen mitansehen, vor allem die des jungen Grafen Jakob Sigray, bei dem der Henker drei Versuche brauchte, um den Kopf vom Rumpf zu trennen. Martinovics erlitt daraufhin einen epileptischen Anfall. Sein eigener Tod wurde zum bizarren Höhepunkt eines grausigen Schauspiels, das mit der Verbrennung von Martinovics' Schriften endete.[27]

Die Leichen der Justifizierten waren noch kaum verscharrt, als neue Exekutionen und schwere Kerkerstrafen jede Kritik im Keim erstickten. Kaiser Franz eröffnete seine Regentschaft mit einem weiteren Blutgericht in Habsburgs Namen. Danach verpflichtete er seine „braven Völker" zum stillen Gehorsam. Zensur, verschärfte polizeiliche Überwachung, Einschränkungen im Unterrichts- und Vereinswesen sowie der Ausbau einer ergebenen Beamtenschaft kennzeichneten eine Epoche des Stillstandes, die im österreichischen Geschichtsbild oftmals zur Dreimäderlhausidylle biedermeierlicher Behaglichkeit verkam.[28]

Der Absolutismus von Franz I. und seinem wichtigsten Berater, dem Außenminister und Staatskanzler Fürst Klemens Lothar Metternich, hatte für breite Bevölkerungskreise nichts Gemütliches. Politische Entmündigung paarte sich vielmehr mit wachsender Staatsverschuldung und sozialem Elend. Statt Missstände abzubauen, errichtete der Wiener Hof einen autoritären Obrigkeitsstaat, der alles beim Alten beließ. Auf Dauer vermochte sich ein solches Regime der Stagnation freilich nicht zu halten. Das leuchtete in mancher Hinsicht sogar dem Kaiser ein. Dennoch kam von der Krone kein Signal der Erneuerung.[29]

Die oft als fortschrittsfeindlich geltenden Stände übernahmen es schließlich, den aufgestauten Unmut zu artikulieren. Die ursprünglich gemäßigteren Wünsche nach wirtschaftlichen Verbesserungen waren aber bald von demokratischen Begehrlichkeiten nicht mehr zu trennen. Niederösterreichische Adelige formulierten ein Memorandum, in dem der Unmut der Bevölkerung mit dem grundherrlichen Abgabensystem und der Knebelung der Redefreiheit in Beziehung gebracht wurde. Zugleich verwies man auf andere Gebiete der Monarchie, auf die Lombardei und auf Ungarn, wo Aufstände die Unhaltbarkeit der herrschenden Verhältnisse seit einiger Zeit deutlich machten.[30]

Auch die Magyaren mahnten längst überfällige Neuregelungen an. Wortgewaltiger Stimmführer wurde hier der aus dem besitzlosen Kleinadel stammende Ludwig Kossuth. Seine Vorstellungen mündeten in eine berühmte Rede, die keinen Stein auf dem anderen ließ. Die Besteuerung der Aristokratie, die Abschaffung der Feudallasten, politische Rechte für die städtische Mittelklasse und die Bauern waren nicht die einzigen Anliegen. Kossuth verlangte auch eine größere Unabhängigkeit von Wien durch Umstrukturierungen der kaiserlich-königlichen Armee und eigene Regierungsinstanzen mit beträchtlichen Kompetenzen. Ausgangspunkt war der ruinöse Staatshaushalt. Aus leidvoller Erfahrung traute man den Habsburgern in Geldangelegenheiten nicht mehr über den Weg. Von der Finanzhoheit war es dann nur noch ein Schritt zur Forderung nach magyarischen Ministerien mit bedeutenden Zuständigkeitsbereichen.[31]

Obwohl das Erzhaus gemeinsam mit den Magnaten nach gewohntem Muster versuchte, Kossuths weitreichende Initiative versanden zu lassen, war die Entwicklung nicht mehr aufzuhalten. Es bedurfte keinerlei Impulse von außen. Revolutionäre Ereignisse in Frankreich und Spannungen in Deutschland bildeten lediglich den Hintergrund für die Zuspitzung der Lage im Donauraum. In Mailand gerieten die k. k. Truppen unter Joseph Wenzel Graf Radetzky in Bedrängnis. Aus den ungarischen Zentren kamen Unterstützungserklärungen für Kossuth, dessen Ansichten auch weiter westlich Anklang fanden. Bald blickten alle auf die Residenzstadt Wien. Dort gingen liberalere Kräfte bereits über die Reformvorschläge der Stände hinaus.[32]

Studenten, Dienstpersonal, Handwerker und Arbeiter gaben den Vorgängen ein neues Gepräge. Die Straße griff in das Geschehen ein, der Ruf nach einer Verfassung wurde laut. Vor allem sollte zunächst einmal das Symbol für das verhasste alte Regime, der Staatskanzler Metternich, verschwinden.

Dann kam der 13. März 1848, der Tag, an dem das Pulverfass explodierte. Die Brandfackel aber warf der Verursacher der Misere selbst, die Dynastie der Habsburger. An einem autoritären Regierungsstil festhaltend, ohne die anstehenden Probleme lösen zu können, manövrierte sich das Kaiserhaus in eine immer schwierigere Situation. Vorerst suchte es Stärke zu zeigen. Als eine Deputation zur Hofburg unterwegs war, wollte man die Versammlung in der Herrengasse auflösen. Gegen die Warnungen, damit ein Blutvergießen heraufzubeschwören, setzte Erzherzog Albrecht, ein Sohn des Erzherzogs Karl, Militär ein. Die Emotionen gingen hoch. Aus der Menschenmenge flogen Holzstücke, die Soldaten wichen zurück. Albrecht, von der von ihm herbeigeführten Eskalation überfordert, zog sich zurück. Das Feld überließ er seinen Untergebenen, die prompt die Nerven verloren. Nach Schüssen einer Pionierabteilung waren die ersten toten Zivilisten zu beklagen. Die Gewalt bahnte sich ihren Weg. Es folgten weitere Zusammenstöße mit den Demonstranten. Während Barrikaden entstanden und an mehreren Stellen

Empörung gegen die Alleinherrschaft der Habsburger. Eine Kampfszene vor dem Ständehaus, Wien 1848

der Innenstadt gekämpft wurde, glaubten einige Mitglieder des Herrschergeschlechts immer noch an den Einsatz roher Gewalt. Einen Akt des Wahnsinns beabsichtigte bei dieser Gelegenheit Erzherzog Maximilian d'Este zu setzen. Der durchlauchtigste Hobbymilitarist trug sich allen Ernstes mit dem Gedanken, Kanonen abfeuern zu lassen. Die Folgen wären unabsehbar gewesen.[33]

Weniger humanitäre als taktische Überlegungen seiner Offiziere verhinderten das Schlimmste. Zudem begann die engere Umgebung des geistesschwachen Kaisers Ferdinand inzwischen ohnehin einzulenken. Härte und Unnachgiebigkeit der ersten Stunden wichen dem exakten Gegenteil. Zuerst musste Fürst Metternich gehen. In den darauffolgenden Tagen gestand man dann wesentlich mehr zu, als die Familientradition eigentlich vertragen konnte. Innerhalb des Clans wurden gleichzeitig die Karten neu gemischt. Erzherzogin Sophie, die Mutter Franz Josefs, witterte Morgenluft. Metternich, dem „Kutscher Europas", und Ferdinand, dem gekrönten „Trottel", war sie ohnehin nicht wohlgesonnen. Jetzt sah sie die Zeit gekommen, ihren Sohn im Schatten des unfähigen Regenten in Stellung zu bringen.

Währenddessen präsentierten die maßgeblichen Hofkreise den unfähigen Ferdinand in mildem Licht. Dem Druck der Öffentlichkeit weichend und die Gunst der Bevölkerung erheischend, blieb man vorübergehend auf liberalem Kurs. Im April erhielt Ungarn mit allerhöchster Genehmigung Gesetze, die dem Land eine mächtige Regierung zubilligte. Vor allem durch Schlüsselressorts für Finanzen, Verteidigung und Außenpolitik wurde den Magyaren ein beinahe unbegrenzter Handlungsspielraum zugestanden.[34] In Österreich gewährte die Krone eine Verfassung, die eine Neuordnung der Gemeinden sowie die Freiheit des Glaubens und des Gewissens versprach. Den Studenten reichten derlei Akte allerhöchster Gnade jedoch nicht. Sie vertraten den Souveränitätsanspruch des Volkes und pochten auf eine verfassungsgebende Versammlung, zusammengesetzt aus Abgeordneten, die in freier und allgemeiner Wahl ermittelt werden sollten.[35]

Als sich diese Vorstellungen durchzusetzen begannen, machte die Herrscherdynastie eine Kehrtwendung. Wie um 1600 ging man auch jetzt daran, einmal gegebene Versprechen zurückzunehmen, sobald sich die Gelegenheit dazu ergab. Im Mai floh die kaiserliche Familie aus Wien nach Innsbruck.[36] Mit einer von den Untertanen gegebenen Konstitution vermochten sich die Verfechter des Gottesgnadentums nicht anzufreunden. Bei der Eröffnung des Wiener Parlamentes, des Reichstages, im Juli 1848, fehlten die jungen Erzherzöge aus gutem Grund. Franz Josef war schon Monate zuvor bei der italienischen Armee Radetzkys aufgetaucht. Welch' Geistes Kind der zukünftige Thronanwärter war, sollte sich schnell zeigen. Den Verfassungsbewilligungen für den Kaiserstaat, für Ungarn und Böhmen, begegnete er mit Ablehnung. Fürst Alfred Windischgrätz, ein Hardliner, der für die einfachen Menschen nie viel mehr als Verachtung empfinden konnte, wurde von ihm alarmiert.[37]

Der spätere Langzeitmonarch wusste schon ohne die Einflüsterungen seiner Mutter sehr genau, was er wollte. Nicht die liberalen Gruppierungen vom März 1848 und nicht einmal die österreichischen Minister besaßen das Vertrauen des jungen Habsburgers. Sein Weg führte zum Militär und von dort, über eine Reihe von Zwischenstationen, zum neuerlichen Absolutismus. Dafür gab es keinen Generalplan und keine fest gefügte Gemeinschaft. Der Hof und einige Truppenkommandeure fungierten gewissermaßen als Drehscheibe und holten zum Gegenschlag aus. Nach und nach sollten verlorengegangene Bastionen zurückerobert werden. Nachdem Windischgrätz den auch von ihm provozierten Pfingstaufstand in Prag blutig niedergeschlagen hatte und Radetzky in Lombardo-Venetien siegreich geblieben war, konnte man sich dem Osten zuwenden.[38] Als hilfreich erwies sich bei dieser Gelegenheit der Gegensatz zwischen Kroaten und Magyaren. Beide hatten bislang zu den Ländern der Stefanskrone innerhalb der habsburgischen Besitzungen gehört. Zagreb aber wollte sich der ungarischen Revolutionsregierung, in der Ludwig Kossuth eine zentrale Position einnahm, nicht unterstellen. Sie „sollen gehen, aber wir wollen gute Freunde bleiben", erklärte Kossuth angesichts eines drohenden Krieges. Der kroatische Anführer Josef Graf Jelačić aber verstand seine Rolle ganz anders. Nicht um zwei verhältnismäßig frei entscheidende Länder, sondern um das Reich der Habsburger ging es ihm. Bei einem etwaigen Waffengang würde ihn der Hof decken, der von früheren Zugeständnissen an die Ungarn nichts mehr wissen wollte.[39]

Jelačić setzte unter diesen Bedingungen die ihm unterstehenden Streitkräfte in Bewegung. Zu seiner Verstärkung beabsichtigte man Regimenter aus Österreich herbeizuführen. Diese Entscheidung führte in Wien neuerlich zum Aufstand. Die kaiserliche Familie, die daraufhin ins mährische Olmütz flüchtete, war aber gemeinsam mit ihren Heereskommandanten schon wieder stark genug, der politisch wie sozial gespaltenen Revolution den Garaus zu machen. Ende Oktober 1848 wurde Wien wieder eingenommen. Wenig später, am 2. Dezember, trat Franz Josef an die Stelle Kaiser Ferdinands.[40]

Er, seine Generäle und der gerade ernannte Ministerpräsident Felix Ludwig Johann Fürst zu Schwarzenberg zeigten sich sofort von der rücksichtslosesten Seite. Das mussten vor allem die Ungarn erkennen. Der magyarische Premier Ludwig Graf Batthyány versuchte ebenso wie Kossuth zu einer Übereinkunft zu gelangen. Batthyány persönlich leitete zu Beginn des Jahres 1849 eine Friedensdelegation, welche die Autorität der Dynastie noch immer ausdrücklich anerkannte. Fürst Windischgrätz aber forderte bedingungslose Kapitulation.[41] Von den Magyaren wollte man nichts weniger als die vollkommene Unterwerfung, nachdem die Habsburger schon im Oktober 1848 das ungarische Parlament für aufgelöst erklärt und beim Thronwechsel weder die Ungarn noch das österreichische Parlament kontaktiert hatten.[42]

Letzteres tagte nach den Wiener Unruhen im Herbst nunmehr in Kremsier bei Olmütz. Dort, in der Nähe des Erzhauses, absolvierten die Abgeordneten ein beträchtliches Arbeitspensum, versuchten dabei allerdings Streitthemen wie der Legitimation des Herrschers aus dem Weg zu gehen. Die Vorsicht half dennoch nicht. Franz Josef schickte Infanteriekompanien und löste den Reichstag im März 1849 auf.[43]

Seitens des Hofes wurde eine eigene Verfassung vorgelegt, die man zwei Jahre später wieder aufhob: 1851 konnten der junge Kaiser und seine ehrgeizige Mutter aufatmen. Selbst gegen die Intentionen engster Mitarbeiter hatte der Regent durchgesetzt, was er am besten kannte und für die richtige Lösung hielt: Die Alleinherrschaft der Krone.[44]

Bevor man die Katze aus dem Sack lassen konnte, musste allerdings der Widerstand endgültig gebrochen werden. Dabei erhielt Franz Josef von einem anderen uneingeschränkt herrschenden Monarchen Schützenhilfe. Zar Nikolaus I. stellte dafür eine beträchtliche Heeresmacht zur Verfügung.

Nach der Kapitulation der Revolutionäre folgte ein Strafgericht, das selbst der russische Verbündete für unverhältnismäßig hart hielt. Schon bei den Kämpfen um Wien im Spätherbst 1848 hatte Fürst Windischgrätz seine siegestrunkenen Truppen hemmungslos wüten lassen. Neben den Hinrichtungen von Revolutionären wie Wenzel Messenhauser, der mit der Verteidigung der Stadt gegen die Kaiserlichen betraut worden war, und Robert Blum, einem republikanischen Abgeordneten zum gesamtdeutschen Parlament in Frankfurt, kam es zu zahlreichen Übergriffen, die in den Annalen der Geschichte nur selten Berücksichtigung fanden.[45] Der Dichter Friedrich Hebbel, selbst unter den Kämpfern gegen die Soldateska Windischgrätzs, schrieb später: „Ich, der ich mich damals mit meiner Familie darin befand, weil ich meine gute Gesinnung irrtümlicherweise besser durch Verharren auf dem Posten als durch Davonlaufen bewähren zu können glaubte, kann mit einigem Detail dienen, das wahrscheinlich im Dunkel geblieben ist; im Brünnlbad zum Beispiel, um nur einen Zug anzuführen, fand man eine ganze Familie, Weiber und Kinder eingeschlossen, ausgemordet, und die männlichen Leichname hatten verstümmelte Gliederstücke ihres Körpers als Zigarren im Munde.“[46]

Solche Gräuel schienen sich im Großen und Ganzen auf ungarischem Boden kaum zu wiederholen. Hier lenkte die Führung die Vergeltung großteils in „ordentliche Kanäle“. Aber ihr Urteil war in vielen Fällen brutal. „Mit ruhigem Gewissen lasse ich Hunderte erschießen“, schrieb der Militärgouverneur Feldzeugmeister Baron Haynau an Feldmarschall Radetzky. Haynau, der für seine Unerbittlichkeit bekannt war, handelte nicht ohne Kenntnis seiner Vorgesetzten. Franz Josef und seine Berater luden schwere Schuld auf sich.[47]

Gemeine Soldaten wurden hingerichtet oder in Strafkompanien versetzt. Tausende Personen verschwanden in Gefängnissen. Auf viele warteten Zwangsarbeit in Ketten, in schwerem Eisen, wie es hieß, oder langjährige Aufenthalte in schäbigen Zellen. Die Haftbedingungen waren schon seit Jahrzehnten berüchtigt. Italienische Häftlinge hatten an den Zuständen in der Festung Spielberg schon vor 1848 Anstoß genommen. (An den beklagenswerten Verhältnissen sollte sich auch später wenig ändern, wie die hohe Sterblichkeit in den k. u. k. Strafanstalten des Ersten Weltkrieges beweisen.)[48] Standesunterschiede behielt man freilich im Auge. Aristokraten wurden geräumige Unterkünfte mit Fenstern zugewiesen, nichtadelige Studenten in feuchte, eiskalte Kasematten geworfen. Alle gesellschaftlichen Rücksichten vergaß die kaiserliche Justiz jedoch bei den Führern des revolutionären Ungarn. Über sie sollte ein für allemal der Stab gebrochen werden. Franz Josef selbst, von dem Haynau seine Weisungen erhielt, beabsichtigte, den Ungarn die „Rebellierlust" auszutreiben. Besondere Bekanntheit erlangte die Exekution von dreizehn Generälen in Arad sowie die haltlosen Anschuldigungen gegen Ludwig Batthyány.[49] Entlastendes Material ließ das Militärgericht nicht gelten. Wien glaubte vielmehr, ein Exempel statuieren zu müssen. Nicht nur Haynau, auch Ministerpräsident Schwarzenberg wollte den Unschuldigen hängen sehen. Nachdem Batthyány sich mit einem von seiner Frau in die Zelle geschmuggelten Dolch fast umgebracht hatte, schleppte man den Schwerverletzten schließlich vor ein Erschießungskommando.[50]

Sicher wäre auch dem markantesten Kopf der magyarischen Revolutionäre Vergleichbares widerfahren, wenn er nicht rechtzeitig das Weite gesucht hätte. Ludwig Kossuth weilte bereits in Frankreich, als ihn die Nachricht von einer makabren Zeremonie in seiner Heimat erreichte. Im September 1851 nagelte ein Scharfrichter den Namen Kossuths an einen Galgen: Wer sich rechtzeitig aus dem Staub machen konnte, musste zumindest symbolisch sterben.[51]

Das Herrscherhaus erwies sich damit allerdings einen schlechten Dienst. Im In- und Ausland wurde Märtyrern gehuldigt und der Doppeladler zum Symbol der Despotie. Mit ihrer Rachsucht schadeten sich die Habsburger langfristig mehr als man im Augenblick des Triumphes über den vermeintlichen inneren Feind ermessen konnte. Franz Josef aber begriff von alldem recht wenig. Als absoluter Monarch lenkte er die Geschicke seines Reiches in den nachfolgenden Jahren mit eiserner Faust. Gestützt auf einen antiständischen, zentralistischen Beamtenstaat, übernahm er die verhängnisvollsten Komponenten des josefinischen Erbes, ignorierte die Verschiedenheiten der Kronländer weitgehend und vertraute auf die abschreckende Wirkung rigoroser Bestrafung.[52] Die Folgen waren fatal. In der Lombardei beispielsweise gingen militärische Kommissionen gegen aufbegehrende Bauern mit erbarmungsloser Härte vor. Zwischen 1850 und 1853 wurden von 1144 Todesstrafen 409 sofort vollstreckt. Totalitäre Diktaturen unserer Tage vorwegnehmend, vertraute die Wiener Führung den Mitteln staatlichen Terrors und berief sich dabei auf deren Gesetzmäßigkeit. Die Urteile wurden auf legalem Wege gefällt und in aller Strenge angewendet. Auf Strafmilderung durfte niemand hoffen.[53]

Der Neoabsolutismus schürte also Hass, namentlich in Italien und Ungarn. Zugleich isolierte sich die Hofclique durch ihre dilettantische Außenpolitik auch international. Die Rechnung für die Verblendung und Unfähigkeit der Mächtigen musste auf den Schlachtfeldern in Italien und im Kampf gegen Preußen bezahlt werden. Nun hatte selbst das Erzhaus grundlegende Neuerungen zu akzeptieren. Der Ausgleich von 1867 schuf die Doppelmonarchie. Zwei in hohem Maße selbständige Reichsteile mit eigenen Regierungen und Parlamenten entstanden.

In diesem Zusammenhang wird oft übersehen, dass das habsburgische Familienoberhaupt auch weiterhin autokratisch herrschte. Zwei Faktoren erwiesen sich diesbezüglich als bedeutsam: Die Aufrechterhaltung der gemeinsamen Agenden Außenpolitik, Verteidigung und Finanzen und die Anerkennung Franz Josefs als König von Ungarn und Kaiser der westlichen Länder, die 1915 auch amtlich unter dem Begriff „Österreich" zusammengefasst wurden. Bei allen strittigen Fragen galt der Hof daher als letzte Instanz. Was die Abgeordneten der Volksvertretungen und die Mitglieder der Regierungen vorlegten, besprach die Dynastie vielfach zunächst unter sich oder mit Ratgebern aus dem Hochadel beziehungsweise aus dem Militär. Das komplizierte Staatsgebäude und seine verschiedenen Entscheidungsebenen machten den Monarchen auch weiterhin zum Angelpunkt der politischen Struktur.[54]

Das zeigte sich auch im öffentlichen Leben der einzelnen Reichshälften. Die ungarische Regierung legte die wichtigeren Anträge nicht unmittelbar dem Parlament, sondern nach einer genauen Regelung zuerst dem König vor. In Wien wiederum traten der Hof und die Minister hervor, wenn sich die Abgeordneten nicht einig wurden. Parteienhader, Mängel der Geschäftsordnung, vor allem aber nationale Zwistigkeiten erschütterten den österreichischen Parlamentarismus um 1900. Daraufhin wandte man den Paragraph 14 des Notverordnungsrechtes an. Die Verantwortung wurde damit wieder in die Hände jener gelegt, die der Krone am nächsten standen: ihr selbst und den engsten Vertrauten.[55]

Die Ausnahme und nicht die Norm bestimmte dementsprechend den Lauf der Dinge. Auf verhängnisvolle Weise blieb Franz Josef sich selbst treu. Als er starb, herrschte seit drei Jahren Krieg. Armeekommanden verfügten über weitreichende Kompetenzen. Das „Volkshaus“, der Reichsrat, war hingegen schon in Friedenszeiten aufgelöst worden.

Religionen und Nationen

Mit der Alleinherrschaft der Habsburger war auch der Anspruch verbunden, die Untertanen dem einzigen und wahren Glauben zuzuführen. Die Geschichte der Casa d'Austria ist deshalb nur streckenweise von weltanschaulicher Freiheit und Vielfalt geprägt.[56]

Das bekamen auch die Juden zu spüren, obwohl der Landesherr in seiner Haltung schwankte: dumpfe Ressentiments einerseits und geschäftliche Interessen andererseits gaben auf Dauer den Ton an. Wer dem „mosaischen Bekenntnis“ zugeordnet werden konnte, war als Geldgeber bisweilen willkommen. Ansonsten dominierten Aberglaube und Abneigung in weiten Teilen der Gesellschaft, eine Haltung, welche auch die Fürsten einnahmen. Zweifelhaften Beweisen war etwa der ohnehin nicht vorurteilsfreie Herzog Albrecht V. zugänglich. Albrecht, der es 1438, ein Jahr vor seinem Tod, noch zum deutschen König bringen sollte, hörte auf die durch Folter erzwungenen Geständnisse. Unter dem lächerlichen Vorwand einer angeblichen Hostienschändung mussten daraufhin mehr als hundert Menschen in den Flammen sterben. Bei Wien hatte man einen riesigen Scheiterhaufen errichtet. Tanzend und singend wie auf einer Hochzeit, berichtete ein Augenzeuge, sollen die jüdischen Gemeindemitglieder in den Tod gezogen sein, in der Hoffnung, ihre Leiden hätten bald ein Ende. Die Grausamkeit des Herzogs aber bejubelten die Wiener, die glaubten, die Missernten der letzten Zeit würden sich nun nicht mehr wiederholen.[57]

Wie eng wirtschaftlich Engpässe und soziale Krisen mit religiösem Fanatismus verknüpft sind, belegen freilich auch die nachfolgenden Jahrhunderte. Nach einer konzilianteren Phase unter Friedrich III. machte sich Maximilian I. die dunklen Gefühle seiner Untertanen zunutze. Diese verlangten wieder einmal die Vertreibung der Juden. Der Kaiser zeigte sich einverstanden. Zuvor aber wollte er noch kräftig abkassieren. Er ließ sich hohe Ablösesummen bezahlen, hielt aber auch bei den Verfolgten die Hand auf. Wer bleiben wollte, zahlte Schutzgelder. Jüdische Händler und Wechsler waren daraufhin gezwungen, Preise und Zinsen anzuheben. Das steigerte den vom Herrscher geschürten Hass noch weiter.[58] Maximilian, der an seinem perfiden Spiel inzwischen gut verdient hatte, gab dem Druck der aufgestachelten Menschen schließlich nach. 1496 mussten die Juden Kärnten und die Steiermark verlassen, später dann auch Österreich ob und unter der Enns.[59]

In den nachfolgenden Dekaden lebten nur wenige „israelitische" Familien in den Erbländern des Kaisers. Die wachsenden Ausgaben für militärische Auseinandersetzungen zu Beginn des 17. Jahrhunderts schufen jedoch einen neuerlichen Bedarf an willigen Kreditgebern. Es überrascht daher nicht, dass Ferdinand II. während des Dreißigjährigen Krieges geräumigere Wohnmöglichkeiten für die Wiener Juden suchen ließ. Diese sollten aber von Christen getrennt leben, zu ihrem eigenen Schutz, wie die Obrigkeit meist betonte. Sicherheit boten derartige Ghettos freilich nicht, solange katholische Eiferer ihren Einfluss selbst in der Umgebung Seiner Majestät geltend machen konnten. In der zweiten Hälfte des 17. Jahrhunderts betrieben Bischöfe und Prediger eine rege antijüdische Agitation. Anlässe wie der Tod eines Kronprinzen im Säuglingsalter oder ein Brand in der Hofburg konnten die Stimmung zum Kippen bringen. Ausgerechnet Leopold I., der sich später gerne aus den Finanztöpfen des Heereslieferanten Samuel Oppenheimer bediente, löste im Jahr 1670 das Ghetto in der Residenz- und Hauptstadt auf. Überhaupt seien die „Feinde Christi", wie der Kaiser meinte, aus ganz „Österreich unter der Enns wegzuschaffen".[60]

Die zur Auswanderung Gezwungenen versuchten daraufhin, weiter entfernt vom Zentrum in den Kronländern unterzukommen. Dort lebten sie in den folgenden Jahrzehnten relativ unbehelligt, ohne sich jedoch ihres Status völlig gewiss sein zu können. Tatsächlich war Vorsicht geboten, wie das Verhalten Maria Theresias zeigt. Ihre ausgesprochene Abneigung gegen die Juden war religiös motiviert und hätte beinahe zu deren Ausweisung aus Böhmen geführt.[61] Jene, die zum Katholizismus übertraten, wurden von der Monarchin allerdings geduldet, eine Toleranz, die Josef II. nicht weit genug ging. Bei ihm stand die Integration wichtiger Bevölkerungsgruppen zum Nutzen der Wirtschaft im Vordergrund. Kalkulierte Staatsräson und keineswegs die humanen Seiten der Aufklärung setzten sich unter diesem Gesichtpunkt durch.[62] Einschränkungen und Beeinträchtigungen blieben aber durchaus bestehen, sodass sich die Hoffnungen auf völlige Emanzipation mit den Postulaten der Revolution von 1848 verbanden. In den Ländern war jedoch oft das Gegenteil der Fall. Es kam zu Übergriffen, denen neuerliche Benachteiligen in der Ära des Neoabsolutismus folgten.[63]

Rechtliche Gleichstellung brachte dann erst die von Franz Josef wenig geschätzte Liberalisierung ab den Sechzigerjahren des 19. Jahrhunderts. Während das Judentum danach sowohl in der Wirtschaft als auch in Wissenschaft, Kunst und Kultur bedeutende Leistungen hervorbrachte, wuchs gerade auch auf dem Boden der k. u. k. Monarchie ein zunehmend rassistisch begründeter Antisemitismus.[64]

Im Widerspruch zwischen Duldung und Verfolgung erwies sich die allerhöchste Dynastie bis zur letzten Phase ihrer Herrschaft als kühle Rechnerin. Das Abwägen von Vor- und Nachteilen siegte über ein Menschlichkeit gebietendes Christentum. Der Vernichtungswahn des Nationalsozialismus hat diese zweifelhafte Position der Habsburger in ein mildes Licht getaucht. Demgegenüber gilt es festzuhalten, dass das Haus Österreich wiederholt eine Politik der Ausbeutung und Unterdrückung betrieb, die vorhandene Hassgefühle bekräftigte und steigerte. Diese historische Mitverantwortung für den radikaleren Antisemitismus späterer Zeit mag unterschiedlich bewertet werden. Leugnen kann man sie schwer.

In der festen Überzeugung, dem allein selig machenden Katholizismus vorbehaltlos dienen zu müssen, wurde der Wiener Hof zu einem Zentrum des religiösen Fanatismus. Noch klarer als bei den Juden trat dies bei den Protestanten zu Tage, denen die Habsburger über Jahrhunderte mit gleichbleibender Unduldsamkeit gegenübertraten.

Am 31. Oktober 1517 war Martin Luther mit seinen 95 Thesen an die Öffentlichkeit gegangen. Die darin enthaltenen Ansichten verbreiteten sich wie ein Lauffeuer und fanden im Heiligen Römischen Reich Deutscher Nation innerhalb kürzester Zeit regen Zuspruch. Der Grund dafür lag auf der Hand. Überall hatte sich der Protest gegen den Ablass, den Verkauf der Seligkeit gegen Geld, sowie gegen eine verweltlichte und ihrer eigentlichen Aufgabe entfremdeten Kirche angestaut. Luthers Standpunkte bedeuteten die Loslösung von der Autorität des Papstes, womit weit mehr als ein theologischer Disput angezeigt wurde. Adel und Bürgertum erkannten die Chance, durch die Befreiung von alten Bevormundungen den eigenen Handlungsspielraum erweitern zu können. Unter den Bauern keimte die Hoffnung auf die Beseitigung sozialer Ungleichheit, die sich in den zunehmenden Bedrückungen des Feudalsystems äußerten. Religion war solcherart keine Privatsache, sondern eine tragende Säule der geltenden Herrschaftsverhältnisse, an deren Spitze neben dem Vatikan der kaiserliche Hof stand.[65]

Letzterer aber suchte nicht das Gespräch, sondern die Konfrontation, vor allem dort, wo man glaubte, unbehindert schalten und walten zu können. In den Erbländern ließen die Habsburger deshalb keine Zweifel über ihre Ansichten aufkommen. Ferdinand I. verbot 1523 das gesamte „ketzerische" Schrifttum. Trotz der exemplarischen Exekution eines Wiener Lutheranhängers erreichte die Casa d'Austria jedoch wenig. Die „Evangelischen" gewannen rasch an Boden. Ferdinand verlegte sich aufs Taktieren, verfolgte allerdings in der Zwischenzeit jene, die über Luthers Lehren noch hinaus gingen. Sein Zorn richtete sich speziell gegen die Wiedertäufer, welche die Kindertaufe ablehnten, für Gewaltlosigkeit eintraten und die Gütergemeinschaft im Sinne urchristlicher Ideale zu verwirklichen trachteten. Diese bei Bauern und städtischen Handwerkern erfolgreichen Überzeugungen wurden als Staatsverbrechen interpretiert. Dementsprechend erging es den Täufern. Ihr Oberhaupt, der Schwabe Balthasar Hubmaier, fiel 1528 in die Hände der Häscher und endete auf dem Scheiterhaufen. Das gleiche Schicksal erlitt der Pustertaler Jakob Huter, dessen Anhänger sich noch bis zum Dreißigjährigen Krieg in Mähren behaupteten. Ferdinand I. löste mit diesen Urteilen eine Säuberungswelle aus, bei der allein in den Städten ob der Enns ungefähr 150 Hinrichtungen vollstreckt wurden.[66]

Mit den Anhängern Luthers und des radikaleren Genfer Reformators Calvin wurde der konfessionelle Terror hingegen zunächst nicht fertig. Der Augsburger Religionsfriede gestattete zwar jedem Landesherrn, frei über das Glaubensbekenntnis seiner Untertanen zu entscheiden, die Kräfteverhältnisse ließen jedoch ein rigoroses Vorgehen nicht zu.[67] Im Alpen- und Donauraum wie auch anderswo waren die Protestanten in der Überzahl, weshalb die Nachfolger Ferdinands Kompromisse eingingen. Maximilian II. hielt trotz seiner Sympathien für die Lutheraner an einem Mittelweg fest, der von Rudolf II. fortgesetzt wurde und letztlich „auf das Widerstreben der Monarchen" hinauslief, „den Reformkirchen ein legales Statut zu verleihen".[68]

Sobald sich die katholische Gegenreformation im Vormarsch befand, vergaß das Erzhaus seine Duldsamkeit. Die Protestanten wären mächtig genug gewesen, ihren Willen durchzusetzen. Doch sie mussten mit einem Fürsten verhandeln, der schon in der Steiermark sein wahres Gesicht gezeigt hatte. Bücherverbrennungen, Enteignungen, Kirchenzerstörungen, Terror, Verhaftungen und Ausweisungen waren die Methoden, mit denen Ferdinand II. und seine Helfer die Andersdenkenden aus dem Land trieben oder zum Katholizismus zurückführten.[69]

Jedes Zugeständnis wurde zur List, jeder Erfolg des Wiener Hofes Ausgangspunkt schärferer Maßnahmen. Nachdem Ferdinand zum Kaiser gewählt worden war und in seinen Erbländern den ständischen Widerstand gebrochen hatte, arbeitete die Gegenreformation auf Hochtouren. Priester und Beamte bildeten von Soldaten begleitete Kommissionen, die dem Imperium die alte Religion wieder aufzwangen. Daraufhin setzte eine Emigrationswelle ein, die erst nach 1665 abebbte. Rund 30.000–40.000 Personen verließen allein Ober- und Niederösterreich. In Böhmen war die Zahl noch höher. In Schlesien schloss man 600 lutherische Kirchen. Insgesamt dürften zirka 100.000 Menschen ausgewandert sein.[70]

Aufnahme fanden sie zum Teil in reformierten Fürstentümern, die nach dem Ende des Dreißigjährigen Krieges eine wesentlich tolerantere Haltung in konfessionellen Fragen einnahmen. Der spätere Erzrivale Brandenburg-Preußen etwa bemühte sich schon bald, Konflikte zwischen Lutheranern und Calvinisten beizulegen. Überdies nahm man Glaubensflüchtlinge aus dem katholischen Frankreich und signifikanterweise aus Wien vertriebene Juden auf. Vielfalt statt Einheitlichkeit dominierte unterdessen auch anderswo. Die Pfalz, die ursprünglich als reformiertes Musterland gegolten hatte, ließ Glaubensvielfalt zu und begann nun sogar die Katholiken zu stärken.[71]

Die Habsburger dachten jedoch anders. In den Donau- und Alpenregionen galt ihr Glaube als Staatsreligion. Dementsprechend kam es weiterhin zu Repressionen, wenn auch die Regenten des 18. Jahrhunderts von der Ausweisung der „unbequemen Untertanen“ Abstand nahmen. Der Wille, Gebiete, welche im Laufe der Türkenkriege erobert worden waren, neu zu bevölkern, gab den Ausschlag. Tausende wurden unter Karl VI. und Maria Theresia umgesiedelt.[72]

Aus den Alpenländern kommend, trafen sie allerdings auf eine Bevölkerung, die von Papst und Kaiser wenig wissen wollten. Das Vorgehen der habsburgischen Truppen und die damit verknüpften Rekatholisierungsversuche trugen im Osten besonders brutale

Züge. Dieses Mal riefen die Gewaltmaßnahmen einen Widerstand hervor, der den Kaiser zum Einlenken nötigte. 1681 musste man den Magyaren die „Freiheit des Kultes" zugestehen.[73] Konfessionelle Freiheiten und ständische Privilegien griffen, wie in anderen Territorien und früheren Zeiten, ineinander. Eine Übereinkunft wurde erzielt, die als Niederlage Habsburgs verstanden werden konnte. Ungarns Aristokraten anerkannten 1687 das männliche und 1722/23 das weibliche Erbrecht des Erzhauses, das sich im Gegenzug nach altem Brauch auf die Rechte des Landes vereidigen lassen musste.[74] Damit wurde aber die Diskrepanz zwischen den divergierenden Interessen der Reichsteile und den Bestrebungen des Hofes noch vertieft. Schließlich hielt man ja in Wien an den absolutistischen Neigungen fest. Josef II. ignorierte mit seinen Vereinheitlichungsplänen das Eigenleben der Kronländer und stieß prompt auf schärfste Opposition. Als er den Andersgläubigen freie Religionsausübung zubilligte, geriet er mit der eigenen Familientradition in Konflikt. Franz I. brachte dies klar zum Ausdruck. 1832 beriefen sich einige Zillertaler auf das josefinische Toleranzpatent. Man wollte eine protestantische Gemeinde gründen, fand jedoch einen starrsinnigen Kaiser vor. Das Ansinnen wurde zurückgewiesen. 385 Personen verließen später Tirol.[75]

Obwohl derartige Vorkommnisse nicht mehr repräsentativ waren, setzte die „allerchristlichste" Dynastie damit ein Zeichen, das auch Franz Josef zu achten bereit war. Während seiner Alleinherrschaft in den Fünfzigerjahren des 19. Jahrhunderts unterzeichnete er ein Konkordat, welches das Erziehungswesen erneut katholisch-konfessionell ausrichtete und international schwerste Bedenken hervorrief. Auch in der Donaumonarchie selbst wurde Unbehagen artikuliert. Regionen, in denen politische und religiöse Zugeständnisse gemacht wurden, und Länder, in denen sich antihabsburgische Gefühle und evangelische Überzeugungen heimlich gehalten hatten, fürchteten eine neue Gegenreformation.[76] Durch die enge Verbindung zwischen Glaubensfragen und Herrschaftsstrategien verursachte die habsburgische Staatsphilosophie eine tiefe Kluft zwischen Theorie und Praxis. Zum einen wurde das protestantische Erbe verflucht, zum anderen schaffte man es nicht, dieses zur Gänze auszurotten. Der Widerstand fand in ihm einen mächtigen Verbündeten. Sowohl die magyarischen als auch die tschechischen Selbständigkeitsbemühungen waren das mittelbare Resultat.[77]

Den konfessionellen Streitigkeiten folgten solcherart ethnische Konflikte. An der Entstehung beider hatte das Haus Österreich maßgeblichen Anteil. Im Barockzeitalter war der Nationalismus noch keine politische Größe, obwohl Böhmen, Kroaten und speziell Ungarn schon selbstbewusst auf ihrer historischen Eigenart bestanden.[78] Mit der Französischen Revolution von 1789 forderte dann aber die politische Nation ihr Vorrecht. Was in Paris noch hauptsächlich als rechtlicher Begriff im Sinne der Verfassung und Volkssouveränität gedeutet werden konnte, verwandelte sich vor allem weiter östlich in eine ethnisch-sprachliche Bewegung. Die Kulturnation galt als richtungsweisend, nicht die Loyalität gegenüber Gott, Kaiser und einem Vaterland, dem viele Völker angehörten.[79]

Kaiser Franz musste erkennen, dass man diesen Entwicklungen nicht viel entgegensetzen konnte. Eine gesamtösterreichische Identität, ein Reichspatriotismus, war in Ungarn ebenso wie in den Erbländern schwer durchzusetzen. Zudem zog es die allerhöchste Dynastie über Jahrhunderte vor, nach dem Prinzip „Divide et impera", „Teile und herrsche", zu handeln. Gestützt auf die reichsten Fürstenfamilien, kooperierten der Hof und seine Zentralbehörden lieber mit den politisch weitgehend entmachteten Ständen der einzelnen Territorien. Ein Generallandtag war seit Kaiser Matthias, seit 1614, nicht mehr zusammengetreten.[80]

Dass das Geschlecht der Habsburger diese Prinzipien der Machtausübung fallweise sogar gegen die von ihr ansonsten vorbehaltlos vertretene Gesellschaftsordnung anwandte, zeigte sich im 19. Jahrhundert. Man zögerte nicht, national gesinnte Adelige mit Hilfe feudaler Konflikte einzuschüchtern. 1846 kam es beispielsweise in Galizien zu einem Aufstand polnischer Aristokraten. Die Bauern, erschreckt von der Aussicht, wieder den alten Grundherren ausgeliefert zu werden, wandten sich gegen die Aufständischen, erschlugen rund tausend von ihnen und brannten Hunderte von Gutshäusern nieder.[81] Die österreichischen Behörden ließen es geschehen und drohten kurz danach Vertretern italienischer Unabhängigkeitsbewegungen mit einem ähnlichen Schicksal. Feldmarschall Radetzky war 1848 bereit, in der Lombardei und in Venetien eine Art Klassenkampf zu entfachen, wenn es der bedrängten Dynastie zum Vorteil gereichte.[82]

Die Revolution wurde solcherart auf den verschiedensten Fronten ausgetragen. Als Prüfstein galt der Nationalitätenstreit, dessen Bedeutung durch Maßnahmen des Wiener Hofes noch verstärkt worden war. Immerhin hatte das Ziel Josefs II., einen Einheitsstaat mit deutscher Amtssprache zu errichten, magyarische Selbstbestimmungstendenzen wesentlich gestärkt.[83] Das System Metternich während der Regierungszeit von Franz I. unterdrückte dann alle nationalen Regungen und rief damit erst recht Widerspruch hervor. Dennoch boten die Ereignisse 1848/49 eine einzigartige Gelegenheit zur Versöhnung. Der Reichsrat in Kremsier gelangte zu einer maßgeblichen Übereinkunft. Die gleichberechtigten Völker der „nichtitalienischen und magyarischen Monarchie" sollten demzufolge ein beträchtliches Maß an Eigenständigkeit erhalten. Der Entwurf der Abgeordneten sah vor, in den Kronländern nationale Kreise mit weitgehender Verwaltungsautonomie einzurichten.[84] Loyal gegenüber dem Kaiserhaus, glaubte man hiermit einen entscheidenden Schritt gesetzt zu haben. Die Streitparteien selbst hatten in Form parlamentarischer Unterredungen zusammengefunden. Franz Josef aber wollte keine politische Mitsprache, entschied sich für das autokratische Prinzip und verwarf die Beschlüsse von Kremsier. Das friedliche Zusammenleben der Völker im westlichen Teil des Reiches wurde damit leichtfertig preisgegeben.[85] Im Osten wiederum bediente sich die Krone der Kroaten, Serben und Rumänen, um die widerspenstigen Magyaren in die Knie zu zwingen.[86] Dadurch wurden auch hier ethnische Zwistigkeiten verstärkt. Hatten allerdings die Minderheiten Ungarns erwartet, bei Hof eine kräftige Stütze zu finden, so wurden sie schon wenige Jahre später eines Besseren belehrt. Der Neoabsolutismus Franz Josefs bagatellisierte die nationale Frage und glaubte im Geiste des josefinischen Zentralismus mit einer „germanisierten" Bürokratie über alle Interessen hinweg bestimmen zu können.[87]

Als dann 1867 die Doppelmonarchie zustande kam, war gar nichts gelöst, die Lage hatte sich eher noch verkompliziert. Was man den dominierenden Völkern, Magyaren und Deutschen, zugestand, enthielt man den anderen vor. Für Tschechen, Slowaken, Slowenen, Kroaten und Serben war das unannehmbar. Einzig die Polen erhielten in Galizien größtmöglichen Handlungsspielraum, ein Sachverhalt, der umgehend die ortsansässigen Ukrainer auf den Plan rief. Delegationen protestierten bei Hof, erreichten jedoch nichts. Die Magyarisierungspolitik der Budapester Regierung und der deutsch-tschechische Konflikt in den westlichen Ländern beherrschten das politische Leben. Hinzu kamen Forderungen anderer ethnischer Gruppen. Die Streitigkeiten der k. u. k. Völkerschaften zehrten an der Substanz des Imperiums. Nichtsdestoweniger waren Verbesserungen in Sicht, auf Länderbasis gelangte man dort und da zum nationalen „Ausgleich".[88] Selbst im Wiener Parlament, wo die unversöhnlichen Standpunkte Ende des 19. Jahrhunderts besonders hart aufeinander geprallt waren, steuerte man zuletzt ruhigeres Gewässer an. Es erwies sich, dass den meisten Völkern durchaus am politischen Zusammenhalt im Donauraum gelegen war. 1917, mitten im Ersten Weltkrieg, wurde der österreichische Reichsrat wieder eröffnet. Die Abgeordneten, welche, anders als in Ungarn, seit 1907 durch das allgemeine, geheime und direkte Männerwahlrecht bestimmt wurden, mussten ihre Loyalität gegenüber dem letzten Kaiser, Karl I., keineswegs heucheln. Noch immer wollte man den Neubau, nicht die Zerstörung der Monarchie.[89]

Die Dynastie aber ignorierte die Chancen, welche sich seit 1848 immer wieder geboten hatten. Es wurde an Details herumgebastelt, ohne das Problem in seiner Gesamtheit anzupacken. Im Herbst 1918 wandten sich die Parlamentarier, die es nicht an wohlmeinenden und brauchbaren Vorschlägen hatten fehlen lassen, vom Herrscherhaus ab. Mit ihnen gingen die Völker. Zu spät kam die Einsicht in die Notwendigkeit grundlegender Reformen. Karls Versuch, seine Untertanen auf einen Bundesstaat unter seinem Szepter einzuschwören, konnte nur noch einen Auflösungsprozess beschleunigen, den nicht einmal das „feindliche Ausland" bis vor kurzem ins Auge gefasst hatte. Der Entente war wenig an einem Machtvakuum in Mitteleuropa gelegen. In Ermangelung von Alternativen festigte man das Bündnis mit den zukünftigen Einzelstaaten.[90]

Der verklärende Rückblick sieht den Habsburgerstaat gern als Opfer eines übermächtigen radikalen Separatismus und stellt dessen Ende als unabwendbar und schicksalhaft dar. Tatsächlich aber haben die Habsburger wesentlich moderatere und in der Regel loyale Nationalbewegungen abwechselnd unterdrückt und gegeneinander ausgespielt. Kurzsichtig und halbherzig schwankte das Erzhaus zwischen Gewaltanwendung und Reformschwäche. Am Unvermögen der Regenten ging ihr Reich zugrunde. Dem Ende haftete nichts Tragisches an. Es war die Folge erbärmlicher Unfähigkeit.

Zweifelhafte Persönlichkeit

Franz Josef (1830–1916)

„Lernen müssen alle Kinder, Unser Franzi auch nicht minder. Das Gehorchen ist sehr schwer, Doch's Befehlen noch viel mehr. Ein guter Kaiser ist ein Mann, Der Alles weiß und Alles kann. Im ganzen, großen Österreich, Kam Keiner dem Franz Joseph gleich. Des Reiches Stolz ist er geworden, Und bedeckt mit höchsten Orden, Auf dem Haupt die Kaiserkron', Bestieg er Öst'reichs Herrschertron."[1]

Obige Verse sind dem Bilderbuch *Unser Franzi. Wahre Geschichten aus der Kinderzeit unseres lieben Kaisers Franz Josef I.* entnommen. Es erschien 1908, anlässlich des 60. Jahrestages der Thronbesteigung des Monarchen und ist ein besonders aussagekräftiges Beispiel für die bereits bei Kleinkindern zur Anwendung gebrachte Habsburger-Propaganda. Die Verehrung des Herrscherhauses sollte den Untertanen möglichst früh eingeimpft werden. Franz Josef wurde, in Ermangelung einer alternativen integrativen Staatsidee, zu einer alle „seine Völker" verbindenden Vaterfigur hochstilisiert. Die Penetranz, mit der diese Indoktrinierung durchgeführt wurde, setzte sich freilich auch außerhalb der Kinderstuben fort. Heute würde man sagen, Franz Josefs Spin-doctors oder PR-Manager waren überaus erfolgreich. Dass es in diesem Zusammenhang in erster Linie um die Verpackung und nicht um den Inhalt geht, ist eine Binsenweisheit. Bis in die Gegenwart ist der „alte Herr in Schönbrunn" ein Sympathieträger geblieben. Obgleich es nicht an kritischen Franz Josef-Biographien fehlt, ist seine Popularität offenbar ungebrochen. Nicht nur den Touristen aus aller Welt, die täglich nach Schönbrunn oder in die Hofburg pilgern, ist „unser Franzi" lieb und teuer. Mit Klischees bedient werden all jene, die in Walzertraum und Operettenseligkeit Entspannung und Zerstreuung suchen. Die Figur Franz Josef personifiziert die „gute alte Zeit", ja sie ist zum Inbegriff all dessen gemacht worden, was mit der anekdotenhaft verzerrten, 1918 untergegangenen Donaumonarchie assoziiert wird. Die Unterhaltungsindustrie hat den Franz Josef-Effekt schon sehr früh erkannt. Man verpflanzte die erlauchte Majestät in eine „Zeit der Unschuld", nach der sich die Nachkriegsgenerationen beider Weltkriege sehnten. Nun entstehen aber Mythen und Legenden gerade dort, wo Wahrheit oder zumindest die Suche danach störend und unerwünscht ist. Mit dieser Hypothek ist die Geschichtsvermittlung bis heute belastet: Die Entzauberung des Mythos „Franz Josef" findet statt, nur interessieren will sich niemand so recht dafür.

Der kleine Franzi war, wie man sagt, ein hübsches Kind und der ganze Stolz seiner ehrgeizigen Mutter Sophie, die große Pläne mit dem Söhnchen hatte. Erfreut über den Nachwuchs im Erzhaus war auch der Großvater, Kaiser Franz, dessen direkte männlichen Nachkommen, die Söhne Ferdinand und Franz Karl[2], nicht gerade als glanzvolle Gestalten zu bezeichnen waren. Machte die geistige Beschränktheit den einen zum Pflegefall, reichten die geistigen Gaben des anderen gerade noch aus, um nicht von Behinderung zu sprechen. Umso größere Hoffnungen setzte man nun in Franz Karls ersten Sohn, der sich prächtig zu entwickeln schien. Als Franz I. im Jahr 1835 starb, war sein Enkel keine fünf Jahre alt. Den Tod des Kaisers stellte sich der kleine Franzi als Kreuzigung vor. Alles, was er an Kenntnis über das Sterben besaß, wusste er aus dem Religionsunterricht. Was Wunder, wenn der kleine Erzherzog beim Ableben des Großvaters an ein Kruzifix dachte.[3]

Franz Josefs Erziehung war eine standesgemäße Dressur. Der Tiefenpsychologe Erwin Ringel kam zu dem Schluss, dass Franz Josef schon in der Kindheit durch seine dominante Mutter und die Erziehung, die man ihm angedeihen ließ, seelisch „vernichtet" worden sei.[4] Das Übermaß an Unterricht, das man ihm zumutete, überforderte ihn. Er wurde dazu angehalten, mangelnde Begabung durch Fleiß zu kompensieren. Der junge Erzherzog gehorchte. Auf der Strecke blieben Lebenslust und Natürlichkeit. Freude hatte er offenbar lediglich am Zeichnen und mehr noch an Soldatenspielen. Exerzieren lernte er noch vor dem ABC. Sein Umfeld begünstigte diese früh erwachte Leidenschaft. Kaum den Windeln entwachsen, hatte man das erzherzögliche Baby bereits in Uniform gesteckt und mit Gewehr und Säbel drapiert. Man erzog ihn einerseits zum Gehorsam und andererseits zum Befehlen. Zwischen diesen beiden Polen eines pädagogischen Extremismus entstand ein Nährboden für Neurosen. Pflichtgefühl war die Formel, die als Quintessenz einer derartigen Erziehung übrig blieb. Für andere Eigenschaften ließ diese Kardinaltugend wenig Raum. Sie reichte aber nach Ansicht der Erzherzogin Sophie aus, um den Sprössling auf den Thron zu setzen.

Das dem Sohn eingetrichterte Pflichtgefühl sollte sich zu allererst auf die Dynastie und den Besitzstand des Hauses Habsburg erstrecken. In diesen bewegten Zeiten, in denen die Macht der Monarchen auf die Probe gestellt wurde, war ein Herrscher gefragt, der das Familienerbe zusammenhalten konnte. Napoleon und die Demütigung, die er dem Erzhaus zugefügt hatte, waren noch in guter Erinnerung. So etwas sollte sich nicht wiederholen. Franz Josefs Vorbereitung auf das Herrscheramt zielte nicht zuletzt darauf ab, einen entschlossenen, pflichtbewussten Liegenschaftsverwalter zu erziehen, der dafür Sorge zu tragen hatte, dass keine Territorien abhanden kamen. Im Idealfall sollte er zusätzliche Gebiete erwerben und damit zum „Mehrer des Reiches" werden. Verpflichtungen hatte eine Apostolische Majestät aber auch gegenüber der Kirche. Franz Josefs Mutter sorgte dafür, dass das katholische Bewusstsein des Sohnes nicht zu kurz kam.

Nicht einmal ein Mindestmaß an Verständnis sollte jedoch für demokratische Ideen aufkeimen. Denn eines schien Sophie schier unerträglich: Machtverlust. Die Herrschaft womöglich mit dem Pöbel teilen zu müssen, das kam dem Weltuntergang gleich. 1830 betete die fromme Frau für die Zerstörung von Paris, wo wieder einmal eine Revolution ausgebrochen war. Die Politik des Preußenkönigs Friedrich Wilhelm fasste sie mit dem Verdikt „liberale Blödheiten" zusammen, und das Schaudern kam ihr, als der so genannte „Bürgerkönig" Louis Philippe sein in ihren Augen illegitimes Regime über Frankreich ausbreitete. Franz Josefs Geschichtslehrer brachte in diesem Sinne seinem Schüler eine geradezu reflexartige Abwehrhaltung gegenüber Begriffen wie „Liberalismus" und „Konstitution" nahe. Ein künftiger Herrscher, eingesetzt von Gottes Gnaden, habe derlei mit allen Mitteln zu verhindern.[5]

Den ihm eingeimpften Erziehungsidealen blieb Franz Josef treu, als er im Revolutionsjahr 1848 den geistig behinderten Onkel Ferdinand ablöste und Kaiser von Österreich wurde. „Dreinschlagen“ galt ihm bis ins hohe Alter als probates Mittel für die Lösung von Problemen.[6]

Als er im Dezember 1848 den Thron bestieg, war bereits viel Blut geflossen. Metternich, der maßgeblich am Bauplan eines reaktionären Europa mitgewirkt hatte, war schon Monate zuvor abserviert worden. Wien fand sich nun im Zentrum von Revolutionen außer- und innerhalb des Habsburgerreiches wieder. Zweimal packte die kaiserliche Familie die Koffer und verließ die Residenzstadt. Man erinnerte sich wohl an das Schicksal des französischen Königspaars, das 1793 hingerichtet worden war. Den Kopf verloren die Habsburger jedoch nicht. Im Gegenteil. Hinter den Kulissen bastelte man eifrig an einer erneuten Restauration. Wie ein „Phönix aus der Asche“ wurde der neue, junge Herrscher präsentiert. Franz Josef wollte ein absoluter Monarch sein, und sein Ministerpräsident, Fürst Schwarzenberg, war der richtige Mann, um ihm dies zu ermöglichen – obgleich in einer etwas entstaubten Version. Ein Kaiser, der sich auf göttliches Recht berief, ließ sich nichts vom Volk diktieren. Die Verfassung, die er gewährte, war demgemäss auch eine oktroyierte. Das Wort „Volkssouveränität“ kam darin nicht vor. Die Bauern hatte man ja befreit. Mehr war nicht denkbar. In der Tat war die Agrarbevölkerung durch die Aufhebung des Untertänigkeitsverhältnisses zufrieden gestellt worden, beschied sich mit dieser Errungenschaft der Revolution und verfiel in eine politische Apathie, die ganz den Wünschen des Kaisers entsprach.

Radetzky hatte in Italien aufgeräumt. Die aufrührerischen Ungarn waren mit russischer Hilfe zur Räson gebracht worden, die Ordnung mittels Schafott und Blutgerüsten[7] wiederhergestellt. Einen Schaukampf mit Preußen, bei dem Österreichs Machtposition im Deutschen Bund scheinbar gefestigt worden war, hatte man gewonnen. Nun fühlte sich Franz Josef stark genug, um alles „Konstitutionelle über Bord“[8] zu werfen. Österreich hatte jetzt nur mehr einen Herrn.[9] Mutter Sophie schwelgte in Begeisterung.

Dass die Verfassung begraben wurde, war der Initiative des Kaisers zuzuschreiben. Mit der absoluten Macht hatte er aber auch die uneingeschränkte Verantwortung übernommen. Wen sollte er also zum Sündenbock machen, als er keine zehn Jahre später dazu gezwungen wurde, den Absolutismus portionsweise über Bord zu werfen? Er wehrte sich hartnäckig, aber vergeblich. Der Traum vom absolutistisch regierten Kaiserreich war ausgeträumt. Hier zeigte sich ein unnachgiebiger, selbstherrlicher Charakter, der die Zeichen der Zeit nicht erkannte oder erkennen wollte. Bis zuletzt blieben dem Monarchen Verfassung und Parlament ein Gräuel, erinnerten sie ihn doch an den Verlust seiner Machtfülle.

Umso vehementer verteidigte Franz Josef seine Vorrechte. In die Außenpolitik sowie in militärische Angelegenheiten durften sich die Abgeordneten nicht einmischen. Hier hatte nur er das Sagen. Gerade in Sachen Diplomatie und Militär aber reihte sich ein Misserfolg an den anderen.

Unter keinem glücklichen Stern stand außerdem die Ehe des Kaisers mit seiner erst sechzehnjährigen Cousine, der bayrischen Prinzessin Elisabeth. Das zur Zeit der Heirat noch pubertierende Mädchen war der Rolle einer Kaiserin nicht gewachsen. Auch als Ehefrau und Mutter versagte Sisi kläglich. Sein „geliebter Engel“, wie Franz Josef Elisabeth zu nennen pflegte, entwickelte sich zu einer monomanischen Einzelgängerin, die in holprigen Gedichten ihr Schicksal beweinte. Die Eintönigkeit ihres ungenutzten Daseins unterbrachen immer häufiger und länger werdende Auslandsreisen. Ihre extravaganten Kuraufenthalte verschlangen Unsummen. Aber allem Aufwand zum Trotz war sie mit fortschreitendem Alter wenig mehr als eine magersüchtige, verhärmte und zutiefst unzufriedene Hoheit mit schlechten Zähnen.

Die Sisi-Verkitschung ist eine nicht versiegen wollende Einnahmequelle der Unterhaltungsindustrie. Nach dem Motto „arme reiche Leute“ wird der Kaiserin bis heute unumwundenes Mitgefühl für ihr „schweres Schicksal“ entgegengebracht. Daneben ist es ihre legendäre Schönheit, welche immer noch Mädchenphantasien und verborgene Sehnsüchte nicht mehr ganz taufrischer Damen stimuliert. Hinzu kommt ihr exzessiv betriebener Körperkult, der sie rückwirkend als „moderne" Frau erscheinen lässt. Dass ihr Fitnessprogramm eher gesundheitsgefährdend als nachahmenswert war und ist, stört den Sisi-Fan wohl kaum.

Mehr als die Heirat mit der Cousine aus Possenhofen verhalf Franz Josef ausgerechnet ein Attentat aus dem populären Tief, in dem er sich bald nach seinem Amtsantritt befand. Der ungarische Schneidergeselle Janos Libenyi verletzte den Kaiser 1853 bei einem Spaziergang nahe dem Kärntnertor schwer genug, um den Hof zumindest kurzfristig in Aufregung zu versetzen und allseits Mitgefühl und Bedauern auszulösen. Libenyi wurde hingerichtet, obwohl, wie es heißt, der Regent sich milde zeigen wollte. Franz Josef war Kaiser, ein absolut regierender noch dazu; Habsburgs Gnade war aber offenbar eher relativ.

Während der Kaiser im eigenen Reich ein paar Pluspunkte sammeln konnte, sank seine Beliebtheit im Ausland bald ins Bodenlose. Österreichs Haltung im Krimkrieg verkam zur diplomatischen und militärischen Groteske. Die Neutralitätspolitik, die Franz Josef hier verfolgte, verursachte fast dieselben Kosten wie ein Krieg. Letztlich führte sie nur dazu, dass man sich das Zarenreich, das Dankbarkeit für seine Hilfe gegen die Ungarn erwartet hatte, zum erbitterten Feind machte. Auf der anderen Seite verspürten die Briten und Franzosen wenig Neigung, sich um ein Bündnis mit dem lavierenden Habsburgerreich zu bemühen.

Wenig Gespür zeigte der Monarch auch, als Piemont und Frankreich die Zähne zeigten. Franz Josef, geleitet von seinem ausgeprägten Prestigedenken, ließ sich provozieren und provozierte – und begann einen Krieg. Die Schlacht von Magenta verlor General Gyulai, ein Protektionskind ohne Meriten, das man nach der Niederlage in den Ruhestand beförderte. Die Schlacht von Solferino verlor Franz Josef höchstpersönlich. Die Gesamtverluste der österreichischen Armee beliefen sich auf mehr als 22.000 Mann. Der Kaiser war sich jedoch „keiner Schuld bewusst".[10] Die Armee, der Augapfel des Regenten, hatte entgegen seinen Hoffnungen kein „prächtiges Schauspiel"[11] geboten. Die Vorliebe der Majestät für das Militärische entsprach „im Grunde doch nur dem Vergnügen eines Kindes über seine Zinnsoldaten."[12] Auf den Schlachtfeldern blieben jedoch keine Spielzeugfiguren, sondern die Leichen von Soldaten, die schlecht behandelt, schlecht geführt, schlecht versorgt und schlecht bezahlt worden waren. Franz Josef hatte nicht nur sich selbst überschätzt, sondern auch sein Heer, das er einer unfähigen hochadeligen Generalität anvertraut hatte. So sehr er zeitlebens das Soldatische hervorkehrte, so wenig Ahnung hatte er vom Militär abseits von Paraden und Festaufmärschen. In der Armee durften verzärtelte Erzherzöge und andere blaublütige Sprösslinge dilettieren, ohne dass der Monarch daran Anstoß genommen hätte.

Die Finanzkrise, in der sich das Reich befand, weitete sich infolge der Kriegsereignisse aus. 1859 war der Neoabsolutismus am Ende. Auch das enge Bündnis mit der Kirche, beständiger Partner bei der Politik des Bewahrens, schützte das Reich nicht vor Veränderungen. Franz Josef musste jenes System zu Grabe tragen, das ihm das einzig akzeptable zu sein schien. Er hatte seine Chance gehabt, war aber an der Aufgabe gescheitert.

Doch Franz Josef war ein schlechter Verlierer. Auch in den folgenden Jahrzehnten manövrierte sich der Kaiser von einer Krise in die nächste. Die Verantwortung wälzte er dann gern auf andere ab. Und er begann zu jammern. Obgleich ihm seine Misserfolge vor Augen hielten, dass es in vielen Bereichen klüger gewesen wäre, Kompetenzen abzugeben, setzte er sich „mit der zwangsneurotischen Pedanterie einer Maschine"[13] an den Schreibtisch, studierte Akten, unterschrieb Schriftstücke und glaubte, alles kontrollieren zu können. Von dieser Illusion konnte er sich nie befreien.

Des Kaisers Waterloo war das böhmische Königgrätz. Einem Bismarck hatte die österreichische Außenpolitik nichts entgegenzusetzen. Dem militärischen Desaster war ein diplomatisches vorangegangen. Obgleich Österreich von Preußen im Norden und Italien im Süden in die Zange genommen wurde, dachte kaum einer in Europa, dass der Waffengang für die Donaumonarchie derart kläglich enden würde. Königgrätz setzte den Schlusspunkt unter das Ringen zwischen den Habsburgern und den Hohenzollern um die Vorherrschaft in Deutschland. Die auf einen deutschen Nationalstaat hinarbeitenden Preußen verwiesen den deutschen Fürsten, als den sich Franz Josef bezeichnete, in die Schranken.

Der österreichische Kaiser hatte sich wieder einmal selbst überschätzt. „Er spielte mit drei Würfeln, in der Absicht, neunzehn Augen zu treffen.“[14] So spöttelte der Schriftsteller Gustav Freytag über die Ambitionen des Monarchen. Die Vorherrschaft in Deutschland auszubauen, in Italien zu erhalten und auf dem Balkan zu errichten, das waren drei Wünsche zu viel. Franz Josef trat zielsicher auf jede außenpolitische Mine, die der preußische Ministerpräsident Otto von Bismarck oder der französische Kaiser Napoleon III., vom Habsburger Kaiser „Erzschuft“ betitelt, auslegten. Gleichzeitig begünstigte die allerhöchste Ignoranz gegenüber innenpolitischen Problemen das Wachstum einer „Bestie“, die, frei nach Franz Grillparzer, Nationalismus hieß. Die Einsicht, dass man diese Bestie kaum zähmen konnte, aber auch nicht unterstützen sollte, wurde schließlich zur mehr oder weniger erfolgreichen Überlebensstrategie der Donaumonarchie.

Franz Josef ließ sich bedauern, während die Opfer des Krieges mit Preußen bald in Vergessenheit gerieten. Die Bilanz der Schlacht von Königgrätz fiel niederschmetternd aus: Mehr als 44.000 österreichische und an ihrer Seite kämpfende sächsische Soldaten waren gefallen oder verwundet worden, in Gefangenschaft geraten oder vermisst gemeldet.

Nicht nur für den Vatikan, der die Niederlage des katholischen Kaisers als fatale Weichenstellung für die „konfessionelle Zukunft“ Europas ansah, stürzte eine Welt ein.[15] Franz Josef, der schon nach Solferino die Katastrophe durch vorübergehenden Rückzug aus der Öffentlichkeit zu bewältigen versuchte, versank in Selbstmitleid. Er sah sich als Opfer von „Infamie und raffiniertem Betrug“. Resigniert schrieb er seiner Mutter: „Wenn man alle Welt gegen sich und gar keinen Freund hat, so ist wenig Aussicht auf Erfolg, aber man muss sich so lange wehren, als es geht, seine Pflicht bis zuletzt tun und endlich mit Ehre zu Grunde gehen.“[16] Der österreichische Monarch hatte sich ein mehr als destruktives Programm für seine nächsten Regierungsjahre zurecht gelegt. Erwin Ringel meinte in diesem

Zusammenhang: „In diesem Österreich hat es eine Gestalt gegeben (das Wort Person vermeide ich absichtlich), in der die ganze Selbstbeschädigungs- und Vernichtungstendenz dieses Landes in einer einmaligen Weise komprimiert in Erscheinung getreten ist.“[17] Diese Gestalt, Franz Josef, die Karl Kraus als „Unpersönlichkeit“ bezeichnete, bekam in dieser verzweifelten Situation wenig Unterstützung von ihrem Umfeld. Das Krankreden war nämlich längst schon zum habsburgischen Familiensport geworden. Erzherzog Rudolf, ebenso wie der Vater von der Erziehung psychisch deformiert, betrachtete die Monarchie bereits in jungen Jahren als „Ruine“.[18] Der zur Schau getragene österreichische Patriotismus des Kronprinzen war eine im Grunde perspektivenlose Antwort auf eine ebensolche Politik des Vaters, dessen körperliche Rüstigkeit dem Sohn das drohende Schicksal eines ewigen Thronfolgers oft und oft vor Augen hielt. Sisi hingegen machte keinen Hehl daraus, dass sie das gesamte Erzhaus für eine „verkommene Brut“ und den Kaiser für überflüssig hielt.[19] Sie aufgrund derartiger Aussagen für eine Vorkämpferin demokratischer Ideen zu halten, wäre allerdings verwegen. Die verwöhnte Majestät pochte sehr wohl auf die Vorrechte des Adels. Sie brachte erhebliche Teile ihres Vermögens in die Schweiz in Sicherheit und wäre niemals bereit gewesen, auf die Annehmlichkeiten eines Lebens in Luxus und finanzieller Unabhängigkeit zu verzichten.

Das Jahr 1867 war ein weiterer tiefer Einschnitt in der Geschichte des Habsburgerreiches. Aus der österreichischen wurde eine österreichisch-ungarische, eine kaiserlich und königliche, eine k. u. k. Monarchie. Was auf den ersten Blick wie eine Gebietserweiterung aussehen mag, war nichts anderes als die verhängnisvolle Spaltung eines Vielvölkerstaates, der sein Heil in der Bevorzugung zweier Nationen, der deutschen und der ungarischen, suchte. Nun gab es auch zwei Parlamente, von denen das ungarische den König noch weniger interessierte als den Kaiser das österreichische. Franz Josef, österreichischer Kaiser und König von Ungarn, mimte zähneknirschend den konstitutionellen Herrscher, tröstete sich aber mit verfassungsmäßig festgelegten Ausnahmeregelungen, die ihm die Hintertür zu einem Absolutismus „light“ offen hielten.

Im dreißigsten Jahr seiner Regierung durfte sich der Kaiser dann endlich über einen Gebietszuwachs freuen. Auf dem Berliner Kongress wurde der k. u. k. Monarchie das europäische Mandat zur unbefristeten Besetzung Bosniens und der Herzegowina erteilt. Dass man ihm damit ein Danaergeschenk überlassen hatte, kam Franz Josef nicht zu Bewusstsein. Ein Zuwachs an Slawen, die ohnehin die Bevölkerungsmehrheit in der Donaumonarchie stellten, drohte angesichts ihrer unerfüllten Wünsche nach Gleichberechtigung die Nationalitätenproblematik noch zu verschärfen. Davon abgesehen wurde das Habsburgerreich durch sein Engagement in Bosnien-Herzegowina mehr denn je zum Konkurrenten der russischen Expansionsbestrebungen auf dem Balkan. Auf Konfrontationskurs mit dem Zaren zu gehen, der wegen Österreichs bewaffneter und de facto russlandfeindlicher Neutralitätspolitik im Krimkrieg ohnehin nicht gut auf Franz Josef zu sprechen war, stellte angesichts der militärischen Niederlagen in der Vergangenheit ein erhebliches Risiko dar.

Der Wiener Hof nahm es in Kauf und der Kaiser war glücklich über zusätzliche 50.000 Quadratkilometer. Sein Sohn bewertete die Expansion auf dem Balkan ganz anders. „Mit einem Fuß in's Grab gestiegen“[20], kommentierte Rudolf den Gebietsgewinn und seine Folgen. Die politische Kurzsichtigkeit, mit der sein Vater agierte, war nicht neu. Auch der von Preußen geförderte Appetit der Österreicher auf Holstein, dessen Besetzung zur Vorgeschichte von Königgrätz gehört, sollte dem Kaiser eher einen verdorbenen Magen als eine wohlige Sättigung bescheren. Doch der Habsburger erlag den deutschen Lockrufen. Auf dem Berliner Kongress hatte Bismarck als „ehrlicher Makler“ fungiert, um der Donaumonarchie Bosnien-Herzegowina zuzuschanzen. Ein Jahr darauf kam der so genannte Zweibund zustande. Das „Zusammengehen mit Deutschland“ bezeichnete Franz Josef nun als „Leitstern unserer Politik“[21] Ob er bedacht hatte, dass es in einem Bündnis à la Bismarck immer einen Reiter und ein Pferd gab. Und selbstverständlich saß stets Bismarck im Sattel.

1879 feierte der Kaiser aber nicht nur den Vertrag mit Deutschland, sondern auch seine Silberne Hochzeit. Die aus diesem Anlass in der

Monarchie zelebrierten Feste spiegelten die wachsende Bedeutung des Personenkultes rund um Franz Josef wider. Seine repräsentativen Pflichten erfüllte er geduldig, ob er sie nun schön fand oder nicht. Wohl fühlte er sich bei der Jagd. Der Massenmord an Tieren gehörte traditionellerweise zur Freizeitbeschäftigung des Adels. Franz Ferdinand, des Kaisers Neffe, brachte es immerhin auf 274.889 Stück erlegten Wilds.[22] Franz Josef hingegen machte „nur" ca. 55.000 Tieren den Garaus.[23] Wenn er seine Uniform gegen die Lederhose vertauschte, begann es zu menscheln. Zumindest will es eine Franz Josef verehrende Nachwelt so. Seine charakterlichen Defizite werden uns in diesem Sinne als „liebenswürdige Schwächen" vorgestellt und für den ob dieser behutsamen Kritik bereits verunsicherten oder gar verärgerten Habsburg-Anhänger hält man eine erstaunliche Erkenntnis bereit: Der Kaiser war auch nur ein Mensch.[24]

Und menschliche Bedürfnisse führten ihn in die Arme so bezeichneter „hygienischer Komtessen".[25] Gattin Elisabeth hatte zwar für Nachwuchs gesorgt, sich aber mittlerweile in die Rolle einer überspannten Unverstandenen hineingelitten und dem Wiener Hof sowie dem Kaiser den Rücken gekehrt. Ersatz war schnell gefunden. Eine gewisse Vorliebe des Monarchen für erheblich jüngere Gefährtinnen ist dabei nicht zu verleugnen. 15 Jahre jung war Anna Nahowski, Frau eines Eisenbahners, als der damals mehr als doppelte so alte Franz Josef sie bei einem Spaziergang kennen lernte. Nahowskis prominente Liebschaft verhalf ihrer Familie immerhin zu beträchtlichem Reichtum. Villa und Sommerhaus sowie oftmalig gewährte Geldgeschenke halfen sicher darüber hinweg, dass der kaiserliche Liebhaber eine zuweilen kränkende Gefühlskälte an den Tag legte. Der allseits als sparsam bekannte Monarch fand seine Geliebte nach 14 Jahren mit umgerechnet fast 1,6 Millionen Euro „Schmerzensgeld" ab. Während Anna Nahowskis Aufzeichnungen keinen Zweifel daran lassen, dass der Kaiser mit ihr nicht nur Händchen gehalten hat, wird die Verbindung mit der Burgschauspielerin Katharina Schratt sinngemäß gerne mit Ausdrücken wie „unbefleckte Freundschaft" oder „hohe Liebe" umschrieben. Die Frage „Hat er, hat er nicht?" scheint mehr Interesse hervorzurufen als die finanziellen Nebenwirkungen der allerhöchsten Liaisons. Wenig Aufmerksamkeit schenkt man dem Umstand, dass Katharina Schratt ihren „allerhöchsten Freund" derart zur Ader gelassen hat, dass die Kenntnis der ihr überlassenen Beträge vorübergehende Atembeschwerden verursachen kann: In Euro umgerechnet erhielt die Schauspielerin allein im Jahr 1911 14,5 Millionen als Abfertigung. Hinzu kam, dass sie im Laufe der fast dreißig Jahre währenden Beziehung jährlich eine in die Hunderttausende (Euro) gehende Apanage bezog, teuren Schmuck bekam und darüber hinaus auf des Kaisers Freigebigkeit hoffen durfte, wenn sie ihre hohen Spielschulden nicht bezahlen konnte oder ihr Ehemann gerade knapp bei Kasse war. Letzterem wurde außerdem trotz fehlender Qualifikation der Weg für eine diplomatische Karriere geebnet.[26] Ansonsten angeblich bis zur Askese genügsam, ließ sich der Kaiser die Beziehung zu seiner „lieben, guten Freundin" etwas kosten. Franz Josefs geradezu sprichwörtliche Bescheidenheit steht also in krassem Gegensatz zu den tatsächlich getätigten Ausgaben. Dass er seinen Uniformrock lieber flicken ließ, als sich einen neuen zu beschaffen, könnte man angesichts seiner anderwärtigen Spesen auch „Sparen am falschen Platz" nennen.

Franz Josefs Geschmack in Sachen Kunst orientierte sich an einer leicht verdaubaren Mittelmäßigkeit. Katharina Schratts schauspielerische Leistungen dürften ihn da nicht überfordert haben. Der Briefwechsel mit ihr beschränkte sich über weite Strecken auf Petitessen. Die Schratt versorgte ihn mit Tratsch und Klatsch und er dankte es ihr mit Schilderungen seiner körperlichen Verfassung, kurzen, eher weinerlichen Ausführungen betreffend seinen Gemütszustand oder einfach mit Erzählungen über seine Jagdaufenthalte samt Abschusslisten. Die Sorgen, die er als Staatsmann hatte, teilte er freilich selten mit. So zum Beispiel im Februar 1889, als das Wehrgesetz, das einjährig-freiwilligen Reserveoffizieren eine obligatorische Deutschprüfung auferlegte, den Widerstand der Ungarn hervorgerufen hatte. Franz Josef, enerviert ob dieses Angriffs gegen seine ausdrückliche Verfügungsgewalt in Armeefragen, wollte, so schrieb er der Freundin, seine Vorstellungen in jedem Fall durchsetzen: „Nun wir werden, wenn es nothwendig ist, auch zum dreinschlagen bereit sein."

Andererseits verschafften ihm derlei Aufregungen, wie er meinte, eine willkommene Ablenkung. Immerhin hatte er erst kurz zuvor seinen einzigen Sohn, den Thronfolger Rudolf, verloren. Trotz seiner väterlichen Liebe und des wohl tief empfundenen Schmerzes über den Verlust hatte er für den Freitod des Sohnes nur Verachtung übrig. Auf welch fatale Weise er sich aber mit der Idee des Gottesgnadentums und folglich der Auserwähltheit, die ihn nach irdischen Maßstäben über alles und jeden erhob, identifizierte, wird in einem Brief an seine „teuerste Freundin" vom 5. Februar 1889 deutlich: „Heute wird mir noch eine schwere Aufgabe: den besten Sohn, den treuesten Unterthan in die letzte Ruhestätte zu geleiten."[27] Dass er den eigenen Sohn noch in dieser Situation als Untergebenen bezeichnete, verfestigt das Bild eines krankhaft um die Hervorhebung seiner Person bemühten Menschen.

1893 konstatierte der Kaiser seine eigene „zunehmende Vertrottelung".[28] Mehr noch als in der vorgeschützten Senilität und im unverrückbaren Starrsinn des Monarchen lagen die Probleme des Habsburgerreiches darin, dass er sich hartnäckig weigerte, sie als solche zu erkennen. Franz Josefs Ansicht nach war das Nationalitätenproblem kein Problem, sondern Teil eines Machtspiels, das er mit Taktieren für sich zu entscheiden trachtete. An eine lebensfähige Umgestaltung seines Reiches dachte Franz Josef nicht. Zu sehr fürchtete er, ein weiteres Mal an Macht zu verlieren. Zum Glück existierte ein mehr schlecht als recht funktionierendes Parlament, das der Majestät Gelegenheit gab, als weiser Schiedsrichter aufzutreten, auch wenn dessen Methoden nicht immer verfassungskonform waren.

Wenn man die Nationalitätenproblematik mit einer Krankheit vergleicht, dann dachten Franz Josef und mit ihm seine Minister und Beamten nicht daran, dieselbe zu heilen, sondern führten jeweils zeitlich beschränkte Therapien durch, um die Symptome zu lindern. Oder anders ausgedrückt: „Die politische Hauptaufgabe bestand niemals darin, wie man aus einem zerfallenden feudalen Schloss ein komfortables modernes Haus bilden könnte für all die Völker Österreichs, sondern immer darin, wie dieser unhygienische Slum weiterhin mit Hilfe von künstlichen und billigen Umbauten vermietet werden konnte."[29] Schon Franz Josefs Großvater hatte das Habsburgerreich mit einem morschen Haus verglichen: „Wenn man einen Teil demolieren will, weiß man nicht, wie viel man zum Einsturz bringt."[30] Ungeachtet dieser nüchternen Erkenntnis blieben die Habsburger immer Heimwerker und Bastler, anstatt einen tüchtigen Architekten zu Rate zu ziehen.

Hinzu kam, dass Rudolfs Tod den Pessimismus des Vaters erheblich verstärkt hatte. Mit seinem Neffen Franz Ferdinand, dem neuen Thronfolger, verband den Kaiser lediglich die Jagdleidenschaft. Als dieser eigene Ideen über die Zukunft des Reiches entwickelte und in deutliche Opposition zum Familienoberhaupt geriet, hielt der in die Jahre gekommene Monarch mehr denn je an seiner Amtsführung fest. Sein obsessives Aktenstudium trug nicht dazu bei, die Lebenswirklichkeit der Bevölkerung zu verstehen. Für soziale Missstände interessierte er sich kaum. Die gesetzliche Verankerung sozialer Maßnahmen kam nicht zustande, weil der Kaiser sich dafür einsetzte, sondern weil er sie duldete. Franz Josefs Verständnis von Nächstenliebe beschränkte sich auf die Prinzipien der Mildtätigkeit der besseren Gesellschaft. Gaben andere vor allem deswegen, weil es gut aussah und der Imagepflege diente, konnte der gläubige Kaiser darüber hinaus seine Rolle als „gnadenvoller Herrscher" ausleben. Die legendäre zu Ostern an zwölf armen Greisen von Franz Josef vollführte Fußwaschung, war Ausdruck eines hohlen, zeremoniellen Katholizismus, der propagandistisch erstklassig zu verwerten war. Auch in der Kirche diente das Zeremoniell dem Machtkult, der in ungebrochener Tradition zu archaischen Herrschaftsformen stand.

Als seine Sisi 1898 in Genf von dem jungen Italiener Luigi Lucheni ermordet wurde, begann der Kaiser sein Leben als Passionsweg zu betrachten. Obwohl die Ehe die längste Zeit schon kaputt war, trauerte Franz Josef inbrünstig. Keine Sentimentalitäten ließ er jedoch aufkommen, als er den Thronfolger nach dessen unstandesgemäße Verehelichung mit der Gräfin Chotek den so genannten „Renuntiationseid" schwören ließ. Die Kinder dieser Ehe sollten nicht erbberechtigt sein, ein Sohn Franz Ferdinands hatte demgemäss keinerlei Aussichten auf den Thron. Franz Josef, strenger Hüter der dynastischen Hausordnung, war stets erpicht darauf, dass sich habsburgisches

Blut nicht mit „minderer Qualität" vermischte. Zuwiderhandelnde hatten eben die Konsequenzen zu tragen.

Im Grunde war der Kaiser, mittlerweile im sechsten Jahrzehnt seiner Regentschaft, amtsmüde. Doch zugunsten seines Neffen, den er als „gefährlichen Narren"[31] bezeichnete, wollte er nicht abdanken.

Nachdem infolge des 1907 eingeführten allgemeinen Männerwahlrechts das österreichische Parlament auf eine solidere Basis gestellt schien, schlitterte die Monarchie ein Jahr darauf in die so bezeichnete Annexionskrise. Die Eingliederung Bosniens und der Herzegowina in das Habsburgerimperium empörte ganz Europa. Ein Krieg konnte gerade noch vermieden werden. Zar Nikolaus II. ließ Franz Josef wissen, dass nicht nur Russland, sondern die gesamte europäische Öffentlichkeit die Donaumonarchie als Aggressor betrachte. Das Vorgehen des k. u. k. Außenministers Aehrenthal in dieser Sache wurde immer wieder in die Nähe eines selbstmörderischen Dilettantismus gerückt. Die Rolle des Kaisers hingegen hat man in den Hintergrund gedrängt.

In der Nachbetrachtung ging man mit dem Kaiser alleine aufgrund seines Alters nachsichtig um. Seine letzten dreißig Regierungsjahre hat man alles in allem als gemütliche Dämmerjahre eines vom Schicksal schwer geschlagenen Greises präsentiert, der das Ende seines Reiches bereits innerlich akzeptiert hatte und im Vertrauen auf Gott sein eigenes erwartete.

Zeitgenossen verfuhren wesentlich kritischer mit dem Monarchen. Der österreichische Ministerpräsident Ernest von Koerber meinte: „Zweifach hat uns Franz Josef unendlich geschadet, einmal durch seine Jugend und das zweite Mal durch sein Alter."[32] Koerber spielte hier wohl auf die Unerfahrenheit und Selbstüberschätzung des Kaisers in den ersten Jahren seiner Regentschaft an: Der Habsburger hatte die Monarchie in Kriege getrieben sowie interne Spannungen verstärkt und wahrscheinlich damals schon die Weichen für eine fatale Dauerkrise gestellt. Zum anderen verwies Koerber auf die geistige Unbeweglichkeit und den Starrsinn des alternden Monarchen. Aber gleich ob mit 18 oder 86, Franz Josef war stets rückwärts gewandt in seinem Denken und ließ Änderungen nur dann zu, wenn sie der dynastischen Idee nützten. In 68 Jahren hatte er es nicht geschafft, ein Reich zu hinterlassen, das mehr gewesen wäre als ein Provisorium.

Sein Tod im Jahr 1916 war der späte, allzu späte Abgang eines Regenten, dessen einzige Vorstellung vom Sinn seines Tuns darin bestand, Kaiser und König zu bleiben. Auf diesem Altar des habsburgischen Herrschaftsanspruchs wurde so mancher fortschrittlicher Gedanke geopfert.

„Am Ende hat er ja nur seine Pflicht getan.“ Für wen?

Man wird freilich immer einen Standpunkt finden, von dem aus eine Generalabsolution erteilt werden kann. Das Verständnis in diesem Land für Franz Josef und andere zweifelhafte Figuren aus Geschichte und Gegenwart scheint bisweilen grenzenlos zu sein.

Beispiele allerhöchster Güte und Gerechtigkeit – Ländergier und Intoleranz

Die bayrische Erbfolge oder: Österreichs Streben nach Arrondierung im Reich

Am 30. Dezember 1777 war der bayrische Kurfürst Maximilian III. Josef (1745–1777) nach längerer schwerer Krankheit ohne männliche Nachkommen verstorben. Gemäß den Bestimmungen des Hausvertrages zwischen dem bayrischen und dem pfälzischen Kurfürsten vom 12. Juni 1774 sollte die eine Linie des Hauses Wittelsbach die andere in all ihren Besitzungen beerben und alle Länder zu einem Territorium vereinigen.[1]

Das auf dieser Grundlage gefertigte Regierungsantrittspatent des nunmehrigen Kurfürsten von Pfalz-Bayern, Karl-Theodor von Pfalz-Sulzbach, verkündete noch am Todestag des bayrischen Landesfürsten, dass „sich der Fall hiermit ereignet hat, wodurch Vns nicht nur die erledigte Chur und das Erztruchsessenamt, sammt der obern Pfalz, nach dem Inhalt des westphälischen Friedensschlusses, sondern auch alle übrige nachgelassene Lande, sowohl Eigen, als Lehen, in Kraft der [...] noch letzthin [...] bestätigten und erneuerten Erb-Verbrüder- und mutuellen Successions-Ordnung anfällig worden sind."[2] Der Zeitpunkt eines Erbfolgeantritts war stets ein kritischer Moment für den Erben, da er trotz aller möglichen Vorkehrungen bezüglich der Rechtmäßigkeit seiner Ansprüche sich oftmals mit Erb- und/oder Gebietsansprüchen anderer Mächte konfrontiert sah. Im vorliegenden Fall hatte Maximilian Josef im Herbst 1777, als sich abzuzeichnen begann, dass die Erbfolgefrage akut werden würde, versucht, mit Österreich als wahrscheinlichstem Gegner der wittelsbachischen Hausregelung in Verhandlungen über eine mögliche Anerkennung der Nachfolgefrage zu treten.

Doch Kaiser Joseph II. hatte andere Pläne. Er war bestrebt, gestützt auf mehrheitlich unbegründbare Rechtsansprüche, soviel kurbayrisches Territorium wie möglich zu gewinnen.[3] Der Habsburger ging mit größtmöglicher Rücksichtslosigkeit vor. Der kurpfalzbayrische Gesandte in Wien, Heinrich Josef von Ritter, wurde von Staatskanzler Fürst Kaunitz unter Androhung militärischer Gewaltanwendung gezwungen, sein ursprüngliches Vorhaben fallen zu lassen und ohne Rückfrage bei seinem neuen Landesherrn die österreichischen territorialen Forderungen bedingungslos zu akzeptieren. Bei dem von Kaunitz und Ritter am 3. Januar 1778 unterzeichneten Vertragswerk handelte es sich somit um eine glatte Erpressung auf Weisung Josefs II.[4]

Die Präambel des Traktats betonte, dass zur Aufrechterhaltung der „Wohlfahrt" und der Ruhe innerhalb des Heiligen Römischen Reichs „Ihre Kaiserliche Königliche Apostolische Majestät" und „Seine Kurfürstliche Durchlaucht" geneigt sind, „wegen der Succession in die Bayerischen Lande (...) in eine freundschaftliche Einverständniss zu treten." Kurpfalz-Bayern erklärte sich bereit, einige Gebiete trotz zweifelhafter Gesetzeslage an Österreich abzutreten. Wichtiger aber war der letzte Punkt des Abkommens.[5] Dahinter verbarg sich nichts anderes als das von Josef forcierte Projekt eines Eintausches des gesamten Kurfürstentums Bayern gegen die vom Hauptgebiet isolierten Österreichischen Niederlande. Es muss an dieser Stelle betont werden, dass Kurfürst Karl Theodor damals eine Erörterung dieser Idee nicht wünschte. Möglicherweise war ihm klar geworden, daß der (in seinem Namen) mit Österreich unter äußerst fragwürdigen Begleiterscheinungen geschlossene Vertrag gegen den fundamentalen Grundsatz der Unveräußerlichkeit ererbter wittelsbachischer Gebiete verstieß. Wie dem auch sei, das alles war eine Nichtigkeit gegen die von Josef betriebene gewalttätige Arrondierungspolitik, die sich als Bumerang erweisen sollte.[6]

Am 6. Januar 1778 erfolgte der Einmarsch österreichischer Truppen in die vertraglich zugesicherten bayrischen Gebietsteile. Zwei Tage später legte München offiziellen Protest dagegen ein.[7] Nicht zuletzt der militärische Druck führte dann aber dazu, dass Karl Theodor der Konvention alsbald seine Genehmigung erteilte.[8]

Es wurde deutlich, dass Österreich im Ernstfall auch ohne Vertragsabschluß bereit war, seine Vorstellungen durchzusetzen. Im Frühjahr 1778 wurden dann sogar Gebietsteile besetzt und regelrecht annektiert, die mit der bayrischen Angelegenheit in keinerlei Zusammenhang standen.[9] Dem ehrgeizigen Kaiser ging es offenbar darum, seinen Maximalplan in der bayrischen Frage umzusetzen. Das hieß, neben den bereits vollzogenen, vertraglich abgesicherten Gebietsabrundungen sollte die Arrondierung der Monarchia Austriaca im süddeutschen Raum durch die Einbeziehung des gesamten ehedem kurbayrischen Länderkomplexes bewerkstelligt werden – und zwar zum frühestmöglichen Zeitpunkt.

Doch man hatte sich verrechnet: Die zur rechtlichen Garantie des Vertrages vom 3. Januar 1778 benötigte Zustimmung des Oberhauptes der wittelsbachischen Linie Pfalz-Zweibrücken, Karl II. (1767–1795), wurde nicht gewährt. Anstatt dessen trat Karl am 8. März für seine Lande sämtlichen Hausverträgen der Wittelsbacher bei und schuf damit eine wichtige Rechtsgrundlage für den ungeschmälerten Bestand des vereinigten Kurstaates Pfalz-Bayern. König Friedrich II. von Preußen wurde ersucht, diese neue dynastische Übereinkunft zu garantieren.[10] An Österreich erging die Aufforderung, seine Truppen aus Bayern zurückzuziehen. Josef II. blieb allerdings starrsinnig. Die Konsequenz war die Kriegserklärung Friedrichs. Am 5. Juli begann mit dem Einmarsch preußischer Truppen im Königreich Böhmen eine militärische Auseinandersetzung, die nur aus einer Abfolge von kleineren Gefechten, Vormärschen und Rückzügen sowie im Beziehen von Feldlagern und Winterquartieren bestand. Der Ausbruch von Seuchen forderte unter den Soldaten beider Heere jedoch zahlreiche Opfer. Ein Bericht aus einem Feldlager, in dem die Ruhr wütete, mag dies illustrieren: „Die neben dem Lager angelegten Abtrittsgruben und der Boden zwischen diesen und den Zelten waren ganz rot vom Blut der Leute, die sich hin- und herschleppten. Unzählige große Fliegen tanzten über diesem schrecklichen Ort. Wir hatten vielleicht zehntausend Kranke, von denen eine ungeheure Menge starb."[11]

Einmal mehr hatte das Volk für den Monarchen über die Klinge springen müssen. Und der hatte daraus nicht einmal einen Vorteil für das Reich ziehen können.

Schlesien oder: Die Unfreiheit der Andersdenkenden

Während unter der Herrschaft Ferdinands I. und Maximilians II. nur einige protestantische Abspaltungen verfolgt wurden, setzte Rudolf II. erste Schritte zur gewaltsamen Rekatholisierung Schlesiens. Sie wurde von Ferdinand II. massiv verschärft. 1621 gewährte dieser im „Dresdner Akkord“ gegen ein ständisches Bußgeld in Höhe von 300.000 Gulden noch Religionsfreiheit. Aber es handelte es sich nur um eine vorübergehende Konzession, die bei günstiger Gelegenheit wieder abgeschafft werden sollte. Diese ergab sich während des Kampfes gegen die protestantischen Stände. Der Kaiser schickte Truppen nach Schlesien, denen neben militärischen Operationen die Terrorisierung der Andersgläubigen oblag, um sie zur Rückkehr zum Katholizismus oder in die Emigration zu zwingen. Protestantische Gutsherren sahen sich mit fadenscheinigen Vorwürfen konfrontiert, welche ihre Enteignung ermöglichen sollten.[12]

Die Westfälischen Friedensschlüsse zu Münster und Osnabrück vom 24. Oktober 1648 hatten danach den Protestanten, die in den nördlichen Teilen des Herzogtums Schlesien die Mehrheit bildeten, vollständig freie öffentliche Ausübung ihres Bekenntnisses zugesichert. Bereits unter Leopold I. wurde diese Toleranz immer mehr beschnitten. Die etwa 600 evangelischen Kirchen und Schulgebäude wurden geschlossen oder der katholischen Kirche zur Weiterverwendung überantwortet, Prediger außer Landes gewiesen. Oft nötigte die Staatsmacht Anhänger Luthers und Calvins zur Teilnahme an katholischen Gottesdiensten. Die Unterdrückungsmaßnahmen lösten eine gigantische Fluchtwelle in die Nachbarländer aus, vor allem nach Polen, an dessen Grenzen Exulantenstädte entstanden.[13] Ein weiteres Versatzstück habsburgischen Religionsterrors war der Zwang zur Eheschließung und zur Kindererziehung nach katholischen Grundsätzen.[14] Mit dem Tod des letzten Herzogs aus dem Haus der Piasten, Georg Wilhelm von Liegnitz-Brieg-Wohlau im Jahre 1675 und der Eingliederung seines Herrschaftsbereiches in den habsburgischen Staatsverband begann auch hier die Verfolgung. Am besten lassen sich die Erfolge der kaiserlichen Dynastie an der Reduktion evangelischer

Gotteshäuser ablesen: Ihre Zahl verminderte sich von über 1500 zu Beginn des 17. Jahrhunderts auf 220 zu Beginn des 18. Jahrhunderts.[15]

Diese Situation hätte sich auch unter Josef I. nicht geändert, wäre es zu jener Zeit nicht zur schwedischen Invasion Polens und des Kurfürstentums Sachsen gekommen. Diesen Umstand nutzten schlesische Protestanten, um sich an den Schwedenkönig Karl XII. zu wenden und ihn um Unterstützung gegen die habsburgische Repression zu ersuchen. Die Schlesier wussten sehr genau, dass Karl im Ruf eines unbedingten Verfechters des Protestantismus stand. Zudem war Schweden einer der Unterzeichner des Westfälischen Friedens gewesen und besaß somit das Recht, den Kaiser in die Schranken zu weisen.[16]

Letzterer war von schlesischen Ständevertretern und Mitgliedern der protestantischen Reichsstände ebenfalls mit Forderungen nach Aufhebung der Verfolgungsmaßnahmen konfrontiert worden. Wien hatte sie allerdings geflissentlich ignoriert. Aufgrund diplomatischer Verstimmungen zwischen Wien und Stockholm zog sich indessen die schwedische Militärpräsenz an der Nordgrenze der Habsburgermonarchie immer mehr in die Länge. Karl XII. forderte nun vom Kaiser die explizite Gewährung der Religionsfreiheit in Schlesien als Bedingung für seinen Abzug.[17]

Angesichts der zu diesem Zeitpunkt bedrohlichen Lage Österreichs im Spanischen Erbfolgekrieg musste der Kaiser einlenken. Die österreichisch-schwedischen Streitigkeiten konnten in zwei Abkommen vom 22. August und vom 1. September 1707 beigelegt werden. Diese Übereinkunft beinhaltete im konfessionellen Bereich folgende für das Erzhaus Österreich bedrückende Punkte: 1. Die Religionsfreiheit der Protestanten im niederschlesischen Teil des Herzogtums Schlesien ist wiederherzustellen; 2. Die Protestanten in Oberschlesien erhalten das Recht zur privaten Religionsausübung; 3. Die Durchführung dieser Maßnahmen wird von einer Kommission überwacht, diese steht unter schwedischem Vorsitz.[18] Hierzu erging zusätzlich am 1. September 1707 eine Garantieerklärung des schwedischen Königs, die am 6. September von Josef erwidert wurde.[19]

Dennoch kehrten die Habsburger zu ihren alten Gewohnheiten zurück. Schon Karl VI. ging wieder gegen die „Evangelischen" seiner nördlichsten Besitzungen vor. Kein Wunder also, dass die preußischen Truppen bei ihrem Einmarsch in Schlesien am 16. Dezember 1740 vielerorts mit Begeisterung empfangen wurden.

Zweifelhafte Persönlichkeit

Karl (1887–1922)

Die Geschichte kennt genug Beispiele dafür, dass den Letzten einer Dynastie oder den Letzten in einer Reihe von Herrscherpersönlichkeiten die Gnade der Verklärung zuteil wird. Ein früher oder ein spektakulärer Tod, die Umstände des Machtverlusts, Schicksalsschläge in der Familie, all das liefert den Stoff für Darstellungen, die das Leben und Wirken solcher Figuren zur Tragödie verfälschen. Bei der Beurteilung ihrer Taten kommt Milde auf. Der Mitleidseffekt schiebt sie nicht selten aus dem grellen Licht historischer Analyse in das Zwielicht von Spekulationen. Dort beginnen die Fragen mit „Was wäre gewesen, wenn…" und die Antworten beziehen mit Vorliebe Hinweise auf die Heimsuchungen eines missgünstigen Schicksals ein.

Nicht wenige Biographen Kaiser Karls verfuhren so oder so ähnlich. Andere, die ihm den Beinamen „der Letzte" gaben, bedachten ihn mit Häme und präsentierten uns sein als unentrinnbar beschriebenes Scheitern, das mit dem Zerfall der Monarchie und schließlich mit den missglückten Restaurationsversuchen in Ungarn seinen Abschluss fand. Wieder andere bemerkten kaum gestalterische Kraft in seinem Handeln und skizzierten eine schwache Persönlichkeit, welche den Aufgaben, die sich ihr stellten, von vornherein nicht gerecht werden konnte. Sie führen uns einen Don Quichotte vor, sympathisch zwar, aber auf verlorenem Posten. Das solcherart präsentierte unvermeidbare, unabwendbare Versagen, das sich mit den beiden Regierungsjahren Karls untrennbar zu verbinden scheint, entlastet jedoch das Individuum in einer Weise, die dazu angetan ist, aus dem letzten Habsburger-Kaiser einen Märtyrer zu machen. In jedem Schulbuch ist nachzulesen, welch „schweres Erbe" der junge Monarch 1916, mitten im Krieg, anzutreten hatte. Mitleid und Bedauern sichern Karl den Rang einer Lichtgestalt. Es hat den Anschein, dass die Tragik seines Scheiterns die Frage nach der Verantwortung vernebelt.

Für seinen Vater kann man ihn wahrlich nicht verantwortlich machen. Die zum Teil überaus geschmacklosen Eskapaden von Erzherzog Otto, die wohlwollend als Ausfluss der „Lebenslust einer Frohnatur"[1] vorgestellt werden, haben die Ehe mit der frommen sächsischen Prinzessin Maria Josefa sicher schwer belastet. Die „Klosterschwester", wie sie vom eigenen Mann bezeichnet wurde, passte nicht zum Bonvivant an ihrer Seite. Die Ehe verlief wie viele in diesen Kreisen: Maria Josefa erfüllte ihre Pflicht und gebar. Karls Vater bezahlte seine Ausschweifungen mit einer Geschlechtskrankheit, die nach langem Leiden tödlich endete. Die Religiosität der Mutter hinterließ jedenfalls tiefere Spuren in Karls Charakter als die Vergnügungssucht seines Vaters. Die von Maria Josefa an den Sohn weitergegebene Frömmigkeit wurde schließlich zur Grundlage für die post mortem einsetzende Überhöhung des letzten Kaisers und Königs der österreichisch-ungarischen Monarchie. Sie fand im Streben um die Seligsprechung des 1922 Verstorbenen ihren Höhepunkt. Die tiefe Verwurzelung des habsburgischen Selbstverständnisses im christlichen Glauben änderte freilich nichts daran, dass die Erziehung Karls, der nach dem Tod des Vaters im Jahr 1906 seinen Onkel, den Thronfolger Franz Ferdinand, zum Vormund bekam, ganz im Zeichen des Militärs stand. Ob der junge, fügsame Erzherzog sich für eine Offizierskarriere eignete, spielte keine Rolle. Ebenso unbedeutend war, dass der nach Franz Ferdinand an zweiter Stelle stehende Thronprätendent von Politik keine Ahnung hatte. Von wichtigen Entscheidungen hielt man Karl stets fern. Im Unterschied zu Kronprinz Rudolf zeigte Karl ohnehin keinerlei Interesse, Konzepte für die innere und äußere Entwicklung der Monarchie zu entwerfen. Wenig Gemeinsamkeiten taten sich in diesem Zusammenhang auch mit dem eigensinnigen Franz Ferdinand auf, der sich durchaus Vorstellungen von der Zukunft des Habsburgerreiches machte. Karl gab sich mit seiner Position zufrieden. Der Wunsch nach Macht, falls er vorhanden war, dürfte in diesem Lebensabschnitt wenig ausgeprägt gewesen sein. Dass aus damaliger Sicht nicht er, sondern der Onkel die

Verantwortung für die Geschicke des österreichisch-ungarischen Staates übernehmen würde, empfand er möglicherweise sogar als Erleichterung. Den weitaus größeren Ehrgeiz schreiben Historiker Karls standesbewusster Frau, Zita von Bourbon-Parma zu. Das seit 1911 verheiratete Paar residierte in Schloss Hetzendorf, unweit von Schönbrunn, wohin die beiden nach Kriegsausbruch übersiedelten. Die Nähe zum Kaiser änderte allerdings nichts daran, dass Karl alles, was passierte, nur beobachtete, nichts beeinflusste und bestenfalls den Boten Dritter spielte. Dass höchste Militärs, unter ihnen der k.u.k. Generalstabschef Conrad von Hötzendorf, auf den jungen Erzherzog herabsahen und ihm bewusst Informationen vorenthielten, dürfte ihm nicht entgangen sein und vielleicht seine spätere Geltungssucht begründet haben. Der Tod des Onkels sollte ihm hierfür genügend Entfaltungsmöglichkeiten bieten. Das Attentat in Sarajewo hatte Karl, damals 27 Jahre alt, zum Thronfolger gemacht. Besondere Aufgaben oder Verpflichtungen erwuchsen ihm daraus zunächst aber nicht. Die Existenz des Kronprinzen war Garant für das Fortbestehen habsburgischer Herrschertraditionen, mehr nicht. Und Karl, ein ins Abseits geschobener Reservekaiser, wehrte sich nicht. Der „nette junge Mann im Hintergrund“ beerbte erst zwei Jahre später, im November 1916, einen greisen Kaiser, der vieles nicht war, eines aber ganz sicher: eine Integrationsfigur für das labile Vielvölkerreich Österreich-Ungarn. Und nun, mitten im Krieg, der bereits Hunderttausenden das Leben gekostet, Hunger und Elend verursacht hatte, trat Karl ins Rampenlicht, an die Spitze eines krisengeschüttelten Reiches. Man hatte ihn nicht auf dieses Amt vorbereitet. Aber: Hatte er sich selbst darauf vorbereitet?

Der fragwürdigen Popularität seines Vorgängers hatte der Neuling auf dem Thron, der kein entrückter Monarch, sondern ein „Volkskaiser“ sein wollte, zunächst freilich wenig entgegenzuhalten. Um dieses Defizit wettzumachen, übte er sich in Großzügigkeit. Sein Hang, Titel, Orden und andere Auszeichnungen geradezu wahllos zu verleihen, traf bei Karls Untertanen jedoch nicht nur auf Zustimmung, und seine oft und oft zur Schau gestellte Volksnähe verkam am Ende zur leeren Geste.

Für ein langsames Hineinwachsen in seine Rolle konnten die Umstände nicht ungünstiger sein. Seinen Entscheidungen gingen nicht einmal ansatzweise Phasen genauer Prüfung und gewissenhaften Erwägens voran. Der junge Kaiser war voller Tatendrang, überschätzte jedoch seine Möglichkeiten. Seine Vorstellungen vom Regieren waren insofern nicht zeitgemäß, als sie auf die gegebene, unangreifbare Allmacht des Herrschenden hinausliefen. Aber die Lage war zu kompliziert, um als Kaiser bloß mit den Fingern zu schnippen, wenn die Welt verändert werden sollte. Hatte Karl nicht registriert, was sich in den vergangenen Jahren im Habsburgerreich zugetragen hatte? War er sich der Größe der Probleme bewusst, die er lösen wollte?

Karls Handeln war von Widersprüchlichkeiten und jähen Entschlüssen geprägt. Nicht umsonst gab man ihm unter anderem auch den Beinamen „der Plötzliche". Weitblick zählte nicht zu seinen Stärken. Dass der Monarch, der sich einerseits gegen Standesdünkel verwehrte und sich um das Image eines Volkskaisers bemühte, auf der anderen Seite seine ganze, wenn auch bisweilen nur scheinbare, Machtfülle in Anspruch nahm und im Bewusstsein des Gottesgnadentums als pseudo-absolutistischer Monarch agierte, irritierte seine Berater. Als er im Frühjahr 1917 das schon Monate vor Kriegsbeginn aufgelöste Parlament wieder eröffnen wollte, rätselten Freunde und Kritiker über die Fundiertheit eines solchen Entschlusses. Zunächst konnte Karl diesen Schritt als populäre Maßnahme verbuchen. Doch bald zeigte sich, dass die von ihm angestrebte Versöhnung der Nationen des Habsburgerreiches dort am wenigsten zu erreichen war, wo sie in den vergangenen Jahrzehnten ihre heftigsten Kämpfe ausgetragen hatten. Der Reichsrat war einberufen worden, ohne auch nur im mindesten eine Vorstellung davon zu haben, wohin sich das „demokratische Experiment" inmitten des Krieges, vor dem Hintergrund sich verschärfender nationaler Gegensätze und konkreter werdender Alternativen zum österreichisch-ungarischen „Völkerkerker" entwickeln sollte. Der Kaiser, der den Abgeordneten in seiner Thronrede keinerlei Anhaltspunkte für einen tatsächlichen politischen Neustart gab und sie mit leeren Phrasen in eine „bessere Zukunft" entließ, glaubte an ein Wunder. Warten und schauen, was passiert – diese Strategie hat sich freilich in den seltensten Fällen bewährt.

Die Tragweite seines Tuns, wenngleich in vielen Fällen von hehren Motiven getragen, war Karl offenbar in den wenigsten Fällen voll bewusst. So betrachtet war seine Persönlichkeit inkompatibel mit dem Anforderungsprofil eines Herrschers. Man könnte sagen, er hat den Beruf verfehlt. Es ist auffällig, dass jene, die sich bemüßigt fühlen, Karl zu verteidigen und zu rechtfertigen, in erster Linie den Menschen, den Privatmann Karl sehen. Sie loben seinen Gerechtigkeitssinn und seine Ritterlichkeit, heben seine Güte, seinen Anstand, seine vollendeten Umgangsformen hervor und weisen nicht zuletzt auf seinen ausgeprägten Familiensinn hin. All diese Eigenschaften mögen bemerkenswert sein. Einen fähigen Staatsmann machten sie deshalb aus Karl noch lange nicht.

Nicht anders als Franz Josef scheute der junge Habsburger davor zurück, Personen mit Durchsetzungsvermögen in seinen Stab zu holen. Karl riss selbst dort, wo es entbehrlich gewesen wäre, die Verantwortung an sich und exponierte sich regelrecht. Er wollte nicht delegieren, interessierte sich für alles und mischte sich überall ein. Die Allmacht des Souveräns erschien ihm, vielleicht auch angesichts eines sich scheinbar selbst lähmenden parlamentarischen Systems, als die Zauberformel für die Lösung aller Probleme. Kaiser Karl entwickelte einen Willen zur Macht, den man dem Thronfolger Karl kaum zugetraut hätte. Sein Anspruch, in allen Bereichen ein aktiver Herrscher zu sein, überstieg jedoch nicht nur seine Fähigkeiten, sondern ließ sich außerdem mit den realen Gegebenheiten nicht in Einklang bringen. Er ignorierte diese Tatsachen. Ideen für Reformen formulierte er gleich am Beginn seiner Regentschaft zuhauf. Die Basis für ein umzusetzendes politisches Programm, das die inneren Probleme der Monarchie auf Anhieb beseitigen hätte können, ließ sich erwartungsgemäß daraus nicht schaffen. Aber auch längerfristig verbaute er sich nach Meinung von Kritikern die Chancen auf die angekündigte Reichsreform, indem er sich im Dezember 1916 zum ungarischen König krönen ließ und damit den Status quo in Ungarn akzeptierte. Konnte der Dualismus überwunden werden, indem man ihn bestätigte? Die Bilder von der Krönungszeremonie in Budapest zeigen uns einen Mann, dem die Krone zu groß zu sein scheint, zu groß auch in übertragenem Sinne. Der „arme kleine Kaiser“[2], wie ihn sein Außenminister Ottokar Graf Czernin nannte, schien mehr zu versprechen, als er halten konnte. So versprach er auch den Frieden. Dass er den Frieden wollte, überrascht nicht. Alle kriegführenden Mächte wollten den Frieden – zu ihren Bedingungen freilich. Karl, der „Friedenskaiser“, ließ sich noch im Jahr 1916 zum „Allerhöchsten Kriegsherrn“ ausrufen. Mit diesem Schritt konnte er aber nicht darüber hinwegtäuschen, dass Monate zuvor der deutsche Bündnispartner und nominell Kaiser Wilhelm II. die Oberste Kriegsleitung und damit die Kontrolle über die militärischen Operationen der Mittelmächte übernommen hatte. Die Schwäche seiner Position ließ ihn nicht nur Berlin spüren. Auch die Magyaren wiesen überdeutlich auf die Abhängigkeit Österreichs von Transleithanien hin. Ohne Lebensmittellieferungen aus der ungarischen Reichshälfte war der Krieg nicht weiterzuführen. Das wusste jeder in Österreich. Egal ob im Bemühen, den Magyaren die Bereitschaft „zur Gleichheit der Opfer“ im Krieg abzuringen, in der Frage der Wahlrechtsreform oder in anderen Bereichen – der König der Ungarn stieß auf Widerstand. Setzte er sich einmal durch, waren die Erfolge eher geringfügig.

Alles andere als harmonisch waren auch die Beziehungen zum verbündeten deutschen Kaiserreich, das gleichsam die Vormundschaft über Österreich-Ungarn samt seinem Monarchen übernommen hatte. In Berlin scheute man nicht davor zurück, die – wie es hieß – „schlappen“ Österreicher mit Drohungen bei der Stange zu halten. Für den Fall, dass das kriegsmüde, erschöpfte Habsburgerreich einen Separatfrieden mit den Ententemächten aushandelte, musste mit einem Einmarsch von deutschen Truppen gerechnet werden. Ein Ausbrechen aus dem Bündnis mit dem Hohenzollernreich hätte außerdem innerhalb der k. u. k. Monarchie schwerwiegende Folgen gehabt. Karl selbst fürchtete, dass „unsere braven Deutschen und Magyaren dies nicht vertragen“[3] und machte es zu einer Frage der Ehre, am Bündnis mit den Nachbarn festzuhalten. Andererseits meinte der unentschlossene Kaiser: „Ein Zugrundegehen mit Deutschland nur aus reiner Noblesse wäre Selbstmord [...].“[4] Damit sollte er recht behalten.

Karl-Biographen verweisen mit gutem Grund darauf, dass der junge Habsburger so etwas wie ein Entfesselungskünstler hätte sein müssen, um sich all der Zwänge zu entledigen, die einen Friedensschluss behinderten. In der Tat, es wäre ein Befreiungsschlag notwendig gewesen, um hier etwas zu bewegen. Erfolgsgarantie gab es keine. Die Kriegsgegner beschränkten sich nicht auf ihre Gebietsansprüche. Eine Niederlage drohte das gesamte System Habsburg aus den Angeln zu heben und die Umarmung durch das Deutsche Reich drohte die Monarchie zu ersticken. Was tun? Karl, der Ratgeber entließ, weil sie „Wurschtler des alten Systems“[5] waren, wurschtelte nun selbst weiter. Das galt für Innen- wie Außenpolitik. Viele Initiativen, die gesetzt wurden, lösten sich in Nichts auf oder blieben Stückwerk. Der Mann, der das Reich retten wollte, wurde ein Verwalter des Untergangs. Der Kaiser ließ Konzepte für die Umgestaltung Österreichs erarbeiten; sie blieben in den Schubladen. Der Kaiser, der den Frieden wollte, führte einen Krieg weiter, der nicht mehr zu gewinnen war. Einerseits erließ er Verordnungen, die sein Bekenntnis zur Humanität unterstrichen. Andererseits waren ihm die „chlorreichen“ Siege gegen Italien, die, wie das aus der giftigen Feder Karl Kraus' stammende Attribut verrät, nicht zuletzt durch den Einsatz von Giftgasen zustande gekommen waren, durchaus willkommen.

Keine Atempause verschaffte dem erschöpften Habsburgerreich der im März 1918 geschlossene Frieden mit Sowjetrussland. Man hatte sich eines militärischen Gegners entledigt, aber einen ideologischen dazubekommen. Streiks und Hungerrevolten schienen Vorboten einer revolutionären Entwicklung zu sein, die das schrittweise zur Militärdiktatur mutierte Habsburgerreich nun endgültig in den Abgrund zu reißen drohte. Das Epochenereignis, die bolschewistische Oktoberrevolution, markierte den Beginn einer neuen Weltordnung, die den europäischen Monarchien keinen Platz einräumte. Aber man musste kein Bolschewik sein, um den Forderungen nach Brot und Frieden etwas abgewinnen zu können. Die Unruhe unter der Bevölkerung der vom Kriege ausgezehrten Donaumonarchie hatte viele Gründe, auf eine plötzliche Bolschewisierung war sie nicht zu reduzieren. Die Vorstellung von einem „Lenin ante portas" wurde in Wien zur fixen Idee, und ein verunsicherter Kaiser Karl glaubte, nun auch im Sozialdemokraten Karl Renner einen potentiellen Attentäter fürchten zu müssen.

Im Osten, wo ein brüchiger Frieden mit den neuen Kreml-Herren ausgehandelt worden war, trat die ersehnte Waffenruhe nur vorübergehend ein. Karl, der zögernd zugestimmt hatte, k. u. k. Truppen in die Ukraine zu schicken, fügte sich bald in die Rolle des Okkupanten und legte seinen Generälen nahe, das Land unter Zuhilfenahme drakonischer Maßnahmen auszuplündern, um dadurch die ausgehungerte Monarchie zu retten.[6] Dass es nicht in dem vorgesehenen Ausmaß zur Ausplünderung kam, ist nicht dem Kaiser, sondern den Umständen zuzuschreiben.

Die bis dahin wahrscheinlich größte private und öffentliche Katastrophe ereilte den jungen Kaiser im April 1918 in Gestalt der sogenannten „Sixtus-Affäre". Sie wurde von Außenminister Czernin ausgelöst, der Frankreichs Ministerpräsidenten Georges Clemenceau mit einer Aussage über den deutsch-französischen Zankapfel Elsass-Lothringen provozierte. Czernin wusste nicht, dass Karl etwa ein Jahr zuvor über seinen Schwager Sixtus den Franzosen angeboten hatte, sich für die „gerechtfertigten Rückforderungsansprüche" Frankreichs an das Deutsche Reich einzusetzen. In einem überreizten weltpolitischen Klima, das unzählige diplomatische Fallstricke bereithielt, um den jeweiligen Gegner zu desavouieren, wurde die Angelegenheit aufgebauscht. Der Verlust der Glaubwürdigkeit stand am Ende dieses Skandals. Karl, der noch angesichts der Veröffentlichung des sogenannten Sixtus-Briefes dementierte, derartige Äußerungen getätigt zu haben, stand als Lügner da. Seine an Paris adressierte Entgegnung verband er mit dem Hinweis auf seine „Kanonen im Westen" – eine Kampfansage, die kaum noch jemanden zu beeindrucken vermochte. Im Urteil der Nachwelt wurde Karls Verhalten in dieser Affäre als stümperhaft oder zumindest ungeschickt bezeichnet, hausgemacht war der Skandal in jedem Fall. Karl, der sich mittlerweile daran gewöhnt hatte, in der Defensive zu bleiben, suchte als Folge die demütigende Aussöhnung mit Deutschland, das sich angesichts seiner geheimen „Friedensfühlungen" mit Frankreich, bei denen das heikle Thema Elsass-Lothringen berührt worden war, aufs Gröbste hintergangen fühlte. Karl brach zum Canossagang nach Spa auf und lieferte sich und die Monarchie vollends dem Deutschen Reich aus. Dieser „Anschluss" kostete ihn den letzten Rest an Handlungsspielraum und schließlich auch die Achtung der Alliierten, die Karl nur mehr als deutsche Marionette betrachteten. Jahrzehnte später gab seine Witwe Zita in einem Fernsehinterview zu bedenken, dass ihr kaiserlicher Gatte damals unmöglich gegen die preußischen Generäle Ludendorff und Hindenburg „aufkommen" hätte können. Eines machte die ganze Affäre damals deutlich: Karl, der Kaiser Karl, ging vor der deutschen Generalität in die Knie, ließ sich wie ein unfolgsames Kind behandeln und spielte nur mehr die Rolle eines Erfüllungsgehilfen innerhalb des vorgegebenen Rahmens. Von der „verkannten Größe", die manche Historiker in Karl zu erkennen glauben, war er nie weiter entfernt als im Mai 1918, als es ihm an Persönlichkeit fehlte, um einen eigenen Weg einzuschlagen. In gewisser Weise hatte der Kaiser bereits Monate vor Ende des Krieges abgedankt. Sein Wille zu verändern und zu gestalten wurde aufgehoben von seinen Taten. Anders gesagt: Karl hatte sich selbst neutralisiert.

Sein Mitte Oktober 1918 verlautbartes Völkermanifest, das die Umgestaltung Österreichs in einen Bundesstaat ankündigte, konnte dem glücklosen und unbeholfenem Habsburger die österreichische Kaiserkrone nicht mehr erhalten. Am 2. November ermächtigte Karl seine Generäle, die Waffenstillstandsbedingungen der Alliierten zu akzeptieren. Auch dieser kaiserliche Entschluss mündete in ein Desaster. 360.000 Soldaten der österreichisch-ungarischen Armee gerieten infolge schwerwiegender Kommunikationsprobleme, die auf das Konto des k.u.k Armeeoberkommandos gingen, in Gefangenschaft.[7] Kurz davor hielt es Karl für opportun, die Verantwortung für den Abschluss des Waffenstillstandes abzuwälzen. Es passte nicht ins Bild, dass ein Habsburger diesen Schritt vollzog. Für Niederlagen fühlte man sich nicht zuständig. Der Kaiser legte den Oberbefehl nieder und ernannte an seiner Statt Hermann Kövess von Kövessháza zum neuen Kommandanten der Streitkräfte. So kam es, dass nominell der k. u. k. Feldmarschall Kövess den Waffenstillstand abgeschlossen hatte, obwohl er zum besagten Zeitpunkt keine Ahnung von seinem plötzlichen Karrieresprung hatte. Nachträgliche Datumskorrekturen ermöglichten es dem Monarchen, sich aus der Affäre zu ziehen. „Damit schloß sich ein merkwürdiger Bogen: Am Anfang des Krieges war das ‚Gefecht' bei Temes Kubin, das nie stattgefunden hatte. Am Ende stand ein Waffenstillstand, den jemand verantworten sollte, der gar nicht wußte, daß er österreichisch-ungarischer Armeeoberkommandant war."[8]

Im Übrigen hatte die allerhöchste Majestät ohnehin ein seltsames Verhältnis zu offiziellen Schriftstücken. Die Texte waren so verfasst, dass mehrere Interpretationen zulässig schienen. Nicht nur das Völkermanifest, das nach Ansicht zahlreicher Historiker den Zerfall des Reiches beschleunigte, ist hier zu nennen. Auch Karls Verzicht auf „jeden Anteil an den Staatsgeschäften", den er einen Tag vor der Proklamation der Republik Deutsch-Österreich mit seiner Unterschrift bestätigte, war nach seinem Dafürhalten nicht die Abdankung, für die sie schließlich gehalten wurde. Immerhin hatte er in dieser Erklärung auch angekündigt, die Staatsform, für die sich die Provisorische Nationalversammlung entscheiden würde, im Voraus anzuerkennen. Als er im März 1919 Österreich verließ, nahm er dieses Zugeständnis zurück. Der Kaiser, den keiner mehr wollte, war letzten Endes das Schlusslicht einer Jahrhunderte alten Herrscherdynastie, die nicht erkannt hatte, dass es Zeit war, abzutreten.

Die unbewältigte Vergangenheit – Eine Nachbetrachtung

Letztgeborene

„Im Kriege wurde Ich auf den Thron Meiner Väter berufen, zum Frieden trachtete Ich Meine Völker zu geleiten, im Frieden wollte und will Ich ihnen ein gerechter und treubesorgter Vater sein", erklärte Karl, der letzte habsburgische Regent, am 24. März 1919, wenige Monate nach dem Zerfall der Doppelmonarchie. Von seiner väterlichen Fürsorge wollte im Donauraum aber kaum mehr jemand etwas wissen. Selbst im „heiligen Land Tirol", das immer als besonders kaisertreu gegolten hatte, sprachen sich mehr als 90 Prozent der Bevölkerung gegen eine Wiedereinsetzung, eine Restauration, des Erzhauses aus. Außerhalb der neu entstandenen Alpenrepublik ergab sich ein ähnliches Bild. Ungarn verhielt sich reserviert. Länder, die nach dem Zerfall des Reiches Teile von dessen Gebiet erhalten hatten, drohten im Falle einer Rückkehr des früheren Herrschergeschlechtes sogar mit Krieg. Rumänien, Polen, der Staat der Serben, Kroaten und Slowenen, das spätere Jugoslawien, scharten sich um den Weltkriegssieger Frankreich. Zu ihnen gesellte sich die Tschechoslowakei, deren Territorium zur Gänze aus dem alten Imperium hervorgegangen war. Während sich auf diese Weise Mitteleuropa gegen die alten Verhältnisse formierte, wandten sich die übrigen Mächte anderen Fragen zu. Das revolutionäre Russland war mit sich selbst beschäftigt. Großbritannien zog sich vom Kontinent weitgehend zurück. Italien, dessen Entwicklung die Casa d'Austria über Jahrhunderte mitbestimmt hatte, blieb vorerst ebenfalls passiv. Später schwenkte es dann aber auf die NS-Außenpolitik ein, welche die Eingliederung Österreichs in das Deutsche Reich anvisierte und daher in den Habsburgern missliebige Kontrahenten erblickte.[1]

Die Dynastie hatte ausgespielt. Sie stand auf verlorenem Posten. Wie schon in der Vergangenheit verweigerte sie sich jedoch der Wirklichkeit und bestand auf ihren Ansprüchen. Kaiser Karl machte deutlich, dass er auf seine Herrschaftsrechte nicht verzichten werde. Was Regierung und Parlament in Wien beschlossen hatten, war für ihn und sein Haus null und nichtig. Karl erkannte keinerlei demokratische Entscheidungen an. Vielmehr ergab er sich dem Glauben, seine Völker seien durch die neuen Herren terrorisiert worden und stünden in Wahrheit noch immer hinter ihrem „geliebten Fürsten". Die braven Untertanen durchlebten gerade den Hungerwinter nach dem Waffenstillstand, als der ehemalige Regent beim Schilaufen in der Schweiz seine Überzeugungen festigte. Ihnen zufolge galt die Restauration nach den Ereignissen von 1918 als Pflicht, da die von Gott verliehenen erblichen Kronen als unentziehbares Recht aufgefasst werden müssten. Diesem Legitimismus verschrieb sich auch ein kleiner Kreis engster Vertrauter. Mitglieder der Hocharistokratie bestärkten den Ex-Monarchen nicht nur in seiner Haltung, sie vermittelten auch den Eindruck, in absehbarer Zeit handeln zu können.[2]

Von falschen Hoffnungen geleitet, tauchte Karl schließlich im März 1921 in Budapest auf. Dort trat er vor Admiral Nikolaus Horthy, der ihm als Reichsverweser eines noch existierenden Königreiches Ungarn bei seiner neuerlichen Inthronisierung behilflich sein sollte. Horthy übernahm die Aufgabe, dem Überraschungsgast die Augen zu öffnen. Weder die Magyaren noch das Ausland wünschten eine Rückkehr des früheren Souveräns. Dennoch gab sich Karl, der fortan Horthy zu seinen Feinden zählte, nicht geschlagen. Im Juli scheiterte ein neuerlicher Restaurationsversuch schon im Ansatz, im Oktober 1921 gelang es Karl dann aber, mit seiner Frau Zita Györ zu erreichen. Feldmessen des christlichsten Ehepaares und fortwährende Beteuerungen ihrer Friedensliebe können allerdings nicht darüber hinweg täuschen, dass die Habsburgerfamilie auch ein Blutvergießen riskierte, um wieder zur Macht zu gelangen. Mit Kampfverbänden zog man gegen Budapest, wurde aber nach kurzen Gefechten mit der ungarischen Nationalarmee überwältigt. Horthy hatte seinerseits nicht gezögert, den Spuk mit Waffengewalt zu beenden. Für die meisten Magyaren war das Maß voll. Karls Herrschaftsrechte wurden per Gesetz für beendet erklärt. Dem früheren König blieb nichts als der Protest.

Wenige Monate später, am 1. April 1922, starb er auf der portugiesischen Insel Madeira, seinem letzten Aufenthaltsort.[3]

Sein Tod bot die Gelegenheit, bisherige Entscheidungen zu überdenken. Der Familientradition entsprechend, entschied sich Zita aber dafür, im ältesten Sohn Otto den rechtmäßigen Herrscher Ungarns und Österreichs zu sehen. Zumindest auf dem Boden der Alpenrepublik verbesserte sich die Situation für die Habsburganhänger ab den Zwanzigerjahren dann tatsächlich. Mehrere kaisertreue Vereinigungen entstanden. Sie fanden allmählich im 1932 geschaffenen „Eisernen Ring" zusammen. Weiteren Aufwind erhielt die Bewegung in der Folge durch den Austrofaschismus. Katholizismus und Demokratiefeindlichkeit waren Grundfesten eines christlichen Ständestaates, der Parlament und Oppositionsparteien ausschaltete, um zugleich in mehr als einer Beziehung an das alte Imperium anzuschließen. Das Erzhaus kam dadurch seinen Zielen näher als jemals zuvor oder danach. In der neuen Verfassung vom 1. Mai 1934 wurde der Begriff „Republik" gemieden und der Doppeladler wieder zum Wappentier. Das Heer betrieb verstärkt k. u. k. Traditionspflege und der Thronanwärter Otto erhielt die Ehrenbürgerschaft von 1600 österreichischen Gemeinden zuerkannt.

Bei Gesten blieb es aber nicht. Speziell unter Bundeskanzler Kurt Schuschnigg, einem bekennenden Legitimisten, ging man daran, Verfügungen aus der Zeit nach dem Ersten Weltkrieg zu revidieren. 1935 wurde die gesetzliche Bestimmung über die Landesverweisung des Hauses Habsburg-Lothringen aus dem Jahr 1919 aufgehoben. Zeitgleich ging man daran, der Dynastie ohne Kenntnis der notleidenden Bevölkerung ein beträchtliches Vermögen zukommen zu lassen. Dass die Sympathiebekundungen des autoritären Österreich beim „angestammten Herrscherhaus" auf Gegenliebe stießen, bezeugen zahlreiche Kontakte zwischen Regierung und Familie. Sie mündeten in Gespräche über eine Wiederherstellung der Monarchie, die jedoch an der schwierigen internationalen Lage und insbesondere an der ablehnenden Haltung der Nachbarstaaten scheiterte.[4]

Mit dem Anschluss der „Ostmark" an das Dritte Reich änderte sich die Lage vollständig. Otto Habsburg, der Bundeskanzler Schuschnigg noch am 17. Februar 1938 vorschlug, ihm „als Sohn des

Märtyrerkaisers Karl“ und „legitimen Kaiser“ die Kanzlerschaft zu übertragen, wurde von den Nationalsozialisten steckbrieflich gesucht. Otto stellte sich nun vom amerikanischen Exil aus gegen die Gewaltherrschaft Hitlers. Für große Teile der Emigration blieb die schwarz-gelbe Alternative allerdings unannehmbar. Die Verhältnisse vor 1918 waren den Zeitgenossen noch in schlechter Erinnerung. Zudem zeigte sich, dass das junge Oberhaupt der Dynastie auch weiterhin an den Standpunkten seiner Eltern festhielt. Nicht nur im Brief an Schuschnigg vom Februar 1938 präsentierte er sich als rechtmäßiger Regent. Auch den US-Präsidenten Roosevelt versuchte er von der Notwendigkeit einer „Donauföderation“ unter habsburgischer Krone zu überzeugen. Otto sah darin ein Bollwerk gegen die Sowjetunion, erlitt mit den hochfahrenden Plänen allerdings Schiffbruch.[5] Die immer noch umtriebigen Erzherzöge machten dafür gemäß jahrelanger Gepflogenheiten die Tschechen verantwortlich, deren politische Elite man im Familienkreis mit einem an Verfolgungswahn grenzenden Hass bedachte.[6]

Dafür wollte man nach dem Ende des Zweiten Weltkrieges einmal mehr die „geliebten Alpenländer beglücken“. Im Herbst 1945 tauchten Otto und seine Brüder wieder als Agenten in eigener Sache auf. Schon zuvor waren sie gegen die Anerkennung der Regierung Renner aufgetreten, die sie als kommunistisch diffamierten. Ihr Vorschlag lief im Gegensatz dazu auf die Stärkung der westlichen Bundesländer hinaus, was letztlich zur Teilung Österreichs geführt hätte. In den Besatzungszonen der westlichen Alliierten war man jedoch nicht gewillt, monarchistische Strömungen zu unterstützen. Der „Kronprätendent“ musste daher das Land wieder verlassen, um sich danach in Frankreich, Spanien und schließlich im bayrischen Pöcking niederzulassen. In dieser Zeit heiratete Otto die Herzogin Regina von Sachsen-Meiningen in Nancy, eine Möglichkeit, das dynastische Selbstverständnis wieder einmal nachdrücklich zur Schau zu stellen. Mit kaiserlichem Glanz wurde der Bund fürs Leben unter den Klängen der alten Hymnen Österreich-Ungarns geschlossen. Da die Habsburger ihre Ansprüche auch weiterhin nicht zu überdenken bereit waren, sah sich die Republik Österreich veranlasst, die 1919 ausgesprochene Landesverweisung in den Staatsvertrag von 1955 aufzunehmen.[7]

Als Otto 1961 dann von der bisherigen Familientradition abwich und auf seine Mitgliedschaft im Hause Habsburg-Lothringen sowie auf die aus ihr gefolgerten Herrschaftsansprüche verzichtete, kam es darüber zum Krach zwischen den beiden Großparteien. Die ÖVP argumentierte formalrechtlich, die SPÖ politisch. In sozialistischen Kreisen wollte man an den Gesinnungswandel des „allerhöchsten" Familienoberhaupts nicht so recht glauben. Immerhin hatte er 1949 zwei Familien in den Adelsstand erhoben und bei der Taufe des „Kronprinzen Karl" 1961 die Anrede „Seine Majestät Otto von Österreich-Ungarn" gewählt. Der Sohn des „Märtyrerkaisers" wollte nun aber an seinem zukünftigen Verhalten gemessen werden.[8] Zitate aus seinem Umfeld geben freilich Einblick in ein Milieu, das keineswegs an Althergebrachtem rüttelte. „Für das derzeit gültige Protokoll kommt ihm der Titel ‚Seine kaiserliche und königliche Hoheit' zu", heißt es beispielsweise in einer 1965 vorgelegten Festschrift für Otto Habsburg, die nicht zögert, die Errichtung einer Republik als rückschrittlich zu bezeichnen.[9] Dass sich der Jubilar selbst auch Jahrzehnte danach gerne mit fürstlichen Titeln ansprechen lässt, beweist sein Israelbesuch 1990. Die hebräische Universität Jerusalem hatte ihn als „kaiserliche und königliche Hoheit" eingeladen. Otto widersprach nicht. Ein Jahr zuvor war seine Mutter Zita gestorben. Sie hatte nie eine Verzichtserklärung abgegeben, erhielt aber in den Achtzigerjahren die Einreiseerlaubnis. Bei ihrem Begräbnis in Wien kam noch einmal der alte Ritus der Monarchie zur Anwendung. Dennoch erweckte ihre Beisetzung in der Kapuzinergruft lediglich Neugier und keineswegs monarchistische Gesinnungen.[10]

Eine Restauration, das mussten auch die Habsburger erkennen, war in weite Ferne gerückt. Also begnügte man sich mit der Integration ins politische Leben bestehender Staaten. Legitimisten wünschten sich in diesem Sinn einen unparteiischen Erzherzog als Staatsoberhaupt der Republik, eine Überlegung, die in Ungarn nach dem Fall der Eisernen Mauer schon weiter gediehen war. Dort kam Otto Habsburg als Präsidentschaftskandidat der konservativen Kleinlandwirtepartei ins Gespräch. Seine Kandidatur scheiterte aber letztlich an einem Beschluss aus dem Jahre 1926, demzufolge nur im Lande wohnende Habsburger als Staatsbürger betrachtet werden können. Die politischen Aktivitäten verlegte der Clan schließlich immer mehr auf die Europapolitik. An der Spitze der Anfang der Zwanzigerjahre von Richard Coudenhove-Kalergi ins Leben gerufenen Paneuropabewegung bemühen sich „kaiserliche“ Sprösslinge, einen Kontinent unter bekannten Maximen zusammenzuführen. „Die Zwölf Sterne auf blauem Grund sind das Symbol der Mutter Gottes. Und das ist für mich Europa“, bemerkte etwa Karl, der „Kronprinz des Hauses“. Er und sein Vater waren bis 1999 Sitznachbarn im Europäischen Parlament, Karl für die ÖVP und Otto für die CSU.[11]

Unumstritten sind die beiden allerdings nicht einmal unter politischen Gesinnungsgenossen. Seit Otto das Sagen hat, ist die Paneuropa-Bewegung „immer mehr zu einer Familienangelegenheit geworden. Mit den Ursprüngen hat das alles nichts mehr zu tun“, meint etwa Barbara Coudenhove-Kalergi, die Tochter des Paneuropa-Gründers. Wenig Freude hatte man in den Reihen der österreichischen Volkspartei auch mit dem Sohn Ottos. Vertraute behaupten, Karl sei liebenswürdig und gutmütig, jedoch „unberührt von der Muse der Intelligenz“, eine Feststellung, die in ähnlicher Weise sogar der Senior des Geschlechtes von sich gegeben haben soll.[12]

Auch in den Medien erntete der „Thronanwärter“ nicht die besten Kritiken. Als Quizmaster einer Fernsehshow, als VIP der „Seitenblicke“-Gesellschaft und als verbummelter Student, der angeblich sofort eine Diplomarbeit einreichen wollte, ohne eine einzige Prüfung abgelegt zu haben, machte er eine schlechte Figur. Der belächelte Kaisersohn begnügte sich jedoch keineswegs mit ungeschickten Auftritten. Es folgten Skandale, die nicht mehr nur zum Amüsement der Öffentlichkeit beitrugen. Die Affäre um ein Diadem im Wert von 630.000 Schilling, das er unerlaubt nach Österreich bringen wollte, verursachte allgemeines Kopfschütteln.[13]

Schlimmer noch erwies sich 1998 der Verdacht, Spendengelder der Kinderhilfsorganisation World Vision Österreich seien zur Finanzierung des habsburgischen EU-Wahlkampfes geflossen.[14] Karl, der nun auch für die ÖVP untragbar geworden war, gründete daraufhin eine eigene Partei, die Christlich-Soziale-Allianz (CSA). Diese Entscheidung wurde sogar von einigen Verwandten verurteilt. Sie witterten dahinter den Versuch, die Überparteilichkeit der Dynastie gegen ein Mandat des Erzherzogs im Europaparlament einzutauschen. Ein schwelender Bruderzwist zwischen Otto und Carl Ludwig Habsburg machte sich erneut bemerkbar.

Dabei lieferten beide Beweise dafür, dass der Schatten einer mächtigen Familientradition noch immer auf ihnen ruhte. Carl Ludwig war schon zuvor mit dem „Kronprinzen" Karl scharf ins Gericht gegangen, als dieser eine „unstandesgemäße" Ehe mit dem Industriellenkind Francesca Thyssen-Bornemisza eingegangen war. Die Thyssen-Tochter kam in eine Sippe, die nur zu gerne mit den alten Titeln spielte. Dementsprechend bezeichnet sie sich seit ihrer Heirat als Erzherzogin von Österreich, während ihr Schwiegervater Otto auf einer Homepage im Internet als „Christ, Kaiser und Europäer" präsentiert wird.[15]

Letzterer stellte sich im übrigen vorbehaltlos hinter seinen Sohn. Angriffe auf diesen nötigten dem Familienoberhaupt einen wenig geschmackvollen Vergleich mit der Verfolgung der Juden im Dritten Reich ab. „Er trägt ja den gewissen gelben Stern, den Namen Habsburg", bemerkte Otto.[16] Wie schon früher begriff sich sein Geschlecht als Opfer widriger Umstände. Statt nach eigenem Verschulden zu fragen und dem Handeln der Vorfahren distanzierter gegenüberzutreten, stilisierte man sich seit dem Untergang der Donaumonarchie zu Märtyrern hoch. Das Erzhaus, dem angeblich „nichts erspart blieb", verweigerte damit die Aufarbeitung des Geschehenen, um an den unabänderlichen Werten des dynastischen Sendungsbewusstseins festhalten zu können. Noch in den Schriften der CSA und der Paneuropabewegung überwiegen daher ultrakonservative Ansichten, werden Emanzipierungs- und Demokratisierungsbestrebungen innerhalb der Kirche und der Gesellschaft zurückgewiesen und tendenziöse Geschichtsdarstellungen nach außen getragen. Signifikanterweise glorifiziert man etwa das neoabsolutistische Regime Franz Josefs als geradezu paradiesisches System des Friedens und der Prosperität, während andererseits die Revolution von 1848 als „Hexenkessel kranker Ideen" verunglimpft wird.[17]

Die Familie und ihre Anhänger scheinen sich bisweilen im Mythenpark ihrer eigenen Propaganda zu verirren. Zerrbilder der Vergangenheit verbinden sich auf derlei Weise mit dem Festhalten an überkommenen Privilegien. Die Casa d'Austria sieht ihre Rechte in der augenblicklichen Situation lediglich eingeschränkt. Das Ende ihrer Ambitionen ist noch lange nicht erreicht. Ottos Brüder Felix und Carl Ludwig haben niemals von ihren Herrschaftsrechten Abstand genommen. Statt eine Verzichtserklärung zu leisten, gingen sie vielmehr in die Offensive. Ihre Beschwerde bei der Europäischen Kommission für Menschenrechte wurde zwar für unzulässig erklärt, dennoch bleibt auch die jüngere Generation umtriebig. Vor allem gegen die Habsburgergesetze Österreichs wird angekämpft, wobei man sich zu bedenklichen Äußerungen hinreißen lässt. Die auf den Familienverband bezugnehmenden Verfassungsbestimmungen werden beispielsweise als vom „Ungeist der Sippenhaftung geprägt" diffamiert.[18]

Der Clan und sein Anwalt, welcher sogar die Nürnberger Rassengesetze der Nationalsozialisten als Vergleich heranzieht, übersehen dabei allerdings geflissentlich, dass sich das Land gegen den Geist einer Familientradition sowie gegen einzelne Angehörige der Dynastie zur Wehr setzen muss, welche ihre Ansprüche achtzig Jahre nach dem Zerfall der Monarchie immer noch aufrecht erhalten. Die damit verknüpften Forderungen sollten nicht unterschätzt werden. Vor allem in finanzieller Hinsicht besteht Grund zur Vorsicht, zumal die Sachlage nach wie vor kompliziert ist.

Als man 1918/19 zwischen dem privaten und staatlichen Besitz des Kaiserhauses unterscheiden wollte, ergaben sich daraus beträchtliche Schwierigkeiten.[19] Auf den meisten Sachwerten lasteten Hypotheken. Hinzu kamen Gegenforderungen. Im Großen und Ganzen ging das „allerhöchste" Vermögen folglich auf die Republik über, bis der austrofaschistische Ständestaat eine Kehrtwendung vornahm und in einen „Familienversorgungsfonds" 31,5 Millionen Schilling einzahlte.[20] Dieser Fonds wurde 1938 beschlagnahmt und nach 1945 nicht wieder errichtet. Austrofaschismus und Nationalsozialismus hinter sich lassend, griff man wieder auf die Regelungen von 1919 zurück. Obwohl tatsächlich juristisch nicht ganz einwandfrei durchgeführt, sehen die Höchstgerichte in der entschädigungslosen Enteignung heute keine verfassungswidrige Handlung.[21]

Die Habsburger könnten sich dennoch zufrieden geben. Immerhin blieb den begüterten Familienzweigen die Kaiservilla in Ischl, das Schloss Persenbeug mit zirka 14.000 Hektar Forstgebiet, Wälder in Kärnten und Niederösterreich im Gesamtumfang von mehr als 3000 Hektar sowie Besitzungen der Schwiegersöhne Ottos in Oberösterreich, die ungefähr 4200 Hektar umfassen. Diese Vermögenswerte besänftigten die Dynastie dennoch nicht. Immer wieder wird der Versuch unternommen, den Status quo durch enorme Forderungen zu verändern. Alles in allem beträgt der Streitwert 200 Milliarden Schilling (etwa 14,5 Milliarden Euro), also doppelt soviel, wie das Sparpaket 1996. Neben fünf Häusern in Wien beanspruchen die Habsburger in diesem Zusammenhang mit den Gütern Orth-Eckartsau, Mattighofen, Pöggstall-Spitz, Laxenburg, Mannersdorf, Kleinkrampen und Schönau eine Fläche von rund 27.000 Hektar.[22]

Eine rein formalrechtliche Behandlung dieser Angelegenheit erscheint bei derartigen Begehrlichkeiten ungenügend zu sein. Wirtschaftliche Erwägungen müssen Beachtung finden. Aber auch politische und historische Dimensionen der Causa Habsburg dürfen nicht außer Acht gelassen werden. Die Republik hat sich Staatsgrundgesetze gegeben. Sie zogen einen Schlussstrich unter die Weltordnung der Kaiser und Könige. Diese Wende wurde von demokratischen Parteien herbeigeführt und von deren Wählern sanktioniert. Für Karl I., den letzten Kaiser, zählte das alles nicht. Er bestand auf fürstlichen Vorrechten, von denen die Menschen schnell Abstand zu nehmen begannen. Karl verlangte die Einhaltung abgeschaffter Reglements. Für ihn und viele seiner Nachfahren blieb dadurch der entscheidende Punkt außerhalb des Denkbaren, die Überlegung nämlich, ob die Wünsche einer sich rasch wandelnden Gesellschaft den dynastischen Anliegen überhaupt untergeordnet werden können. Die Frage stellt sich nicht bloß unter dem Gesichtspunkt möglicher

Chancen und Risken. Auch moralische Erwägungen sind in Betracht zu ziehen. Hat das ehemalige Herrscherhaus seine Titel und Reichtümer nicht in Epochen angehäuft, welche die Oberschicht durch feudale Ausbeutungsmethoden unverhältnismäßig begünstigten?[23]

Geschichte und Ethik sind mit einander verbunden. Das Habsburgergeschlecht, welches Staat und Religion, Herrschaft und Tugend, Autorität und Verantwortung so gerne aus dem Blickwinkel christlicher Überlieferung und historischer Dimensionen betrachtet, sollte eigentlich erkennen, wann es Zeit ist, sich zu bescheiden.

Schwächen und Vergehen

Familientraditionen können als Stütze und Orientierungshilfe aufgefasst werden. Sie dienen mitunter als Rückhalt und Handlungsanleitung, geben dem Leben bisweilen einen Rahmen und eine Grundlage. In den unternehmerischen Erfolgsbilanzen steht das Kapital verwandtschaftlicher Beziehungen oftmals hoch im Kurs. Eine individualistischere Hightech-Gesellschaft vermag daran wenig zu ändern. Ein Clan bietet Vorteile, gestern wie heute. Politiker, Wirtschaftsbosse, Künstler und Hocharistokraten inszenieren ihre medialen Auftritte in der trauten Umgebung ihrer Liebsten. Frau und Hund, Kind und Kegel müssen herhalten, um dem öffentlichen Harmoniebedürfnis Tribut zu zollen. Zugleich dürstet das Publikum nach Skandälchen jenseits der Homestorys am knisternden Kaminfeuer. Geliefert wird beides, Abgrund und Ideal, in leicht verdaulicher Form, versteht sich, abwechselnd und in kleinen Häppchen. Hinter den Anekdoten und Geschichten bleibt häufig Bedeutenderes verborgen: Der Einfluss der Reichen und Mächtigen, das ebenso diskrete wie hartnäckige Festhalten an dynastischen Prinzipien.

Nicht viel anders verhält es sich bei den Habsburgern. Ihre Überzeugungen hielten auch genauere Beobachter eher für Eigentümlichkeiten, selten für eine dauerhafte Belastung. Eine kritische Betrachtung gewährt jedoch eine tiefere Einsicht in die Herrschaft des Doppeladlers: Dieselben Ansichten, welche das Haus Österreich hochhielt, wurden ihm zum Fluch und trugen letztlich zu seinem

Untergang bei. Ein Monarchentypus bildete sich heraus, der sich und seine Angehörigen in ein enges Korsett aus imperialem Universalismus, christlichen Glaubensweisheiten und angestammten Privilegien schnürte. Auf der Hofburg und dem Schönbrunner Schloss lasteten unantastbare Werte. Deren Ewigkeitscharakter wurde durch starre Zeremonien unterstrichen, Bewahren und Administrieren ersetzte den staatsmännischen Weitblick. Der Kaiser verkörperte die Verwaltung des Stillstands. Sein Schreibtisch wurde zum Symbol. Die tägliche Aktenarbeit, zweifelhafter Ausdruck von Pflichtgefühl, verschloss ihm das Auge für Wesentlicheres.[24] Regenten, die davon abweichen wollten, verstrickten sich tiefer in die überkommenen Verhaltensmuster als sie es wahrhaben wollten. Josef II. kann mit gutem Grund als familiärer Sonderfall bezeichnet werden. Und doch blieb auch er oft halbherzig. Der dynastischen Veranlagung entsprechend, reichte seine Energie in vielen Fällen nicht aus, um ein Vorhaben zum Abschluss zu bringen. Auf halbem Wege mit den Schwierigkeiten der bisher geübten Herrschaftspraxis konfrontiert, reagierte auch Josef wie die meisten seiner Vorgänger und Nachfolger. Einmal verlor er rasch das Interesse und hüllte sich in Passivität. Ein anderes Mal betonte er nachdrücklich die imperiale Macht und gab sich autoritär.[25]

Er und mit ihm die übrigen Häupter des Erzhauses sahen sich als einzige Wächter und alleinige Schlusssteine des Reichsgebäudes. Niemand sollte dem allerhöchsten Willen Hindernisse in den Weg legen.[26] Diese Auffassung hatte fatale Folgen. Der Autokrat glaubte, als gerechter Vater alles selbst regeln zu müssen. Seine dauerhafte Überbelastung und Selbstüberschätzung beeinträchtigten die Regierungsarbeit nachhaltig. Seine Weltanschauung verursachte stets neue Unzulänglichkeiten. Den Hof charakterisierte sozialer Dünkel. Intrige und Protektionswirtschaft blühten. Fähigkeiten fanden weniger Beachtung als Geburtsrechte. Die immens wohlhabende Oberschicht blickte auf die Untertanen herab, eine Geringschätzung, die das Kaiserhaus dem niedrigeren Adel ebenso entgegenbrachte.[27]

Zugleich fühlten sich die Verfechter des wahren Glaubens und der absoluten Macht ständig von Andersdenkenden bedroht. Auf „Juden, Freimaurer, Sozialisten und Ungarn“ hatte es zum Beispiel

Thronfolger Franz Ferdinand abgesehen. Die Galerie bestgehasster Kontrahenten war bei seinen Vorfahren nicht viel anders besetzt. Mancher Erzherzog machte aus seiner Abscheu vor „liberalen Denkern“ und „unbotmäßigen Zeitungsleuten“ des Jahres 1848 kein Geheimnis. Seit langem erregte man sich des Weiteren über die egoistischen Fürsten des Deutschen Reiches, erkor Preußen beziehungsweise Frankreich zum Erzfeind und trachtete insbesondere danach, den reformierten Gemeinschaften das Leben so unerträglich wie möglich zu machen.[28]

Die eigenen Weggefährten wurden zu willfährigen Helfershelfern deformiert. K.u.k. Generalstabschef Conrad von Hötzendorf schrieb dazu, die Habsburger hätten „vermeint, mit einem Titel oder Orden aller Verpflichtungen enthoben zu sein. Ein seelischer Bund verknüpfte sie nicht mit ihrem Heer, das sie wie eine Schar gleichmäßig angezogener Bedienter ansahen, die nur blind zu folgen hatten.“ Nach Maria Theresia „erlischt der Glanz des Hauses, geht die Sonne unter. Josef II. war noch ein mildes, verklärendes Abendrot, dann wurde es dunkel.“[29]

Conrads Überhöhung der früheren Regenten hätte beim berühmten Prinz Eugen wenig Anklang gefunden. Seine Beziehung zu Leopold I. und Karl VI. blieb unterkühlt. Die Casa d'Austria wachte stets eifersüchtig über ihre Sonderstellung. Rudolf II. ließ erfolglose Feldherrn hinrichten, Ferdinand II. beseitigte den eigenmächtigen Heeresunternehmer Wallenstein, und selbst noch 1866 musste der Feldmarschallleutnant Ludwig von Benedek als Sündenbock für das Desaster von Königgrätz herhalten.[30]

Das alles lenkte von der Verantwortung eines Herrscherhauses ab, dessen Mitglieder selbst Führungskader der Streitkräfte waren. Das ganze 19. Jahrhundert hindurch verdingten sich Habsburger als hohe und höchste Truppenbefehlshaber mit durchwegs mäßigem Erfolg.[31] Ab 1914 dilettierte schließlich Erzherzog Friedrich als Armeekommandant, vergnügte sich beim Kartenspiel und befasste sich die übrige Zeit mit bürokratischem Kleinkram. Kein Wunder, dass er bei Stabsoffizieren keinerlei Ansehen genoss. Conrad von Hötzendorf bemühte sich daher, den dahindämmernden Friedrich ebenso von Entscheidungen fernzuhalten wie andere Angehörige der Familie.

Immerhin galt auch Erzherzog Karl Franz Josef, der spätere Kaiser Karl I., trotz seiner knapp dreißig Lebensjahre als unausgereift. Problematisch wurde die Sache, weil bereits zu viele Agnaten des Hauses, etwa die Erzherzöge Josef, Josef Ferdinand und Eugen, in die Befehlshierarchie eingebaut waren. Auch nach außen hin erweckte man damit den Anschein, der ganze Waffengang wäre eine dynastische Angelegenheit. Die exponierte Stellung der kaiserlichen Sprösslinge bereitete loyalen Ratgebern schlaflose Nächte. Ein zunehmend unpopulärer Krieg konnte mit einem Herrschergeschlecht identifiziert werden, dessen Exponenten sich im Feld nicht gerade als Vorbilder gerierten.[32]

In Hofkreisen hielt man trotzdem an den alten Gewohnheiten fest. Franz Josef und Karl handelten nicht viel anders als ihre Vorgänger. Immer schon war penibel darauf geachtet worden, dass kein General und kein Minister dem Thron zu nahe kam. Sogar Staatskanzler Metternich musste deshalb Widersacher neben sich dulden.[33] Vieles spricht im Übrigen dafür, dass die Krone selbst in den Wirren der Jahre 1848 und 1849 dieser Linie treu blieb: Wer für den Kaiser das Schwert zog, war willkommen; zuviel Einfluss aber blieb unerwünscht. So könnten auch die Fürsten Windischgrätz und Schwarzenberg in ähnlich starke Positionen gehievt worden sein, um sie im Bedarfsfall zu neutralisieren.[34]

Ungeachtet der Schwächen und Stärken einzelner verteidigten die maßgeblichen Kräfte um den Regenten immer die Sonderstellung der Familie. Das Engagement der Untergebenen beobachtete man misstrauisch. Die Frucht des Argwohns war das polizeiliche Spitzelwesen, ein Überwachungsapparat, dem Josef II., sein Bruder Leopold und nicht zuletzt dessen Sohn Franz I. besondere Bedeutung beimaßen.[35]

Der Zweck, die kaiserlich-katholische Autokratie, heiligte die Mittel. Dafür horchte man nicht bloß die Untertanen aus. Wenn nötig, setzte man sich auch über geltende Übereinkünfte und eigene Postulate hinweg. Das Habsburgergeschlecht ließ sich als Verkörperung von Glaubensidealen und Herrschertugenden feiern, die Wirklichkeit sah allerdings anders aus. Maximilian I. verschrieb sich in autobiographischen Werken wie dem *Weißkunig* hohen moralischen Werten, um im gleichen Atemzug seinen Forderungen mit Waffengewalt und skrupellosen Geldbeschaffungsmethoden Nachdruck zu verleihen. Die von Martin Luther so heftig angegriffene Praxis, sich vermeintliche Sünden mit Hilfe stattlicher Beträge vom Hals zu schaffen, erwies sich nicht bloß für die Kirche als profitabel. Auch Maximilian wollte am Geschäft mit dem Seelenheil verdienen. Er plünderte gut gefüllte Ablasstruhen oder organisierte Kampagnen, bei denen Übeltaten für mindestens einen Wochenlohn aus dem himmlischen Register gestrichen werden konnten. Die Einkünfte flossen in die Kriegskassen und sollten vor allem dazu dienen, den Osmanen das Fürchten zu lehren.[36] Andauernde Gewaltbereitschaft passte natürlich nicht wirklich zur allerhöchsten Friedens- und Frömmigkeitspropaganda. Das meinten auch zahlreiche Anhänger der Reformation, die den Getreuen des Papstes und des Wiener Hofes nachsagten, „auf Erden mit unschuldigem Menschblut" kaum „gesättigt werden zu können".[37]

Bis ins beginnende 20. Jahrhundert manifestierte sich in der Gesinnung des Erzhauses der Widerspruch zwischen christlicher Ethik und weltlicher Machtausübung. Eine zuweilen übertriebene Frömmigkeit verband sich mit menschenverachtenden Strategien der Staatsräson.[38] Durch Feldzüge, Strafexpeditionen und Exekutionen geriet die weithin gerühmte Nachsichtigkeit der Monarchen in Verruf. Das Ende ungarischer Magnaten, die sich gegen Kaiser Leopold I. stellten, diente zur Belehrung der Rechtgläubigen. Nicht ohne Täuschung taktierte man zwischen der Andeutung eines möglichen Gnadenerweises und dem Befehl, die Empörer tot oder lebendig herbeizuschaffen. Als man ihrer habhaft geworden war, blieb von der „angeborenen österreichischen Milde" nicht mehr viel übrig. Die Rebellen wurden abgeurteilt und dem Henker übergeben.[39]

Um Vorrechte zu behaupten, sah man zumindest zeitweilig sogar über die selbstgeschaffene Ordnung hinweg, hielt widerspenstige Adelige durch aufsässige Bauern in Schach und spielte die Völker des Reiches gegeneinander aus. Auch mit der „väterlichen Fürsorgepflicht" gegenüber den braven Untertanen nahmen es die Habsburger nicht mehr ganz so genau, wenn ihnen der äußere oder innere

Feind zu Leibe rückte. Leopold I. zog es vor, die Verteidigung gegen die Türken lieber aus sicherem Abstand zu beobachten. Die Hofclique um den „gütigen“ Kaiser Ferdinand floh 1848 gleich zweimal aus dem unruhigen Wien, obwohl selbst in Regierungskreisen dafür wenig Verständnis herrschte und die Protestaktionen nicht gegen die allerhöchste Familie gerichtet waren.[40] Wähnte man sich außer Gefahr, kamen erneut die alten Machtträume zum Tragen. Dafür lohnte es sich schon einmal, das so gerne hervorgehobene Prinzip der „rechtmäßigen Thronansprüche“ über Bord zu werfen. So belobigte Franz Josef seinen dalmatinischen Statthalter 1855 dafür, einen Putsch gegen den Fürsten Montenegros anzubahnen, um dort den österreichischen Einfluss geltend zu machen. Dass aus dem Unternehmen schließlich nichts wurde, ändert wenig an der schiefen Optik, welche durch das Wiener Intrigenspiel entstand.[41]

Noch viel bedenklicher mutet jedoch das Verhältnis des Erzhauses zum Heiligen Römischen Reich an. Dessen Stände begriffen das jahrhundertealte Gemeinwesen nicht als Machtgefüge, sonder eher als Gesetzeswerk, welches Sicherheit und Autonomie zugleich bieten sollte. Die habsburgischen Könige und Kaiser missachteten diesen Grundgedanken jedoch wiederholt. Dort, wo sie Kraft ihres Amtes als Garanten eines Regelwerkes für unterschiedliche Zuständigkeiten und Freiheiten auftreten hätten müssen, betätigten sie sich als Umstürzler, indem sie ihren absolutistischen Neigungen nachgaben und die Hegemonie des Monarchen durchzusetzen trachteten. Im Dreißigjährigen Krieg kam Ferdinand II. diesem Ziel einige Male sehr nahe. Obwohl er damit letztlich scheiterte, lastete die Hausmachtpolitik Wiens auch weiterhin auf dem Reich. Als dessen Beschützer wollten sich seine Regenten verstehen. In Wahrheit begünstigten sie durch ihre Verstrickung in außerdeutsche Probleme den Ausbau starker Fürstentümer und somit eine machtpolitische Konstellation, die für das „heilige Imperium“ zur Zerreißprobe werden sollte. Die Sonderinteressen der Habsburger mehr noch als die anderer Geschlechter schadeten dem Zusammenhalt in Mitteleuropa.[42]

Als Josef II. schließlich den Wert der Kaiserkrone in Frage stellte, begünstigte er dadurch den Aufstieg des großen Gegenspielers Preußen. Entfremdung und Misstrauen bestimmten die folgenden Jahre. Kaiser Franz, den Napoleon Bonaparte als „Nichtigkeit in Galauniform" bezeichnete, dachte ebenfalls rein österreichisch. Blind für die Möglichkeiten, die ihm seine Würden immer noch boten, ließ er das Reich im Stich und zog auf nicht ganz lupenreine Art den Schlussstrich unter ein bedeutendes Kapitel abendländischer Geschichte. Mit der Proklamation Napoleons zum Kaiser der Franzosen im Jahr 1804 nahm Franz den Titel „Kaiser von Österreich" an, welcher nicht auf die Länder außerhalb des Heiligen Römischen Reiches beschränkt wurde. Wien missachtete somit geltendes Recht. Zwei Jahre danach verhielt man sich ähnlich. Als ein Rheinbund unter französischem Protektorat gebildet wurde, verzichtete Franz kurzerhand auf die deutsche Krone. Indem er außerdem die Reichsverfassung für erloschen erklärte, löste er das tausendjährige Imperium auf. Diese Vorgangsweise erachteten schon damals viele als illegal. Der König von England legte deswegen in seiner Funktion als Kurfürst von Hannover Protest ein. Die Weichen waren jedoch gestellt: Nicht erst unter dem Druck Napoleons betätigte sich Habsburg eher als Totengräber und keineswegs als Bewahrer des Reiches.[43]

Dabei wurde deutlich, dass das Erzhaus bisweilen im Stile spätantiker Imperatoren seine Machtausübung mit dem Bestreben verband, an der Spitze und zugleich außerhalb der Rechtsordnung zu stehen. Möglichkeiten, Gesetze zu schaffen oder abzuändern, eröffneten weitreichende Perspektiven. Die Spielregeln des Zusammenlebens sollten eigenmächtig festgelegt werden. Demgemäss bemühte sich das absolutistische Regierungsmodell, die Mitsprache der Untertanen auszuschalten. Auch der Wiener Hof löste sich zunehmend von vertraglichen Bindungen. Unter Ferdinand II. diente vermeintliches oder tatsächliches Fehlverhalten der Stände dazu, reinen Tisch zu machen. Das Gespräch oder der Kompromiss wurden nicht gesucht. Streitpunkte dienten als Anlassfälle, mittels Kriegsrecht gesellschaftliche Übereinkünfte durch monarchische Willkür zu ersetzen. Kein Wunder, dass die habsburgischen Regenten den Wertvorstellungen der „deutschen Libertät" wenig abzugewinnen vermochten. Garantien, die von der konfessionellen Duldung bis zur einer gewissen Freizügigkeit reichten, fasste man im Heiligen Römischen Reich nach 1648 immer eindeutiger als Grundrechte jedes Deutschen und nicht bloß als Privilegien von Fürsten, Gesellschaftsschichten, Interessensgruppen und Ländern auf. Die individuelle Gewissensfreiheit galt als Norm. Sie widersprach dem Augsburger Religionsfrieden, der dem Landesherrn zubilligte, über den Glauben seiner Untertanen entscheiden zu dürfen. Gerade daran wollte der Kaiser jedoch festhalten. Mit Sonderregelungen erreichte er schließlich, dass in den Erblanden die Konfession als identitätsstiftendes Integrationsmittel zur Herrschaftsfestigung benutzt werden konnte.[44]

Während auf solche Art reichsgrundgesetzliche Rahmenbedingungen zurückgewiesen wurden, suchte man zu anderen Zeiten und an anderen Orten gleichfalls nach Möglichkeiten, rechtliche Verpflichtungen hinter sich zu lassen. So reklamierte Karl VI. gegenüber den magyarischen Magnaten jeden Kompetenzbereich für sich, der nicht durch ein bereits bestehendes Statut klar definiert worden war.[45] Seinen Vorfahren machte später auch Franz Josef alle Ehre, indem er 1867, bei der Schaffung der österreichisch-ungarischen Monarchie, die Ungereimtheiten des Ausgleichs für sich nutzte. Zwischen den beiden Reichshälften, den Regierungen und Parlamenten, den zentralen und nachgeordneten Instanzen blieben Grauzonen. Sie erlaubten es der Hofclique, auch weiterhin relativ ungehindert dem Lauf der Dinge ihren Stempel aufzudrücken.[46]

Natürlich gelang es nicht immer, durch einen weitgehend gesetzesfreien Raum ans Ziel zu kommen. In dieser Situation setzte sich die allerchristlichste Dynastie wiederholt über geltende Bestimmungen hinweg. Recht und Rechtmäßigkeit galten unter dem Doppeladler als oberste Maxime. Tatsächlich war auf das Wort seiner Majestät aber gerade dann nicht Verlass, wenn es um Wesentliches ging. Das Erzhaus hatte den ständischen Verordneten religiöse und politische Freiheiten gewährt. Diese Konzessionen hatten vertraglichen Charakter. Die Krone fühlte sich zu ihrer Einhaltung trotzdem nicht verpflichtet. Verschob sich das Kräfteverhältnis zugunsten der Katholiken, verwarf der Autokrat die verbrieften Abmachungen. Auf diese Weise verfuhr Ferdinand II. mit Widersachern in Böhmen, Nieder- und Oberösterreich. Seine Nachfolger gedachten mit Ungarn ähnlich vorzugehen. Dessen Aufnahme in den habsburgischen Machtbereich war an zahlreiche Sonderregelungen geknüpft. König und Nation galten als gleichwertige Glieder in den staatsrechtlichen Theorien der Magyaren. Die Regenten gingen durch den Inthronisierungseid besondere Verpflichtungen ein, verloren sie allerdings wegen ihrer absolutistischen Neigungen immer wieder aus den Augen.[47] Die Verletzung bisheriger Rechtsgepflogenheiten gehörte zum gewohnten Bild. Am weitesten ging Josef II., der den ungarischen Reichsrat nicht mehr einberief und sich nicht zum König krönen ließ.[48] Die josefinischen Reformen, welche unter Missachtung der Traditionen den Zentralstaat gegenüber den Länderautonomien durchzusetzen versuchten, scheiterten zwar; Josefs Nachfolger blieben dem autokratischen Regierungsstil jedoch treu. Geltende Vereinbarungen standen deshalb in Wien nicht eben hoch im Kurs. „Eine wohlberechnete Dislokation der garnisonierenden Truppen betrachte ich als die natürlichste und [...] am leichtesten beschwichtigende Maßregel", erklärte etwa Metternich im Hinblick auf eine Umänderung oder Liquidierung der magyarischen Privilegien.[49] Man war offensichtlich zum gewaltsamen Staatsstreich bereit, nicht anders als 1848/49. Damals trat das Herrschergeschlecht die „allerhöchsten Zugeständnisse" an die Untertanen mit Füßen, verleugnete die „rechtmäßige Revolution" und ließ Soldaten aufmarschieren.[50] Diese jagten unter anderem den Reichstag von Kremsier auseinander, dessen Mitglieder gehofft hatten, am 15. März 1849, dem Jahrestag des kaiserlichen Verfassungsversprechens, die Konstitution des österreichischen Vielvölkerstaates feierlich beschließen zu können. Die wortbrüchige Dynastie organisierte jedoch einen Putsch von oben, der selbst in Regierungskreisen nicht ungeteilte Zustimmung fand. Unsaubere Methoden wandte man dann auch gegen die geflüchteten Abgeordneten an. Die Herausragendsten, wie Hans Kudlich, der sich um die Grundentlastung zugunsten der Bauern verdient gemacht hatte, wurden ohne jede juristische Grundlage in politischen Prozessen zum Tode verurteilt.[51] Glücklicherweise hatte sich Kudlich wie Ungarns Ludwig Kossuth der habsburgischen Rachejustiz durch die Flucht ins Ausland entziehen können. Graf Ludwig Bátthyany, Ministerpräsident der magyarischen Revolutionsregierung, musste hingegen unschuldig sterben. Die Gerichtsverhandlung nach seiner Gefangennahme unterdrückte überzeugendes Material zu seiner Verteidigung.[52]

Wie wenig die absolutistische Führung geneigt war, der vielgepriesenen Legalität Geltung zu verschaffen, zeigte sich unterdessen auch bei der Armee. Eine Dynastie, die beim Thronwechsel Ende 1848 vom unwürdigen Standpunkt ausging, der junge Franz Josef sei nicht an das gebunden, was sein Onkel Ferdinand zugesichert habe, fand auch beim Fahneneid zu keiner einwandfreien Position.[53] Zunächst einmal sah man von der Vereidigung ab, um die Streitkräfte nicht auch auf die gewährten Rechte einschwören zu müssen. Unvorhergesehenerweise kam es dennoch vereinzelt zur Vereidigung, weshalb das Kriegsministerium die Lage klären sollte. Dort gelangte man 1850 zur Ansicht, dass die Eidesleistung entfalle, zumal die ursprüngliche Verfassung vom April 1848 nur für einen Teil der Monarchie gegolten habe und überdies durch die neue vom 4. März 1849 obsolet geworden sei. Eine derartige Stellungnahme stand allerdings in völligem Widerspruch zur oktroyierten Konstitution vom 4. März. Diese besagte: „Der Eid des Heeres auf die Reichsverfassung wird in den Fahneneid aufgenommen."[54]

Ihre Mühen mit den Paragraphen schafften sich die Habsburger schließlich auf eine recht rüde Weise vom Hals. Sie kehrten zum absolutistischen Führungsstil zurück und konfrontierten ihre Soldaten nicht mehr mit einer besonderen Treueverpflichtung gegenüber den Gesetzen. Daran änderte auch das Jahr 1867 nichts.[55] Vielmehr war man in der Phase beginnender Liberalisierung und Demokratisierung schnell mit Notverordnungen bei der Hand, die das geltende Rechtssystem beschnitten. Korrekt wurde diesbezüglich nicht immer vorgegangen, wie die Vorwürfe mehrerer Wiener Parlamentarier aus dem Jahr 1917 beweisen. Die „Sistierung des konstitutionellen Lebens durch die Vertagung des österreichischen Reichrates im März 1914 und die völlige Aufhebung der Verfassung bei Kriegsbeginn" hatten ihrer Meinung nach schwerste Übergriffe im Bereich der Justiz und der allgemeinen Bürgerrechte zur Folge. Der Regierung wurde vorgeworfen, die Maßnahmen nicht gesetzeskonform auf einzelne Gebiete und auf einen begrenzten Zeitraum eingeschränkt zu haben. Außerdem, so die Mandatare, hätte die Unparteilichkeit und Unabhängigkeit der Gerichte sichergestellt werden müssen, statt einfach den Militärs das Feld zu überlassen.[56]

Diese Argumentation war weder spitzfindig noch akademisch. Was versierte Juristen hier anprangerten, hatte speziell in Galizien zahlreichen Menschen das Leben gekostet. Verurteilungen und Exekutionen konnten nicht einfach als unvermeidliche Härten des Krieges, als militärische Erfordernisse gerechtfertigt werden. In der Lesart vieler Abgeordneter umfasste die Vorgangsweise des habsburgischen Staatsapparates den Tatbestand des Verfassungsbruches und der Verletzung persönlicher Freiheiten, wobei in diesem Zusammenhang humanitäre Überlegungen zusehends Berücksichtigung fanden.[57]

Derlei Vorstellungen fanden im übrigen auch Eingang in die völkerrechtlichen Konventionen des ausgehenden 19. und beginnenden 20. Jahrhunderts. Der Haager Landkriegsordnung lag zum Beispiel der Gedanke zugrunde, das Kampfgeschehen wenigstens ansatzweise in geordnete Bahnen zu lenken. Unter anderem sollten gefangen genommene Soldaten mit einem korrekten Verhalten rechnen können. Dazu gehörte neben einer akzeptablen Versorgung und Unterbringung der „Feinde" auch das Versprechen, gegnerische Heeresangehörige nicht zu Tätigkeiten heranzuziehen, die mit militärischen Unternehmungen in Verbindung standen. Die Donaumonarchie hielt sich daran allerdings ebenso wenig wie das gerade in dieser Hinsicht viel gescholtene russische Imperium. Wien hatte ganz andere Vorstellungen: Nicht bloß in der Rüstungsindustrie, sondern sogar im Front- und Etappenraum beabsichtigte man, das „fremde Menschenmaterial" einzusetzen.[58] Zahlenangaben beweisen, dass es die k. u. k. Kommanden nicht bei dieser unlauteren Absicht beließen. Anfang Oktober 1916 kamen allein am nordöstlichen Kriegsschauplatz 80.000 Gefangene zum Einsatz. Insgesamt waren es Anfang 1918 dann 362.000, der überwiegende Teil davon aus der Armee des Zaren.[59] Sie wurden unter erbärmlichen Bedingungen bei Munitionstransporten, beim Straßenbau und bei der Errichtung von Unterständen eingesetzt. Schlecht behandelt und unzureichend verpflegt, starben so viele an Krankheiten und Erschöpfung, dass die zuständigen Ministerien jede Auskunft darüber verweigerten. Schließlich hörte man überhaupt auf, mitzuzählen.[60] Lediglich an den Internierungsorten des Hinterlandes wurden, hauptsächlich aus wirtschaftlichen Überlegungen, Einwände formuliert. Gefangene habe man, hieß es dort, in einem derart schlechten Zustand von der Front zurückgebracht, dass ihre Gesundung und ihr weiterer Arbeitseinsatz ausgeschlossen seien.[61] Kein Wunder, dass sich einige „Arbeitsrussen", wie es im k. u. k. Militärjargon hieß, gegen die völkerrechtswidrigen Missstände zur Wehr setzten. Bei Widerspruch aber kannte man nur eine Antwort. Mit mehreren Exekutionen an der Südwestfront gegen Italien wollte Habsburgs hohe Generalität die Aufwiegler zum Schweigen und die Renitenten zur Räson bringen.[62] Die Erschießung von Kriegsgefangenen in Tirol wurde 1920 noch Gegenstand einer Untersuchung über militärische Pflichtverletzungen.[63] Solange kaiserliche Offiziere aber das Sagen hatten, leugnete man die systematische Missachtung internationaler Bestimmungen. Mehr noch, das Kriegsministerium wies die „Pauschalvorwürfe gegen die Humanität des Reiches" als „vollendete Heuchelei" zurück.[64] Nach 1918 glaubten jene, die den „Ehrenschild" der „altösterreichischen Wehrmacht" hochhielten, noch weiter gehen zu müssen. Nun gratulierten sich frühere Befehlshaber gegenseitig zu ihrem „intuitiven Weitblick", zum „Wert der Kameradschaft" und speziell zum „würdevollen Auftreten" gegenüber gefangenengehaltenen Feinden. Diese, erzählte man der Nachkriegsgesellschaft, hätten an geradezu „idyllischen Unterbringungsorten" eine Art Urlaub im „Rechts- und Kulturstaat" Österreich-Ungarn verbracht.[65]

„Mir san ja eh die reinen Lamperl", konstatiert ein Hauptmann des k. u. k. Kriegsministeriums in den *Letzten Tagen der Menschheit* von Karl Kraus. Der Offizier diktiert der Schreibkraft eine beschönigte Sicht der österreichischen Kriegsgefangenenbehandlung. Seine Zwischenbemerkungen sind nicht dokumentiert. Sie liegen sozusagen in der Luft. Der Text, den er zu Papier bringen lässt, ist hingegen kein Produkt künstlerischer Imagination. Er entspricht der historischen Wahrheit. Wer es nachprüfen möchte, dem sei ein Blick in das Wiener Haus-, Hof- und Staatsarchiv empfohlen. Darin finden sich zwei amtliche Schriftstücke, die Kraus wörtlich, unter Beibehaltung orthographischer Fehler, in sein monumentales Werk aufnahm. Der Autor benötigte keine grellen Erfindungen. Ihm genügten über weite Strecken Zitate. Sie veranschaulichen den „Geist des Doppeladlers“, seine Neigung zur Verklärung, zur Verdrängung und Verleugnung.[66]

Verhängnisvolle Beständigkeit

Kriege, Wirtschaftsmiseren, Gesellschaftskrisen. Die mehr als sechshundertjährige Habsburgerherrschaft weist, nüchtern betrachtet, keine Erfolgsbilanz auf. Absolutismus und Starrsinnigkeit siegten über Kompromissbereitschaft und Reformfähigkeit. Überhöhte Ansprüche, autokratische Willkür und weltanschauliche Intoleranz bedienten sich des Wortbruches, der Täuschung und Gesetzesverletzung. Auf klägliche Weise stand die Dynastie am Ende sich selbst im Weg. Sie war vorrangig am Untergang ihres Reiches schuld, genauso wie am Elend ihrer früheren Untertanen. In Mitteleuropa gab es kaum jemanden, der sich dessen 1918 nicht bewusst gewesen wäre. Erstaunlich schnell änderte sich jedoch die Betrachtungsweise. Wie war das möglich? Leisteten die Gewaltregime der folgenden Jahrzehnte dazu ihren Beitrag? Gewiss. Neben Hitler und Stalin verblassten die Autokraten früherer Epochen. Der Vernichtungswahn der Dreißiger- und Vierzigerjahre stellte das Morden von 1914 bis 1918 in den Schatten. Der Erste wurde zum kleineren der beiden Weltkriege, obwohl er für die Beteiligten gewiss groß genug gewesen war. Im Schatten totalitärer Raserei erschienen die gekrönten Häupter von einst in mildem Licht. Die Hymnen der Zaren und Kaiser klangen beinahe wehmütig aus der Vergangenheit herüber. Melancholie und Geborgenheitsbedürfnis lenkten eine Harmonie suchende Retrospektive. Kunst und Kultur bedienten das Gemüt, Geschichtsschreibung und Journalismus das Informationsbedürfnis. Der Gesamteindruck entsprach dem Wunschbild. Heimat- und Habsburgklischees wurden zur willkommenen Werbefläche des Österreichtourismus.

Von Historikern war hierbei wenig Widerspruch zu befürchten.

Die akademische Zunft störte nach 1945 so wenig wie davor. Die Quellen lieferten genug Stoff, um den Blick in die Breite statt in die Tiefe zu lenken. Zögerlich im Umgang mit den großen, vielleicht auch unbequemen Themen, verlor man sich dennoch nicht ausschließlich im Detail.[67] Eine Tendenz zur Rechtfertigung, Verteidigung, bisweilen auch Wertschätzung und sogar Verehrung des allerhöchsten Hauses war unverkennbar. Auf diese Weise setzten manche Autoren fort, was ihre Vorgänger noch im direkten Auftrag der Mächtigen begonnen hatten: Die Verherrlichung des Herrschergeschlechts, seiner Tugenden und seiner göttlichen Mission.[68]

Ein Großteil des Quellenmaterials wurde in den Dienst dieser Propagandastrategien gestellt. Schon von daher ist es nicht immer leicht, hinter die Kulissen zu blicken. Außerdem darf nicht vergessen werden, dass die Habsburger, wie alle Mächtigen, dunklere Kapitel ihrer Regierung gerne mit dem Mantel des Schweigens bedecken. Wie viel wurde nach 1989 über die verdrängte Wahrheit Osteuropas gesprochen? Wissenschaftliche Forschung und interessierte Öffentlichkeit wandten sich daher den kommunistischen Geheimarchiven zu. Gibt es Vergleichbares für die Geschichte der Casa d'Austria? Sicherlich wäre der Zugang zu den familiären Sammlungen von Bedeutung. Dieses Privileg blieb allerdings bislang weitgehend jenen vorbehalten, die sich in den Dienst der Verklärung und Idealisierung stellten. Wäre es denkbar, dass in absehbarer Zeit auch die frühere Kaiserdynastie von Glasnost und Perestrojka heimgesucht wird? Oder fürchtet noch die jüngere Generation des Erzhauses unabsehbare Konsequenzen?

Ihre Vorfahren taten sich mit Offenlegungen jedenfalls schwer. Wer etwa über die Anhänger der Französischen Revolution in der Donaumonarchie recherchieren wollte, stand auf verlorenem Posten. Kaiser Franz hatte die „Vertraulichen Akten" über die so genannte „Jakobinerbewegung" in der Hofburg als Geheimsache aufbewahrt und damit dem Zugriff der Forschung entzogen. Auch Franz Josef hielt daran fest, als er 1878 das Material an das Haus-, Hof- und Staatsarchiv mit der Auflage überstellen ließ, „sie undurchsucht dort deponiert zu lassen".[69]

Gras wollte man auch über eine andere Angelegenheit wachsen lassen. Als im Jahr 1861 ein Denkmal für die im März 1848 ums Leben Gekommenen errichtet wurde, ordneten staatliche Stellen die Enthüllung am frühen Morgen an. In aller Stille, ohne Reden und ohne Lieder musste die Feier vonstatten gehen. Die Erinnerung an die Erhebung sollte auch weiterhin wirkungsvoll unterdrückt werden. In mancher Hinsicht war dies der Obrigkeit ohnehin bereits gelungen. Dreizehn Jahre nach der Revolution kannte man nur noch die Namen von sieben „Märzgefallenen", obwohl ein Zeitzeuge bereits am 14. März 1848 allein im Allgemeinen Krankenhaus sechzig Leichen gezählt hatte.[70]

Einer der Hauptverantwortlichen für das Massaker, Erzherzog Albrecht, sollte in diesem Zusammenhang auch vergessen werden. Man ordnete deshalb unmittelbar nach Ausbruch der Unruhen seine Abberufung vom Posten des Wiener Stadtkommandanten an. Es sollte vermieden werden, dass die Dynastie mit den blutigen Ereignissen identifiziert wurde.[71] Daran hielt man sich auch im Fall von Hans Kudlich. Dass man ihn zum Tode verurteilt hatte, sollte „laut allerhöchster Entschließung" der Bevölkerung nicht bekannt gegeben werden. Der Hof wusste, dass sein Name immer noch mit der Befreiung der Bauern von den Feudallasten verbunden wurde. Die Verdienste Kudlichs und anderer Parlamentarier reklamierte das Herrscherhaus aber für sich. Eine Publikmachung der allerhöchsten Rachejustiz hätte der Krone, so die Regierung, unter diesen Voraussetzungen Sympathien gekostet.[72]

Propagandastrategien und Geheimhaltungsbefehle vermochten allerdings wenig zum Ansehen der Dynastie beizutragen. Um vieles wichtiger dürften die tief verwurzelten Überzeugungen in der Bevölkerung gewesen sein. Die Ehrfurcht vor der Krone war noch im 19. Jahrhundert weithin ungebrochen. Ein Regent, der seine Macht von Gott erhielt, wurde als Verbindungsstelle zwischen Himmel und Erde zum Symbol und Garanten der Weltordnung. In ihr hatte alles und jeder seinen Platz zugewiesen bekommen. Sicherheit ging von der vertrauenswürdigen Person des Kaisers aus, dessen Tugenden für Recht und Rechtmäßigkeit standen. Daran glaubten fast alle seine Untertanen, selbst jene, die mit den Zuständen keineswegs zufrieden waren. Bezeichnenderweise richteten sich die Bauernaufstände der Frühen Neuzeit nicht gegen die gnädigste Majestät, sondern gegen die Grundherren. Den „allerhöchsten Herrn" umgab eine religiöse Aura, welche ihn an die Spitze, aber auch über die Gemeinschaft stellte. Als Wunschprojektion väterlicher Fürsorge wurde er zur Phantasiegestalt. Die höfische Repräsentation des Absolutismus verstärkte diesen Eindruck. Sie inszenierte die Überhöhung des Fürsten und entzog ihn somit dem Vergleich. Glaube und Organisation der Gesellschaft schützten den Monarchen, verhüllten seine Verantwortung und seine Fehltritte.[73]

Der Mangel an Alternativen trug das Seine dazu bei. Regierung und Untertanen, Öffentlichkeitsarbeit und Öffentlichkeit stimmten in ihrer Haltung überein: Ein Ersatz für die Monarchie war undenkbar. Selbst später, als religiöse Formeln zur Legitimierung der Herrschaft nicht mehr ausreichten und neue, historische Begründungen ihren Platz einnahmen, änderte die Bevölkerungsmehrheit ihre Ansichten nicht. Nationale und soziale Protestbewegungen erschütterten das Imperium 1848/49. Dennoch suchten die meisten „Umstürzler" und „Erneuerer" den Ausgleich mit dem Erzhaus. An ernsthaften Loyalitätsbekundungen mangelte es nicht. Der Hof erhielt genug Angebote zur vereinten Bewältigung von Krisen.[74] Indessen zog er es vor, Kompromissangebote abzulehnen. Dem Alleingang folgte nicht zufällig ein antirevolutionärer Staatsmythos, der den Kampf gegen die Aufklärung, gegen 1789 und 1848, mit der Hervorhebung der Dynastie als der einzigen gemeinsamen Klammer verknüpfte. Ihr standen demzufolge im Kampf gegen Unabhängigkeitsbestrebungen, Demokratisierung und Grundrechtsforderungen die Getreuen von Kirche und Staat zur Seite: die Priesterschaft, die Generalität und die Bürokratie.[75]

Eine auf den Autokraten zugespitzte Gesellschaftspyramide prägte auf solche Art das Wesen der Untertanen. Der Hof und seine Gehilfen trugen ihre Haltung in jeden Winkel des Reiches. Eine Herrscherimitation setzte ein, welche kurz nach dem Ende des Ersten Weltkrieges zumindest kurzfristig einer strengeren Bewertung unterzogen wurde. „So haben sie [die Habsburger] uns erzogen", konnte man beispielsweise im März 1919 in der Zeitung *Der Abend* lesen. Die

Kaiserin Maria Theresia, eine „gutherzige, eheliche Kinder gebärende [...], klerikale und beschränkte Frau auf dem Throne lebt in hunderttausend Wiener Frauen bis auf den heutigen Tag. Sie füllen die Kirchen, und eher geht ein Kamel durch ein Nadelöhr, als dass irgend eine schwungvolle Idee in diesen Guglhupfgehirnen Anklang fände. – [...] Kaiser Franz ist der Vater des ewig nörgelnden, übelgelaunten Rindfleischwieners, des Fortwurstelns und der politischen Rückständigkeit. Franz Josef mit seinem kinnfreien Backenbart wurde von zahllosen Gastwirten, Schuldienern und Hausbesorgern nachgeahmt.“[76] Nicht viel anders schildert Josef Roth eine Beobachtung seines Helden, des Leutnant Carl Joseph von Trotta, im Roman *Radetzkymarsch.* Dort heißt es: Sein Vater, der Bezirkshauptmann, saß „am hufeisenförmigen Tisch der bunten Offiziere, dunkel und hager, unter dem Wandbildnis Franz Josephs des Ersten, dem bekannten, allseits verbreiteten Porträt des Allerhöchsten Kriegsherrn im blütenweißen Feldmarschallsrock mit blutroter Schärpe. Just unter des Kaisers weißen Backenbart und fast parallel zu ihm ragten einen halben Meter tiefer die schwarzen, leicht angesilberten Flügel des Trottaschen Backenbartes. Die jüngsten Offiziere, die an den Enden des Hufeisens untergebracht waren, konnten die Ähnlichkeit zwischen Seiner Apostolischen Majestät und deren Diener sehn. Auch der Leutnant konnte von seinem Platz aus das Angesicht des Kaisers mit dem seines Vaters vergleichen. Und ein paar Sekunden lang schien es dem Leutnant, daß oben an der Wand das Porträt seines gealterten Vaters hänge und unten am Tisch lebendig und ein wenig verjüngt der Kaiser in Zivil sitze.“[77]

Roths Fiktion erfasste die Realität genau. Die äußere Anpassung des Bezirkshauptmanns Trotta entsprach seiner inneren Einstellung. Der „alte Herr in Schönbrunn“ nistete sich in den Gehirnen der Menschen ein. Gewohnt an patriarchalische Bevormundung, erzogen zum Gehorsam, angehalten zur einzigen Glaubenswahrheit und darum argwöhnisch gegenüber dem Fremden und Neuen, prägte das „kakanische Wesen“ die „habsburgische Wirklichkeit“. Daran verzweifelten Kritiker und Reformer. Sogar gekrönte Häupter wie Josef II. sahen sich unüberwindlichen Hindernissen gegenüber. Wo Josef zu Veränderungen drängte, lenkte ihn das Vermächtnis seiner Familie ebenso wie dort, wo er sich bekannter Herrschaftsansprüche bediente. Der Handlungsspielraum war eingeengt. Erst recht für jene, die sich nicht auf den Staatsapparat stützen konnten. Revolutionäre des Jahres 1848 erklärten enttäuscht, die von der Grundherrschaft befreiten Untertanen seien der Freiheit nicht würdig. Männer wie Hans Kudlich mussten erkennen, dass sie zu den Bauern keinen Draht fanden. Diese verstünden nicht, so Kudlich, dass sie Menschen seien wie die Adeligen, dass ihnen ihr Recht auf Eigentum und freie Meinungsäußerung nicht vorenthalten werden könne. Statt dessen würden sie in dumpfer Teilnahmslosigkeit verharren und „gedankenlos ihr Vaterunser herplappern".[78]

Für Feudalismus, Absolutismus und Gegenreformation musste ein hoher Preis gezahlt werden. Obrigkeitsgläubigkeit, Unterwürfigkeit und Antiliberalismus prägten die Mentalität. Hinzu kamen weitere Einschränkungen. Geistige Betätigung etwa bedeutete Anpassung. Innerhalb einer von vornherein angenommenen Harmonie des Wissens ließ der Staatskatholizismus habsburgischer Provenienz der Innovation, der Erfahrung und Entdeckung wenig Platz. Zwar erklärte man diese „Antineugierde", welche dem Experiment einen niederen Stellenwert beimaß, offiziell für überwunden. Damit wurde allerdings weder die religiös fundierte Schulphilosophie aufgehoben, noch die rationalistische Aufklärung eingeführt. „I brauch kane Gelehrten", lautet ein legendäres Diktum des guten Kaisers Franz.[79] Manchem seiner Ideologen war es ohnehin lieber, wenn das Volk nicht allzu viel wusste. Die seit dem 18. Jahrhundert eingeführte allgemeinen Schulbildung bemühte sich, den angepassten oder nützlichen, aber keineswegs den kritischen Geist zu formen. Wien um 1900 mit seinen beachtenswerten wissenschaftlichen und künstlerischen Entwicklungen war daher ein Verdienst der Liberalisierung und nicht eines stockkonservativen Monarchen, der eisern an Traditionen festhielt. Gespannt blieb dementsprechend auch das Verhältnis zur Kunst, von der die Krone Servilität verlangte. Literaten lieferten eine verlogene Hymne nach der anderen. Die Massenproduktion linientreuer Manifestationen riss nicht ab. Wer gegen den Strom schwamm, bekam es mit der Obrigkeit zu tun, hatte mit Schikanen und Verboten zu rechnen, wie Johann Nestroy, dessen Spott sich dennoch einen

Weg durch das Dickicht behördlicher Maßregeln bahnte. „Weil er uns sonst niederhaut, preisen wir ihn alle laut!", meinte Nestroy einmal, ohne direkt auf den Monarchen Bezug zu nehmen.[80]

Dessen Zensurbehörde konnte immerhin von einem Tag zum anderen abgeschafft werden; die Mentalität, welche der autokratische Repressionsapparat hervorgebracht hatte, hingegen schwer. Schließlich hatte der Kaiserstaat den Verlust an Gestaltungsmöglichkeiten nicht ohne Erfolge zu kompensieren versucht. Die Intellektuellen, meinte ein vormärzlicher Österreichbesucher, werden „wie Katzen gehalten". Man erwarte von ihnen wenig und gestehe ihnen zugleich eine angemessene Versorgung zu. Statt Kreativität gediehen das Phäakentum, die Triebbefriedigung, Trunksucht und, wenn es der Wohlstand zuließ, die Gefräßigkeit.[81]

Die Gegenreformation bot statt Meinungsvielfalt barocke Sinneslust. Bilderflut und Prachtentfaltung pompöser Zeremonien wechselten aber auch mit dem Bekenntnis zur christlichen Demut. Habsburg heftete sich Bescheidenheit, Pflichtbewusstsein und Frömmigkeit auf seine Fahnen. Das Hofleben wurde zum Gottesdienst mit althergebrachtem Zeremoniell, zum Synonym für eine daraus entstehende Gleichförmigkeit. Die kaiserliche Lebensart mit ihrem oft auf die Minute festgelegten und rigoros eingehaltenen Stundenplan galt als Uhrwerk, nach dem das Volk die Zeit maß.[82]

Die allerhöchste Dynastie, ein Traditionsverband mit väterlichem Führungsanspruch und zugleich ein Modell für alle Familien des Reiches, überforderte am Ende sich selbst und die Untertanen. Im Regelwerk unabänderlicher Hierarchien und Gesetzmäßigkeiten verkümmerte das Individuum, verursachte der Verzicht Apathie, Gefühlskälte, Heuchelei und Missgunst. Die Grundlage hierfür schufen die stets gleichen Erziehungsziele. Fügsamkeit, Höflichkeit und Sparsamkeit bereiteten den Boden für die Kunst der devoten Anbiederung und die Neigung zum vorauseilenden Gehorsam. Begriffe wie „Gefühl" und „Glück" kamen dabei nicht vor. Allerhöchste Prinzen wurden auf diese Weise ebenso deformiert wie die Sprösslinge einfacher Leute.[83] Der Mangel an Persönlichkeit als Resultat einer zerstörten Kindheit bildet ein eigentümliches Band zwischen Herrscher und Beherrschten, ja sogar zwischen Gegenwart und Vergangenheit.

Erwin Ringel, Erforscher der österreichischen Seele, meinte dazu: „Vielleicht wäre es nicht nötig, einen Exkurs über Franz Joseph zu halten, wenn nicht mit Schrecken zu bemerken wäre, daß immer mehr Menschen eine merkwürdige nostalgische Sehnsucht nach eben diesem Franz Joseph entwickeln, ganze ‚Wallfahrten' nach Ischl und anderen Gedenkstätten stattfinden. Da muß sich gerade der Tiefenpsychologe fragen: Ist das die Sehnsucht nach der verlorenen Vaterfigur? Sind die Regierenden den Österreichern vielleicht noch zu wenig neurotisch, daß sie den Franz Joseph wollen? – Oder wollen sie gar wieder einen Totengräber an der Spitze? Denn es ist doch überhaupt kein Zweifel, daß dieser Mann vor allen anderen der Totengräber Österreichs war! Wenn er am Schluß seines Lebens aussprechen mußte: ‚Mit bleibt auch nichts erspart', war das die logische Konsequenz einer lebenslangen neurotischen Selbstvernichtung auf allen Gebieten. Diesem Mann mußte alles, was er anrührte, mißlingen! – Und nach ihm eine Sehnsucht?"[84]

Anmerkungen

Der Mythos Habsburg – Eine Einleitung

1 Tanner 5.
2 Ebd. 5–9.
3 Schwab 103.
4 Vocelka/Heller, Die Lebenswelt der Habsburger 122ff.
5 Ebd. 117–121.
6 Ebd. 132–136.
7 Tanner 8; Vocelka/Heller, Die Lebenswelt der Habsburger 126 und 136.
8 Vocelka/Heller, Die Lebenswelt der Habsburger 126 und 136.
9 Ebd. 138.
10 Ebd. 139.
11 Wandruszka 19f. Vgl. Lichnowsky, Eduard Maria Fürst von: Geschichte des Hauses Habsburg. 8 Bde. Wien 1836–1844.
12 Ebd. 20.
13 Vocelka/Heller, Die Lebenswelt der Habsburger 138.
14 Seibert 68 und 70f. Vgl.: Fraungruber, Hans: Österreichs Wahlhala. Namhafte Österreicher in Wort und Lied. Stuttgart um 1900; Goebel, Nelly: Unser Franzi. Wahre Geschichten aus der Kinderzeit unseres lieben Kaisers Franz Joseph I. Wien 1908; Proschko, Hermine: Habsburgs Herrscherfrauen. Ein Festgeschenk für Österreichs Jugend von Hermine Proschko. Wien 1910.
15 Ebd. 59 und 70.
16 Magris 35ff.
17 Ebd. 30ff.
18 Magris 19ff. und 303–322.
19 Doppelbauer 51.
20 Beck 171.
21 Zit. nach Beck 173.
22 Doppelbauer 267.
23 Jerzabek 953f.
24 Allmayer-Beck/Broucek/Rauchensteiner 272f.
25 Zit. nach Suppanz 229.
26 Suppanz 106ff.
27 Portisch 487f.
28 Suppanz 103.
29 Kramer/Prucha 158.
30 Tillner 989ff.
31 Büttner/Dewald 182–189 und 260–263; Beckermann 305–309.
32 Ebd. 188; vgl. Tillner 989.
33 Ebd. 260ff.
34 Größing 9.
35 Reifenscheid 162.
36 Neue Welt, Nr. 36 (29.8.2001) 14.
37 Vocelka/Heller, Die Lebenswelt der Habsburger 8; vgl. Weissensteiner, Friedrich: Große Herrscher des Hauses Habsburg. 700 Jahre europäische Geschichte. München 1995; Hamann, Brigitte (Hg.): Die Habsburger. Ein biographisches Lexikon. Wien/München 1988.
38 Vocelka, Karl/Heller, Lynne: Die Lebenswelt der Habsburger. Kultur- und Mentalitätengeschichte einer Familie. Graz/Wien/Köln 1998; dies., Die private Welt der Habsburger. Leben

und Alltag einer Familie. Graz/Wien/Köln 1998; Okey, The Habsburg Monarchy c. 1765–1918. From Enlightment to Eclipse. London/New York 2001.

39 Wandruszka, Adam/Urbanitsch, Peter (Hgg.): Die Habsburgermonarchie 1848–1918. 7 Bde. Wien 1973–2001; Wolfram, Herwig (Hg.): Österreichische Geschichte . Mit Bänden von Karl Brunner, Heinz Dopsch, Ernst Hanisch, Alois Niederstätter, Helmut Rumpler, Roman Sandgruber, Karl Vocelka und einem Ergänzungsband von Otto H. Urban.

40 Suppanz 104.

41 Beck 172.

42 Glatz/Melville 377f.

43 Rumpler 15.

44 Zit. nach Mezler-Andelberg 249.

45 Suppanz 231f.

46 Ebd.

47 Lovrek 238.

48 Siehe dazu: Erbe 11–17; Klueting 125–135; Evans 13.

49 Weissensteiner, Reformer, Republikaner und Rebellen 7f. Außerdem: Vocelka/Heller, Die private Welt der Habsburger 285–299

50 Pokorny 228f.; Weissensteiner, Große Herrscher 89ff. und 97f.

51 Evans, Das Werden der Habsburgermonarchie 76.

52 Good 12–18.

53 Klueting 125.

54 Ehalt 41.

55 Evans, Die Habsburger 133.

56 Evans, Das Werden der Habsburgermonarchie 315.

57 TV-Dokumentation „Die Habsburger", Folge 8; vgl. Evans, Die Habsburger 145.

58 Evans, Das Werden der Habsburgermonarchie 315f.; Beck 169.

59 Wandruszka 24–27.

60 Spielman 10f.

61 Rill/Zellenberg 183–193;

62 Spielman 15f.

63 Vocelka/Heller, Die Lebenswelt der Habsburger 223f.

64 Ebd. 128–132; Pokorny 207–215.

65 Vogler 40ff. und 62–71; Mitteis-Liederich 227ff., 295ff. und 322ff.; Ziegler 1–5; Fleck 15–18.

66 Durchhardt 123ff.

67 Ebd. 126–132.

68 Herm 309.

69 Vocelka/Heller, Die Lebenswelt der Habsburger 138ff.

70 Günther 16–25; Itzinger 30–40.

71 RCChIDNI, f. 495, op. 18, d. 5; Nie wieder Habsburg 5ff.

72 Größing 9.

73 Nagl-Docekal 23.

74 Evans, Das Werden der Habsburgermonarchie 314.

Reisen durch die schlechte alte Zeit – Krieg und Außenpolitik I

1 Vocelka/Heller, Die Lebenswelt der Habsburger 117.

2 Ebd. 120.

3 Ebd. 117.

4 Grill 139.

5 Ebd. 97f.

[6] Findeisen 12.
[7] Kramer/Stuiber 112f.; Vocelka/Heller, Die Lebenswelt der Habsburger, 120 und 122.
[8] Dickinger, Habsburgs schwarze Schafe 16.
[9] Habsburg 7–10.
[10] Ebd. 262.
[11] Paneuropa Österreich, 23. Jg., Nr. 1/2 (1998) 3.
[12] Ebd., 23. Jg., Nr. 11 (1998) 3.
[13] Findeisen 13; Barudio 77.
[14] Barudio 77 und 122f.
[15] Grill 97.
[16] Stökl 216 und 231.
[17] Mitteis/Lieberich 295f.
[18] Ebd. 296f- und 299.
[19] Ebd. 318–322.
[20] Zedinger 303; Ehalt 207f.
[21] Findeisen 25.
[22] Sieburg 47–52, 61–73, 82–85.
[23] Ebd. 84f. und 124f.
[24] Kluxen 626f., 599f., 416ff., 412f.
[25] Fenzl, Vom Staatskirchentum zur Partnerschaft 357.
[26] Kluxen 371.
[27] Meyer 43.
[28] Ebd. 54.
[29] Ebd. 56.
[30] Vocelka, Glanz und Untergang der höfischen Welt 98.
[31] Ebd.
[32] Hochedlinger 14.
[33] Bruckmüller, Konfrontationen 410.
[34] Kramer/Stuiber 7.
[35] Sked, Der Fall des Hauses Habsburg
[36] Hochedlinger 14.
[37] Kramer/Stuiber 7.
[38] Sked, Der Fall des Hauses Habsburg 314.
[39] Kraus 759.
[40] Decloedt, Imago Imperatoris 73.
[41] Grill 28.
[42] Ebd. 41f.
[43] Dickinger, Ha-Ha-Habsburg 51.
[44] Kramer/Stuiber 97; Dickinger, Ha-Ha-Habsburg 57.
[45] Lahnstein 167 und 171.
[46] Grill 69.
[47] Evans, Das Werden der Habsburgermonarchie 113f.
[48] Plaschka, Nationalismus-Staatsgewalt-Widerstand 40.
[49] Magenschab, Josef II. 253f.
[50] Barudio 575, 585ff.
[51] Ebd. 78.
[52] Wedgwood 69f.
[53] Barudio 83.
[54] Wedgewood 102.
[55] Findeisen 34.
[56] Wedgwood 209.

[57] Barudio 471f.
[58] Schmidt 334.
[59] Ebd. 334f.
[60] Spielmann 159.
[61] Ebd. 162.
[62] Ebd. 163.
[63] Bérenger, Die Geschichte des Habsburgerreiches 420f.
[64] Tapié 44–47.
[65] Ebd. 48f. und 56.
[66] Melichar 482.
[67] Ebd. 483.
[68] Tapié 142.
[69] Berglar 70.
[70] Beller 27.
[71] Vocelka, Glanz und Untergang der höfischen Welt 99; vgl. Gutkas, Kaiser Joseph II. 125.
[72] Ebd. 109.
[73] Magenschab, Josef. II 159f.
[74] Ebd. 160f und 237ff.
[75] Vocelka, Glanz und Untergang der höfischen Welt 127.
[76] Urbanitsch 73.
[77] Bridge 201ff.
[78] Sked, Der Fall des Hauses Habsburg 214.
[79] Melichar, Niederlagen und Reformen 486.
[80] Österreichisches Staatsarchiv, Kriegsarchiv, Militärkanzlei seiner Majestät des Kaisers, SR, Karton 15.
[81] Sked, Der Fall des Hauses Habsburg 280f.
[82] Bridge 220–225.
[83] Sked, Der Fall des Hauses Habsburg 281f. und 293f.
[84] Ebd. 298.
[85] Bridge 334; vgl. Melichar, Niederlagen und Reformen 489.
[86] Ebd. 338; vgl. Sked, Der Fall des Hauses Habsburg 298f.
[87] Singleton 118f.; Rauchensteiner, Der Tod des Doppeladlers 94f.
[88] Glenny 305f.
[89] Sked, Der Fall des Hauses Habsburg 299.

Zweifelhafte Persönlichkeit – Rudolf (1552–1612)

[1] Grillparzer, Bruderzwist 46.
[2] Zit. nach Vocelka, Die politische Propaganda 58.
[3] Zit. nach Vocelka, Die politische Propaganda 166.
[4] Vgl. Schwarzenfeld 225f.
[5] Zit. nach Vocelka, Die politische Propaganda 25.
[6] Zit. nach ebd. 92f.
[7] Vgl. ebd. 99.
[8] Zit. nach Findeisen 46.
[9] Vocelka, Die politische Propaganda 26.
[10] Zit. nach Schwarzenfeld 104.
[11] Ebd. 197.
[12] Vgl. Vocelka, Rudolf 10.
[13] Vgl. Vocelka, Die politische Propaganda 303f.
[14] Grillparzer, Bruderzwist 100.

Beispiele allerhöchster Güte und Gerechtigkeit – Wider die Konspiration

1 Zit. nach Blindenmarkt 76f.
2 Nähere Angaben bei: Kurt Peball, Die Schlacht bei St. Gotthard-Mogersdorf 1664, Wien 1989.
3 Kollarics 4–6.
4 Außführliche und Warhafftige Beschreibung 2ff.; Kaufmann 99.
5 Ebd 5f.
6 Ebd. 7.
7 Pribram/Pragenau 202.
8 Relation 4.
9 Außführliche und Warhafftige Beschreibung 17f.
10 Ebd. 59f.
11 Relation 7.
12 Spielman 67; Görlich/Romanik 226.
13 Ebd. 67.
14 Ebd. 69.
15 Ebd. 70.
16 Zit. nach Cronin 463.
17 Reinalter, Die Jakobiner in der Habsburgermonarchie 18f.
18 Ebd. 16f.
19 Zit. nach Wandruszka, Leopold II. 217.
20 Grimm 215f.
21 Ebd. 212.
22 Ebd. 19.
23 Ebd. 22.
24 Ebd. 24.
25 Ebd. 159 und 19.
26 Görlich/Romanik 306.
27 Zit. nach Andics, Die Frauen der Habsburger 157.
28 Andics, Die Frauen der Habsburger 27.
29 Görlich/Romanik 306.
30 Reinalter, Die Jakobiner in der Habsburgermonarchie 27.
31 Ders., Jakobinerklubs 103.

Zweifelhafte Persönlichkeit – Ferdinand (1578–1637)

1 Gutkas, Geschichte Niederösterreichs 234.
2 Vgl. Franzl 113.
3 Zit. nach ebd. 124.
4 Zit. nach ebd. 30.
5 Ebd. 61.
6 Brandi 429.
7 Ebd.393.
8 Vgl. Evans, Das Werden der Habsburgermonarchie 88 f.
9 Vocelka, Die politische Propaganda 153.
10 Zit. nach Franzl 122.
11 Zit. nach ebd. 119.

[12] Vgl. Pokorny 197.
[13] Zit. nach Landsteiner/Weigl 251.
[14] Zit. nach Pokorny 202.
[15] Zit. nach Haider, Geschichte Oberösterreichs 183.
[16] Ebd. 192.
[17] Zit. nach Franzl 301.
[18] Zit. nach ebd. 300.
[19] Ebd. 147.
[20] Zit. nach ebd. 354.
[21] Zit. nach Vogler 40.

Reisen durch die schlechte alte Zeit – Krieg und Außenpolitik II

[1] Grill 106.
[2] Ebd. 43.
[3] Evans, Das Werden der Habsburgermonarchie 116ff.
[4] Ebd. 118.
[5] Kunisch 85; Bruckmüller, Sozialgeschichte Österreichs 271.
[6] Bruckmüller, Sozialgeschichte Österreichs 271.
[7] Evans, Das Werden der Habsburgermonarchie 118.
[8] Hochedlinger 19.
[9] Ebd.
[10] Melichar, Niederlagen und Reformen 482f.
[11] Gutkas, Kaiser Joseph II., 105.
[12] Schmidt-Brentano 230.
[13] Ebd. 312ff.
[14] Bruckmüller, Sozialgeschichte Österreichs 448f.
[15] Hautmann, Fragen des Strafvollzugs 671.
[16] Ders., Kriegsgesetze und Militärjustiz 75.
[17] Plaschka, Nationalismus-Staatsgewalt-Widerstand 38.
[18] Schmidt-Brentano 423.
[19] Egger 13.
[20] Kramer/Stuiber 179f.; vgl. Egger 13.
[21] Egger 12.
[22] Zit. nach Egger 72.
[23] Zit. nach Egger 73.
[24] Kramer/Stuiber 185.
[25] Zorzi 46.
[26] Schmidt-Brentano 425ff.
[27] Ebd. 427ff.
[28] Österreichisches Staatsarchiv/Kriegsarchiv, Kriegsministerium/10. Abteilung 1915: 10–20/148.
[29] Regele 119f.
[30] Ebd. 120.
[31] Zit. nach Egger 74.
[32] Zit. nach Lahnstein 139f.
[33] Gonda/Niederhauser 47; Lahnstein 140.
[34] Berenger, Die Geschichte des Habsburgerreiches 455.
[35] Gonda/Niederhauser 99.
[36] Medick 397.

[37] Gonda/Niederhauser 98.
[38] Medick 396f.
[39] Spielmann 119.
[40] Lendvai 170.
[41] Ebd.
[42] Bérenger, Die Geschichte des Habsburgerreiches 455f.
[43] Wuermeling 17f., 31, 36 156–165, 270, 282 und 308ff.
[44] Ebd. 238–242 und 280f.
[45] Ebd. 265.
[46] Zit. nach Germann 121.
[47] Ronge 121–125; Kerchnawe 104f.
[48] Österreichisches Staatsarchiv, Kriegsarchiv, Neue Feldakten, Festungskommando Przemysl, Op. Nr. 51.
[49] Ebd.
[50] Stenographische Protokolle des Abgeordnetenhauses des Reichsrates, XXII. Session: 10. Sitzung 232/I, 11. Sitzung 319/I, 19. Sitzung 637/I, 22. Sitzung 780/I und791/I, 23. Sitzung 797/I und 247 Beilage der XXII. Session.
[51] Stenographische Protokolle des Abgeordnetenhauses des Reichsrates, XXII. Session: Anfragebeantwortungen des Ministers für Landesverteidigung 60. Sitzung 2265/I und 2269/I.
[52] Jerabek 163.
[53] Rauchensteiner, Der Tod des Doppeladlers 178.
[54] Zit. nach Jerabek 165.
[55] Heeresgeschichtliches Museum Wien, Plennyarchiv, Pollatschek, Das Kriegsgefangenenlager Freistadt; Österreichisches Staatsarchiv, Kriegsarchiv, Kriegsministerium, 10. Abteilung 1915: 10–21/11–2.
[56] Ronge 357.
[57] Österreichisches Staatsarchiv, Kriegsarchiv, Militärgeneralgouvernement Serbien, Befehl Nr. 134.
[58] Leidinger 288.
[59] Rauchensteiner, Der Tod des Doppeladlers 509.
[60] Dunant 11f.
[61] Ebd. 24.
[62] Kramer/Stuiber 167f.
[63] Melichar, Niederlagen und Reformen 488.
[64] Wedgwood 444; Gonda/Niederhauser 102.
[65] Lindegren 145.
[66] Vocelka, Glanz und Untergang der höfischen Welt 148 und 152.
[67] Ebd. 174.
[68] Herre, Maria Theresia 347.
[69] Wagner 137.
[70] Sked, Der Fall des Hauses Habsburg 224; Fesser 12; Wagner 160 und 164f.
[71] Leidinger 24.
[72] Erbe 12f.
[73] Sked, Der Fall des Hauses Habsburg 215ff. und 222–226.
[74] Magenschab, Josef II. 252ff.
[75] Zit. nach Sked, Der Fall des Hauses Habsburg 270.
[76] Bérenger, Die Geschichte des Habsburgerreiches 454.
[77] Evans, Das Werden der Habsburgermonarchie 118f.
[78] Kramer/Stuiber 182.
[79] Melichar, Niederlagen und Reformen 485f.
[80] Kramer/Stuiber 182.

81 Ebd. 182.
82 Wagner 160; Kramer/Stuiber 180ff.
83 Mayr-Harting 176; Wagner 160.
84 Kramer/Stuiber 172f. und 176f.
85 Deák, Der k.(u.)k. Offizier 96.
86 Bridge 201.
87 Ebd. 223ff.
88 Sked 219.
89 Wagner 158f.
90 Sked, Der Fall des Hauses Habsburg 211f.
91 Bridge 216f.
92 Sked, Der Fall des Hauses Habsburg 213.
93 Zit. nach Sked, Der Fall des Hauses Habsburg 212.

Zweifelhafte Persönlichkeit – Leopold (1640–1705)

1 Vgl. Evans, Das Werdern der Habsburgermonarchie 110 f.
2 Spielmann 9
3 Evans, Das Werden der Habsburgermonarchie 114.
4 Zit. nach Bérenger, Die Geschichte des Habsburgerreichs 346.
5 Vgl. Spielmann 84.
6 Vgl. dazu Vocelka, Glanz und Untergang 44.
7 Ehalt 213.
8 Evans, Das Werden der Habsburgermonarchie 86.
9 Lendvai 158, Evans, Das Werden der Habsburgermonarchie 228.
10 Zit. nach Spielmann 53.
11 Bérenger, Die Geschichte des Habsburgerreichs 421.
12 Zit. nach Vocelka/Heller, Private Welt 266.
13 Ebd.
14 Zit. nach Lendvai 161.

Beispiele allerhöchster Güte und Gerechtigkeit – Verbote und Strafen

1 Ingrao 47.
2 Handbuch/Verordnungen und Gesetze 534.
3 Wangermann 1–13.
4 Zit. nach Wangermann 5.
5 Vgl. u.a. Grimm 213.
6 Vgl. Görlich/Romanik 281.
7 Andics, Die Frauen der Habsburger 157f.
8 Sammlung aller k.k. Verordnungen und Gesetze vom Jahre 1740 bis 1780, Bd. 4, 280 und Bd. 5, 60f.
9 Kaiserl. Königl. Theresianisches Gesetzbuch, Bd. 2, 146–149.
10 Ebd., Bd. 4, 116–118.
11 Sammlung aller k.k. Verordnungen und Gesetze, Bd. 5, 46f.
12 Handbuch/Verordnungen und Gesetze, Bd. 1, 164.
13 Ebd., Bd. 1, 104.
14 Macho 21.

[15] Ebd. 22–25.
[16] Görlich/Romanik 295.
[17] Macho 33f. und 36.
[18] Ebd. 36f.
[19] Ebd. 75–92 und 118.

Zweifelhafte Persönlichkeit – Maria Theresia (1717–1780)

[1] Vgl. Hamann, Rudolf 408 f.
[2] Ebd. Vorwort.
[3] Vocelka, Glanz und Untergang 85.
[4] Hochedlinger 16.
[5] Walter 63.
[6] Ebd. 51.
[7] Ebd. 33.
[8] Ebd. 41.
[9] Weissensteiner, Große Herrscher 255.
[10] Vgl. Haider, Geschichte Oberösterreichs 279.
[11] Weissensteiner, Große Herrscher 229.
[12] Zit. nach Berglar 70.
[13] Zit. nach Vogler 230f.
[14] Vgl. Ehalt 209 f.
[15] Vgl. Gutkas, Geschichte Niederösterreichs 341.
[16] Walter 384.

Reisen durch die schlechte alte Zeit – Wirtschaft und Gesellschaft

[1] Zit. nach Andics, Der Staat, den keiner wollte 39.
[2] Czeike 1046.
[3] Kernbauer/März/Weber 346; Andics, Der Staat, den keiner wollte 28.
[4] Der Heimkehrer, Nr. 1 (6.9.1919) 1.
[5] Botz, Gewalt in der Politik 42.
[6] Ebd.
[7] Beck 173.
[8] Pokorny 228.
[9] Kramer/Stuiber 67.
[10] Bérenger, Die Geschichte des Habsburgerreiches 461f.
[11] Ebd. 390.
[12] Sandgruber 221f.
[13] Andics, Das österreichische Jahrhundert 57.
[14] Ebd. 222f.
[15] Pollak 86.
[16] Deák, Die rechtmässige Revolution 68f.
[17] Pollak 85.
[18] Zöllner 289; Kramer/Stuiber 137.
[19] Kramer/Stuiber 137.
[20] MacHardy 128f.
[21] Sandgruber 124.
[22] Ehalt 62f.
[23] Sandgruber 124.

[24] Kramer/Stuiber 170f.
[25] Ebd. 102f.
[26] Zöllner 289.
[27] Kramer/Stuiber 142.
[28] Ebd. 79.
[29] Zöllner 288.
[30] Bruckmüller, Sozialgeschichte Österreichs 238f.
[31] Bérenger, Die Geschichte des Habsburgerreiches 461f.
[32] Sandgruber 222.
[33] Pollak 86.
[34] Bruckmüller, Sozialgeschichte Österreichs 237ff.
[35] Evans, Das Werden der Habsburgermonarchie 75f.
[36] Ebd. 76f.
[37] Zöllner 282.
[38] Kramer/Stuiber 137.
[39] Bruckmüller, Sozialgeschichte Österreichs 258f.
[40] Pollak 85.
[41] Haider 246.
[42] Bruckmüller, „Kein Robot! Kein Zehent mehr!" 91.
[43] Ebd. 89.
[44] Biwald 131–134 und 193–196; Bruckmüller, „Kein Robot! Kein Zehent mehr!" 98,110f. und 113ff.
[45] Sked, Der Fall des Hauses Habsburg 202.
[46] Ebd. 207ff.
[47] Evans, Das Werden der Habsburgermonarchie 85
[48] Bérenger, Die Geschichte des Habsburgerreiches 241; Evans, Die Habsburger 135.
[49] Dickinger, Ha-Ha-Habsburg 65.
[50] Ders., Habsburgs schwarze Schafe 10.
[51] Bankl 37.
[52] Kosok 308.
[53] Sandgruber 130; Zöllner 279.
[54] Benedikt, Josef II. 127f.; Zöllner 279f.
[55] Sandgruber 128.
[56] Haider 190f.
[57] Evans, Das Werden der Habsburgermonarchie 80f.
[58] Sandgruber 128f.
[59] Bérenger, Die Geschichte des Habsburgerreichs 391.
[60] Sked, Der Fall des Hauses Habsburg 202.
[61] Bruckmüller, „Kein Robot! Kein Zehent mehr!" 114.
[62] Ders., Sozialgeschichte Österreichs 220ff.
[63] Ebd. 379.
[64] Häusler, Von der Massenarmut zur Arbeiterbewegung 86.
[65] Andics, Das österreichische Jahrhundert 127.
[66] Häusler, Von der Massenarmut zur Arbeiterbewegung 85.
[67] Vocelka, Glanz und Untergang der höfischen Welt 335.
[68] Ehmer 262.
[69] Bruckmüller, Sozialgeschichte Österreichs 386f.
[70] Ehmer 268.
[71] Häusler, Von der Massenarmut zur Arbeiterbewegung 115f.
[72] Bruckmüller, Sozialgeschichte Österreichs 264f.
[73] Vocelka, Glanz und Untergang der höfischen Welt 336.

[74] Ebd.
[75] Ebd. 337.
[76] Bruckmüller, Sozialgeschichte Österreichs 267.
[77] Häusler, Von der Massenarmut zur Arbeiterbewegung 115.
[78] Zit. nach Ehmer 267.
[79] Bruckmüller, Sozialgeschichte Österreichs 268f.
[80] Ebd.
[81] Vocelka, Glanz und Untergang der höfischen Welt 346.
[82] Ebd. 349ff.; Sandgruber 136f.
[83] Sandgruber 134f.
[84] Vocelka, Glanz und Untergang der höfischen Welt 298 und 249.
[85] Gutkas, Josef II. 357.
[86] Sandgruber 136.
[87] Ebd.
[88] Vocelka, Glanz und Untergang der höfischen Welt 352
[89] Ebd 351.
[90] Sandgruber 134.
[91] Bruckmüller, Sozialgeschichte Österreichs 268.
[92] Ebd. 270.
[93] Häusler, Von der Massenarmut zur Arbeiterbewegung 85.
[94] Ebd.
[95] Pollak 86.
[96] Rumpler 250 und 257.
[97] Ebd. 257.
[98] Häusler, Von der Massenarmut zur Arbeiterbewegung 94.
[99] Der letzte Kaiser 25.
[100] Beller 156.
[101] Vocelka, Die private Welt der Habsburger 165 und 203ff.; Bankl 56f.; Bérenger, Die Geschichte des Habsburgerreiches 455; Hamann, Meine liebe, gute Freundin! 159f.

Zweifelhafte Persönlichkeit – Josef (1741–1790)

[1] Zit. nach Hochedlinger 14.
[2] Zit. nach Gutkas, Joseph 16.
[3] Vgl. Vocelka, Glanz und Untergang 191.
[4] Walter 98.
[5] Zit. nach Berglar 66.
[6] Zit. nach Wandruszka, Leopold 344.
[7] Ebd. 342–348.
[8] Zit. nach ebd. 345.
[9] Zit. nach Gutkas, Joseph 207.
[10] Ebd.
[11] Zit. nach Vogler 279.
[12] Zit. nach Gutkas, Joseph 115.
[13] Zit. nach ebd. 204.
[14] Rumpler, Chance 22.
[15] Zit. nach Gutkas, Joseph 105.
[16] Ebd.
[17] Zit. nach Spilka 23.

[18] Zit. nach Vacha 333.
[19] Zit. nach Leuchtenmüller-Bolognese 194.
[20] Nach Bertolt Brecht.
[21] Vgl. Vocelka, Glanz und Untergang 291.
[22] Ebd. 384.
[23] Zit. nach ebd. 385.
[24] Leuchtenmüller-Bolognese 198.
[25] Vocelka, Glanz und Untergang 90.
[26] Bodie 39.

Beispiele allerhöchster Güte und Gerechtigkeit – Okkupation als Verbrechen

[1] Fricek 6–8.
[2] Zit. nach Fricek 12.
[3] Zinck 187ff; Fricek 9f.
[4] Fricek 12.
[5] Ebd. 13–16 und 20f.
[6] Ebd. 17ff. und 33–36.
[7] Zit. nach Fricek 43f.
[8] Ebd.
[9] Ingrao 60f.
[10] Fricek 46f. und 51.
[11] Ingrao 63.
[12] Frivek 52–55.
[13] Monatlicher Staats-Spiegel, Nov. und Dec. 1705, 114f.
[14] Zit. nach Fricek 57.
[15] Fricek 57.
[16] Staats-Spiegel, Feb. 1706, 29.
[17] Ebd. 30–34.
[18] Ingrao 64; Fricek 58 und 65.

Zweifelhafte Persönlichkeit – Franz (1768–1835)

[1] Zit. nach Rumpler, Chance 67.
[2] Vgl. Weissensteiner, Große Herrscher 269–271.
[3] Vgl. Gonda/Niederhauser 167.
[4] Zit. nach Vocelka, Glanz und Untergang 60.
[5] Zit. nach Spilka 60.
[6] Zit. nach ebd. 67.
[7] Zit. nach ebd. 66.
[8] Vgl. Vocelka, Glanz und Untergang 274.
[9] Vgl. Srbik 446 f.
[10] Weissensteiner, Frauen 28.
[11] Zit. nach Rumpler, Chance 173 f.
[12] Vgl. Vocelka/Heller, Private Welt 206f.
[13] Straub 52.

[14] Zit. nach Vocelka/Heller, Private Welt 149.
[15] Weissensteiner, Große Herrscher 289.
[16] Zit. nach Vocelka, Private Welt 33.
[17] Zit. nach Weissensteiner, Frauen 102.
[18] Zit. nach Srbik 539.

Reisen durch die schlechte alte Zeit – Der innere Feind

[1] Wagner 120.
[2] Gutkas, Geschichte des Landes Niederösterreich 159.
[3] Zedinger, Revolutionen – Absolutismen 447; Wagner 120.
[4] Ebd. 448; Zöllner 162f.; Wagner 120.
[5] Zöllner 163; Gutkas, Geschichte des Landes Niederösterreich 164f.
[6] Zedinger, Revolutionen – Absolutismen 450; Bruckmüller, Sozialgeschichte Österreichs 206–209.
[7] Bruckmüller, Sozialgeschichte Österreichs 207f.
[8] Ebd. 208.
[9] Vocelka, Rudolf II. und seine Zeit 111.
[10] Ebd. 110.
[11] Brandi 393.
[12] Zedinger, Revolutionen – Absolutismen 448f.
[13] Bérenger, Die Geschichte des Habsburgerreiches 352.
[14] Wedgwood 65.
[15] Zöllner 213.
[16] Barudio 179.
[17] Zedinger, Revolutionen – Absolutismen 449.
[18] Haider 182.
[19] Bogyay 85.
[20] Lendvai 173 und 175.
[21] Bogyay 88.
[22] Bérenger, Die Geschichte des Habsburgerreiches 353.
[23] Ebd. 351f.
[24] Zedinger, Revolutionen – Absolutismen 451.
[25] Ebd. 452.
[26] Vocelka, Glanz und Untergang der höfischen Welt 62f. und 276.
[27] Lendvai 211.
[28] Zedinger, Revolutionen – Absolutismen 452.
[29] Andics, Das österreichische Jahrhundert 60ff.
[30] Häusler, „Was kommt heran mit kühnem Gange?" 34.
[31] Tilkovszky 38f.; Deák, Die rechtmässige Revolution 68f.
[32] Häusler, „Was kommt heran mit kühnem Gange?" 35 und 42f.
[33] Ebd. 46ff.
[34] Sked 103.
[35] Zedinger, Revolutionen – Absolutismen 452.
[36] Ebd.
[37] Rumpler, „Dass neu und kräftig möge Österreichs Ruhm erstehen!" 143.
[38] Pech 140–149; Sked 147–152.
[39] Sked 136–142.
[40] Zedinger, Revolutionen – Absolutismen 453.
[41] Deák, Die rechtmässige Revolution 186.
[42] Ebd. 178ff.

[43] Pech 226–232.
[44] Beller 56; Rumpler, „Dass neu und kräftig möge Österreichs Ruhm erstehen!“ 151ff.; Sked 191.
[45] Zedinger, Revolutionen – Absolutismen 453; Pollak 235f.
[46] Zit. nach Pollak 244.
[47] Deák, Die rechtmässige Revolution 277.
[48] Srbik 481–491; Zorzi 45ff.; Plaschka 277ff. und 284f.
[49] Bogyay 111.
[50] Deák, Die rechtmässige Revolution 281.
[51] Ebd. 283; Beller 54.
[52] Prinz 107f.; Zorzi 113.
[53] Zorzi 112f.
[54] Lendvai 324f.
[55] Beller 138; Lendvai 324.
[56] Zedinger, Glaubensvielfalt-Glaubenseinheit 415.
[57] Drabek 52; Kramer/Stuiber 132f.
[58] Kramer/Stuiber 84.
[59] Drabek 53.
[60] Vielmetti 64f. und 73–75.
[61] Zedinger, Glaubensvielfalt – Glaubenseinheit 417.
[62] Ebd.
[63] Häusler, Toleranz, Emanzipation und Antisemitismus 102ff.
[64] Zedinger, Glaubensvielfalt – Glaubenseinheit 417.
[65] Bérenger, Die Geschichte des Habsburgerreiches 277.
[66] Haider 166; Wagner 116.
[67] Wagner 117.
[68] Bérenger, Die Geschichte des Habsburgerreiches 278f.
[69] Barudio 35; Wedgwood 52f.; Brandi 428ff.
[70] Sandgruber 131; Vogler 43.
[71] Vogler 61 und 65.
[72] Zedinger, Glaubensvielfalt – Glaubenseinheit 420.
[73] Bérenger, Die Geschichte des Habsburgerreiches 358,
[74] Déak, Die rechtmässige Revolution 19.
[75] Zedinger, Glaubensvielfalt – Glaubenseinheit 430.
[76] Hoensch, Geschichte Böhmens 350.
[77] Evans, Das Werden der Habsburgermonarchie 314.
[78] Bérenger, Die Geschichte des Habsburgerreiches 462f.
[79] Vocelka, Glanz und Untergang der höfischen Welt 277ff.
[80] Häusler, „Was kommt heran mit kühnem Gange?“ 25.
[81] Meyer 64.
[82] Sked, The survival of the Habsburg Empire 164ff. und 182–193.
[83] Gira 20ff.
[84] Hoensch, Geschichte Böhmens 346; Koralka 161.
[85] Ebd.; Koralka 164.
[86] Déak, Die rechtmässige Revolution 152f.; Spira 66–69 und 142f.
[87] Prinz 106ff.; Beller 71.
[88] Sked, Der Fall des Hauses Habsburg 272.
[89] Stenographische Protokolle des Hauses der Abgeordneten des Reichsrates, 6. und 8. Sitzung der XX. Session 1909–11, sowie 76., 77., 79., 80. und 83. Sitzung der XXII. Session 1917/18.
[90] Bradley 207; Pastor 132.

Zweifelhafte Persönlichkeit – Franz Josef (1830–1916)

1 Zit. nach Seibert 71.
2 Die Söhne Joseph Franz und Johann waren bereits im Kindesalter gestorben.
3 Herre, Franz Joseph 31.
4 Ringel 34.
5 Beller 35.
6 Egger 77.
7 Beller 54.
8 Schnürer 166.
9 Ebd.
10. Zit. nach Herre, Franz Joseph 161.
11 Vgl. Egger 12.
12 Schmidt-Brentano 486.
13 Ringel 34.
14 Vgl. Straub 115.
15 Vgl. den Ausruf des Kardinalstaatssekretärs Antonelli: „Casca il mondo, casca il mondo!“ . Die Welt stürzt ein, die Welt stürzt ein! -Rumpler, Chance 401.
16 Zit. nach Hamann, Rudolf 40 f.
17 Ringel 34.
18 Straub 174.
19 Ebd. 182.
20 Zit. nach Beller 119.
21 Ebd. 114.
22 Weissensteiner, Franz Ferdinand 224.
23 Bled 366.
24 Cachée/Praschl-Bichler, Umschlagtext.
25 Straub 143.
26 Dazu ausführlich Hamann, Meine liebe, gute Freundin! 157–162 und Vocelka, Private Welt 150.
27 Ebd. 126.
28 Ebd. 178.
29 Zit. nach Beller 161.
30 Zit. nach Srbik 449.
31 Vgl. Rumpler, Chance 559.
32 Zit. nach Weissensteiner, Franz Ferdinand 149.

Beispiele allerhöchster Güte und Gerechtigkeit – Ländergier und Intoleranz

1 Rall 37f.
2 Sammlung aller Staats-, Hof- und Gesandtschaftsschriften, Bd. 1, Teil 1, 1–6.
3 Rall 39.
4 Ebd.
5 Neumann 227–229.
6 Rall 32 und 40.
7 Sammlung aller Staats-, Hof- und Gesandtschaftsschriften, Bd. 1, Teil 1, 6.
8 Bittner, Bd. 2, 23.
9 Vogel, Mindelheim 92.
10 Rall 40.

[11] Zit. nach Vasold 191.
[12] Weczerka LIX-LXII.
[13] Ebd. LXIII.
[14] Ingrao 72.
[15] Evans, Das Werden der Habsburgermonarchie 101.
[16] Ebd. 72.
[17] Ebd. 80f.
[18] Ebd. 82.
[19] Dumont 332ff.; Schreiber 195.

Zweifelhafte Persönlichkeit – Karl (1887–1922)

[1] Weissensteiner, Große Herrscher 342.
[2] Rauchensteiner 406.
[3] Broucek 117.
[4] Ebd. 109.
[5] Zit. nach Rauchensteiner 406.
[6] Krauß 253.
[7] Dazu detailreich Rauchensteiner 621.
[8] Ebd. 621.

Die unbewältigte Vergangenheit – Eine Nachbetrachtung

[1] Vocelka, Die private Welt der Habsburger 299–303.
[2] Ebd. 303f.
[3] Ebd. 306–309.
[4] Ebd. 309–316.
[5] Dickinger, Habsburgs schwarze Schafe 204.
[6] Vocelka, Die private Welt der Habsburger 317f.
[7] Ebd. 319f.
[8] Ebd. 320ff.
[9] Dickinger, Habsburgs schwarze Schafe 206.
[10] Vocelka, Die private Welt der Habsburger 320ff.
[11] Ebd. 320 und 323; Dickinger, Habsburgs schwarze Schafe 208.
[12] Dickinger, Habsburgs schwarfe Schafe 207 und 210.
[13] Vocelka, Die private Welt der Habsburger 323.
[14] Paneuropa Österreich, Nr. 12, 1998, 10–12 und 14; vgl. Dickinger, Habsburgs schwarze Schafe 211.
[15] Dickinger, Habsburgs schwarze Schafe 208f.
[16] Ebd. 212.
[17] Paneuropa Österreich, Nr. 6/7, 1998, 7f.
[18] Vocelka, Die private Welt der Habsburger 324.
[19] Ebd. 211 und 214.
[20] Dickinger, Habsburgs schwarze Schafe 202.
[21] Thonke, Christian: Das blieb vom Doppeladler. In: Kurier (6.7.2002) 3.
[22] Vocelka, Die private Welt der Habsburger 220.
[23] Ebd.
[24] Srbik 445ff.
[25] Siehe dazu Magenschab 281–291.
[26] Srbik 446f.

[27] Bankl 148; Mayr-Harting 71.
[28] Schmidt-Brentano 386f.; Glenny 285.
[29] Zit. nach Peball 56.
[30] Mayr-Harting 242ff.; Bruckmüller, Sozialgeschichte Österreichs 271; Vocelka, Rudolf II. und seine Zeit 180 und 196; Bérenger, die Geschichte des Habsburgerreiches 435f.
[31] Schmidt-Brentano 260.
[32] Rauchensteiner, Der Tod des Doppeladlers 172f.
[33] Srbik 443–454 und 539ff.
[34] Rumpler, „Dass neu und kräftig möge Österreichs Ruhm erstehen!" 147.
[35] Levy 144f.; Srbik 443–454.
[36] Kramer/Stuiber 82f.
[37] Medick 396–399.
[38] Mayr-Harting 182 und 667.
[39] Plaschka 28ff.
[40] Zedinger, Revolutionen – Absolutismen 452f.; Weissensteiner, Große Herrscher des Hauses Habsburg 194.
[41] Schmidt-Brentano 203.
[42] Mitteis-Lieberich 384f.
[43] Ebd. 389f.
[44] Schmidt 336f.
[45] Kirschbaum 80.
[46] Lendvai 324f.
[47] Deák, Die rechtmässige Revolution 19f.
[48] Bogyay 98.
[49] Andics, Metternich und die Frage Ungarns 242; Tilkovszky 23.
[50] Déak, Die rechtmässige Revolution 65 und 67.
[51] Violand 25–28.
[52] Bogyay 111; Déak, Die rechtmässige Revolution 281.
[53] Deák, Die rechtmässige Revolution 178ff.
[54] Schmidt-Brentano 296.
[55] Ebd.
[56] 247 der Beilagen zu den sten. Protokolle des Abgeordnetenhauses des Reichsrates, XXII. Session 1917, 2–4.
[57] Ebd. 4.
[58] Leidinger 116.
[59] Österreichisches Staatsarchiv, Kriegsarchiv, Armeeoberkommando/Operationsabt., Evidenzgrp. B 1917/18: Kriegsgefangene, Karton 600.
[60] Moritz 122; Leidinger 118; Österreichisches Staatsarchiv/Kriegsarchiv, Kriegsministerium/Kriegsüberwachungsamt 1916: Zl. 63695.
[61] Koch, Kriegsgefangenenlager Siegmundsherberg 252.
[62] Moritz 122; Leidinger 118.
[63] Österreichisches Staatsarchiv/Kriegsarchiv, Pflichtverletzungskommission, FML Goiginger: B 217/19–31.
[64] Streeruwitz, Kriegsgefangene im Weltkriege, Bd. I 41.
[65] Ebd. 29f.; Kern, Das Russenlager in Bruck-Kiralyhida 227.
[66] Moritz 7.
[67] Hochedlinger 12ff. und 22ff.
[68] Siehe dazu etwa: Benedikt 154ff., 177, 188f.
[69] Reinalter, Österreich und die Französische Revolution 11.
[70] Häusler, Von der Massenarmut zur Arbeiterbewegung 149f.
[71] Pollak 147.

[72] Violand 28.
[73] Mayr-Harting 780f.; Ehalt 208; Bruckmüller, Sozialgeschichte Österreichs 202–209; Tilkovszky 30–37.
[74] Deák, Die rechtmässige Revolution 66f., 182 und 186; Stimmer 62.
[75] Bruckmüller, Die österreichische Revolution von 1848 und der Habsburgermythos 11ff.
[76] Zit. nach: Decloedt, Imago Imperatoris 33.
[77] Roth 206.
[78] Bruckmüller, „Kein Robot! Kein Zehent mehr!" 112.
[79] Melichar, Phäakisch – Intellektuell 546–551.
[80] Ders., Untertänig – Emanzipiert 509 und 512.
[81] Binder/Bruckmüller/Melichar 622; Melichar, Phäakisch – Intellektuell 550f.
[82] Bled 367.
[83] Ringel 12.
[84] Ebd. 35.

Quellen- und Literaturverzeichnis

Unveröffentlichte Quellen

Österreichisches Staatsarchiv, Kriegsarchiv, Militärkanzlei seiner Majestät des Kaisers, SR, 1859, Karton 15

Österreichisches Staatsarchiv, Kriegsarchiv, Kriegsministerium, Akten der 10. Abteilung des Jahres 1914 und 1915

Österreichisches Staatsarchiv, Kriegsarchiv, Neue Feldakten, Festungskommando Przemysl, Karton 1321 und 1322

Österreichisches Staatsarchiv, Kriegsarchiv, Militärgeneralgouvernement Serbien, Befehle, Karton 1629

Heeresgeschichtliches Museum Wien, Plennymuseum und Bibliothek, Ungedruckte Schriften zur Gefangenenthematik 1914–1939

Russisches Staatsarchiv für soziale und politische Geschichte (russ. abgekürzt RGASPI, früher RCChIDNI = Russisches Zentrum für die Bewahrung und das Studium von Dokumenten der neuesten Geschichte), Fond 495

Gedruckte Quellen

Außführliche und Warhafftige Beschreibung Wie es mit denen Criminal-Processen, Vnd darauff erfolgten Executionen Wider die drey Graffen Frantzen Nadaßdi, Peter von Zrin, Vnd Frantz Christophen Frangepan, eigentlich hergangen. Wien 1671

Bittner, Ludwig: Chronologisches Verzeichnis der österreichischen Staatsverträge; Bd. 2: Die österreichischen Staatsverträge 1763 bis 1847. Wien 1909

Conrad von Hötzendorf, Franz: Aus meiner Dienstzeit 1906–1918. Bd. 5. Wien/Leipzig/München 1925

Der Heimkehrer. Wien 1919

Dunant, Henry: Eine Erinnerung an Solferino. Wien 1997

Fraungruber, Hans: Österreichs Walhalla. Namhafte Österreicher in Wort und Lied. Stuttgart um 1900?

Goebel, Nelly: Unser Franzi. Wahre Geschichten aus der Kinderzeit unseres lieben Kaisers Franz Joseph I. Wien 1908

Görlich, Ernst Joseph: Der letzte Kaiser – ein Heiliger? Stein am Rhein 1988

Griesser, Hermann A.: Konfisziert. Österreichs Unrecht am Hause Habsburg. Wien/München 1986

Günther, Artur: Habsburgs Kampf um das verlorene Reich. Der Oster- und Oktoberputsch im Jahre 1921. Wien 1941
Hamann, Brigitte (Hg.): Meine liebe, gute Freundin! Die Briefe Kaiser Franz Josephs an Katharina Schratt aus dem Besitz der Österreichischen Nationalbibliothek. Wien 1992
Handbuch aller unter der Regierung des Kaisers Joseph für die K.K. Erbländer ergangenen Verordnungen und Gesetze in einer Sistematischen Verbindung, Bd. 1. Wien 2. Aufl. 1785
Itzinger, Karl: Nie wieder Habsburg! Die Habsburger in der Geschichte der Deutschen. München 1937
Kaiserlich Königliches Theresianisches Gesetzbuch, enthaltend die Gesetze von den Jahren 1740 bis 1780, welche unter der Regierung des Kaiser Joseph des II. theils noch ganz bestehen, theils zum Theile abgeändert sind. In einer chronologischen Ordnung, Bd. 2, Wien 3. Aufl. 1789
Kampf gegen die Lügenpropaganda über das österreichische Kaiserhaus. Hall 1933
Kralik, Richard: Kaiser Karl von Österreich. Historische Skizze. Wien 1926
Krauss, Alfred: Die Ursachen unserer Niederlage. Erinnerungen und Urteile aus dem Weltkrieg. Wien 1921
Monatlicher Staats-Spiegel; Worinnen alles Merckwürdige, so in Europa vorgehet, absonderlich die im Heil. Röm. Reich vorfallende Geschäfften, Solennitaeten und Ceremonialien, Mit dazu gehörigen curiosen Beylagen, Als Memorialien, Schreiben, Vorstellungen, Informationen, Mandatis, Responsis, Kriegs- und Friedens-Tractaten, entweder in Forma, oder per Extractum, aus besonders guten Correspondenzen und Nachrichten, Samt einigen Politischen Reflexionen zu sehen und anzutreffen, Monat Nov. & Dec. 1705 und Feb. 1706
Neue Welt. Nr. 36, 2001
Neumann, Leopold (Hg.): Recueil des Traités et Conventions conclus par l'Autriche avec les Puissances Etrangères, depuis 1763 à nos jours. Bd. 1, Leipzig 1855
Paneuropa Österreich. Vormals Österreich Konservativ. Jg. 23, 1998
Pribram, A. F./Pragenau, M. L. von (Hgg.): Privatbriefe Kaiser Leopolds I. an den Grafen F. F. Pötting 1662–1673. Wien 1904
Proschko, Hermine: Habsburgs Herrscherfrauen. Ein Festgeschenk für Österreichs Jugend von Hermine Proschko. Wien 1910
Reiss, R. A.: Report upon the Atrocities committed by the Austro-Hungarian Army during the First Invasion of Serbia. London 1916
Relation, Wie die Ungarischen Rebellen Zu Wien in Oesterreich, Als auch Zu Wienischen Neu-Stadt Und Zu Preßburg, Am 30. Aprilis, Anno 1671. Zur verdienten Strafe gezogen worden. 1671

Renglovics, Joseph von: Lebenserinnerungen eines ehemaligen Hofbeamten der kaiserlichen und königlichen Hofhaushaltung Wien 1938

Ronge, Max: Kriegs- und Industriespionage. Zwölf Jahre Kundschaftsdienst. Zürich/Leipzig/Wien 1930

Sammlung aller k. k. Verordnungen und Gesetze vom Jahre 1740 bis 1780, die unter der Regierung des Kaisers Joseph des II. theils noch ganz bestehen, theils zum Theile abgeändert sind, als ein Hilfs- und Ergänzungsbuch zu dem Handbuche aller unter der Regierung des Kaisers Joseph des II. für die k. k. Erbländer ergangenen Verordnungen und Gesetze in einer chronologischen Ordnung. Bd. 4/5, Wien 1787

Sammlung aller Staats-, Hof- und Gesandschaftsschriften, auch anderer rechtlichen und historischen Abhandlungen, welche die baierische Erbfolge und den darüber entstandenen Krieg betreffen; mit Anmerkungen einer Gesellschaft von Staatsrechtsgelehrten. Bd. I., Teil 1, Wien 1778

Schnürer, F.: Briefe Kaiser Franz Joseph I. an seine Mutter 1838–1872. München 1930

Stenographische Protokolle des Hauses der Abgeordneten des Reichsrates, XX. Session 1909–11 und XXII. Session 1917/18

Stirbul, Emil Greger von: „Um Stanislav" In: Kerchnawe, Hugo (Hg.): Im Felde unbesiegt. Erlebnisse im Weltkrieg erzählt von Mitkämpfern. Dritter Band: Österreich. München 1923

Sturzenegger, C.: Die Wiederauferstehung Serbiens. Seine glorreichsten und seine dunkelsten Tage. Bern/Berlin 1920

Verdroß, Ignaz Freiherr von: Kaiser Karl. Ein Charakterbild. Wien 1925

Violand, Ernst: Die soziale Geschichte der Revolution in Österreich 1848. Herausgegeben von Wolfgang Häusler. Wien 1984

Walter, Friedrich (Hg.): Maria Theresia. Briefe und Aktenstücke in Auswahl. Darmstadt 1968

Wegner, Arthur: Kriminelles Unrecht, Staatsunrecht und Völkerrecht. Hamburg 1925

Werkmann, Karl von: Oesterreich und Habsburg über Alles! Festrede gehalten am Geburtstage seiner Majestät des Kaisers und Königs Otto am 20. November 1933 im Volksbundsaal zu Graz. Wien 1933

Zessner, Spitzenberg, Hans Karl: Kaiser Karl. Salzburg 1953

Zinck, J.J.: Ruhe des jetzt lebenden Europa, dargestellt in Sammlung der neuesten europäischen Friedenschlüsse von dem Utrechtischen an bis auf 1726. Supplement. Coburg 1727

Literatur

Andics, Erzsébet: Metternich und die Frage Ungarns. Budapest 1973

Andics, Hellmut: Das österreichische Jahrhundert. Die Donaumonarchie 1804–1900. Wien/München/Zürich 1974

Ders.: Der Untergang der Donaumonarchie. Österreich-Ungarn von der Jahrhundertwende bis zum November 1918. Wien/München/Zürich 1974

Ders.: Die Frauen der Habsburger. Wien/München 1985

Bachmann, Klaus: Ein Herd der Feindschaft gegen Rußland. Galizien als Krisenherd in den Beziehungen der Donaumonarchie mit Rußland (1907–1914). München 2001

Bankl, Hans: Die kranken Habsburger. Befunde und Befindlichkeiten einer Herrscherdynastie. Wien 1998

Barudio, Günter: Der Teutsche Krieg 1618–1648. Frankfurt am Main 1988

Bayern, Prinz Konstantin von: Ohne Macht und Herrlichkeit. Hohenzollern-Wittelsbach-Habsburg. München 1961

Beckermann, Ruth: „Elisabeth-Sissi-Romy-Schneider. Eine Überblendung." In: Blümlinger, Christa/Beckermann, Ruth (Hgg.): Ohne Untertitel. Fragmente einer Geschichte des österreichischen Kinos. Wien 1996, 305–321

Beller, Steven: Franz Joseph. Eine Biographie. Wien 1997

Benedikt, Ernst: Kaiser Joseph II. 1741–1790. Wien 1947

Benedikt, Heinrich: Kaiseradler über dem Apennin. Die Österreicher in Italien 1700 bis 1866. Wien/München 1964

Bérenger, Jean: Die Geschichte des Habsburgerreiches 1273 bis 1918. Wien/Köln/Weimar 1995

Ders.: A History of the Habsburg Empire 1273–1700. London/New York 1994

Berglar, Peter: Maria Theresia. Hamburg 5. Aufl. 1998

Binder, Bernd/Bruckmüller, Ernst/Melichar, Peter: „Insel der Seligen." In: Bruckmüller, Ernst/Urbanitsch, Peter (Hgg.): Menschen, Mythen, Meilensteine. 996–1996 Ostarrichi Österreich. Österreichischen Länderausstellung. Horn 1996, 727–736

Bled, Jean Paul: Franz Joseph. „Der letzte Monarch der alten Schule." Wien/Köln/Graz 1988

Blickle, Peter: Deutsche Untertanen. Ein Widerspruch. München 1981

Blindenmarkt 1569–1969. Herausgegeben von der Marktgemeinde Blindenmarkt unter Bürgermeister Kammerrat Johann Tiefenbacher anläßlich der 400-Jahrfeier der zweitmaligen Verleihung des Marktwappens. Blindenmarkt 1969

Bodie, Leslie: „System und Bewegung: Funktion und Folgen des josefinischen Tauwetters."In: Urbach, Reinhard (Hg.): Wien und Europa 1789–1848. München 1978

Bogyay, Thomas von: Grundzüge der Geschichte Ungarns. Darmstadt 4. Aufl. 1990

Brandi, Karl: Reformation und Gegenreformation. München 1960

Bridge, Francis Roy: „Österreich (-Ungarn) unter den Grossmächten." In: Wandruszka, Adam/Urbanitsch, Peter (Hgg.): Die Habsburgermonarchie 1848–1918. Band VI: Die Habsburgermonarchie im System der internationalen Beziehungen. 1. Teilband. Wien 1989, 196–373

Broucek, Peter: Karl I. (IV.). Der politische Weg des letzten Herrschers der Donaumonarchie. Wien/Köln/Weimar 1997

Bruckmüller, Ernst: Sozialgeschichte Österreichs. Wien/München 1985

Ders.: „‚Kein Zehent, kein Robot mehr!' Die Bauern, der Reichstag und die Grundentlastung." In: Bruckmüller, Ernst/Häusler, Wolfgang (Hgg.): 1848. Revolution in Österreich. Wien 1999, 89–127

Ders.: „Die österreichische Revolution von 1848 und der Habsburgermythos des 19. Jahrhunderts." In: Lengauer, Hubert/Kucher, Primus Heinz (Hgg.): Bewegung im Reich der Immobilität. Revolutionen in der Habsburgermonarchie 1848–1849. Literarisch-publizistische Auseinandersetzungen. Wien/Köln/Weimar 2001, 1–33

Brusatti, Alois: „Die Begründung des obrigkeitlichen Verwaltungsstaates." In: Matis, Herbert (Hg.): Von der Glückseligkeit des Staates. Staat, Wirtschaft und Gesellschaft in Österreich im Zeitalter des aufgeklärten Absolutismus. Berlin 1981, 29–37

Büttner, Elisabeth/Dewald, Christian: Anschluß an Morgen. Eine Geschichte des österreichischen Films von 1945 bis zur Gegenwart. Salzburg 1997

Cachée, J./Praschl-Bichler, G.: „Sie haben's gut, Sie können ins Kaffeehaus gehen!" Kaiser Franz Joseph ganz privat. Wien/München/Berlin 1994

Cronin, Vincent: Ludwig XVI. und Marie Antoinette. Eine Biographie. Berlin/Darmstadt/Wien 1975

Déak, István: Die rechtmässige Revolution. Lajos Kossuth und die Ungarn 1848–1849. Wien/Köln/Graz 1989

Decloedt, Leopold R.G.: Imago Imperatoris. Franz Josef I. in der österreichischen Belletristik der Zwischenkriegszeit. Wien/Köln/Weimar 1995

Ders.: An meine Völker. Die Literarisierung Franz Josephs I. Bern 1998

Der letzte Kaiser. Karl I. von Österreich. Sonderausstellung Landeshauptstadt St. Pölten/Museumsverein Pottenbrunn 1996

Dickinger, Christian: Habsburgs schwarze Schafe. Über Wüstlinge, Schwachköpfe, Rebellen und andere Prinzen. Wien 2000

Ders.: Ha-Ha-Habsburg. Eine wirklich wahre Familiengeschichte. Wien 2001

Doppelbauer, Wolfgang: Zum Elend noch die Schande. Das altösterreichische Offizierskorps am Beginn der Republik. Wien 1988

Drabek, Anna: „Judentum und christliche Gesellschaft im hohen und späten Mittelalter." In: Drabek, Anna/Häusler, Wolfgang/Schubert, Kurt/Stuhl-

pfarrer, Karl/Vielmetti, Nikolaus: Das österreichische Judentum. Voraussetzungen und Geschichte. Wien/München 1988, 25–57
Egger, Karin: Disziplinierung in der k. u. k. Armee. Diplomarbeit Wien 1996
Ehalt, Hubert Christian: Ausdrucksformen absolutistischer Herrschaft. Dissertation. Wien 1978
Ehmer, Josef: Soziale Traditionen in Zeiten des Wandels. Arbeiter und Handwerker im 19. Jahrhundert. Frankfurt/New York 1994
Erbe, Michael: Die Habsburger (1493–1918). Eine Dynastie im Reich und in Europa. Stuttgart/Berlin/Köln 2000
Evans, Robert J.W.: Das Werden der Habsburgermonarchie 1550–1700. Gesellschaft, Kultur, Institutionen. Wien/Köln 1989
Ders.: „Die Habsburger. Die Dynastie als politische Institution. In: Dickens, A.G. (Hg.): Europas Fürstenhöfe. Herrscher, Politiker und Mäzene 1400–1800. Graz/Köln/Wien 1978, 121–145
Externbrink, Sven: „Die Rezeption des ‚Sacco di Mantova' im 17. Jahrhundert. Zur Wahrnehmung, Darstellung und Bewertung eines Kriegsereignisses." In: Meumann, Markus/Niefanger, Dirk (Hgg.): Ein Schauplatz herber Angst. Wahrnehmung und Darstellung von Gewalt im 17. Jahrhundert. Göttingen 1997, 205–221
Fenzl, Annemarie: „Vom Staatskirchentum zur Partnerschaft." In: Bruckmüller, Ernst/Urbanitsch, Peter (Hgg.): Menschen, Mythen, Meilensteine. 996–1996 Ostarrichi Österreich. Österreichische Länderausstellung. Horn 1996, 415–422
Findeisen, Jörg-Peter: Der Dreißigjährige Krieg. Eine Epoche in Lebensbildern. Graz/Wien/Köln 1998
Fleck, Dieter (Hg.): Handbuch des humanitären Völkerrechts in bewaffneten Konflikten. München 1994
Franzl, Johann: Ferdinand II. Kaiser im Zwiespalt der Zeit. Graz/Wien/Köln 1978
Fricek, Alfred: Die Administration in Bayern 1704–1714. Dissertation. Wien 1954
Gelmi, Josef: Geschichte der Kirche in Tirol. Innsbruck /Wien/Bozen 2001
Germann, Richard: Österreichisch-ungarische Kriegsführung und Kriegsbilder an der Front zu Russland 1914/15. Diplomarbeit Wien 2001
Glatz, Ferenc: „Die Habsburgermonarchie und die Geschichtsschreibung." In: Glatz, Ferenc/Melville, Ralph (Hgg.): Gesellschaft, Politik und Verwaltung in der Habsburgermonarchie 1830–1918. Budapest 1987, 373–378
Glenny, Misha: The Balkans 1804–1999. Nationalism, War and the Great Powers. London 1999
Gonda, Imre/Niederhauser, Emil: Die Habsburger. Ein europäisches Phänomen. Budapest 1985

Good, David F.: Der wirtschaftliche Aufstieg des Habsburgerreiches 1750–1914. Wien/Graz/Köln 1986

Görlich, Ernst Joseph/Romanik, Felix: Geschichte Österreichs. Innsbruck/Wien 2. Aufl. 1976

Grewe, Wilhelm G.: Epochen der Völkerrechtsgeschichte. Baden-Baden 1988

Grill, Heinz: Maximilian I. und seine Zeit. Innsbruck/Wien/München 1977

Grimm, Dieter: Recht und Staat der bürgerlichen Gesellschaft. Frankfurt am Main 6. Aufl. 1992

Größing, Sigrid-Maria: Schatten über Habsburg. Tragische Schicksale im österreichischen Herrscherhaus. Wien 1991

Gutkas, Karl: Kaiser Joseph II. Eine Biographie. Wien/Darmstadt 1989

Ders.: Geschichte des Landes Niederösterreich. St. Pölten 1983

Haider, Siegfried: Geschichte Oberösterreichs. Wien 1987

Hamann, Brigitte: Rudolf. Kronprinz und Rebell. München/Zürich 7. Aufl. 1999

Dies. (Hg.): Die Habsburger. Ein biographisches Lexikon. Wien 1998

Häusler, Wolfgang: Von der Massenarmut zur Arbeiterbewegung. Demokratie und soziale Frage in der Wiener Revolution von 1848. Wien/München 1979

Ders.: „‚Was kommt heran mit kühnem Gange?' Ursachen, Verlauf und Folgen der Wiener Märzrevolution 1848." In: Bruckmüller, Ernst/Häusler, Wolfgang (Hgg.): 1848. Revolution in Österreich. Wien 1999, 23–54

Ders.: „Toleranz, Emanzipation und Antisemitismus. Das österreichische Judentum des bürgerlichen Zeitalters (1782–1918)." In: Drabek, Anna/Häusler, Wolfgang/Schubert, Kurt/Stuhlpfarrer, Karl/Vielmetti, Nikolaus: Das österreichische Judentum. Voraussetzungen und Geschichte. Wien/München 1988, 83–140

Hautmann, Hans: „Fragen des Strafvollzugs in der Endphase des Habsburgerreiches 1872–1918." In: Weinzierl, Erika/Rathkolb, Oliver/Adelt, Rudolf G./Mattl, Siegfried (Hgg.): Justiz und Zeitgeschichte. Bd. I. Wien 1995, 664–684

Ders.: „Kriegsgesetze und Militärjustiz in der österreichischen Reichshälfte 1914–1918." In: Weinzierl, Erika/Rathkolb, Oliver/Adelt, Rudolf G./Mattl, Siegfried (Hgg.): Justiz und Zeitgeschichte. Bd. I. Wien 1995, 73–86

Heer, Friedrich: Der Kampf um die österreichische Identität. Wien/Köln/Graz 1996

Herm, Gerhard: Der Aufstieg des Hauses Habsburg. Düsseldorf/Wien/New York 1988

Herre, Franz: Maria Theresia. Die grosse Habsburgerin. Köln 1994

Ders.: Metternich. Staatsmann des Friedens. Köln 1983

Ders.: Radetzky. Eine Biographie. Köln 1981

Hochedlinger, Michael: „Abschied vom Klischee. Für eine Neubewertung der Habsburgermonarchie in der Frühen Neuzeit." In: Wiener Zeitschrift zur Geschichte der Neuzeit, 1. Jg., 2001, Heft 1, 9–24

Hoensch, Jörg K.: Geschichte Böhmens. Von der slavischen Landnahme bis ins 20. Jahrhundert. München 1987

Hoke, Rudolf: „Prokaiserliche und antikaiserliche Reichspublizistik." In: Durchhardt, Heinz/Schnettger, Matthias (Hgg.): Reichsständische Libertät und Habsburgisches Kaisertum. Mainz 1999, 119–132

Ingrao, Charles W.: Joseph I. Der vergessene Kaiser. Graz/Wien/Köln 1982

Jerabek, Rudolf: Potiorek. General im Schatten von Sarajevo. Graz/Wien/Köln 1991

Kaiser, Michael: „‚Excidium Magdeburgense'. Beobachtungen zur Wahrnehmung und Darstellung von Gewalt im Dreißigjährigen Krieg." In: Meumann, Markus/Niefanger, Dirk (Hgg.): Ein Schauplatz herber Angst. Wahrnehmung und Darstellung von Gewalt im 17. Jahrhundert. Göttingen 1997, 3–64.

Karniel, Josef: Die Toleranzpolitik Kaiser Josephs II. Gerlingen 1985

Kirschbaum, Stanislav J.: A History of Slovakia. The Struggle for Survival. New York 1995

Klueting, Harm: Das Reich und Österreich 1648–1740. Münster 1999

Kluxen, Kurt: Geschichte Englands. Von den Anfängen bis zur Gegenwart. Stuttgart 3. Auflage 1985

Kolarics, Stefan: Die Magnatenverschwörung. Zrinski und Frangepan in der kroatischen Literatur. Diplomarbeit, Wien 1999

Koralka, Jiri: „‚Dass versöhnter Nationen süßer Friede Früchte trägt!' Der Reichstag von Kremsier und die nationale Frage." In: Bruckmüller, Ernst/Häusler, Wolfgang (Hgg.): 1848. Revolution in Österreich. Wien 1999, 155–166

Konrad, Helmut: „Recht, Justiz und Arbeiterbewegung bis zum Ersten Weltkrieg." In: Weinzierl, Erika/Rathkolb, Oliver/Adelt, Rudolf G./Mattl, Siegfried (Hgg.): Justiz und Zeitgeschichte. Bd. 1. Wien 1995, 37–56

Kramer, Konrad/Stuiber, Petra: Habsburgs leere Kassen. Schulden, Pleiten, Steuertricks einer Dynastie. Wien 2001

Kramer, Thomas/Prucha, Martin: Film im Lauf der Zeit. 100 Jahre Kino in Deutschland, Österreich und der Schweiz. Wien 1994

Kraus, Karl: Die letzten Tage der Menschheit. Wien–Leipzig o. J.

Kunisch, Johannes: Absolutismus. Europäische Geschichte vom Westfälischen Frieden bis zur Krise des Ancien Regime. Göttingen 1986

Lachnit, Peter: Staatliche Sozialpolitik für und gegen die Arbeiterschaft. Arbeiterbewegung und Sozialversicherung in Österreich von den Anfängen bis 1918. Dissertation Wien 1989

Lahnstein, Peter: Auf den Spuren von Karl V. München 1979

Landsteiner, Erich/Weigl, Andreas: „‚Sonsten finden wir die Sachen sehr übel aufm Landt beschaffen'. Krieg und lokale Gesellschaft in Niederösterreich (1618–1621)." In: Krusenstjern, Benigna von /Medick, Hans (Hgg.): Zwischen Alltag und Katastrophe. Der Dreißigjährige Krieg aus der Nähe. Göttingen 1999, 229–272

Ledel, Eva-Katharin: „Konservativismus und das Haus Habsburg." In: Rill, Robert/Zellenberg, Ulrich E. (Hgg.): Konservativismus in Österreich. Strömungen, Ideen, Personen und Vereinigungen von den Anfängen bis heute. Graz/Stuttgart 1999, 183–197

Leidinger, Hannes: Netzwerke der Weltrevolution. Die Auswirkungen der Kriegsgefangenen-Heimkehrer-Problematik auf die Entwicklung der kommunistischen Bewegung in Mittel- und Osteuropa 1917–1920. Dissertation Wien 2001

Lendvai, Paul: Die Ungarn. Eine tausendjährige Geschichte. Wien 1987

Leuchtenmüller-Bolognese, Birgit: „Bevölkerungspolitik zwischen Humanität, Realismus und Härte." In: Matis, Herbert (Hg.): Von der Glückseligkeit des Staates. Staat, Wirtschaft und Gesellschaft in Österreich im Zeitalter des aufgeklärten Absolutismus. Berlin 1981, 177–208

Levy, Miriam J.: Governance & Grievance. Habsburg Policy and Italian Tyrol in the Eighteenth Century. Indiana 1988

Lindegren, Jan: „Frauenland und Soldatenleben. Perspektiven auf Schweden und den Dreißigjährigen Krieg." In: Krusenstjern, Benigna von/Medick, Hans (Hgg.): Zwischen Alltag und Katastrophe. Der Dreißigjährige Krieg aus der Nähe. Göttingen 1999, 135–158

Loacker, Armin: Anschluß im 3/4-Takt. Filmproduktion und Filmpolitik in Österreich. 1930–1938. Trier 1999

Lovrek, August: Die legitimistische Bewegung. In: Rill, Robert/Zellenberg, Ulrich E. (Hgg.): Konservativismus in Österreich. Strömungen, Ideen, Personen und Vereinigungen von den Anfängen bis heute. Graz/Stuttgart 1999, 231–243

Macho, Eva: Joseph II. Die Condemnatio ad poenas extraordinarias. Schiffziehen und Gassenkehren. Frankfurt am Main/Berlin/Bern/New York/Paris/Wien 1999

Magenschab, Hans: Josef II. Revolutionär von Gottes Gnaden. Graz/Wien/Köln 2000

Magris, Claudio: Der Habsburgische Mythos in der modernen österreichischen Literatur. Wien 2000

Mayr-Harting, Anton: Der Untergang. Österreich-Ungarn 1848–1922. Wien/München 1988

Medick, Hans: „Historisches Ereignis und zeitgenössische Erfahrung: Die Eroberung und Zerstörung Magdeburgs 1631." In: Krusenstjern, Benigna von/Medick, Hans (Hgg.): Zwischen Alltag und Katastrophe. Der Dreißigjährige Krieg aus der Nähe. Göttingen 1999, 377–426

Melichar, Peter: „Niederlagen und Reformen. die Funktion des Krieges in Österreich." In: Bruckmüller, Ernst/Urbanitsch, Peter (Hgg.): Menschen, Mythen, Meilensteine. 996–1996 Ostarrichi Österreich. Österreichischen Länderausstellung. Horn 1996, 481–492

Ders.: „Untertänig-Emanzipiert. Zum Verhältnis von Kultur und Autorität seit Maria Theresia." In: Bruckmüller, Ernst/Urbanitsch, Peter (Hgg.): Menschen, Mythen, Meilensteine. 996–1996 Ostarrichi Österreich. Österreichische Länderausstellung. Horn 1996, 509–526

Ders.: „Phäakisch-Intellektuell. Zum Verhältnis von sinnlichem Genuß und Kopfarbeit." In: Bruckmüller, Ernst/Urbanitsch, Peter (Hgg.): Menschen, Mythen, Meilensteine. 996–1996 Ostarrichi Österreich. Österreichische Länderausstellung. Horn 1996, 545–555

Ders.: „Reden über und Klänge aus Österreich." In: Bruckmüller, Ernst/Urbanitsch, Peter (Hgg.): Menschen, Mythen, Meilensteine. 996–1996 Ostarrichi Österreich. Österreichische Länderausstellung. Horn 1996, 727–736

Meumann, Markus/Niefanger, Dirk: „Für eine interdisziplinäre Betrachtung von Gewaltdarstellungen des 17. Jahrhunderts. Einführende Überlegungen." In: Meumann, Markus/Niefanger, Dirk (Hgg.): Ein Schauplatz herber Angst. Wahrnehmung und Darstellung von Gewalt im 17. Jahrhundert. Göttingen 1997, 7–23

Meyer, Enno: Grundzüge der Geschichte Polens. Darmstadt 3. Aufl. 1990

Mezler-Andelberg, Helmut J.: „Österreichs ‚Schwarze Legende'. Zur Kritik an der Habsburgermonarchie durch österreichische Zeitgenossen Erzherzog Johanns." In: Mitteilungen des Österreichischen Staatsarchivs 16 (1963) 216–249

Mitteis, Heinrich/Lieberich, Heinz: Deutsche Rechtsgeschichte. Ein Studienbuch. München 1985

Mommsen-Reindl, Margarethe: Die österreichische Proporzdemokratie und der Fall Habsburg. Wien/Köln/Graz 1976

Moritz, Verena: Zwischen allen Fronten. Die russischen Kriegsgefangenen in Österreich im Spannungsfeld von Nutzen und Bedrohung (1914–1921). Dissertation Wien 2001

Münkler, Herfried: Gewalt und Ordnung. Das Bild des Krieges im politischen Denken. Frankfurt am Main 1992

Neckam, Jürgen: Österreichische biographische Filme der Nachkriegszeit (1945–1958). Diplomarbeit Wien 1997

Nenning, Günther: Anschluß an die Zukunft. Österreichs unbewältigte Gegenwart und Vergangenheit. Wien/Köln 1963

Okey, Robin: The Habsburg Monarchy c. 1765–1918. From Enlightment to Eclipse. London/New York 2001

Pech, Stanley Z.: The Czech Revolution of 1848. Chapel Hill 1969

Peball, Kurt: Die Schlacht bei St. Gotthard-Mogersdorf 1664. Wien 4. Aufl. 1989

Ders.: „Militärwissenschaft, Kriegsgeschichts- und Militärgeschichtsschreibung bis 1918." In: Broucek, Peter/Peball, Kurt: Geschichte der österreichischen Militärhistoriographie. Wien/Köln 2000

Pesendorfer, Michael: Die Militärjustiz Österreich-Ungarns im I. Weltkrieg. Dissertation Salzburg 1994

Plaschka, Richard Georg: Nationalismus – Staatsgewalt – Widerstand. Aspekte nationaler und sozialer Entwicklung in Ostmittel- und Südosteuropa. Wien 1985

Pokorny, Veronika: Clementia Austriaca. Studien zur besonderen Bedeutung der Clementia Principis für das Haus Habsburg. Dissertation Wien 1973

Pollak, Walter: 1848. Revolution auf halbem Wege. Wien 1974

Portisch, Hugo: Österreich I. Die unterschätzte Republik. Wien 1989

Prinz, Friedrich: Prag und Wien 1848. Probleme der nationalen und sozialen Revolution im Spiegel der Wiener Ministerratsprotokolle. München 1968

Pröve, Ralf: „Violentia und Potestas. Perzeptionsprobleme von Gewalt in Söldnertagebüchern des 17. Jahrhunderts." In: Meumann, Markus/Niefanger, Dirk (Hgg.): Ein Schauplatz herber Angst. Wahrnehmung und Darstellung von Gewalt im 17. Jahrhundert. Göttingen 1997, 24–42

Rall, Hans: „Die Hausverträge der Wittelsbacher. Grundlagen der Erbfälle von 1777 und 1799." In: Glaser, Hubert (Hg.): Krone und Verfassung. König Max I. Joseph und der neue Staat. Beiträge zur Bayerischen Geschichte und Kunst 1799–1825. München 2. Aufl. 1992

Rauchensteiner, Manfried: Der Tod des Doppeladlers. Österreich-Ungarn und der Erste Weltkrieg. Graz/Wien/Köln 1993

Reifenscheid, Richard: Die Habsburger in Lebensbildern. Von Rudolf I. bis Karl I. Graz/Wien/Köln 1982

Reinalter, Helmut: Österreich und die Französische Revolution. Wien 1988

Ders.: „Jakobinerklubs." In: Ders. (Hg.): Aufklärungsgesellschaften. Frankfurt am Main/Berlin/New York/Paris /Wien 1993

Ders.: „Die Jakobiner in der Habsburgermonarchie." In: Reinalter, Helmut/Pelinka, Anton (Hgg.): Die Anfänge der demokratischen Bewegung in Österreich von der Spätaufklärung bis zur Revolution 1848/49. Frankfurt am Main/Berlin/Bern/New York/Paris/Wien 1999

Rett, Bettina: Das Image der österreichischen Monarchie in der zeitgenössischen italienischen Literatur. Diplomarbeit Innsbruck 1988

Rieder, Heinz: Kaiser Karl. Der letzte Monarch Österreich-Ungarns 1887–1922. München 1981

Rill, Robert/Zellenberg, Ulrich E.: „Einleitung." In: Dies. (Hgg.): Konservativismus in Österreich. Strömungen, Ideen, Personen und Vereinigungen von den Anfängen bis heute. Graz/Stuttgart 1999, 7f.

Ringel, Erwin: Die österreichische Seele. Zehn Reden über Medizin, Politik, Kunst und Religion. Wien 13. Aufl. 2001

Roth, Joseph: Radetzkymarsch. Roman. München 14. Aufl. 2001

Rumpler, Helmut: Eine Chance für Mitteleuropa. Bürgerliche Emanzipation und Staatsverfall in der Habsburgermonarchie. Wien 1997

Ders.: „‚Dass neu und kräftig möge Österreichs Ruhm erstehen!' Der Thronwechsel vom 2. Dezember 1848 und die Wende zur Reaktion." In: Bruckmüller, Ernst/Häusler, Wolfgang (Hgg.): 1848. Revolution in Österreich. Wien 1999, 139–154

Sandgruber, Roman: Ökonomie und Politik. Österreichische Wirtschaftsgeschichte vom Mittelalter bis zur Gegenwart. Wien 1995

Schad, Martha (Hg.): Die Habsburger. Macht und Mythos. Die grossen Dynastien. Augsburg 2000

Schaefer, Camillo: „Gewaltig viele Noten ..." Die Musik der Habsburger. Wien 1996

Schmidt, Georg: „Angst vor dem Kaiser? Die Habsburger, die Erblande und die deutsche Libertät im 17. Jahrhundert." In: Durchhardt, Heinz/Schnettger, Matthias (Hgg.): Reichsständische Libertät und Habsburgisches Kaisertum. Mainz 1999, 329–348

Schmidt-Brentano, Antonio: Die Armee in Österreich. Militär, Staat und Gesellschaft 1848–1867. Boppard am Rhein 1975

Schreiber, Hermann: August der Starke. Kurfürst von Sachsen – König von Polen. Wien 6. Aufl. 1998

Schwab, Gustav: Sagen des klassischen Altertums. Wien/Heidelberg 1974

Schwarzenfeld, Gertrude von: Rudolf II. Ein deutscher Kaiser am Vorabend des Dreißigjährigen Krieges. München 1979

Seibert, Ernst: „Die Entwicklung der geschichtserzählenden Jugendliteratur in Österreich (bis 1995)." In: GeschichtsBilder. Historische Jugendbücher aus vier Jahrhunderten. Wiesbaden 2000

Sieburg, Heinz-Otto: Grundzüge der Französischen Geschichte. Darmstadt 4. Aufl. 1997

Singleton, Fred: A Short History of the Yugoslav Peoples. Cambridge 1985

Sked, Alan: Der Fall des Hauses Habsburg. Der unzeitige Tod eines Kaiserreichs. Berlin 1993

Ders.: The survival of the Habsburg Empire. Radetzky, the imperial army and the class war, 1848. London/New York 1979

Spira, György: The Nationality Issue in the Hungary of 1848–49. Budapest 1992

Srbik, Heinrich Ritter von: Metternich. Der Staatsmann und der Mensch. Band I. München 1925

Stimmer, Gernot: „‚Alles bewilligt!' Die Wiener Studenten im Mai 1848." In: Bruckmüller, Ernst/Häusler, Wolfgang (Hgg.): 1848. Revolution in Österreich. Wien 1999, 55–69

Stökl, Günther: Russische Geschichte. Von den Anfängen bis zur Gegenwart. Stuttgart 1983.

Straub, Eberhard: Drei letzte Kaiser. Der Untergang der großen europäischen Dynastien. Berlin 1998

Suppanz, Werner: Österreichische Geschichtsbilder. Historische Legitimationen in Ständestaat und Zweiter Republik. Köln/Weimar/Wien 1998

Tanner, Marie: The last Descendant of Aeneas. The Habsburgs and the Mythic Image of the Emperor. New Haven/London 1993

Tapié, Victor L.: Maria Theresia. Die Kaiserin und ihr Reich. Graz/Wien/Köln 1996

Teich, Mikulas: „Vom Dunkel ins Licht. Die Aufklärung in Böhmen." In: Matis, Herbert (Hg.): Von der Glückseligkeit des Staates. Staat, Wirtschaft und Gesellschaft in Österreich im Zeitalter des aufgeklärten Absolutismus. Berlin 1981, 485–521

Tilkovszky, Loránt: „Adelige Opposition und Bauernaufstand in Ungarn und der Wiener Hof 1831–1832." In: Glatz, Ferenc/Melville, Ralph (Hgg.): Gesellschaft, Politik und Verwaltung in der Habsburgermonarchie 1830–1918. Budapest 1987, 24–37

Tillner, Georg: „Filmkultur zwischen Austrofaschismus und Wiederaufbau." In: Blümlinger, Christa/Beckermann, Ruth (Hgg.): Ohne Untertitel. Fragmente einer Geschichte des österreichischen Kinos. Wien 1996, 175–195

Vasold, Manfred: Pest, Not und schwere Plagen. Seuchen und Epidemien vom Mittelalter bis heute. Augsburg 1999

Verdross, Alfred: Völkerrecht. Wien 1964

Vielmetti, Nikolaus: Vom Beginn der Neuzeit bis zur Toleranz. In: Drabek, Anna/Häusler, Wolfgang/Schubert, Kurt/Stuhlpfarrer, Karl/Vielmetti, Nikolaus: Das österreichische Judentum. Voraussetzungen und Geschichte. Wien/München 1988, 59–82

Vocelka, Karl: Glanz und Untergang der höfischen Welt. Repräsentation, Reform und Reaktion im Habsburgischen Vielvölkerstaat. Wien 2001

Ders.: Rudolf II. und seine Zeit. Wien/Köln/Graz 1985

Ders.: Die politische Propaganda Kaiser Rudolfs II. (1576–1612). Wien 1981

Vocelka, Karl/Heller, Lynne: Die Lebenswelt der Habsburger. Kultur- und Mentalitätengeschichte einer Familie. Graz/Wien/Köln 1998

Dies.: Die private Welt der Habsburger. Leben und Alltag einer Familie. Graz/Wien/Köln 1998

Vogler, Günter: Absolutistische Herrschaft und ständische Gesellschaft. Reich und Territorien von 1648 bis 1790. Stuttgart 1996

Wagner, Wilhelm J.: Der grosse Bildatlas zur Geschichte Österreichs. Wien 1995.

Wangermann, Ernst: „Lockerung und Verschärfung der Zensur unter Joseph II. und Leopold II." In: Weinzierl, Erika/Ardelt, Rudolf G. (Hgg.): Justiz und Zeitgeschichte VIII. Symposion Zensur in Österreich 1780 bis 1989 am 24. und 25. Oktober 1989. Wien/Salzburg 1991

Wandruszka, Adam: Das Haus Habsburg. Die Geschichte einer europäischen Dynastie. Wien/Freiburg/Basel 1989

Ders.: Schicksalsjahr 1866. Graz 1966

Ders.: Leopold II. 2. Bde. Wien/München 1963

Ders.: Maria Theresia. Zürich/Frankfurt am Main 1980

Wecserka, Hugo (Hg.): Handbuch der historischen Stätten XVIII: Schlesien. Stuttgart 1877

Wedgwood, C.V.: Der Dreißigjährige Krieg. München 1999

Weissensteiner, Friedrich: Franz Ferdinand. Der verhinderte Herrscher. Zürich 2. Aufl. 1999

Ders.: Frauen auf Habsburgs Thron. Die österreichischen Kaiserinnen 1804–1918. Wien 1998

Ders.: Große Herrscher des Hauses Habsburg. 700 Jahre europäische Geschichte. München/Zürich 1995

Ders.: Reformer, Republikaner und Rebellen. Das andere Haus Habsburg-Lothringen. Wien 1987

Wheatcroft, Andrew: The Habsburgs. Embodying Empire. London/New York/Victoria/Toronto/Auckland 1996

Winter, Eduard: Revolution, Neoabsolutismus und Liberalismus in der Donaumonarchie. Wien 1969

Wuermeling, Henric L.: 1705. Der bayerische Volksaufstand. München 1995

Zedinger, Renate: „Glaubensvielfalt-Glaubenseinheit." In: Bruckmüller, Ernst/Urbanitsch, Peter (Hgg.): Menschen, Mythen, Meilensteine. 996–1996 Ostarrichi Österreich. Österreichische Länderausstellung. Horn 1996, 415–422

Dies.: „Revolutionen-Absolutismen." In: Bruckmüller, Ernst/Urbanitsch, Peter (Hgg.): Menschen, Mythen, Meilensteine. 996–1996 Ostarrichi Österreich. Österreichische Länderausstellung. Horn 1996, 447–456

Ziegler, Karl-Heinz: Völkerrechtsgeschichte. München 1994

Zöllner, Erich: Geschichte Österreichs. Von den Anfängen bis zur Gegenwart. Wien 7. Aufl. 1984

Zorzi, Alvise: Österreichs Venedig. Das letzte Kapitel der Fremdherrschaft 1798–1866. Düsseldorf 1990